中国财政科学研究院年度智库报告

政府收支全景解析

刘尚希　梁　季　等 编著

中国财经出版传媒集团
中国财政经济出版社
·北京·

图书在版编目（CIP）数据

中国政府收支全景解析.2024 / 刘尚希等编著.
北京：中国财政经济出版社，2025.6. -- ISBN 978-7
-5223-4049-4

Ⅰ.F812.4

中国国家版本馆CIP数据核字第2025ES9900号

责任编辑：张晓丽　　　　　　　责任校对：张　凡
封面设计：陶　雷　　　　　　　责任印制：史大鹏

中国政府收支全景解析（2024）
ZHONGGUO ZHENGFU SHOUZHI QUANJING JIEXI（2024）

中国财政经济出版社 出版

URL：http：//www.cfeph.cn
E-mail：cfeph @cfemg.cn
（版权所有　翻印必究）
社址：北京市海淀区阜成路甲28号　邮政编码：100142
营销中心电话：010-88191522
天猫网店：中国财政经济出版社旗舰店
网址：https://zgczjjcbs.tmall.com
涿州汇美亿浓印刷有限公司印刷　各地新华书店经销
成品尺寸：185mm×260mm　16开　19.5印张　341 000字
2025年6月第1版　2025年6月河北第1次印刷
定价：96.00元
ISBN 978-7-5223-4049-4
（图书出现印装问题，本社负责调换，电话：010-88190548）
本社图书质量投诉电话：010-88190744
打击盗版举报热线：010-88191661　QQ：2242791300

《中国政府收支全景解析（2024）》撰写组

总　　　编： 刘尚希　梁　季

撰写组成员： 梁　季　刘　昶　谢　恺　侯海波
　　　　　　　陈莹莹　景婉婉　吕　慧　陈少波
　　　　　　　凤　欣　郭宝棋　陈彦廷　张译文
　　　　　　　马　帅　龙斯玮　李维妙　韩稳稳
　　　　　　　秦艺桓　马润姿　高颖欣　曾　璐
　　　　　　　李芳迪　祝梦雅　孙　露　陈浩然
　　　　　　　孙家希　玛穆尔别克　戴铭杙

加强数字财政建设　为财政治理现代化赋能

（代序）

刘尚希

随着数字技术的蓬勃发展，在数字革命的推动下，现代人类文明发展已经进入了数字文明的新阶段。数字化不只是一个概念，更重要的是一个趋势，这个趋势不是某一个阶段的趋势，而是与农业革命、工业革命同等重大的、标志着人类文明进一步跃迁的大趋势。

数字技术蓬勃发展的同时，国家治理体系和治理能力现代化也呈现加速演变趋势。数字化将颠覆经济和社会的组织形态，颠覆人们的思维方式、生产方式、生活方式以及人际交往方式，同时也会颠覆社会的组织架构。数字革命的核心，就是通过数据与技术的融合对整个社会的组织方式进行重构。财政是国家治理的基础和重要支柱。传统经济学、财政学理论均诞生于工业化时代，统计方法也是基于工业化时代产生的，在数字化时代下已经不合时宜。因此，需要一场与之相适应的数字财政变革，通过数字化为财政治理现代化赋能。

数字财政建设需要财政理论创新。新中国成立以来，我们的理论研究在改革开放前后发生了一些转变。在计划经济体制下，基本按照传统的政治经济学去定义经济学和财政领域的各项统计指标，由此形成相关数据。改革开放之后，借鉴西方的许多文明成果，引进理论和方法，在此基础上逐渐形成了具有中国特色的经济指标体系和管理体系。在数字化背景下，我们的知识体系迫切需要更新。许多概念可能需要重新定义，许多理论问题需要深入探讨，如果缺乏理论支撑，仅通过技术手段和现有的按照传统理论所定义的数据来进行数字财政建设，可能会导致严重认识误区和行为偏差。要实现数据和其本质的统一，必须重新思考相关

本文刊发于《中国财政》2022 年第 4 期。

基础性理论，以契合数字化发展新形势和新要求。

当前，在财政领域，数字财政建设面临以下四项任务：

一是夯实财政的统计基础，形成更强大的大数据整合能力。当前，我国财政数据存在碎片状分布，部门化、地方化、单位化特征明显，未能形成"共建共享"的有机整体。在大数据思维下，通过将财政系统内部的结构化数据进行整合，为全国财政进行"立体画像"；与此同时，可以将财政数据进一步拓展到非结构化数据，包括行为数据、文本数据、图片数据等。再进一步，可引入人工智能、云计算等数字技术，打造财政数据中台，自动采集、自动分析、自动形成图表或分析报告。不过，这需要财政业务方面的支持，更需要技术方面的支撑，要实现两者的融合，达到"1+1>2"的效应。

二是完善财政的会计基础。数字化时代，如资产、负债和权益性融资、负债性融资等定义在运用会计准则进行确认时变得越来越难，它们之间的界限越来越模糊，对资产、债务的估值越来越主观化。比如独角兽企业，它的估值既不是按会计准则进行估值，也不是按资产评估，它实际上是市场形成的一个看法，是基于未来潜在价值来进行估值的。政府的资产、负债也面临同样的问题。

三是完善财政的法律基础。一个基本的法律制度是数据要素确权制度。从传统政治经济学的角度分析，数字化改变了生产关系中人的地位，劳动与生产资料结合的方式发生了变化，所有制的内涵也发生了改变。过去我们强调以"占有"为核心的所有权，现在则更加重视以"使用"为核心的产权，数字革命会导致"所有权革命"，进一步演变为以"共用"为核心的数据产权制度。这将改变税收制度的基础，给财税体制带来很多深刻的影响。

四是着力打造财政大数据的应用场景。当前，数字化应用场景的打造变得越来越重要，大量数据只有转化为产品，才能让数据真正为国家治理赋能。在数字化趋势下，加快数字财政建设，就是要积极拓展数字财政的产品及应用场景，这不仅有利于检验提升财政理论及政策水平，还能更好发挥财政在国家治理中的基础和重要支柱作用。

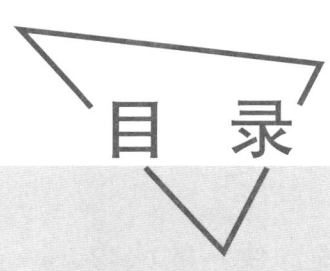

目 录

总论篇

第一章 近五年全国政府收支总析 ········· 3
    一、全国政府收支影响因素分析   3
    二、近五年全国政府收支总析   10
    三、2023年地方政府收支情况分析   23

第二章 省以下财政收支情况分析 ········· 44
    一、政府收入   44
    二、一般公共预算   47
    三、政府性基金预算   72
    四、国有资本经营预算和社会保险基金预算   83
    五、政府债务情况   93
    六、样本县情况分析   116

专题篇

中国特色政府财政统计体系的构建 ……… **127**
    一、引言   127
    二、我国政府财政统计体系的现状   127
    三、国际经验借鉴——基于GFSM的分析   132
    四、中国特色政府财政统计体系的构建设想   135

我国政府支出分类体系改革研究 ……… **139**
    一、我国政府支出分类体系改革历程   139
    二、国内外政府支出分类体系比较——基于我国
        政府支出和GFSM支出的比较   142
    三、当前我国政府支出分类体系面临的主要问题   144
    四、我国政府支出分类体系改革的建议   146

地方城市财政健康度指标体系构建和分析 ……… **149**
    一、引言   149
    二、指标体系构建   151
    三、财政健康度指标体系分维度分析   156
    四、基于指标体系的数据分析   166
    五、主要结论和展望   168

钱随人走? ……… **170**
    ——基于人钱匹配的动态空间视角
    一、特征事实分析   171

二、回归分析　　190
　　三、总结　　198

近年来基层财政运行的调研与分析　　199

　　一、当前基层政府刚性支出压力基本面："三保"
　　　　支出与债务付息负担　　200
　　二、地方财政对冲压力的做法与成效　　204
　　三、从三个方面客观认识当前地方财政压力　　208

省以下事权与支出责任划分改革：现状、问题和优化路径　　212

　　一、事权与支出责任改革整体进展　　213
　　二、省以下事权与支出责任划分现状　　214
　　三、当前推进省以下事权与支出责任划分改革存在的
　　　　问题　　217
　　四、完善省以下事权与支出责任改革的建议　　219

以数字化赋能财政公开的国际实践与启示　　222
　　——基于OECD财政信息公开平台的分析

　　一、OECD国家数字化财政信息公开平台的兴起
　　　　与发展　　222
　　二、OECD国家的数字化财政信息公开平台探索
　　　　实践　　225
　　三、对我国财政信息公开平台建设的经验启示　　235

数据篇

表1　全国经济社会指标的统计分析　241
表2　全国政府收支相关指标的统计分析　242
表3　全国一般公共预算相关指标的统计分析　243
表4　全国政府性基金预算相关指标的统计分析　245
表5　全国国有资本经营预算相关指标的统计分析　246
表6　全国社会保险基金预算相关指标的统计分析　247
表7　2021—2023年我国各省份及地级市经济财政主要指标　248
表8　2021—2023年各样本县经济财政主要指标　286

后　记 …………………………………………………… 300

总论篇

第一章
近五年全国政府收支总析

一、全国政府收支影响因素分析

（一）经济增长奠定政府收支增长基础

1. 2024年，GDP不变价增速5.0%，三产占比提高至56.7%

GDP现价从2020年的104万亿元增至2024年的135万亿元，累计增长30.4%，受疫后复苏影响，不变价增速和现价增速反弹后趋于稳定（见图1-1）。2024年，GDP不变价增速5.0%，现价增速4.2%，有效拉动政府收入增长。

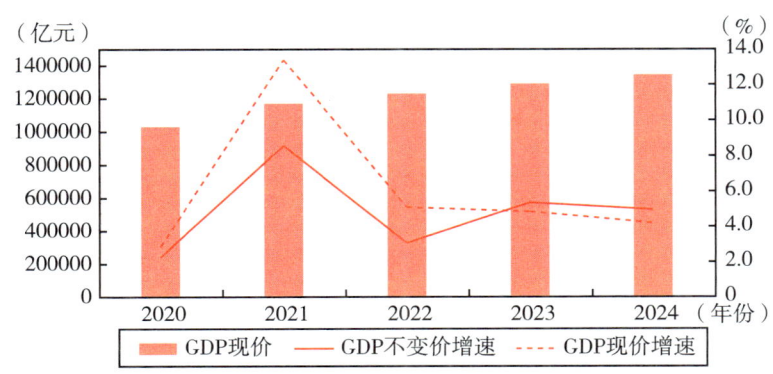

图1-1 2020—2024年GDP整体情况

本章执笔人：梁季、郭宝棋、李芳迪。

近五年，第一产业持续收缩，第二产业先升后降，第三产业稳步扩张（见图1-2）。2024年，第一产业占比6.8%，较2023年下降0.1个百分点，延续温和下降趋势；第二产业占比下降至36.5%，与2023年相比不升反降；第三产业占比提高至56.7%，较2023年提高0.4个百分点，创历史新高。

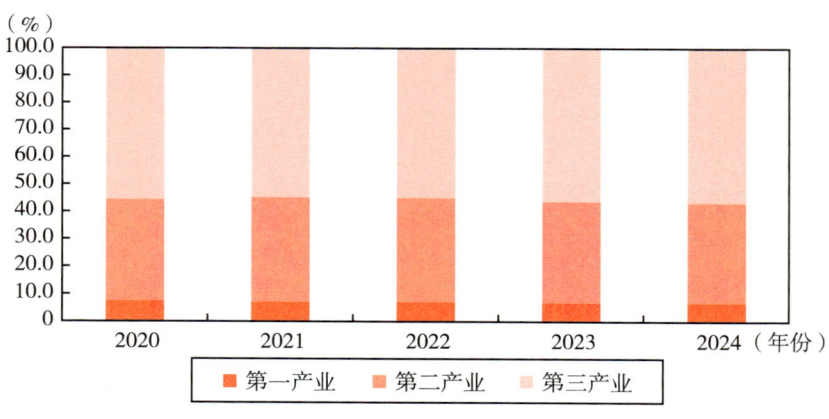

图1-2　2020—2024年三次产业构成

2. 2024年，城镇就业人员占比上升至64.5%，城乡居民人均可支配收入分别增长4.4%、6.3%

近年来，就业市场呈现"城镇化加速"特征，城镇就业人员涨幅明显（见图1-3）。2024年，全国就业人员73439万人，其中城镇就业人员47345万人，增长0.7%，占全国就业人员比重为64.5%，较2023年上升1.0个百分点。城镇调查失业率相对平稳，2024年为5.1%，和2023年持平。

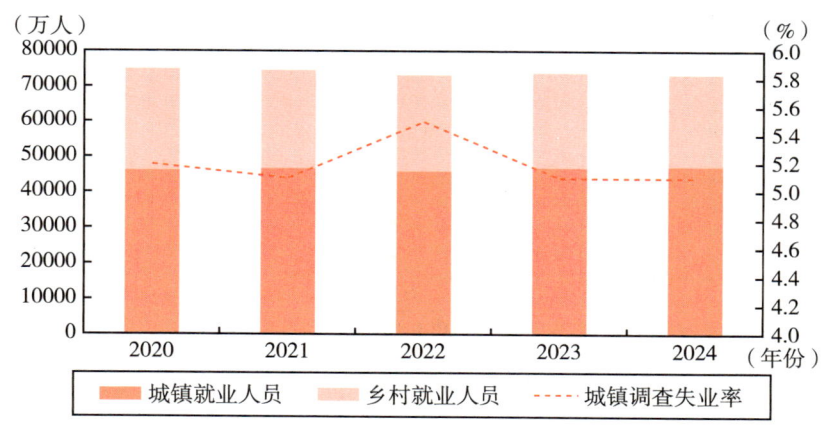

图1-3　2020—2024年就业市场整体情况

2020—2024年，城乡居民人均可支配收入均保持正增长，且农村快于城镇（见图1-4）。2024年，城镇居民人均可支配收入54188元，较2023年增长4.4%，农村居民人均可支配收入23119元，增速为6.3%，比城镇增速高1.9个百分点。

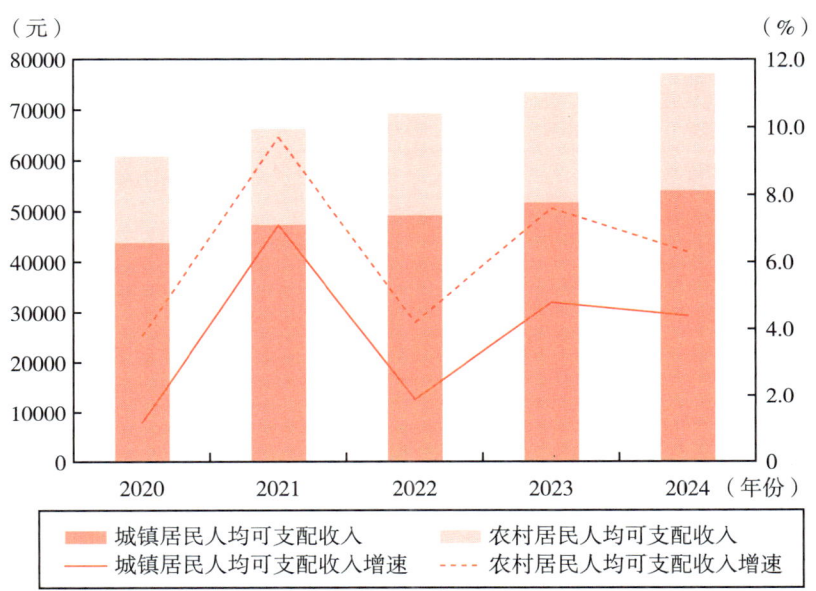

图1-4　2020—2024年居民收入整体情况

3. 2024年，CPI稳定在100.2，PPIRM和PPI均为97.8

工业生产者出厂价格指数（PPI）和居民消费价格指数（CPI）分别从生产与销售的上下游关系反映消费品价格变动情况，两者的消费品范围和权数有所不同。工业生产者购进价格指数（PPIRM）和工业生产者出厂价格指数（PPI）分别反映中间消耗——工业产品采购和离厂时价格的相对变动。

2020年以来，CPI整体保持稳定，PPI和PPIRM波动较大（见图1-5）。2024年，CPI为100.2，与2023年持平，连续两年接近零增长；PPIRM和PPI均为97.8，较2023年降幅收窄，其中，PPIRM回升0.8个百分点，PPI回升1.4个百分点。

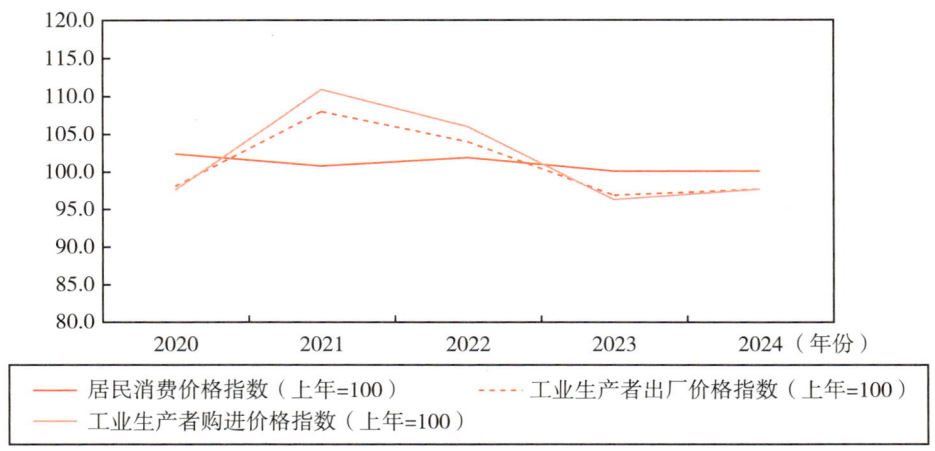

图1-5　2020—2024年三类价格指数

4. 2024年，全社会固定资产投资稳增长3.1%，房地产开发投资降幅扩大至-10.6%

2020年以来，全社会固定资产投资持续稳定增长，房地产开发投资降幅明显（见图1-6）。2024年，全社会固定资产投资520916亿元，增长3.1%，增速较2023年提高0.3个百分点。房地产开发投资100280亿元，增速仅-10.6%，降幅较2023年扩大1.1个百分点，已经连续三年为负。

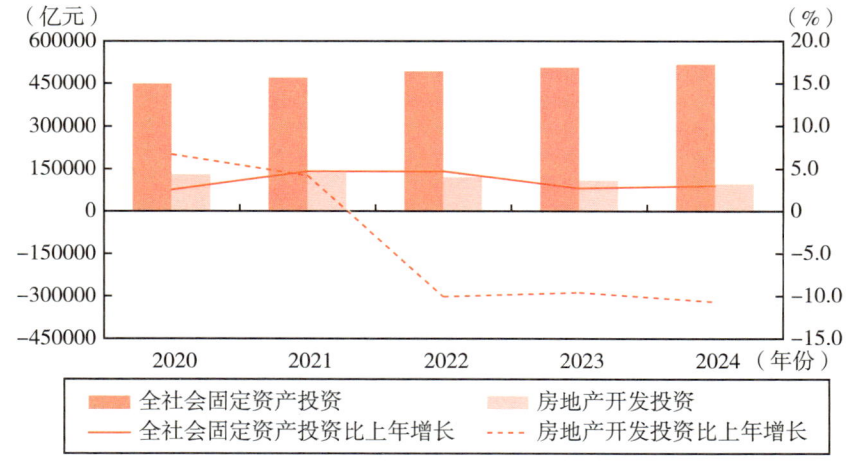

图1-6　2020—2024年投资市场整体情况

5. 2024年，社会消费品零售总额增速放缓至3.5%

近五年，社会消费品零售总额持续增长，但增速波动较大（见图1-7）。2024

年，社会消费品零售总额483345亿元，仅增长3.5%，较2023年回落3.5个百分点。

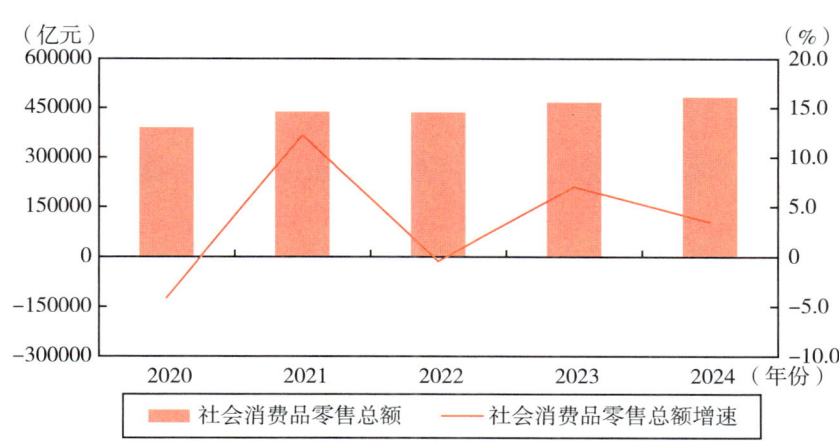

图1-7　2020—2024年消费市场整体情况

6. 2024年，进口、出口总额增速分别回升至2.3%、7.1%，贸易顺差创新高70623亿元

2020—2024年，进口、出口总额均持续增长，但增速波动明显，贸易顺差逐年扩大（见图1-8）。2021年，进口、出口总额增速均达到阶段性峰值，此后有所回落，2024年开始回升。2024年，进口总额183923亿元，增速2.3%，实现由负转正；出口总额254545亿元，增长7.1%，较2023年提高6.5个百分点；进出口差额进一步扩大至70623亿元。

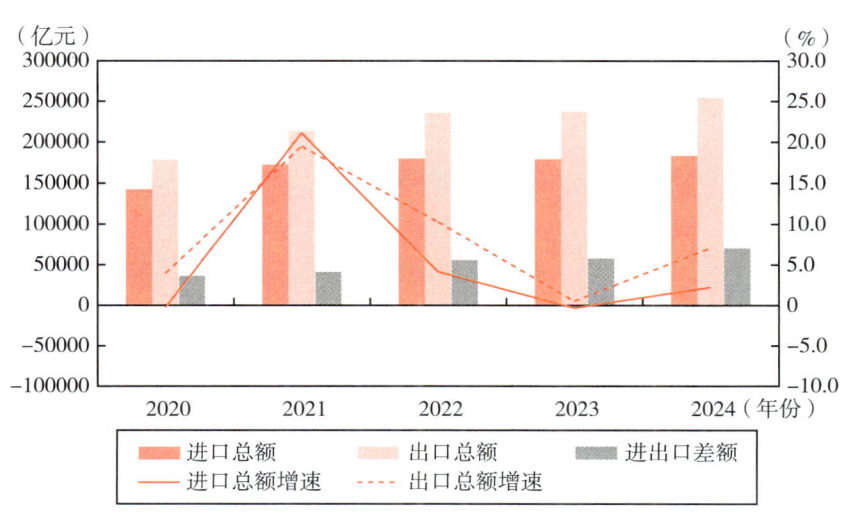

图1-8　2020—2024年进出口市场整体情况

（二）减税降费拉低政府收入增长速度

1. 减税降费政策概要

2023年，我国共出台77份减税降费政策文件。其中，延续和优化实施51项，多项政策直接延续至2027年底，往年相关政策文件详见《延续优化完善的税费优惠政策汇编（2023年版）》。减税降费政策内容主要包括以下三点。

第一，激励企业加大研发投入、更好支持科技创新。一是延续和优化研发费用加计扣除政策。将符合条件行业企业研发费用税前加计扣除比例由75%提高至100%的政策，作为制度性安排长期实施。二是实施集成电路企业的增值税加计抵减政策。自2023年1月1日至2027年12月31日，允许集成电路设计、生产、封测、装备、材料企业，按照当期可抵扣进项税额加计15%抵减应纳增值税税额。三是延续和优化新能源汽车车辆购置税减免政策。对购置日期在2024年1月1日至2025年12月31日的新能源汽车免征车辆购置税（设置3万元的免税限额）；对购置日期在2026年1月1日至2027年12月31日的新能源汽车减半征收车辆购置税（设置1.5万元的免税限额）。

第二，支持小微企业和个体工商户发展。一是减轻税费负担。自2023年1月1日至2027年12月31日，对增值税小规模纳税人、小型微利企业和个体工商户减半征收"六税两费"即资源税（不含水资源税）、城市维护建设税、房产税、城镇土地使用税、印花税（不含证券交易印花税）、耕地占用税和教育费附加、地方教育附加。二是推动普惠金融发展。2027年12月31日前，对金融机构向小型企业、微型企业和个体工商户发放小额贷款取得的利息收入，免征增值税。三是支持创新创业。企业开展研发活动中实际发生的研发费用，未形成无形资产计入当期损益的，在按规定据实扣除的基础上，自2023年1月1日起，再按照实际发生额的100%在税前加计扣除。企业开展研发活动中实际发生的研发费用，形成无形资产的，自2023年1月1日起，按照无形资产成本的200%在税前摊销。四是重点群体创业税收优惠。重点群体主要包括脱贫人口、失业人员、高校毕业生、退役士兵、随军家属、军队转业干部、残疾人等。自2023年1月1日至2027年12月31日，上述人员从事个体经营的，自办理个体工商户登记当月起，在3年（36个月）内按每户每年20000元为限额依次扣减其当年实际应缴纳的增值税、城市维护建设税、教育费附加、地方教育附加和个人所得税。

第三，支持重点领域的减税降费政策。一是支持稳就业，将降低失业和工伤保险费率，延续实施至2024年底。二是支持国内煤炭安全稳定供应，将煤炭的进口零关税政策延续实施至2023年底。三是促进物流业健康发展，将物流企业大宗商品仓储设施用地、城镇土地使用税优惠政策延续实施至2027年底。四是减轻用人单位负担，将残疾人就业保障金优惠政策延续实施至2027年底。

政策安排主要具有以下特点：一是坚持稳字当头，保证税费政策的连续性和稳定性，支持保经营主体、保居民就业。二是着力加力提效，深入实施科教兴国战略和创新驱动发展战略，加大科技创新支持力度，助力我国科技自立自强。三是做到固本强基，统筹国内国际两个市场、两种资源，支持煤炭安全稳定供应，保障国家能源安全。支持降低物流成本，建设高效顺畅的物流体系。

2. 减税降费规模分析

2020年以来，受疫后复苏等影响，全国税收收入增速波动较大，与大规模减税降费向结构性减税降费的政策转变密切相关。从减税降费规模来看，2022年，大规模减税降费超4.2万亿元，达到近五年峰值，同期税收收入仅16.7万亿元，增速降至−3.5%，较2022年下降15.5个百分点。2023年以来，结构性减税降费规模趋于稳定，2024年减税降费共计2.6万亿元，较2023年增长18.2%（见图1-9）。

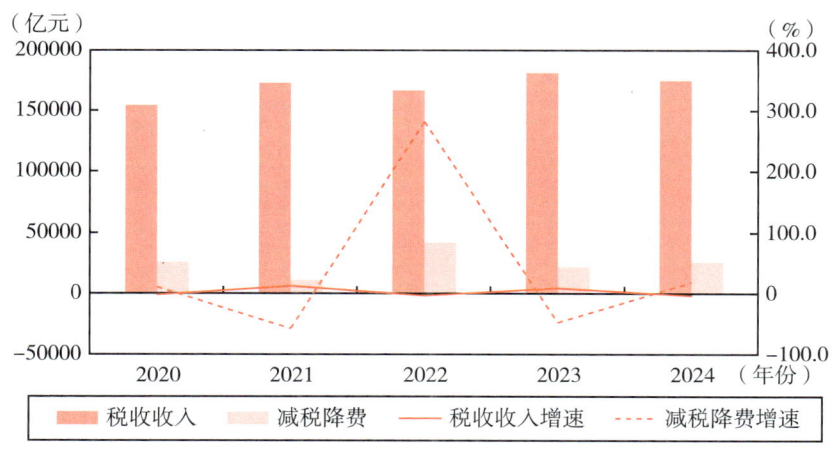

图1-9　2020—2024年减税降费整体情况

从减税降费结构来看，2022年，全国减税降费规模超过4.2万亿元。这一规模主要包括三部分：一是累计退到纳税人账户的增值税留抵退税款达2.5万亿元，超过2021年办理留抵退税规模的3.8倍。二是新增减税降费1万亿元。其中，新增减税超8000亿元，新增降费超2000亿元。三是缓税缓费超7500亿元。分行业看，制造业新增减税降费及退税缓税缓费近1.5万亿元，占比35.7%。餐饮、零售、文化旅游、交通运输等服务业，新增减税降费及退税缓税缓费超8700亿元。分企业规模看，小微企业和个体工商户是受益主体，新增减税降费及退税缓税缓费超1.7

万亿元，占总规模的比重超过四成；近八成个体工商户在2022年无须缴纳税款。

2023年，全国减税降费规模约2.2万亿元。其中，新增减税降费大约1.6万亿元，办理留抵退税大约6500亿元。分行业看，制造业以及与之相关的批发零售业新增减税降费及退税缓费将近9500亿元，占总规模的42.6%，这是享受税费优惠比例最高的行业。分企业规模看，中小微企业新增减税降费及退税缓费的规模约1.4万亿元，占比是63.6%，是受益最明显的。

2024年，全国减税降费规模超2.6万亿元，重点支持科技创新和制造业发展。分政策类型看，一是支持加大科技投入和成果转让的研发费用加计扣除等政策减税降费及退税8069亿元；二是支持破解"卡脖子"难题和科技人才引进及培养的集成电路和工业母机企业增值税加计抵减等政策减税降费1328亿元；三是支持培育发展高新技术企业和新兴产业的高新技术企业减按15%税率征收企业所得税、新能源汽车免征车辆购置税等政策减税4662亿元；四是支持设备更新和技术改造的政策减税1140亿元；五是支持制造业高质量发展的先进制造业企业增值税加计抵减和留抵退税等政策减税降费及退税11094亿元。

表 1-1　　　　　　　　　2020—2024年减税降费具体情况

年份	减税降费规模	减税降费结构
2020	超2.6万亿元	• 社保费减免1.7万亿元
2021	约1.1万亿元	• 新增降费1504亿元
2022	超4.2万亿元	• 留抵退税2.5万亿元 • 新增减税超8000亿元 • 新增降费超2000亿元
2023	约2.2万亿元	• 留抵退税约6500亿元 • 新增减税降费约1.6万亿元
2024	超2.6万亿元	• 减税降费及退税2.6万亿元

二、近五年全国政府收支总析

（一）政府收支总析

1. 2024年，全口径政府收支分别为380659亿元、495280亿元，占GDP的比重分别降至28.2%、36.7%

政府四本预算收入之和为407520亿元，剔除重复计算部分后，全口径政府收入规模为380659亿元，较2023年减收0.6%（见图1-10）。其中，一般公共预算收入219702亿元，占政府收入比重为57.7%；政府性基金收入62090亿元，占政府收入比重为16.3%，连续两年降至20%以下；国有资本经营收入和社会保险基金收入（剔除财政补贴）分别为6783亿元、92083亿元，在政府收入中占比分别为1.8%和24.2%。

政府四本预算支出之和为495280亿元，增速较2023年有所回升，为3.5%。其中，一般公共预算支出284612亿元，占政府支出比重达到57.4%；政府性基金预算支出101478亿元，增速在连续三年为负后转正0.2%，在政府支出中占比为21.2%；国有资本经营预算支出3129亿元，增速降至-6.5%，在政府支出中占比保持在0.7%；社会保险基金预算支出106061亿元，首次突破10万亿元，增长7.0%，回升势头明显，占政府支出比重进一步升至20.7%。

2024年，全国政府财政收支差-114621亿元，整体呈现扩张趋势。其中，一般公共预算收支差-64910亿元，占比56.6%；政府性基金预算收支差-39387亿元，占比提高至34.4%；国有资本经营预算盈余3654亿元，增长7.6%；社会保险基金预算收支差-13978亿元，占比提高至12.2%。

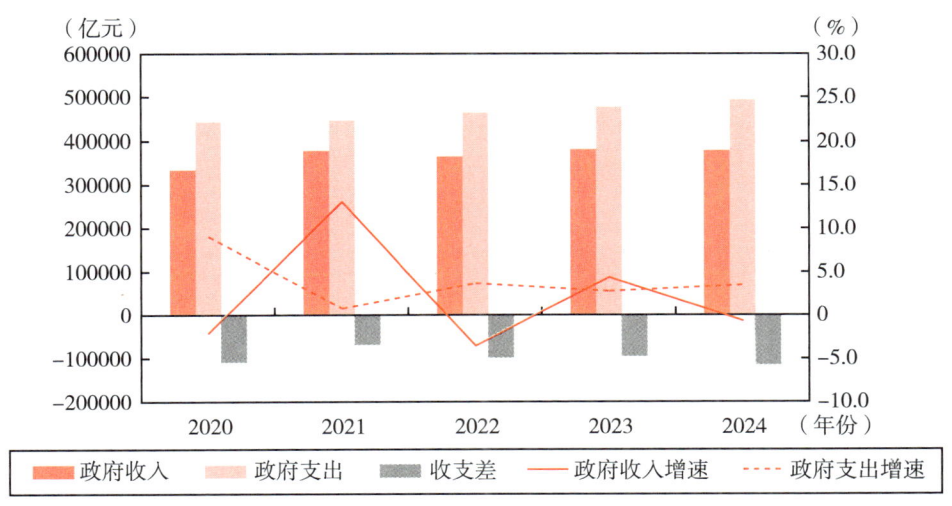

图1-10 2020—2024年政府收支整体情况

2020—2024年，全国政府收支占GDP的比重波动下降（见图1-11）。2022年，政府收入占GDP的比重开始降至30%以下，2024年为28.2%，较上年下降1.4个百分点。2021年，政府支出占GDP的比重首次降至40%以下。2024年，政府支出占GDP的比重为36.7%，较2023年继续下降0.2个百分点。

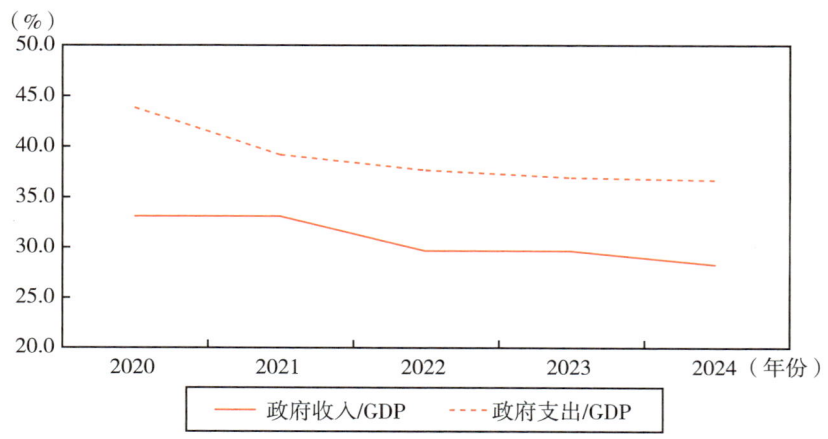

图 1-11　2020—2024 年政府收支占比水平

2. 2024年，一般公共预算收支分别为219702亿元、284612亿元，赤字规模扩大到-64910亿元

2020—2024年，一般公共预算收入和支出均呈现增长趋势，但收入增速波动较大，支出增速相对稳定（见图1-12）。2024年，收入和支出增速均有所下降，收支差进一步扩大。全国一般公共预算收入219702亿元，增速为1.3%，较2023年下降5.1个百分点，仍低于GDP现价增速（4.2%）。全国一般公共预算支出284612亿元，增长3.6%，增速较上年回落1.8个百分点。全国一般公共预算收支差-64910亿元，较2023年扩张12.2个百分点。

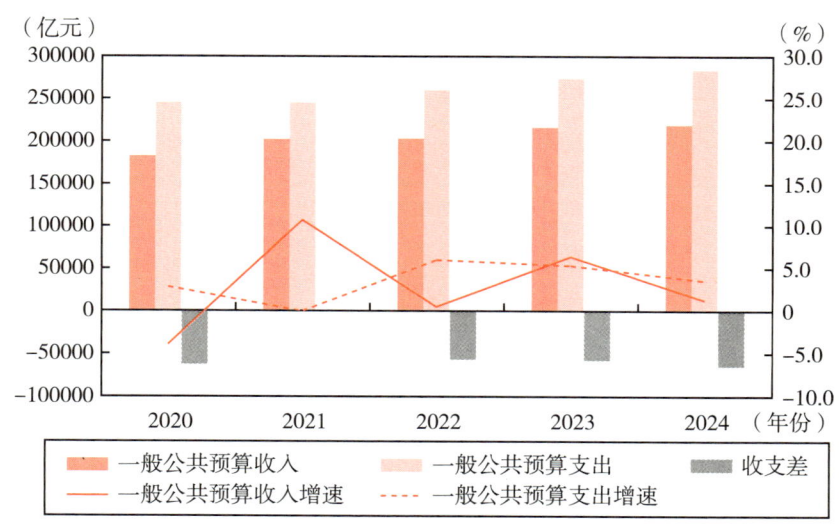

图 1-12　2020—2024 年一般公共预算收支整体情况

3. 2024年，政府性基金预算收支分别下降至62090亿元、101478亿元，收支差增长到-39387亿元

2020—2024年，全国政府性基金预算收支均呈现下降趋势，收支差波动扩大（见图1-13）。2024年，政府性基金预算收入62090亿元，2022年开始负增长，2024年增速仅-12.2%，降幅较2023年扩大3个百分点。政府性基金预算支出101478亿元，增速为0.2%，是继三年负增长后首次转正。政府性基金预算收支差-39387亿元，较2022年扩大28.8个百分点，是2020年的1.6倍。

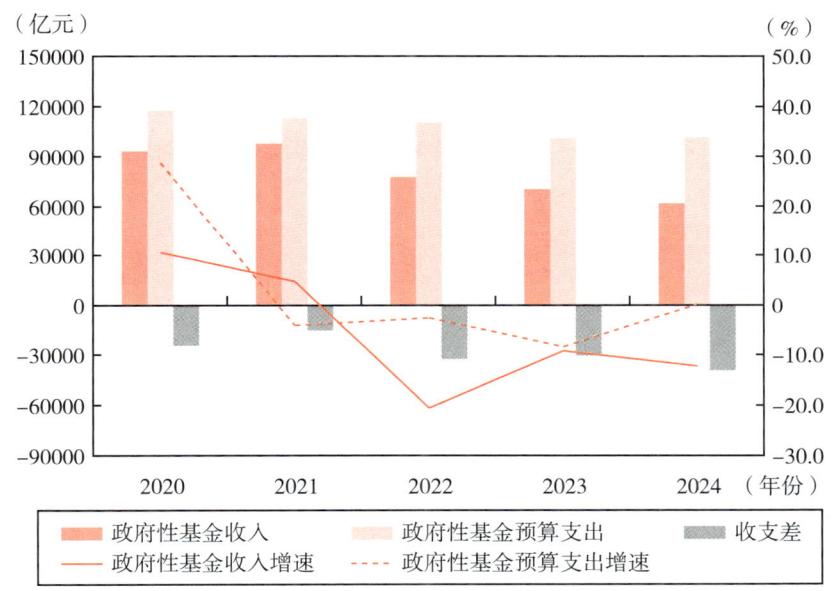

图1-13　2020—2024年政府性基金预算收支整体情况

4. 2024年，国有资本经营预算收支分别为6783亿元、3129亿元，收支盈余3654亿元

2020—2024年，全国国有资本经营预算收支波动较大，是四本预算中唯一保持盈余的预算（见图1-14）。2024年，国有资本经营预算收入6783亿元，增长0.6%，较2023年下降17.8个百分点。国有资本经营预算支出3129亿元，下降6.5%，降幅较2023年扩大5.1个百分点。国有资本经营预算收支差3654亿元，增长7.6%。

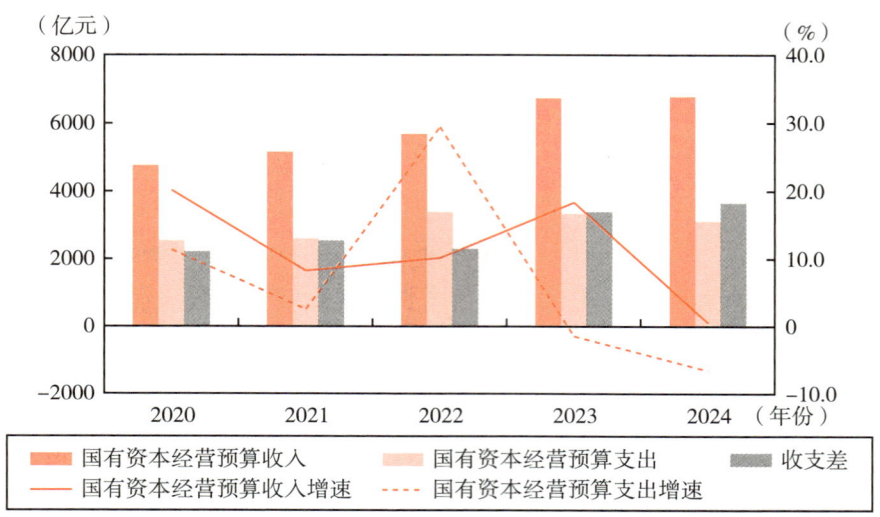

图 1-14　2020—2024 年国有资本经营预算收支整体情况

5. 2024 年，社会保险基金预算收支分别提高至 92083 亿元、106061 亿元，收支差扩大为 –13978 亿元

2020—2024 年，全国社会保险基金预算收支均稳定增长（见图 1-15）。2024 年，社会保险基金预算收入 118945 亿元，剔除财政补贴后为 92083 亿元，增长 3.8%，增速较 2023 年回落 7.9 个百分点。社会保险基金预算支出 106061 亿元，增长 7.0%，较上年下降 2.3 个百分点。社会保险基金预算收不抵支，收支差 –13978 亿元，较 2023 年扩大 35.1%。

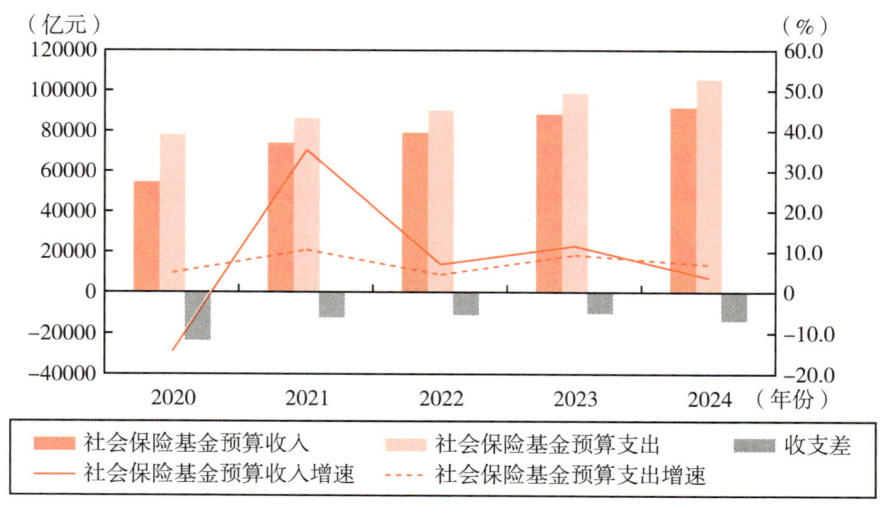

图 1-15　2020—2024 年社会保险基金预算收支整体情况

6. 2024年，一般公共预算调入资金回升至25411亿元，政府性基金预算和国有资本经营预算调出资金分别为150亿元、3707亿元

一般公共预算调入资金是指主要从政府性基金预算、国有资本经营预算调入的资金，2020—2024年调入、调出资金波动较大（见图1-16）。2024年，一般公共预算调入资金25411亿元，较2023年提高49.6%，规模仅次于2020年。政府性基金预算调出资金涨跌幅最大，2024年仅150亿元。2020年以来，国有资本经营预算调出资金保持稳步增加，2024年达到3707亿元，增长8.0%。

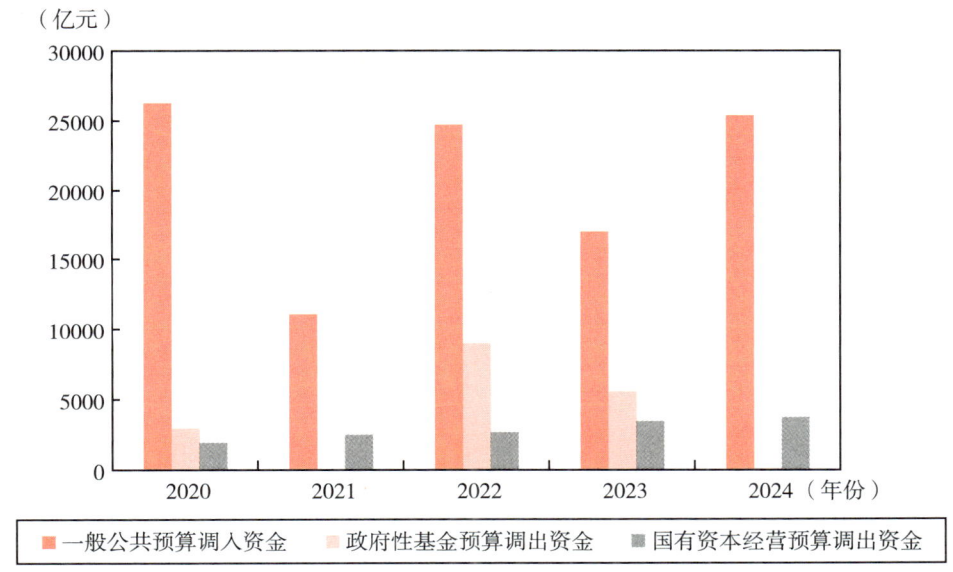

图1-16 2020—2024年调入调出资金整体情况

7. 2024年，全国政府债务余额增长为821094亿元，央地占比分别为42.1%、57.9%

2024年，全国政府债务余额为821094亿元，增长16.0%，债务余额规模整体呈现扩张趋势（见图1-17）。其中，中央财政国债余额345724亿元，增长15.1%，占全国政府债务余额比重为42.1%；地方政府债务余额475371亿元，增长16.7%，占比为57.9%。其中，地方政府一般债务余额167013亿元，专项债务余额308358亿元。

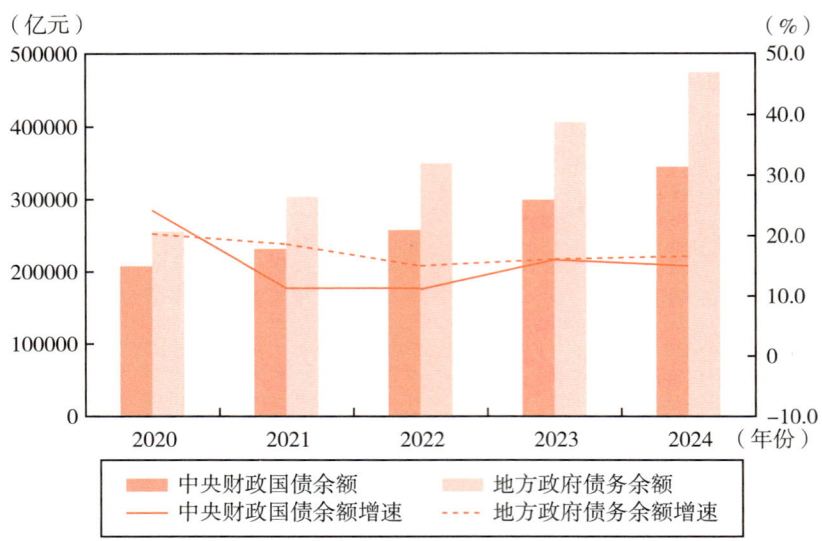

图1-17　2020—2024年央地政府债务余额情况

2024年，全国政府债务限额879883亿元，增长20.5%，债务限额规模整体逐年增长（见图1-18）。其中，中央财政国债限额352008亿元，增长14.1%，占全国政府债务限额比重为40%；地方政府债务限额527874亿元，增长25.2%，占比为60%。

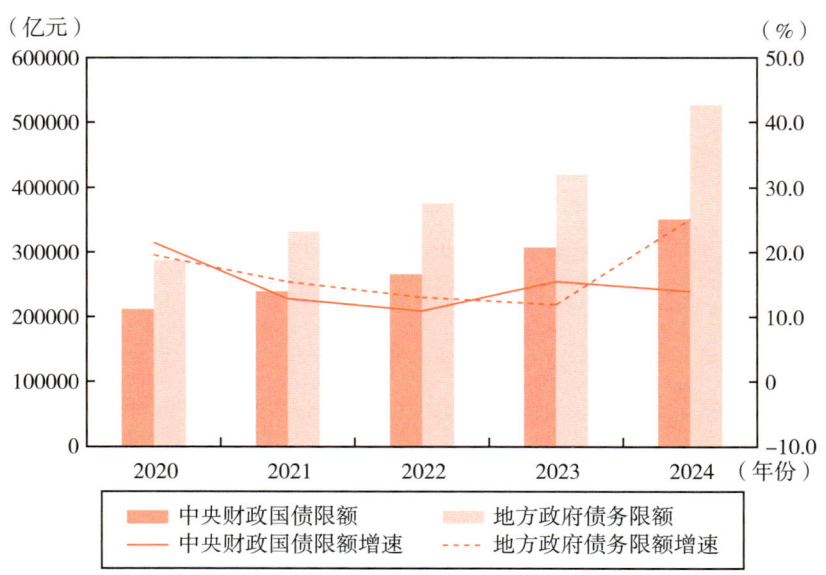

图1-18　2020—2024年央地政府债务限额情况

（二）收支专题分析

1. 2024 年，中央政府收支占比处于低位，分别为 26.5%、9.6%

2020—2024 年，中央政府收支在四本预算收支总额中占比均处于低位，只有小幅上升（见图 1-19）。2024 年，中央政府收入 107962 亿元，增长 1.3%，占政府四本预算收入的比重为 26.5%；中央政府支出 47376 亿元，增长 5.5%，较上年提高 1.4 个百分点，占政府四本预算支出的比重为 9.6%。其中，一般公共预算收支中中央政府收支占比相对稳定，分别保持在 46%、14% 左右，国有资本经营预算中中央政府收支波动较大，2024 年分别为 33.2%、48.4%。

2024 年，地方政府收入 299558 亿元，下降 0.4%，在政府四本预算收入中占比降至 73.5%；地方政府支出 447904 亿元，增长 3.3%，在政府四本预算支出中占比高达 90.4%。其中，政府性基金预算和社会保险基金预算收支额中地方政府收支占比处于绝对高位，2024 年地方政府性基金预算收支占比分别为 92.4%、95.4%，地方政府社会保险基金预算收支占比均高达 99.5%。

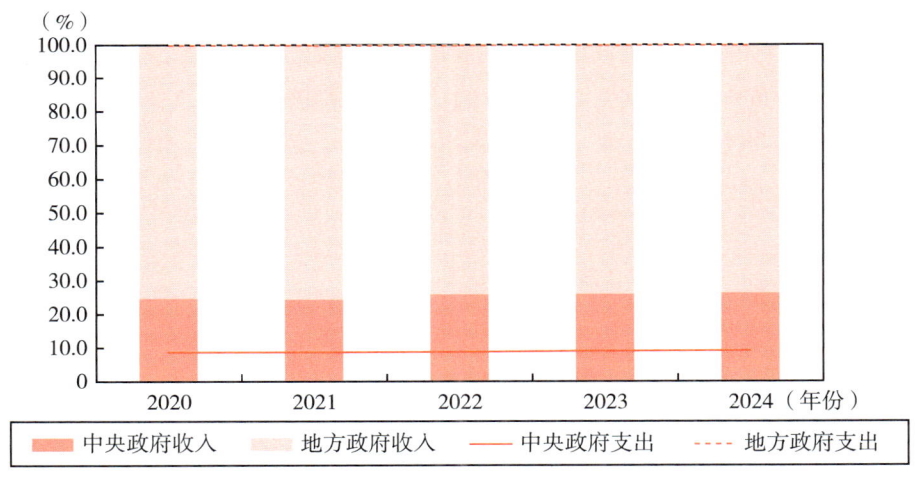

图 1-19　2020—2024 年央地政府收支占比情况

2. 2024 年，税收收入占比回落至 79.6%，小口径宏观税负已降至 13.0%

2024 年，全国税收收入和非税收入占一般公共预算收入的比重分别为 79.6% 和 20.4%（见图 1-20）。其中，税收收入是一般公共预算收入的支柱，2024 年规模为 174972 亿元，增速由正转负，仅 -3.4%，占比首次降至 80% 以下，较 2023

年下降3.9个百分点。非税收入44730亿元，增长25.4%，占比达到近五年的峰值。

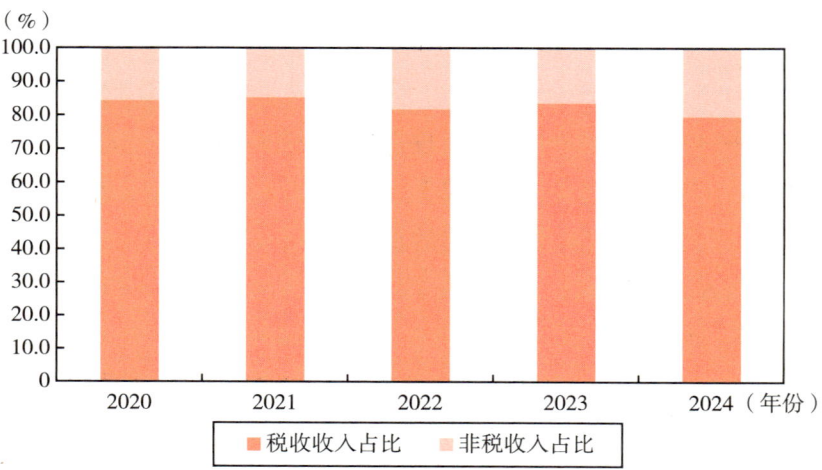

图1-20 2020—2024年一般公共预算收入构成

2020—2024年，全国三口径宏观税负均波动下降（见图1-21）。其中，2022年大口径宏观税负（政府收入占GDP的比重）降至30%以下，2024年为28.2%，较上年下降1.4个百分点。中口径宏观税负（即一般公共预算收入占GDP的比重）和小口径宏观税负（即税收收入占GDP的比重）分别降至16.3%、13.0%，和上年相比小幅下降。

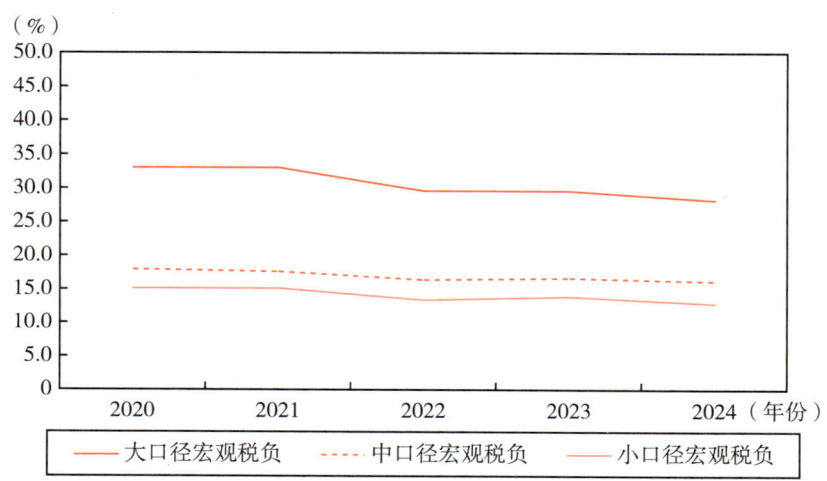

图1-21 2020—2024年三口径宏观税负

分税种看，增值税、企业所得税、个人所得税是我国共享税的三大税种，五年来，共享三主税收入占税收收入的比重保持在60%以上水平（见图1-22）。2023年，全国共享三主税收入为125212亿元，增长16.7%，实现由负转正，占比达69.1%，较2022年上升4.7个百分点。

其中，增值税收入69334亿元，增速为42.3%，主要受上年基数较低等因素影响，税收占比为38.3%，回升9个百分点。企业所得税和个人所得税收入分别为41102亿元、14775亿元，增速分别为-5.9%、-1.0%，较2022年分别下降9.9%、7.6%，占比也分别降至22.7%、8.2%。

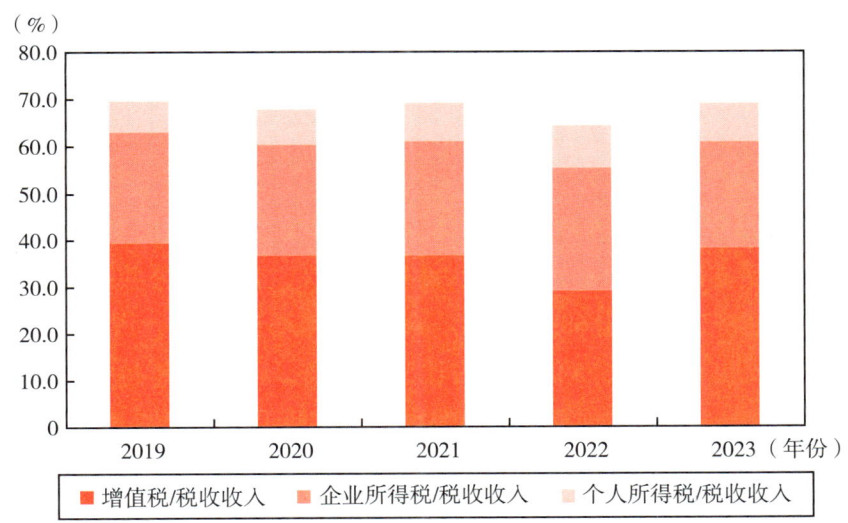

图1-22　2019—2023年共享三主税收入占比情况

契税、土地增值税、房产税、城镇土地使用税、耕地占用税是我国房地产市场的主要税种，也是除共享三主税外地方税的主要小税种收入。五年来，房地产五税收入在税收收入中占比保持在10%以上（见图1-23）。2023年，房地产五税种总收入18538亿元，增长-3.5%，虽尚未实现正增长，但较2022年已回升4.1个百分点，占税收收入比重为10.2%。

其中，契税收入5910亿元，增长2.0%，实现由负转正，占比3.3%。土地增值税收入5294亿元，下降16.6%，降幅较2022年扩大8.7个百分点，占比为2.9%。房产税收入3994亿元，增长11.2%，较2022年提高1.7个百分点，占比保持在2.2%。城镇土地使用税、耕地占用税收入分别为2213亿元、1127亿元，增速分别为-0.6%、-10.4%，出现负增长，占比也分别降至1.2%、0.6%。

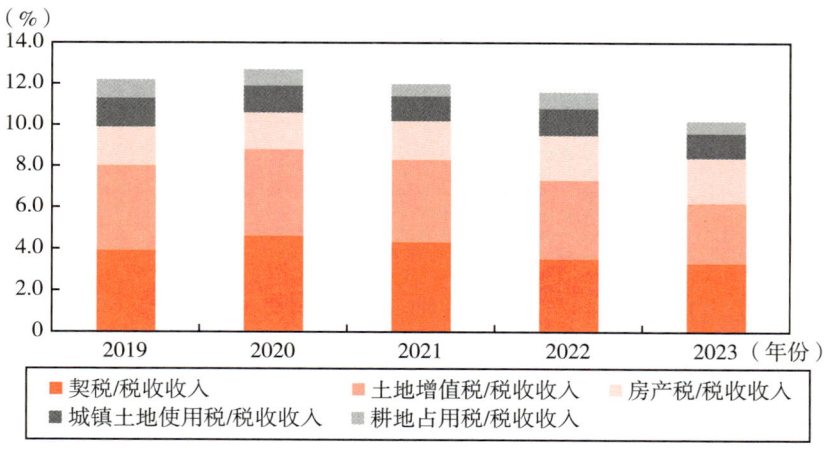

图1-23　2019—2023年房地产五税收入占比情况

3. 2023年，社会发展支出稳步增长5.5%，政府运转支出占比降至7.9%

2019—2023年，社会发展支出整体保持正增长态势（见图1-24）。2023年，十大类社会发展支出合计137328亿元，增长5.5%，在一般公共预算支出中占比保持在50%。经济建设支出68936亿元，较2022年增长6.6%，占比为25.1%。国防和公共安全支出合计30675亿元，占比为11.2%，和2022年持平。政府运转支出21815亿元，在一般公共预算支出中的比重首次低于8%，仅7.9%。

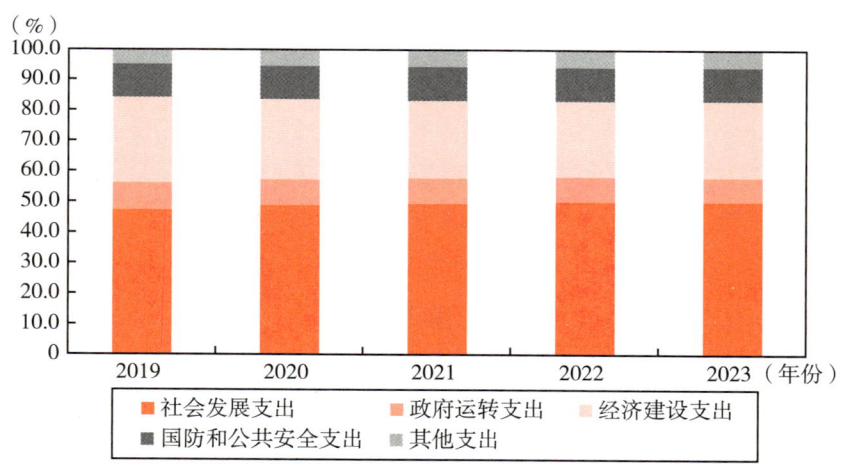

图1-24　2019—2023年一般公共预算支出构成[①]

---

① 张绘，谢恺，周瑞康.我国财政支出规模和结构的历史变迁与优化方向[J].财会月刊，2023，44（20）：126-134.

社会发展支出中，教育支出41248亿元，首次突破4万亿，增长4.6%，占一般公共预算支出比重为15.0%。社会保障和就业支出39882亿元，增长8.9%，实现小幅增长，占比14.5%。卫生健康支出22396亿元，增长-0.6%，较2022年下降18.4个百分点，占比也降至8.2%。科学技术支出10886亿元，增长8.5%，增速较2022年提高4.8个百分点，占比也提高至4%。文化体育与传媒支出和节能环保支出分别为3965亿元、5637亿元，增速分别为1.3%、4.1%，二者均实现由负转正，占比仅1.4%、2.1%（见图1-25）。

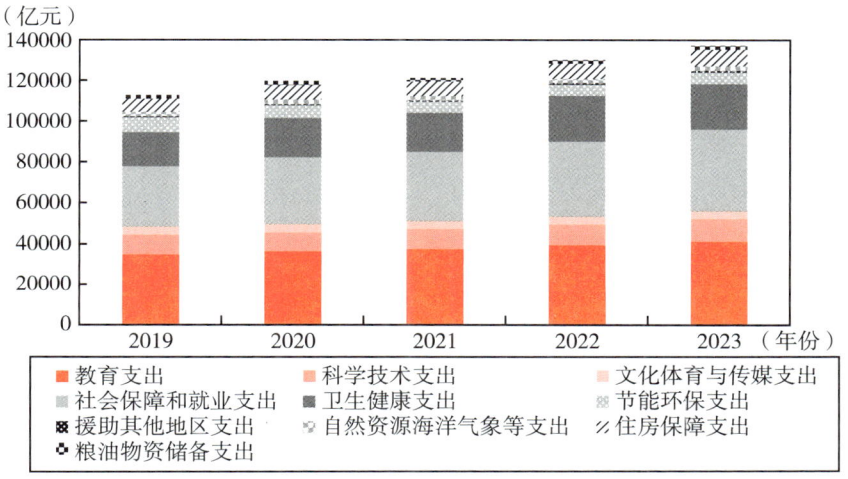

图1-25　2019—2023年社会发展支出情况

两类政府运转支出中，一般公共服务支出21242亿元，增长1.7%，较2022年小幅下降，占比降至7.7%。外交支出572亿元，增长16.6%，较2022年提高17.1个百分点，占比保持在0.2%（见图1-26）。

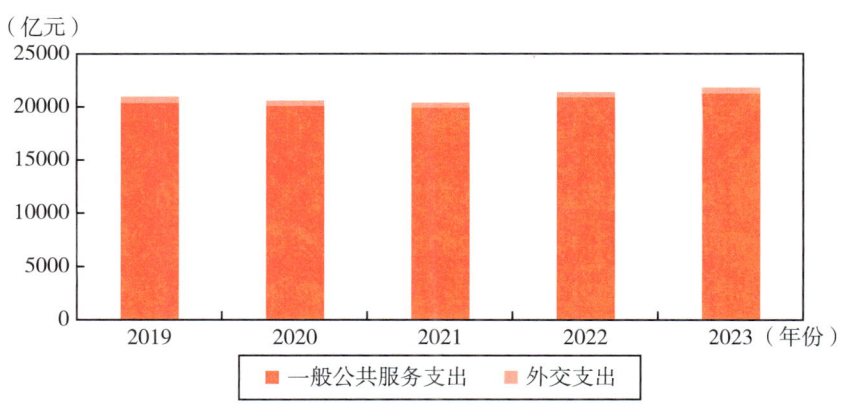

图1-26　2019—2023年政府运转支出情况

4. 2023年，国有土地使用权出让收支占比分别降至80.1%、54.1%

国有土地使用权出让收入是政府性基金预算收入的关键，占比保持在80%左右。2021年来，国有土地使用权出让收支均波动下降（见图1-27）。2023年，国有土地使用权出让收入56634亿元，下降13.3%，降幅较2022年收窄9.8个百分点，在政府性基金预算收入中占比降至80.1%，是近五年最低值。国有土地使用权出让收入安排支出54749亿元，五年来首次降至5万亿元水平，增速为-12.9%，已经连续两年负增长。2022年开始，在政府性基金预算支出中比重降至60%以下，2023年仅54.1%，较2022年继续下降2.8个百分点。

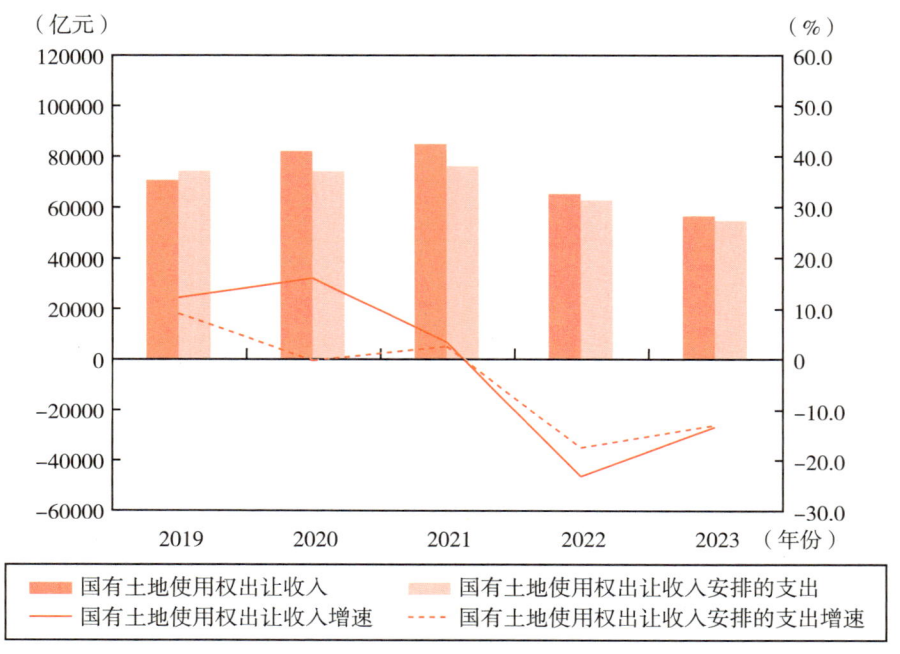

图1-27 2019—2023年国有土地使用权出让收入安排支出情况

5. 2024年，社会保险基金支出对财政补贴的依赖度回升至25.3%

2020年社会保险基金支出对财政补贴的依赖度达到峰值（26.8%）后逐年下降，2024年有所回升（见图1-28）。2023年，社会保险基金支出对财政补贴的依赖度仅24.5%，是五年来首次降至25%以下，2024年回升至25.3%，较2023年提高0.8个百分点。

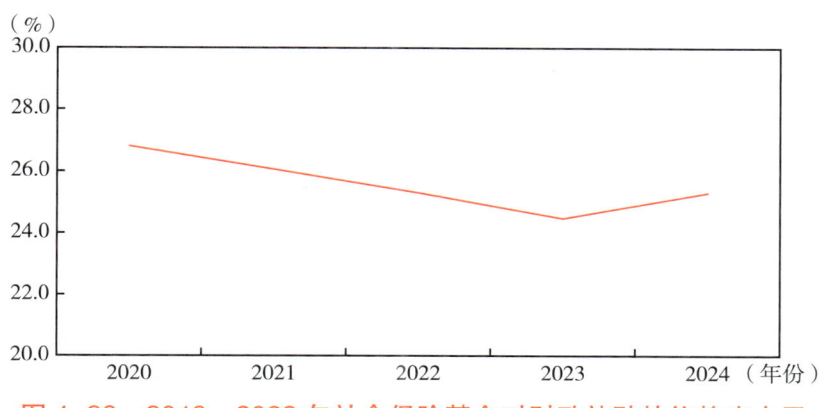

图 1-28　2019—2023 年社会保险基金对财政补贴的依赖度水平

6. 2023 年，全国政府负债率达到近五年的峰值 54.7%

2019 年开始，我国政府负债率呈现持续上升态势（见图 1-29）。2023 年，全国政府负债率为 54.7%，达到近五年的峰值，较 2022 年跃升 5.3 个百分点。

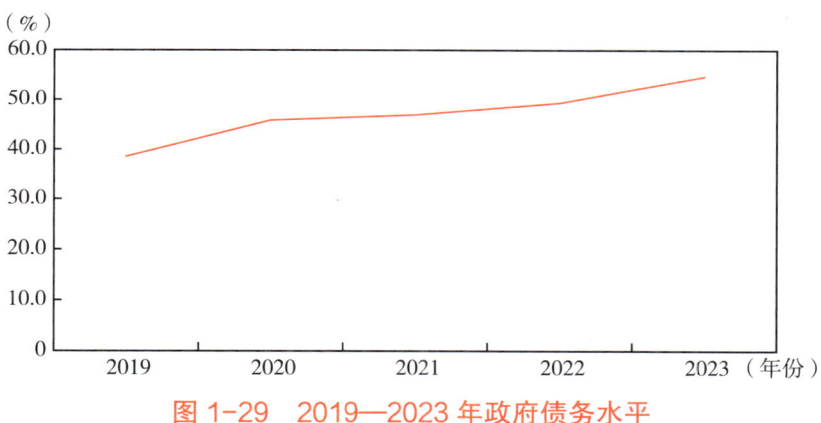

图 1-29　2019—2023 年政府债务水平

三、2023 年地方政府收支情况分析

（一）2023 年，地区间政府收入规模差异显著，收入稳步增长，支出结构分化

2023 年全国各省份政府收入[①]总体呈现稳步增长趋势。财政收入的规模与增

---

① 各省市政府收入规模为四本预算收入的简单汇总，未剔除重复计算部分。广西因数据披露不全，未纳入图表分析。

速有所不同,主要受经济增长、产业结构调整及政策因素的影响。2023年东部、中部、西部、东北地区政府收入规模分别为15.5万亿元、5.8万亿元、5.8万亿元、1.7万亿元,其中东部地区政府收入规模分别为中部地区和西部地区的2.7倍,约为东北地区的8.9倍,地区之间政府收入规模差距较大。

2023年全国30个省份[①]中地方政府收入超过2万亿元的仅广东、江苏、浙江三个省份,分别为2.95万亿元、2.92万亿元、2.4万亿元;收入规模在1万亿—2万亿元的共8个省份。其余省份地方政府收入未超过1万亿元,其中只有西藏不足1000亿元。30省份中政府收入负增长的省份共6个,正增长的省份共24个。其中北京市增速最低(-38.7%),增速最高的为西藏自治区(24.6%)(见图1-30)。

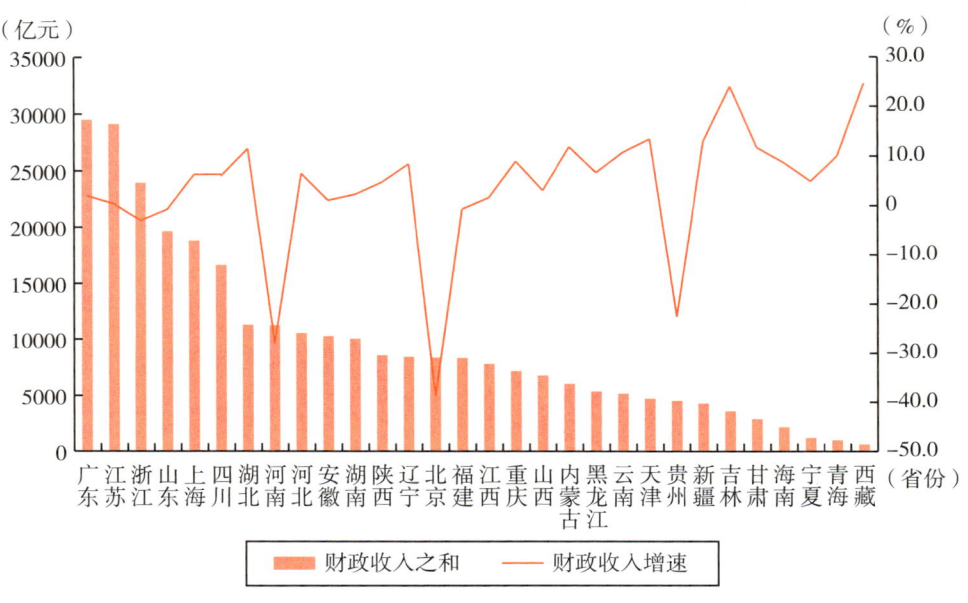

图1-30　2023年全国分省份政府收入规模及增速

2023年东部、中部、西部、东北地区政府支出规模分别为19.2万亿元、9.2万亿元、10万亿元、3万亿元,其中东部地区政府支出规模分别为中部地区和西部地区的2倍,约为东北地区的6.3倍,地区之间政府支出规模差距较大。

2023年全国30个省份中地方政府支出超过3万亿元的仅广东、江苏两个省

---

① 31个省份中共获取30个省份2023年政府收入支出数据,未获取广西数据。

份，分别为3.39万亿元、3.36万亿元；支出规模在2万亿—3万亿元的共3个省份，1万亿—2万亿元的共14个省份，其余省份地方政府支出未超过1万亿元。30个省份中政府支出负增长的省份共7个，正增长的省份共23个。其中贵州省增速最低（-29.29%），增速最高的为安徽省（40.86%）（见图1-31）。

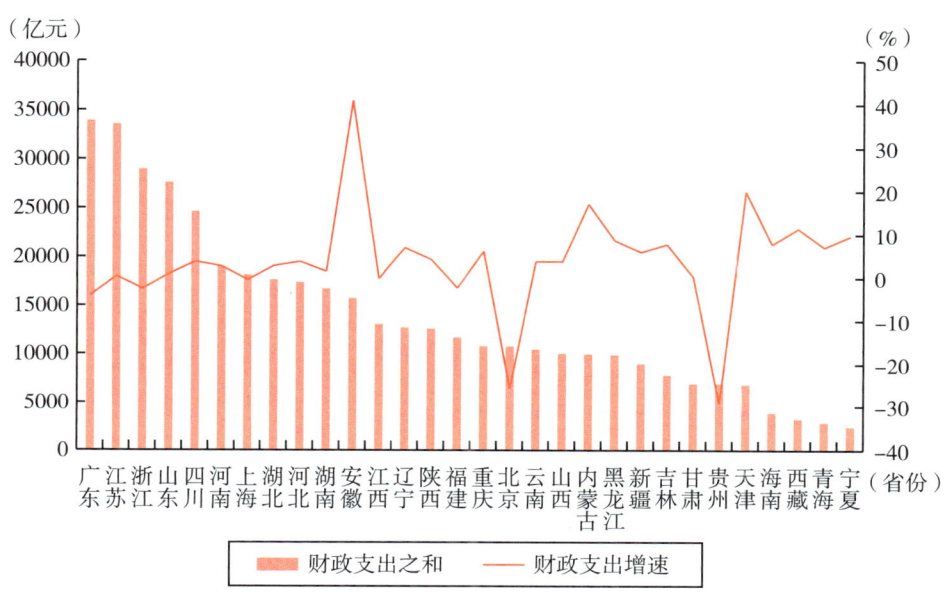

图1-31　2023年全国分省份政府支出规模及增速

1. 2023年地区间一般公共预算收支总体情况：收入集中于少数省份，支出分化明显，收支缺口普遍存在且区域差异突出

2023年，全国30个省份[①]中仅广东、江苏、浙江一般公共预算收入超过8000亿元，分别为0.99万亿元、0.86万亿元和0.83万亿元，收入规模在0.5万亿—0.8万亿元的3个省份全部属于东部地区，有4个省份低于1千亿元，分别为甘肃、海南、宁夏、青海（见图1-32）。

2023年，只有1个省份一般公共预算收入负增长，为-35.23%，青海省增速最高，为31.73%。在30个省份中，上海的一般公共预算收入占GDP比重最高，达到17.60%，此外，北京、山西、内蒙古和天津的比重也较高，分别为14.12%、13.54%、12.52%和12.11%（见图1-32）。

---

① 31个省份中共获取30省份2023年一般公共预算收入、支出数据，未获取广西数据。

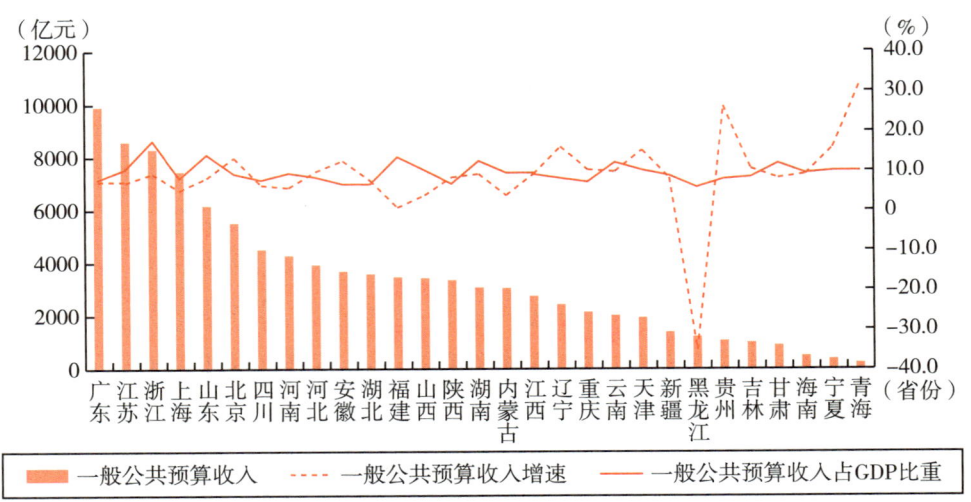

图 1-32　2023 年全国分省份一般公共预算收入规模、增速及占 GDP 比重

2023年，全国30个省份中仅广东、江苏、四川、山东和浙江一般公共预算支出超过1万亿元，分别为1.52万亿元、1.27万亿元、1.26万亿元、1.24万亿元和1.11万亿元，支出规模在0.5万亿—1万亿元的共有17个省份（见图1-33）。

2023年，只有广东省一般公共预算支出负增长，为-0.03%，天津增速最高，为20.17%。在30个省份中，西藏的一般公共预算支出占其GDP比重最高，达到117.4%，表明西藏的财政支出主要依赖中央财政转移支付和补助，自身税收和非税收入难以支撑其庞大的财政支出（见图1-33）。

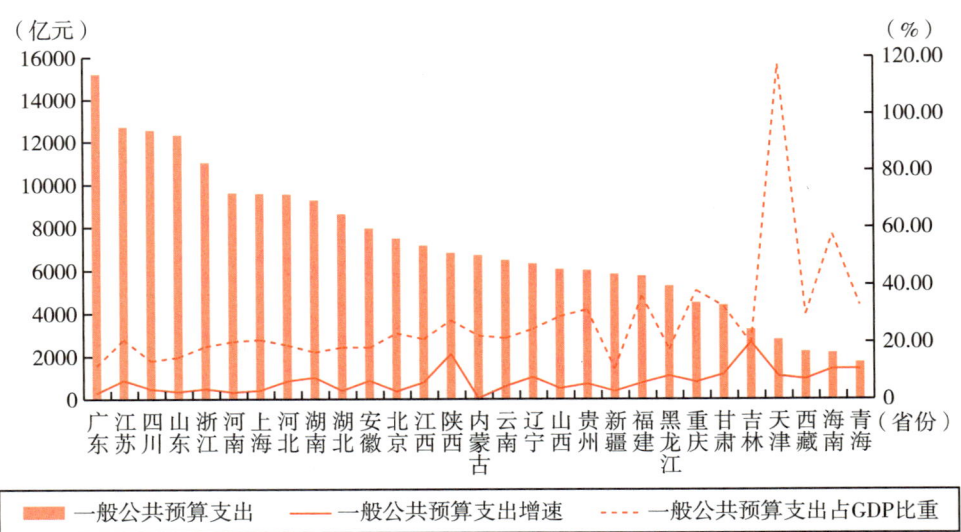

图 1-33　2023 年全国分省份一般公共预算支出规模、增速及占 GDP 比重

2023年，各省份一般公共预算收支普遍存在缺口，呈现"普遍缺口、区域分化"的特点。不同省份财政平衡状况差异较大。其中，缺口超过5000亿元的有四川（-7204亿元）、河南（-6534亿元）、湖南（-6221亿元）、湖北（-5606亿元）等人口大省，缺口最小的为宁夏（-1249亿元）、天津（-1253亿元）、上海（-1326亿元）等省区，地区间财政压力差异明显，反映出部分地区财政自给能力不足、支出压力较大，地方财政收支平衡形势依然严峻（见图1-34）。

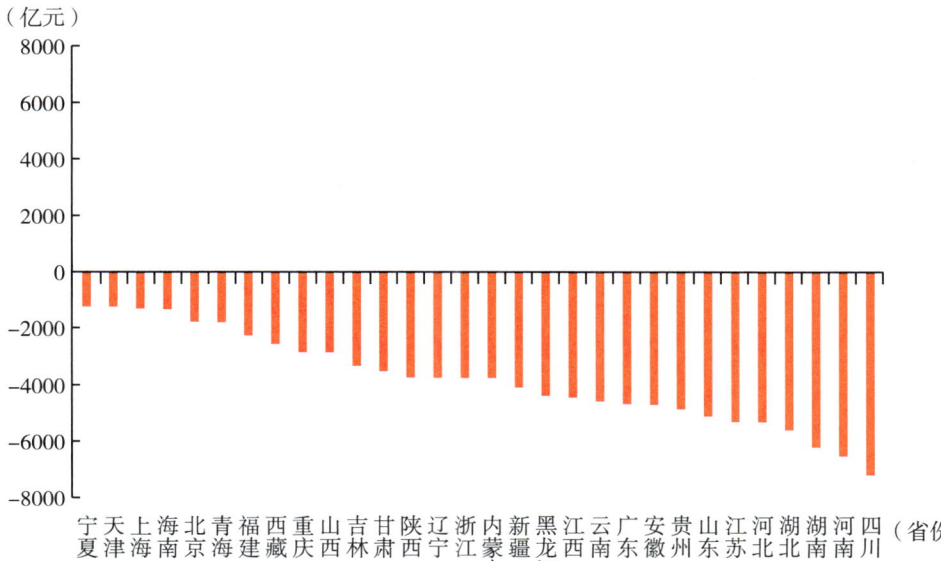

图1-34　2023年全国各省份一般公共预算收支缺口

2. 2023年地区间政府性基金收入支出差异大，江苏浙江收入超8000亿元，13省收入不足千亿元，收支缺口明显

2023年，各省份之间政府性基金收入规模差异显著。30个省份中①，江苏和浙江规模超过8000亿元，分别为10316亿元和8363亿元。处于4000亿元—8000亿元收入规模的省份仅有山东、四川和广东3个省。同时有13个省份收入规模低于千亿元，其中青海、西藏不足百亿元。11个省份政府性基金收入正增长，吉林省增速最高（61.06%），19个省份负增长，河南省增速最低（-51.2%）（见图1-35）。

---

① 31个省份中共获取30个省份2023年政府性基金收入数据，未获取广西数据。

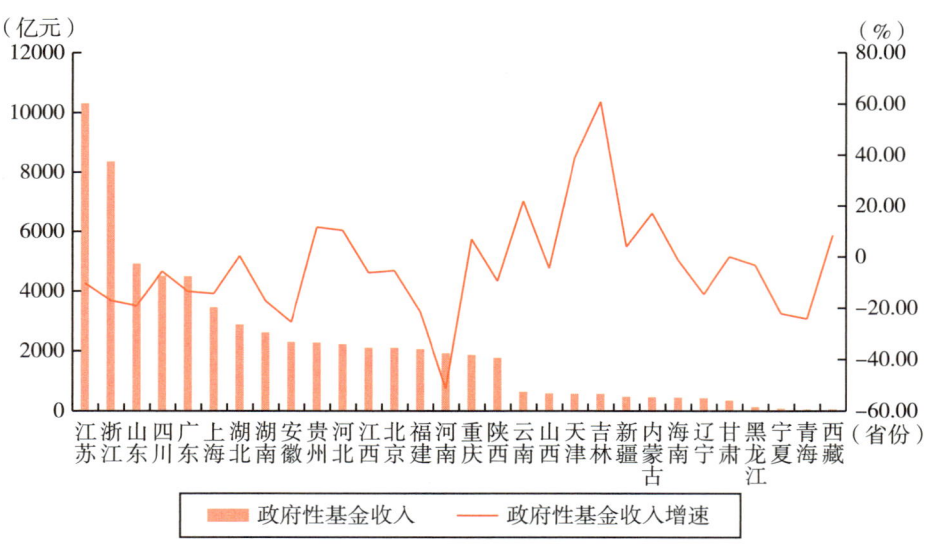

图 1-35　2023 年全国分省份政府性基金收入规模及增速

2023年，各省份之间政府性基金支出规模差异显著。28个省份中[①]，江苏、浙江、广东和山东支出规模超过8000亿元，分别为10535亿元、9634亿元、8245亿元和8228亿元。同时有6个省份支出规模低于千亿元，其中青海、宁夏和西藏不足200亿元。11个省份政府性基金支出正增长，西藏自治区增速最高（108.93%），17个省份负增长，青海省增速最低（-33.87%）（见图1-36）。

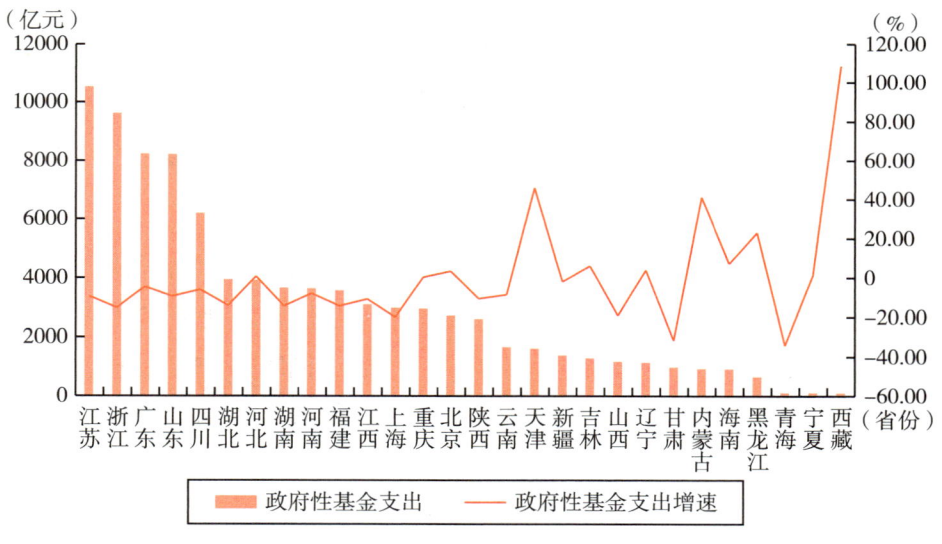

图 1-36　2023 年全国分省份政府性基金支出规模及增速

---

① 31个省份中共获取28个省份2023年政府性基金支出数据，未获取安徽，广西，贵州数据。

2023年，从政府性基金收支缺口数据来看，各省份在财政平衡方面存在显著差异①。贵州以2282亿元的收支盈余居首，显示其政府性基金收入大幅高于支出，大部分省份则面临不同程度的收支缺口，尤其是广东（-3743亿元）、山东（-3303亿元）和安徽（-1759亿元）等地，缺口较为明显，表明政府性基金收入难以完全覆盖支出。而上海（469亿元）和宁夏（-35亿元）等地则呈现相对平衡的状态（见图1-37）。

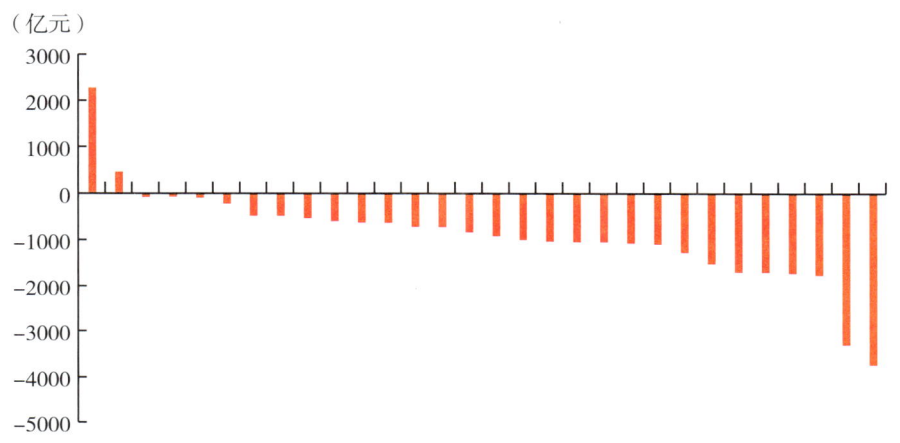

图1-37　2023年全国分省份政府性基金收支缺口

3. 2023年地区间国有资本经营收入支出差异显著，收入超300亿元省份集中在南方，收支盈余明显

2023年，各省份之间国有资本经营收入规模差异显著。30个省份中②，湖南（397亿元）、山东（342亿元）、陕西（339亿元）、江苏（332亿元）、广东（304亿元）和安徽（301亿元）规模超过300亿元。处于100亿元—300亿元收入规模的省份共有11个省，同时有5个省份收入规模低于10亿元。22个省国有资本经营收入正增长，天津增速最高（211.7%），8个省份负增长，黑龙江省增速最低（-63.65%）（见图1-38）。

---

① 31个省份中共获取28个省份2023年政府性基金收支数据，安徽，广西，贵州因支出数据披露不全未获取。

② 31个省份共获取30个省份2023年国有资本经营收支数据，未获取广西数据。

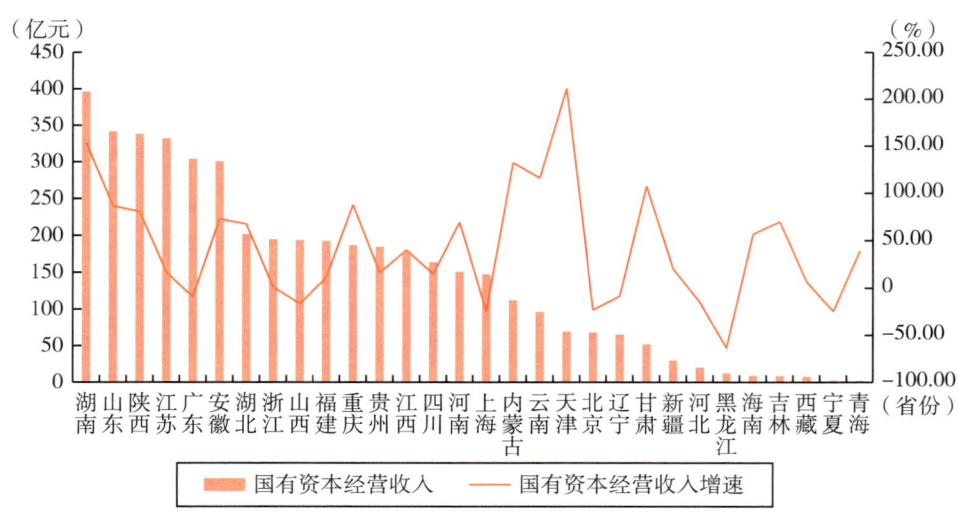

图 1-38 2023 年全国分省份国有资本经营收入规模及增速

2023年，各省份之间国有资本经营支出规模差异显著。30个省份中，山东（183亿元）、陕西（163亿元）和广东（153亿元）支出规模超过150亿元。处于50亿元—150亿元支出规模的省份共有12个省，同时有5个省份支出规模低于10亿元。17个省份国有资本经营支出正增长，甘肃增速最高（447.73%），13个省份负增长，宁夏增速最低（-63.66%）（见图1-39）。

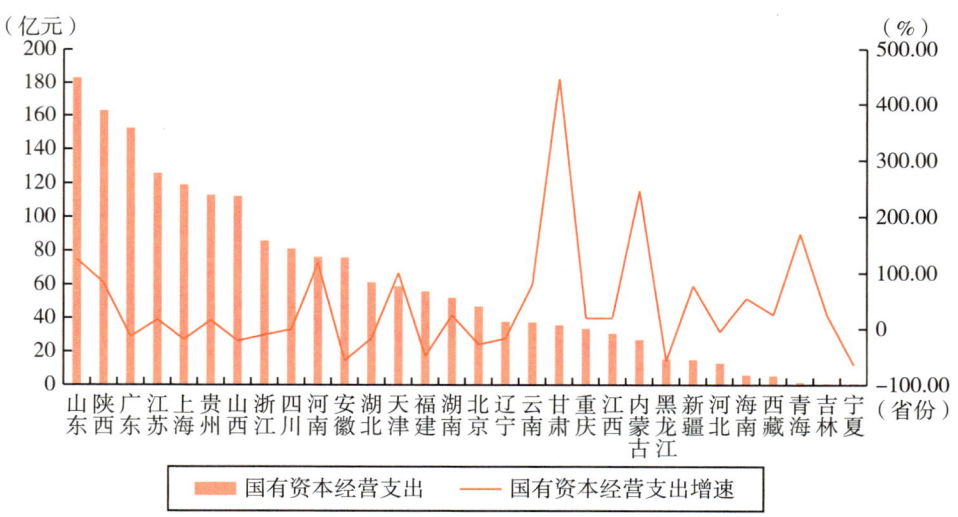

图 1-39 2023 年全国分省份国有资本经营支出规模及增速

2023年，从国有资本经营预算收支缺口数据来看，大部分省份实现了收支盈余，仅黑龙江（-3亿元）出现轻微的收支缺口，而青海则实现了收支平衡（0亿元)。湖南(344亿元)、安徽(225亿元)和江苏(206亿元)位列前三,表明这些地区的国有资本经营收入远超支出(见图1-40)。

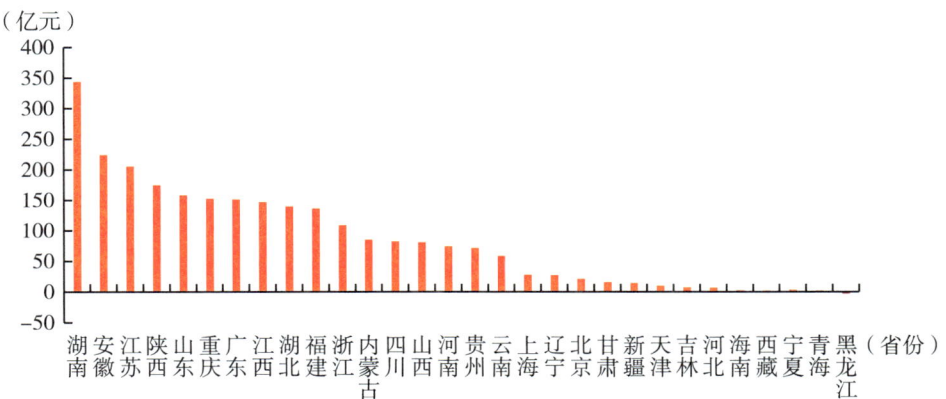

图1-40　2023年全国分省份国有资本经营收支缺口

4. 2023年地区间社会保险基金收支差异大,27个省份收入正增长,西部省份支出不足,盈余省份占多数

2023年,各省份之间社会保险基金收入规模差异较大①。广东超过万亿元,而西部地区的西藏低于500亿元。2023年仅有2个省份社会保险基金收入负增长,分别为河南(-36.58%)、贵州(-52.69%)。在正增长的27个省份中,14个省份的增速均在10%以上,增幅最大的西藏为22.51%(见图1-41)。

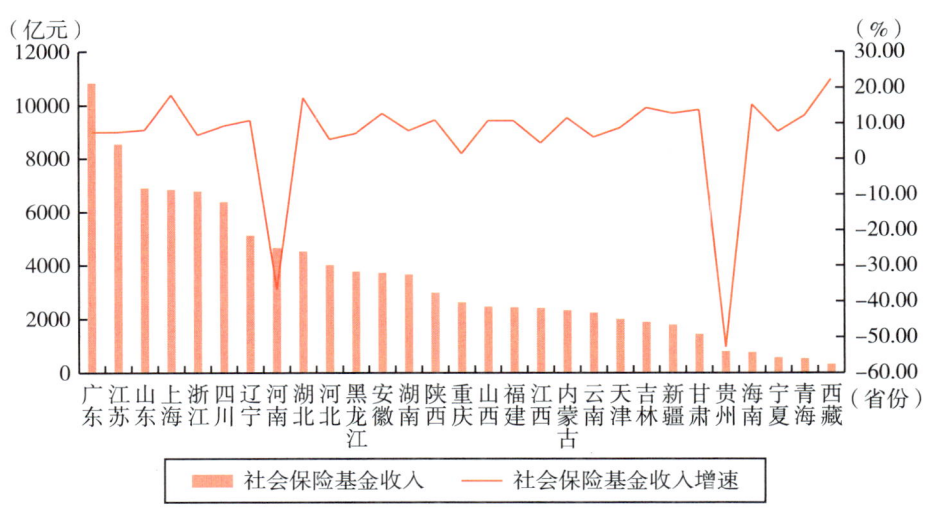

图1-41　2023年全国分省份社会保险基金收入规模及增速

---

① 31个省份共获取29个省份2023年社会保险基金收支数据,未获取北京、广西数据。

2023年，各省份之间社会保险基金支出规模差异较大。从支出规模看，江苏省以超7000亿元的支出体量位居首位，形成鲜明对比的是西部五省份的支出规模：贵州省（690亿元）、海南省（611亿元）、宁夏回族自治区（506亿元）、青海省（486亿元）和西藏自治区（254亿元）均未突破千亿元大关，其中西藏支出规模仅为江苏的3.6%（见图1-42）。

在增速方面呈现明显分化特征：全国仅广东省（-12.39%）和贵州省（-53.28%）出现负增长，其余27个省份均保持正增长。值得注意的是，超过半数省份（14个）实现两位数增长，其中云南省以32.52%的同比增幅领跑全国，展现出区域社会保障支出的差异化发展态势（见图1-42）。

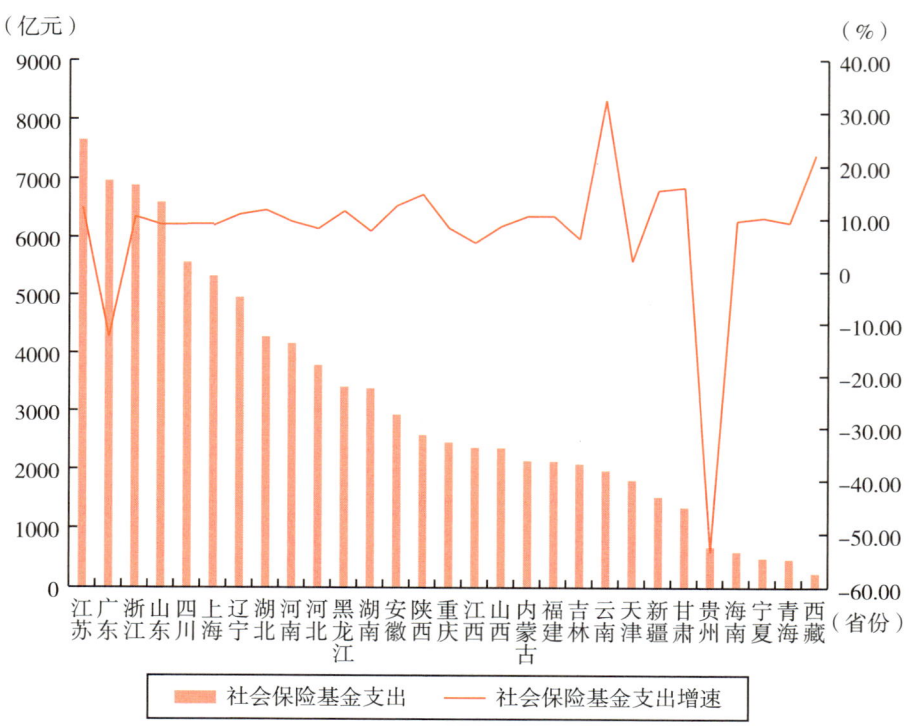

图1-42 2023年全国分省份社会保险基金支出规模及增速

2023年，从社会保险基金预算收支缺口数据来看，大部分省份实现了收支盈余，在29个省份中，仅吉林（-179亿元）和浙江（-84亿元）出现轻微的收支缺口。6个省的社会保险基金预算盈余超过500亿元，其中广东最高，为3886亿元（见图1-43）。

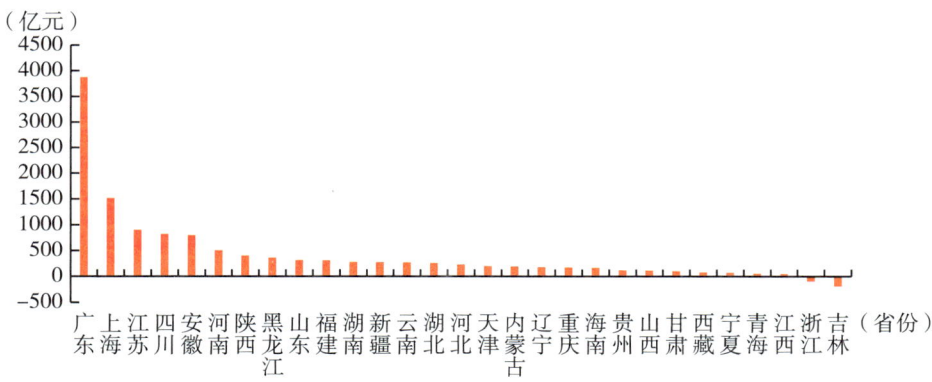

图 1-43　2023 年全国分省份社会保险基金收支缺口

5. 2023 年地区间债务东西分化，高债务限额省份集中在贵州、湖南，专项债务占比高的为东部省份

从一般债务余额来看，贵州（8231 亿元）和湖南（8042 亿元）省份的一般债务限额较高，均超 8000 亿元，西藏一般债务余额低于 500 亿元，为 435 亿元。从专项债务来看，广东（22251 亿元）、山东（19701 亿元）、浙江（15202 亿元）和江苏（15066 亿元）超过 15000 亿元，而西藏（246 亿元）、宁夏（558 亿元）和青海（801 亿元）专项债务余额均低于千亿元（见图 1-44）。

从债务结构来看，一般债务余额普遍高于专项债务余额的省份包括贵州、辽宁、内蒙古、黑龙江、吉林、山西等，而广东、山东、浙江、江苏、四川、安徽、河南、福建、重庆、北京等省份的专项债务余额高于一般债务余额。

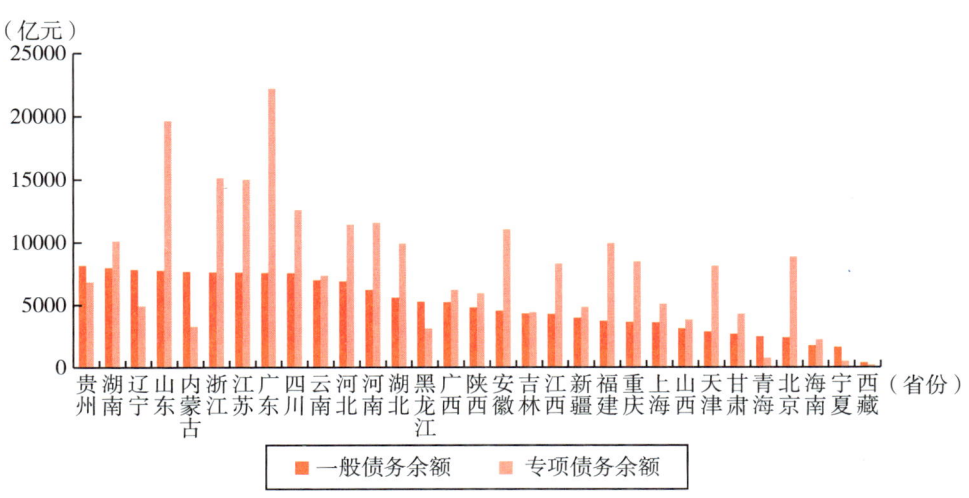

图 1-44　2023 年全国分省份一般债务与专项债务余额

从一般债务限额来看，贵州（8840亿元）、天津（8488亿元）、湖南（8213亿元）和江苏（8171亿元）省份的一般债务限额较高，均超8000亿元，而西藏一般债务限额低于500亿元，为451亿元。从专项债务来看，广东（22393亿元）的债务限额超过2万亿元，而西藏（250亿元）、宁夏（611亿元）、青海（819亿元）的专项债务余额均低于千亿元（见图1-45）。

一般债务限额高于专项债务的省份主要集中在西部和东北地区，包括贵州、内蒙古、辽宁、黑龙江、青海和西藏。其中，贵州的一般债务规模居全国首位，其限额超过专项债务20.6%，东部省份普遍以专项债务为杠杆撬动发展，而西部省份更依赖一般债务维持基本运转。广东专项债务规模（22393亿元）相当于西藏（250亿元）的89.6倍（见图1-45）。

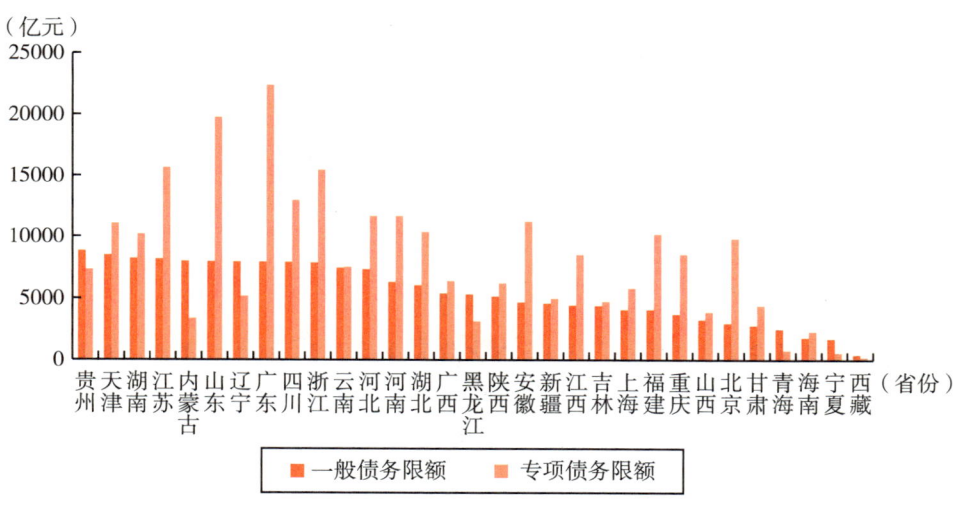

图 1-45　2023 年全国分省份一般债务与专项债务限额

（二）专题分析

1. 2023 年地方间宏观税负区域差异明显，仅两省税收占 GDP 比重超 10%，税收收入集中度高，非税收入占比差异显著

从宏观税负看，各省份大口径宏观税负水平存在差异[①]。2023年地方政府大

---

① 31 个省份共获取 30 个省份政府收入、一般公共预算收入、税收收入和 GDP 数据，未获取广西数据。

口径宏观税负①超过30%的仅有广东、黑龙江两个省份。大口径宏观税负位于20%—30%的省份共24个，而北京、河南、云南、福建4个省份税负不足20%（见图1-46）。

从中口径宏观税负②来看，仅上海（17.60%）、北京（14.12%）和山西（13.54%）3个省份超过13%，其余省份普遍在10%以下。其中，贵州（5.84%）、湖南（6.72%）、湖北（6.62%）、福建（6.61%）等地的中口径税负相对偏低。

从小口径宏观税负③来看，超过10%的省份仅有上海（15.06%）、北京（12.24%），显示出这些省份税收收入相对于GDP的比重较高。而湖南（4.42%）、福建（4.31%）、湖北（4.79%）、河南（4.83%）、重庆（4.90%）等省份的小口径税负不足5%，税收占比相对偏低。

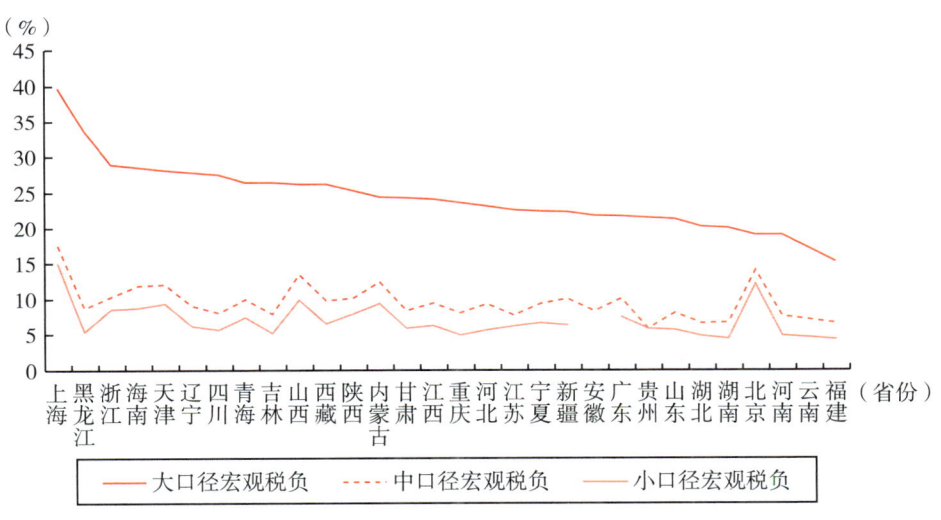

图1-46　2023年全国各省份大、中、小口径宏观税负

2023年，仅4个省份④税收收入规模超过6000亿元，分别为广东（10245亿元）、江苏（7977亿元）、浙江（7125亿元）、上海（7109亿元）。宁夏（353亿元）、青海（283亿元）、西藏（157亿元）税收收入不足500亿元。2023年，除山西省外其他省份税收收入均正增长，山西省增速为-5.17%。西藏税收收入增速最高，为47.46%（见图1-47）。

---

① 本书大口径宏观税负是指政府收入占GDP比重。
② 本书中口径宏观税负是指一般公共预算收入占GDP比重。
③ 本书小口径宏观税负是指税收收入占GDP比重。
④ 31个省份共获取29个省份2023年税收收入数据，未获取广西、安徽数据。

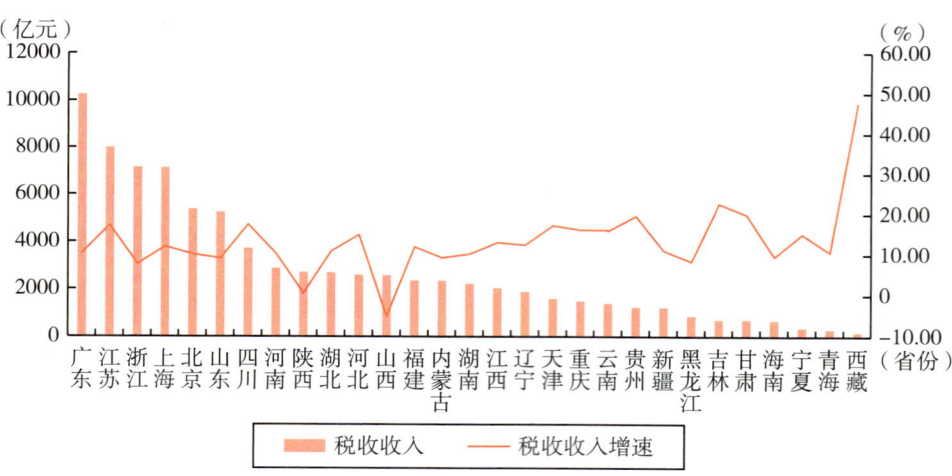

图 1-47 2023 年全国分省份税收收入规模、增速

2023年，5个省份①税收收入占一般公共预算收入比重超过80%，分别为北京（86.67%）、上海（85.52%）、江苏（80.33%）、浙江（82.84%）和贵州（100%）。14个省份低于70%，其中6个省份位于西部地区，占西部地区省份数量比重约50%（见图1-48）。

2023年，14个省份非税收入占一般公共预算收入比重超过30%，其中东北地区非税收入占一般公共预算收入比重均超过30%，6个省份属于西部地区，占西部地区的比重约为50%。仅有北京、上海非税收入占一般公共预算收入比重低于15%（见图1-48）。

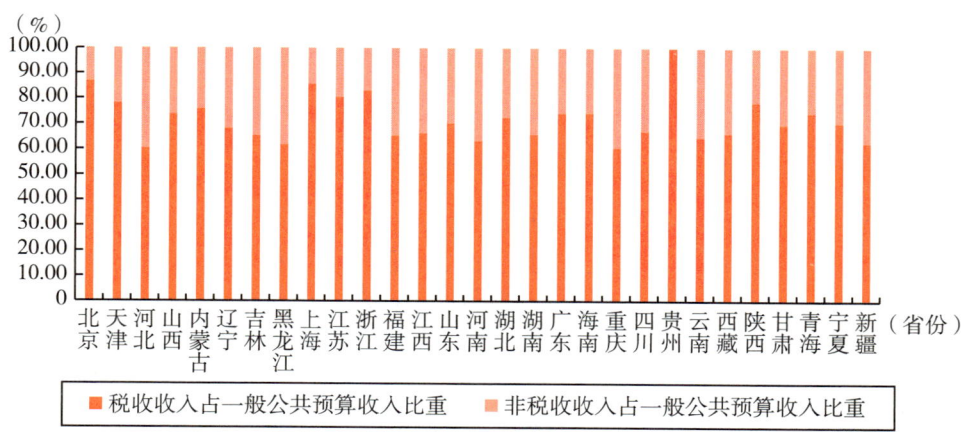

图 1-48 2023 年全国分省份税收收入与非税收入占一般公共预算收入比重情况

---

① 31个省份共获取29个省份2023年税收与非税收入数据，未获取广西、安徽数据。

2. 2023年地区间财政依赖度差异显著,两省市财政自给率超75%,西部地区依赖中央转移支付,东部社会发展支出占比高,22省省本级收入占比低于30%,省市县支出结构呈现分化

2023年,29个省份中[①],上海和北京的财政自给率分别达到86.24%和77.54%,显示出较强的财政独立性。而西藏(-2572亿元)、青海(-1807亿元)等地财政收支缺口较大,财政自给率仅8.42%和17.42%,高度依赖中央财政补助(见图1-49)。

2023年,从中央对地方税收返还和转移支付占一般公共预算支出的比重来看,各省份财政依赖度存在显著差异。29个省份中[②],西藏(90.37%)、黑龙江(83.17%)、青海(78.89%)等西部和东北地区的省份对中央财政支持高度依赖。相比之下,北京(20.46%)、江苏(18.63%)、广东(17.64%)、浙江(16.09%)和上海(15.28%)等经济发达地区的财政自主性较强,中央转移支付在其财政支出中的占比相对较低(见图1-49)。

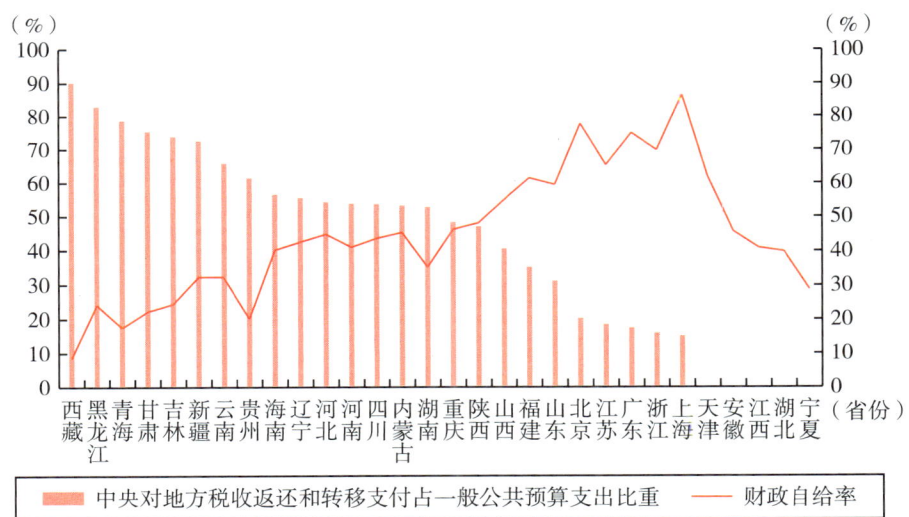

图 1-49 2023年全国分省份中央对地方税收返还和转移支付占一般公共预算支出比重及财政自给率

2023年,29个省份中[③],东部发达省份如广东(59.46%)、山东(58.22%)

---

① 31个省份共获取29个省份2023年一般公共预算收支数据,未获取广西、安徽数据。
② 31个省份共获取29个省份2023年中央对地方税收返还和一般公共预算收支数据,未获取广西、安徽数据。
③ 31个省份共获取29个省份2023年社会发展、经济建设及政府运转支出数据,未获取广西、安徽数据。

等地社会发展支出①占比较高，而中西部地区，特别是西藏（44.03%）、青海（35.18%）、宁夏（35.77%）等地，更倾向于经济建设支出②。西藏（12.26%）、河南（10.52%）和广东（9.28%）的政府运转支出③占比相对较高，可能与地方政府的行政管理开支较大有关。相比之下，上海（4.43%）和北京（6.85%）的政府运转支出占比相对较低，表明其财政管理较为精细化（见图1-50）。

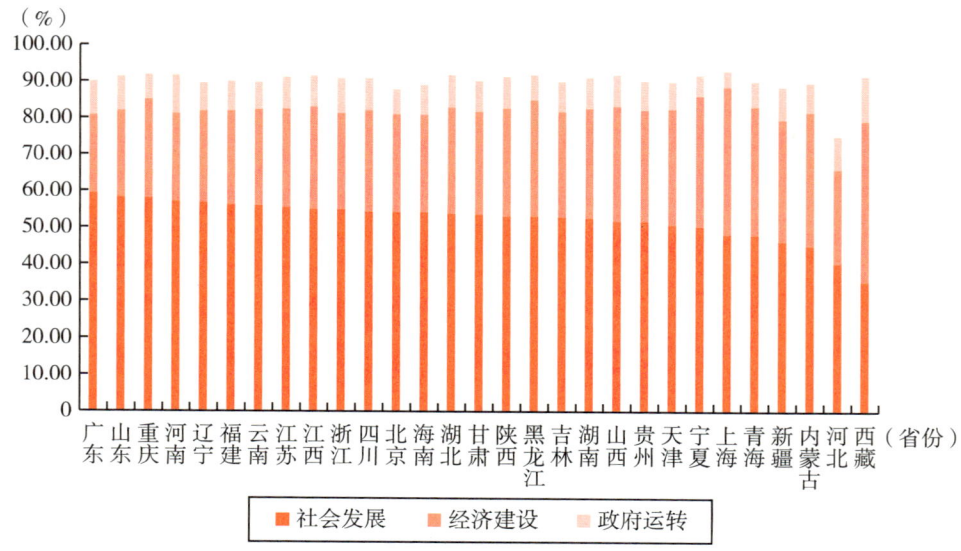

图1-50　2023年全国分省份社会发展、政府运转及经济建设支出占比

2023年，省市县三级政府一般公共预算收入占比情况如图1-51所示④。其中，北京、上海、天津、重庆4个直辖市市本级一般公共预算收入占比分别为54.7%、46.4%、38.6%和33.9%。26个省份中省本级收入占比仅宁夏超过35%，9个省份不足10%。海南、西藏、吉林、青海4个省份市本级政府一般公共预算收入占比超过40%。浙江、山东、江苏区县级一般公共预算收入占比超过80%。

---

① 本书社会发展支出包括：教育、科学技术、文化体育与传媒、社会保障和就业、医疗卫生、节能环保、援助其他地区、国土气象等事务，粮油物资储备等事务，保障性住房等支出。
② 本书经济建设支出包括：城乡社区事务、农林水事务、工业商业金融等事务，交通运输等支出。
③ 本书政府运转支出包括：一般公共服务、外交等支出。
④ 本书共获取304个城市的2023年市级政府一般公共预算收入数据，数据未获取的城市分布在甘肃（1市）、西藏（1市）、云南（2市）、四川（1市）、海南（1市）、广西（14市）、湖北（1市）、河南（1市）、江西（1市）、安徽（3市）、浙江（1市）、黑龙江（1市）、吉林（1市）。

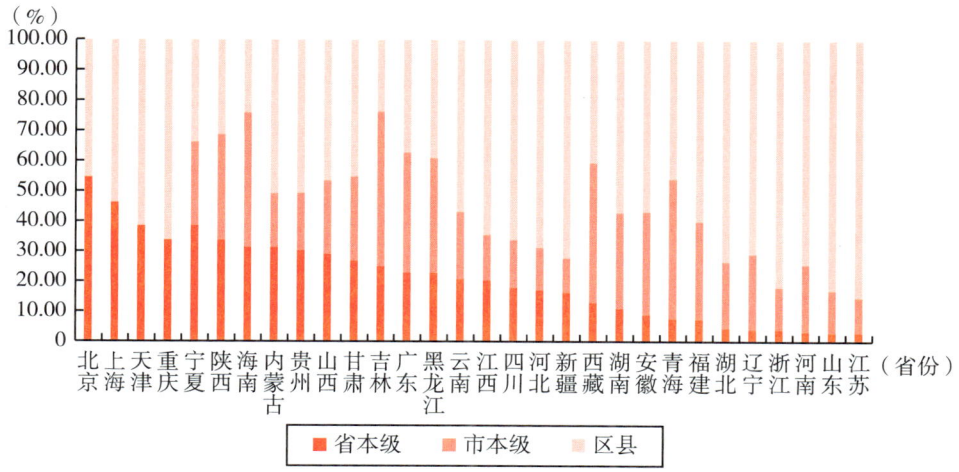

图 1-51　2023 年全国分省份省市县三级政府一般公共预算收入占比情况

2023年，省市县三级政府一般公共预算支出占比情况如图1-52所示[①]。其中，北京、上海、天津、重庆4个直辖市市本级一般公共预算支出占比分别为41.2%、34.4%、34.4%和32.8%。26个省份中省本级支出占比仅宁夏超过35%，江苏、山东、浙江3个省份不足10%。海南、广东、安徽、陕西4个省份市本级政府一般公共预算支出占比超过40%。浙江区县级一般公共预算支出占比超过70%。

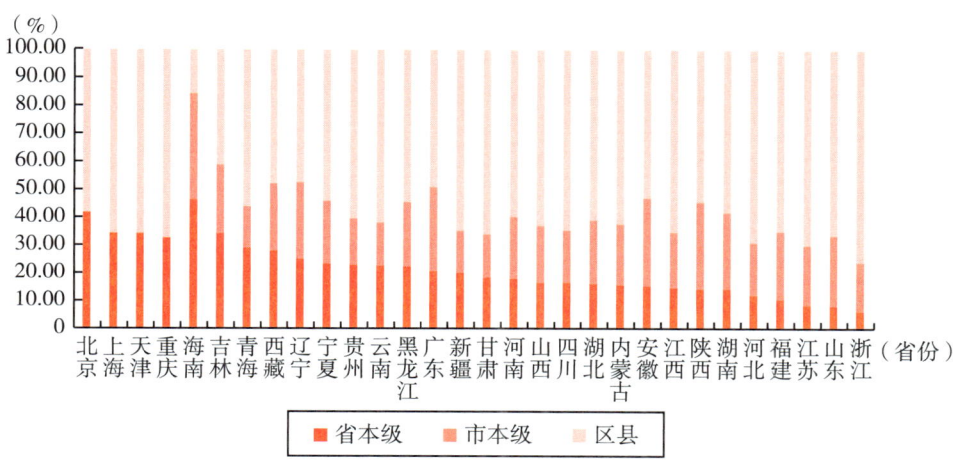

图 1-52　2023 年全国分省份省市县三级政府一般公共预算支出占比情况

---

①　本书共获取304个城市的2023年市级政府一般公共预算支出数据，数据未获取的城市分布在甘肃（1市）、西藏（1市）、云南（2市）、四川（1市）、海南（1市）、广西（14市）、湖北（1市）、河南（1市）、江西（1市）、安徽（3市）、浙江（1市）、黑龙江（1市）、吉林（1市）。

3. 2023年4省份共享三主税收入占比超70%，增值税为主导税种；26省份土地相关税收占比超15%，湖南、海南突破30%

共享三主税是多数省份税收入的主要来源。2023年，在29个省份中[①]，上海、北京、天津及西藏4个省份共享三主税收入占比达到70%以上，分别为75.09%、76.25%、71.09%和76.66%。三主税收入中又以增值税收入占比最高，29省份均超过30%，且有19个省份超过40%。个人所得税占比较低，仅上海、北京超过10%，其中山西省最低，仅2.58%（见图1-53）。

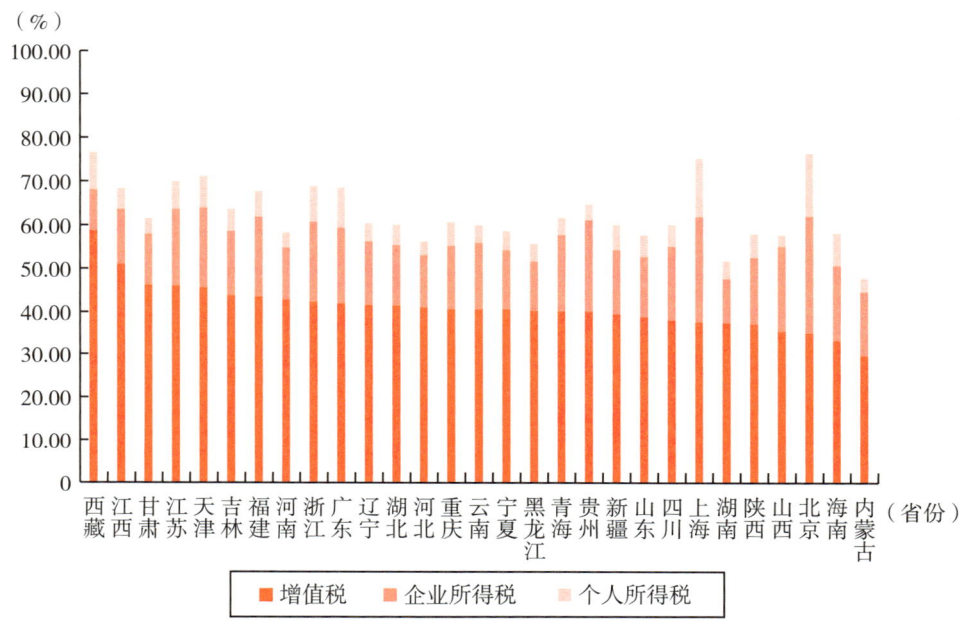

图1-53　2023年全国分省份三大共享税占税收收入比重

土地相关税种收入[②]也是各省份税收入的重要组成部分。2023年，26个省份[③]房地产相关税种收入占税收收入的比重均超过15%，其中湖南（36.22%）、海南（33.10%）达到30%以上。同时14个省份低于20%，其中西藏仅7.23%。此外，房产税、契税、土地增值税是主要来源，整体税负较高，城镇土地使用税和耕地占用税在部分地区占比较小（见图1-54）。

---

① 31个省份中共获取29个省份2023年共享三主税收数据，未获取广西、安徽数据。
② 本书指土地增值税、房产税、契税、耕地占用税、城镇土地使用税。
③ 31个省份中共获取29个省份的2023年土地相关税种收入数据，未获取广西、安徽数据。

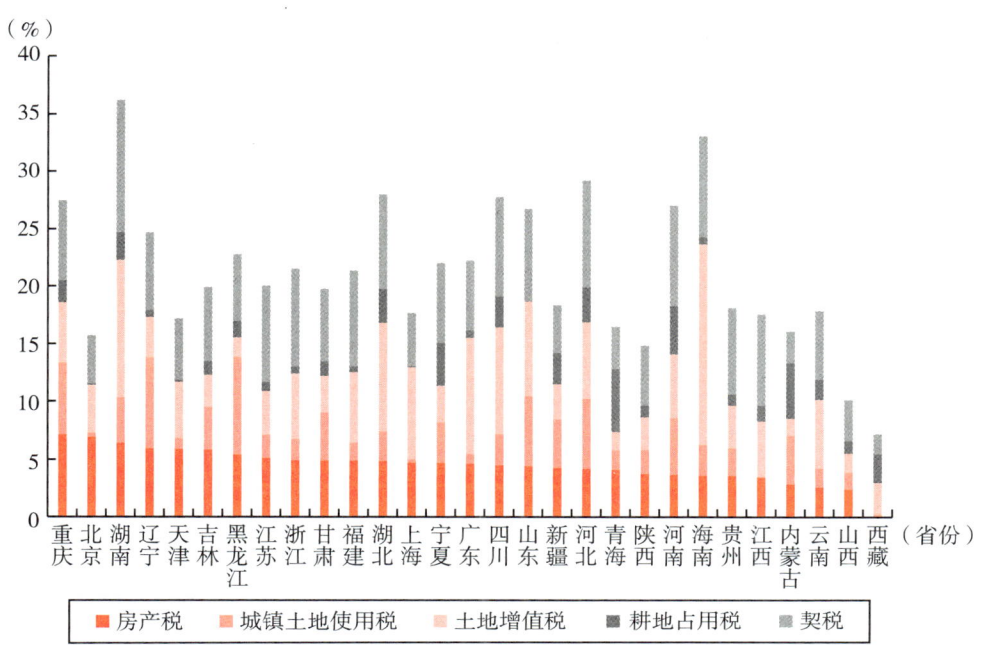

图1-54 2023年全国分省份土地相关税收占税收收入比重

4. 2023年地区间国有土地使用权出让收入规模差异显著，22个省份土地出让金收入占比超过70%

2023年，27个省份①之间国有土地使用权出让收入差距显著。其中，江苏和浙江收入规模呈断崖式领先，分别为9482亿元和6470亿元。山东、四川和广东收入规模在3000亿—5000亿元。同时有12个省份收入规模低于千亿元，其中黑龙江、宁夏和西藏低于百亿元。20个省份国有土地使用权出让收入负增长，宁夏增速最低（-23.76%），7个省份正增长，最高为吉林（71.39%）（见图1-55）。

2023年，多数省份国有土地使用权出让收入占政府性基金收入的比重超过70%，27个省份中，占比超过90%的省份有6个，其中福建最高，为92.76%，云南、新疆、甘肃和黑龙江占比低于70%（见图1-55）。

---

① 31个省份中共获取27个省份的2023年国有土地使用权出让收入数据，未获取江西、广西、青海和安徽数据。

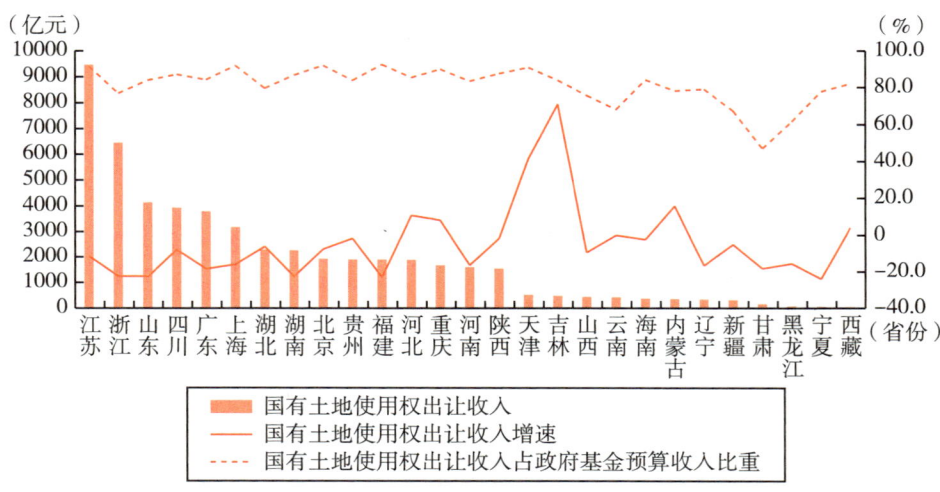

**图 1-55　2023 年全国分省份国有土地使用权出让收入规模、
增速及占政府性基金预算收入比重**

5. 2023 年地区间六成省份社会保险基金对财政补贴的依赖度超过 20%

受数据获取限制，本书计算 12 个省份[①]社会保险基金对财政补贴的依赖度指标。2023 年，超六成地区社会保险基金对财政补贴的依赖度超过 20%，西藏（441.91%）、青海（140.63%）远高于其他省份，显示出极强的财政补贴依赖，明显高于全国其他地区。福建（19.21%）、浙江（14.90%）、新疆（11.64%）、江苏（9.29%）等东部或经济较发达地区依赖度相对较低，均低于 20%。其中江苏依赖度最低，仅 9.29%（见图 1-56）。

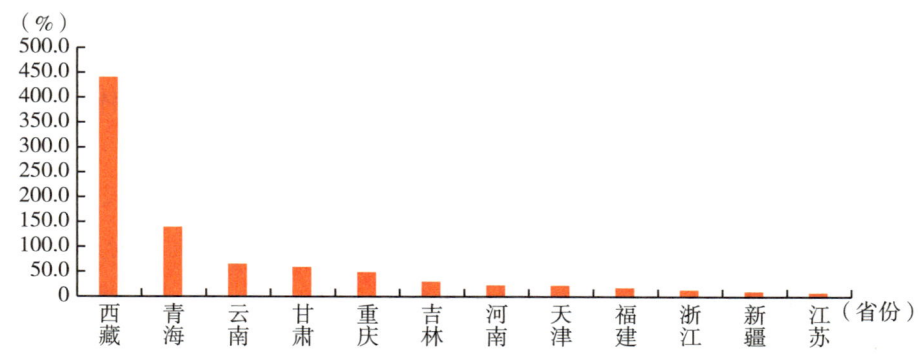

图 1-56　地方间政府负债率与债务依存度差异显著，近七成省份债务依存度超 20%

---

① 31 个省份共获取 12 个省份的 2023 年社会保险基金收入中财政补贴收入数据，未获取河北、山西、内蒙古、辽宁、黑龙江、上海、安徽、江西、山东、湖北、湖南、广东、海南、四川、贵州、陕西、宁夏数据。

2023年，地方政府负债率差异较大，其中青海负债率（87.85%）最高，贵州（72.32%）次之。16个省份政府负债率低于40%，其中只有上海（18.71%）和江苏（17.73%）两个省份低于20%。

2023年，19个省份债务依存度超过20%，7个省份债务依存度低于20%[①]。其中辽宁省最高，达到45.2%，其次是云南省（44.08%）和吉林省（41.66%）。债务依存度最低的是青海省（0.55%），其次是西藏（2.58%）（见图1-57）。

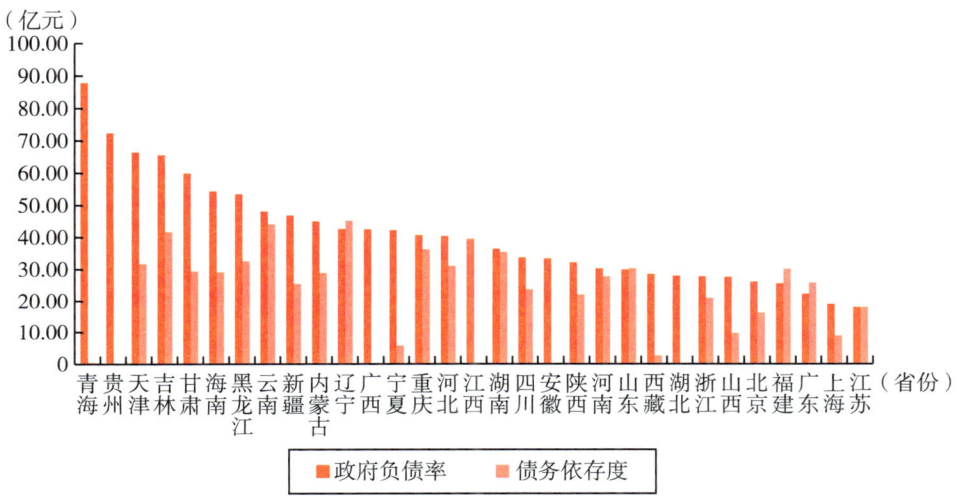

图1-57　2023年全国分省份政府负债率和债务依存度

---

① 31个省份共获取26个省份的2023年债务依存度数据，未获取广西、贵州、安徽、湖北、江西数据。

第二章
省以下财政收支情况分析

本章在333个地级市数据的基础上，对2023年及之前年份的相关财政运行情况进行分析，并分别呈现了相关指标排名前20、中间20和最后20的地级市，便于考察财政运行情况的极值、中位数和平均值等相关情况，有助于读者对省以下财政运行的大致区间和值域有一个经验上的认知和把握。

一、政府收入

（一）政府收入占GDP的比重

政府收入占GDP的比重较高的城市以发达城市为主。在数据可得的城市中（见表2-1），对政府收入占GDP比重从低到高排序，排名最低的20个城市介于8.7%至12.5%之间，总体以中西部及经济体量偏小的城市为主；中间20个城市介于18.3%至18.9%之间，变动幅度较小；最高的20个城市介于27.4%至37.8%之间，波动幅度较大，以发达城市为主，其中含有7个浙江的地级市。

本章执笔人：龙斯玮、陈少波、侯海波。

表 2-1　　　　　　　　2023 年政府收入占 GDP 比重　　　　　　　单位：%

序号	省份	地级市	占比	序号	省份	地级市	占比	序号	省份	地级市	占比
1	广西	北海市	8.7	127	河南	开封市	18.3	256	新疆	阿勒泰地区	27.4
2	青海	黄南州	8.8	128	内蒙古	呼伦贝尔市	18.3	257	贵州	贵阳市	28.2
3	宁夏	石嘴山市	9.0	129	内蒙古	巴彦淖尔市	18.4	258	浙江	嘉兴市	28.7
4	福建	三明市	9.3	130	安徽	芜湖市	18.4	259	河北	张家口市	28.8
5	福建	泉州市	9.5	131	黑龙江	大兴安岭地区	18.4	260	甘肃	天水市	29.0
6	云南	曲靖市	10.6	132	宁夏	中卫市	18.4	261	新疆	克孜勒苏州	29.0
7	青海	海北州	10.9	133	广东	江门市	18.5	262	黑龙江	七台河市	29.2
8	黑龙江	大庆市	11.2	134	黑龙江	双鸭山市	18.6	263	四川	资阳市	30.4
9	福建	宁德市	11.6	135	陕西	延安市	18.6	264	山东	枣庄市	30.6
10	湖北	宜昌市	11.6	136	甘肃	武威市	18.6	265	黑龙江	伊春市	31.5
11	福建	漳州市	11.6	137	湖北	荆州市	18.7	266	浙江	湖州市	31.8
12	甘肃	金昌市	11.7	138	山西	长治市	18.7	267	新疆	和田地区	31.8
13	内蒙古	包头市	11.9	139	四川	广安市	18.7	268	浙江	温州市	32.3
14	湖北	随州市	11.9	140	湖南	邵阳市	18.7	269	海南	三亚市	33.1
15	河南	许昌市	12.0	141	广东	清远市	18.7	270	浙江	金华市	33.5
16	宁夏	吴忠市	12.2	142	安徽	合肥市	18.9	271	四川	眉山市	34.8
17	甘肃	嘉峪关市	12.2	143	黑龙江	齐齐哈尔市	18.9	272	浙江	杭州市	35.0
18	福建	龙岩市	12.4	144	四川	泸州市	18.9	273	辽宁	阜新市	35.2
19	青海	果洛州	12.4	145	江苏	连云港市	18.9	274	浙江	衢州市	35.9
20	广东	茂名市	12.5	146	河北	承德市	18.9	275	浙江	丽水市	37.8

（二）人口净流入与财政资源配置

一般性转移支付增速、专项转移支付增速、债务余额增速可在一定程度上表征财政资源的配置倾向，研究发现人口净流入情况影响财政资源配置。从相关性来看（见图 2-1、图 2-2、图 2-3），第一，人口净流入率总体与一般性转移支付增速呈正相关关系，人口流入率越高，2019—2023 年一般性转移支付平均增速也越高。第二，人口净流入率总体与专项转移支付增速呈较弱的正相关关系，人口流入率越高，2019—2023 年专项转移支付平均增速略有提高。第三，人口净流入率总体与政府债务余额增速也呈现较弱的正相关关系，人口流入率越高，2019—2023 年政府债务余额增速平均增速越高。

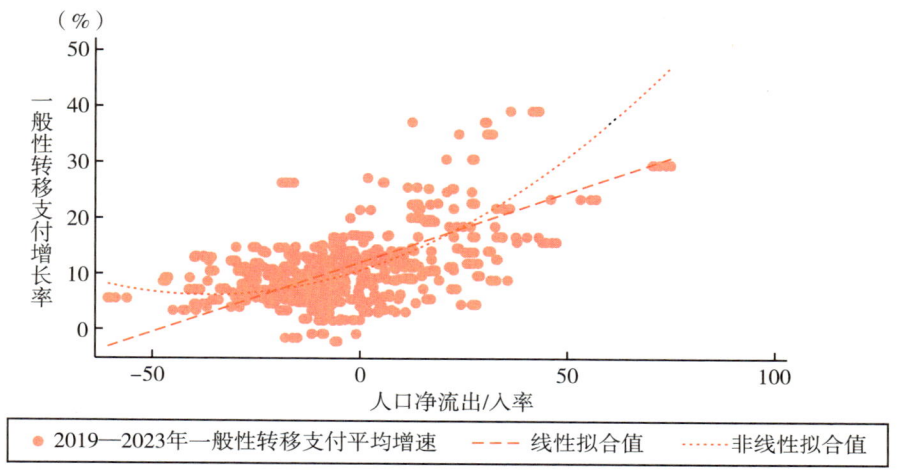

图 2-1　一般性转移支付增长率与人口净流出/入率的关系

资料来源：中国财政行为数据库。

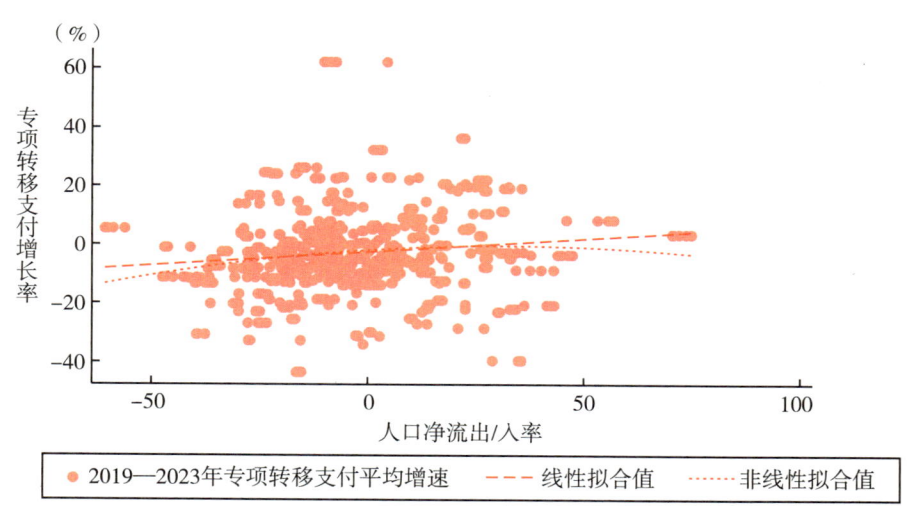

图 2-2　专项转移支付增长率与人口净流出/入率的关系

资料来源：中国财政行为数据库。

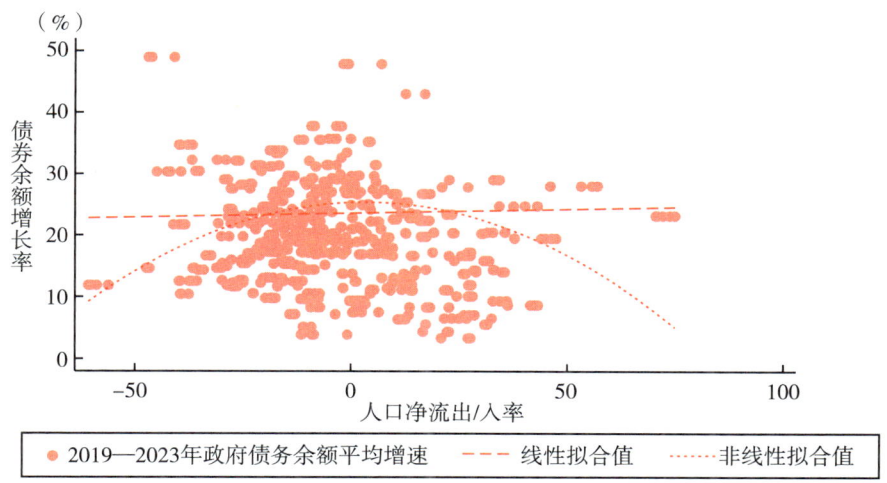

图 2-3 债券余额增长率与人口净流出/入率的关系

资料来源：中国财政行为数据库。

二、一般公共预算

（一）一般公共预算收入

1. 一般公共预算收入占 GDP 的比重

一般公共预算收入占 GDP 的比重较高的城市以发达地区城市、资源型城市为主。在数据可得的城市中（见表 2-2），对 2019—2023 年一般公共预算收入占 GDP 比重从低到高排序，排名最低的 20 个城市介于 2.4% 至 4.4% 之间，总体以中西部省份的城市为主；中间 20 个城市介于 6.8% 至 7.1% 之间，变动幅度较小；最高的 20 个城市介于 10.5% 至 14.5% 之间，发达地区城市、资源型城市占比相对更高。

表 2-2　　2019—2023 年一般公共预算收入占 GDP 的比重　　单位：%

序号	省份	地级市	占比	序号	省份	地级市	占比	序号	省份	地级市	占比
1	吉林	辽源市	2.4	141	江苏	泰州市	6.8	284	河北	廊坊市	10.5
2	吉林	松原市	2.6	142	甘肃	天水市	6.8	285	海南	海口市	10.5
3	广东	揭阳市	3.6	143	广东	韶关市	6.8	286	辽宁	盘锦市	10.6
4	青海	玉树州	3.9	144	河南	漯河市	6.9	287	江苏	苏州市	10.7
5	吉林	通化市	3.9	145	江苏	宿迁市	6.9	288	辽宁	辽阳市	10.7
6	福建	三明市	3.9	146	河南	焦作市	6.9	289	陕西	榆林市	10.9

续表

序号	省份	地级市	占比	序号	省份	地级市	占比	序号	省份	地级市	占比
7	湖南	岳阳市	4.0	147	黑龙江	佳木斯市	6.9	290	广东	珠海市	11.0
8	广东	茂名市	4.0	148	内蒙古	呼伦贝尔市	6.9	291	山西	晋城市	11.2
9	宁夏	石嘴山市	4.0	149	新疆	巴音郭楞州	6.9	292	黑龙江	七台河市	11.3
10	湖北	随州市	4.0	150	山东	菏泽市	7.0	293	浙江	宁波市	11.5
11	吉林	吉林市	4.1	151	四川	雅安市	7.0	294	新疆	吐鲁番市	11.8
12	广东	湛江市	4.2	152	广东	清远市	7.0	295	福建	厦门市	12.0
13	广东	潮州市	4.2	153	辽宁	铁岭市	7.0	296	四川	甘孜州	12.8
14	宁夏	固原市	4.2	154	广东	梅州市	7.0	297	青海	海西州	12.9
15	湖北	宜昌市	4.3	155	广东	东莞市	7.0	298	山西	吕梁市	13.0
16	陕西	咸阳市	4.3	156	内蒙古	兴安盟	7.1	299	浙江	杭州市	13.0
17	四川	自贡市	4.3	157	内蒙古	呼和浩特市	7.1	300	广东	深圳市	13.1
18	广东	汕尾市	4.3	158	云南	德宏州	7.1	301	内蒙古	鄂尔多斯市	14.0
19	宁夏	中卫市	4.4	159	四川	攀枝花市	7.1	302	西藏	拉萨市	14.2
20	湖北	襄阳市	4.4	160	黑龙江	齐齐哈尔市	7.1	303	海南	三亚市	14.5

图2-4考察了2019—2023年一般公共预算收入占GDP比重的分布情况，总体上大部分城市一般公共预算收入占GDP比重介于4%至10%之间，且总体集中在6%—8%。

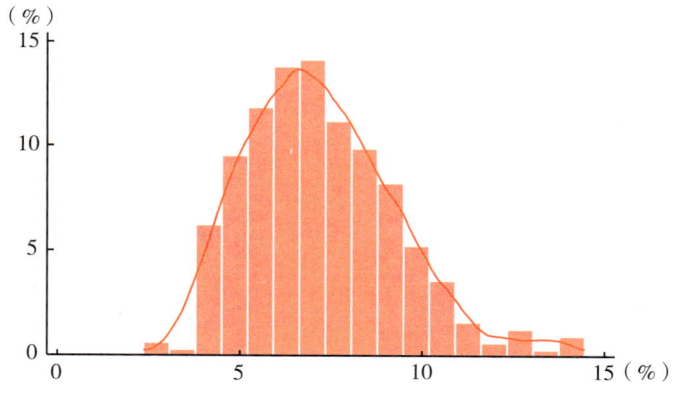

图2-4　2019—2023年一般公共预算收入占GDP比重

注：纵轴表示横轴指标所对应的城市数量比重，本章所示类似统计图均为此含义。

2. 税收收入占GDP的比重

税收收入占GDP的比重较高的城市同样以发达地区城市、资源型城市为主。在数据可得的城市中（见表2-3），对2019—2023年税收收入占GDP比重从低到高排序，排名最低的20个城市介于1.4%至2.7%之间，总体以区域内经济欠发达城市为主；中间20个城市介于4.5%至4.7%之间，变动幅度较小，中西部城市占比相对较高；最高的20个城市介于7.9%至12.4%之间，发达地区城市、资源型城市占比相对更高。

表2-3　　　2019—2022年税收收入占GDP的比重　　　　　　　　单位：%

序号	省份	地级市	占比	序号	省份	地级市	占比	序号	省份	地级市	占比
1	吉林	松原市	1.4	133	四川	雅安市	4.5	268	内蒙古	乌海市	7.9
2	吉林	辽源市	1.4	134	新疆	和田地区	4.5	269	辽宁	盘锦市	7.9
3	吉林	通化市	1.6	135	云南	丽江市	4.5	270	山西	长治市	8.0
4	广东	揭阳市	1.9	136	河北	沧州市	4.5	271	四川	甘孜州	8.0
5	广东	茂名市	2.0	137	黑龙江	鹤岗市	4.5	272	辽宁	沈阳市	8.1
6	四川	自贡市	2.0	138	安徽	黄山市	4.5	273	江苏	南京市	8.6
7	甘肃	甘南州	2.2	139	贵州	六盘水市	4.5	274	海南	海口市	8.8
8	广东	汕尾市	2.2	140	四川	资阳市	4.5	275	浙江	嘉兴市	8.9
9	宁夏	固原市	2.4	141	河北	衡水市	4.5	276	福建	厦门市	9.0
10	甘肃	张掖市	2.5	142	河南	新乡市	4.6	277	江苏	苏州市	9.2
11	云南	临沧市	2.5	143	湖北	黄石市	4.6	278	浙江	湖州市	9.3
12	福建	三明市	2.5	144	河北	承德市	4.6	279	陕西	榆林市	9.4
13	湖南	岳阳市	2.5	145	甘肃	金昌市	4.6	280	浙江	宁波市	9.5
14	广东	潮州市	2.6	146	河南	开封市	4.6	281	海南	三亚市	9.6
15	吉林	四平市	2.6	147	河南	焦作市	4.6	282	山西	吕梁市	10.2
16	甘肃	武威市	2.6	148	河南	鹤壁市	4.6	283	广东	深圳市	10.6
17	广东	湛江市	2.6	149	西藏	昌都市	4.7	284	青海	海西州	10.9
18	西藏	日喀则市	2.6	150	河北	保定市	4.7	285	内蒙古	鄂尔多斯市	11.0
19	四川	南充市	2.7	151	四川	泸州市	4.7	286	浙江	杭州市	11.9
20	青海	黄南州	2.7	152	河北	邢台市	4.7	287	西藏	拉萨市	12.4

图2-5考察了2019—2023年税收收入占GDP比重的分布情况，总体上大部分城市税收收入占GDP比重介于3%至7%之间，且总体集中在3%至5%，但也有个

别城市的税收收入占GDP的比重超过7%。

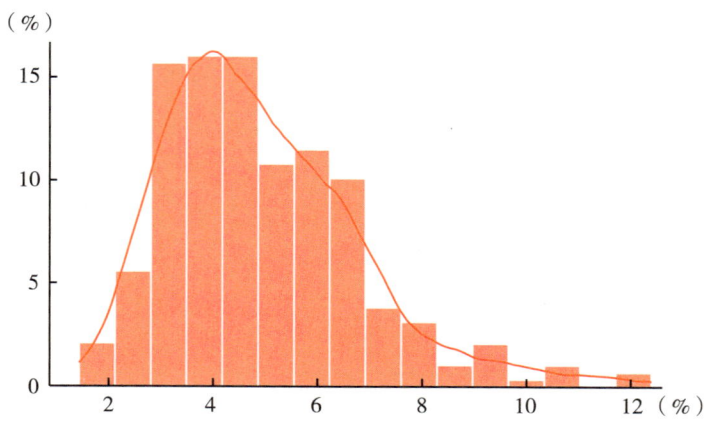

图 2-5 2019—2023 年税收收入占 GDP 比重

3. 土地相关税收占一般公共预算收入的比重

土地相关税收占一般公共预算收入的比重较高的城市以区域内欠发达城市为主。在数据可得的城市中（见表2-4），对2019—2023年土地相关税收占一般公共预算收入比重从低到高排序，排名最低的20个城市介于2.1%至9.6%之间，总体以中西部欠发达城市为主；中间20个城市介于19%至20.2%之间，变动幅度较小；最高的20个城市介于27.9%至42.2%之间，区域内欠发达地区城市占比相对更高。

表 2-4　2019—2023 年土地相关税收占一般公共预算收入比重　　单位：%

序号	省份	地级市	占比	序号	省份	地级市	占比	序号	省份	地级市	占比
1	西藏	拉萨市	2.1	124	甘肃	酒泉市	19.0	250	吉林	辽源市	27.9
2	西藏	林芝市	2.3	125	陕西	汉中市	19.0	251	河北	邯郸市	28.2
3	西藏	日喀则市	3.3	126	甘肃	武威市	19.0	252	湖南	株洲市	28.3
4	青海	海西州	3.7	127	湖南	娄底市	19.1	253	四川	眉山市	28.5
5	西藏	那曲市	4.4	128	新疆	伊犁州	19.1	254	河南	驻马店市	28.5
6	西藏	昌都市	5.4	129	河南	新乡市	19.3	255	四川	资阳市	29.1
7	山西	吕梁市	6.1	130	贵州	黔东南州	19.4	256	浙江	金华市	29.3
8	陕西	榆林市	6.8	131	河北	承德市	19.6	257	河南	鹤壁市	29.3
9	陕西	延安市	7.0	132	福建	厦门市	19.7	258	山东	威海市	29.5

续表

序号	省份	地级市	占比	序号	省份	地级市	占比	序号	省份	地级市	占比
10	青海	黄南州	7.0	133	贵州	贵阳市	19.7	259	湖南	邵阳市	29.9
11	山西	晋城市	7.7	134	安徽	滁州市	19.8	260	青海	海南州	30.0
12	甘肃	甘南州	7.8	135	江苏	镇江市	19.8	261	海南	三亚市	30.5
13	山西	长治市	8.1	136	辽宁	阜新市	19.9	262	湖南	张家界市	31.2
14	山西	忻州市	8.2	137	湖北	十堰市	19.9	263	湖南	郴州市	31.7
15	云南	怒江州	8.9	138	山东	泰安市	20.0	264	宁夏	吴忠市	31.8
16	新疆	哈密市	9.3	139	江苏	宿迁市	20.0	265	黑龙江	大庆市	32.2
17	新疆	克孜勒苏州	9.3	140	湖南	湘西州	20.1	266	湖南	衡阳市	35.4
18	四川	阿坝州	9.3	141	湖北	咸宁市	20.1	267	河北	廊坊市	37.3
19	山西	阳泉市	9.3	142	四川	自贡市	20.2	268	湖南	永州市	38.8
20	云南	曲靖市	9.6	143	山东	日照市	20.2	269	湖南	怀化市	42.2

图2-6考察了2019—2023年土地相关税收占一般公共预算收入比重的分布情况，总体上大部分城市土地相关税收占GDP比重介于10%至30%之间，且主要集中在20%左右。可以认为，2019—2023年，土地及房地产相关税收占到了相当一部分城市一般公共预算收入的两成左右。

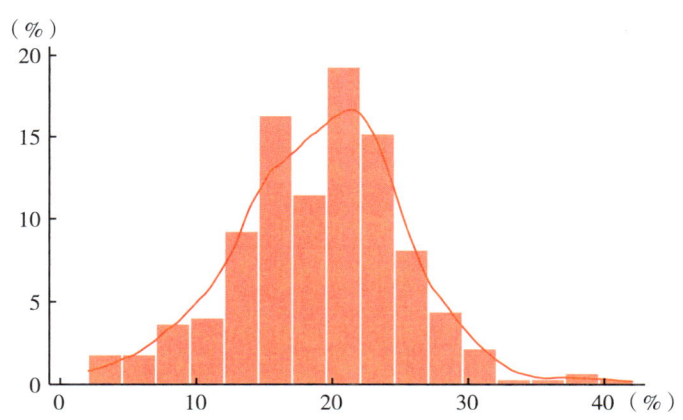

图2-6 2019—2023年土地相关税收占一般公共预算收入比重

2019—2023年土地相关税收平均增速较高的城市以中西部欠发达城市为主。在数据可得的城市中，对2019—2023年土地相关税收平均增速从低到高排序，排名最低的20个城市介于-29.2%至-11%之间，总体以中西部欠发达城市为主；

中间20个城市介于−0.6%至0.5%之间，变动幅度较小；最高的20个城市介于13.5%至28.8%之间，总体也是以中西部欠发达城市为主。

表2-5　　　　　2019—2023年土地相关税收平均增速　　　　　单位：%

序号	省份	地级市	增速	序号	省份	地级市	增速	序号	省份	地级市	增速
1	吉林	四平市	−29.2	113	广东	广州市	−0.6	228	湖北	黄石市	13.5
2	河南	三门峡市	−19.5	114	陕西	汉中市	−0.5	229	湖南	邵阳市	14.3
3	贵州	毕节市	−19.3	115	山东	泰安市	−0.4	230	山西	运城市	14.6
4	贵州	黔西南州	−17.6	116	云南	昭通市	−0.4	231	湖南	岳阳市	15.1
5	湖南	株洲市	−16.3	117	云南	普洱市	−0.2	232	山西	阳泉市	15.3
6	黑龙江	哈尔滨市	−16.2	118	安徽	合肥市	−0.1	233	海南	海口市	15.5
7	内蒙古	兴安盟	−16.2	119	江苏	泰州市	−0.1	234	甘肃	甘南州	16.1
8	贵州	安顺市	−13.9	120	河南	新乡市	0	235	黑龙江	大兴安岭地区	16.3
9	河南	焦作市	−13.2	121	甘肃	平凉市	0	236	甘肃	庆阳市	17.3
10	山东	威海市	−13.1	122	青海	海西州	0	237	内蒙古	锡林郭勒盟	18.1
11	黑龙江	齐齐哈尔市	−13.0	123	甘肃	武威市	0.1	238	海南	儋州市	19.1
12	河北	廊坊市	−12.8	124	广东	揭阳市	0.1	239	新疆	和田地区	20.4
13	广西	北海市	−11.9	125	新疆	哈密市	0.2	240	青海	海北州	22.1
14	湖北	襄阳市	−11.6	126	广东	珠海市	0.2	241	山西	忻州市	23.4
15	河南	郑州市	−11.3	127	安徽	淮南市	0.2	242	西藏	拉萨市	24.9
16	云南	保山市	−11.2	128	河北	邢台市	0.2	243	西藏	昌都市	25.8
17	黑龙江	牡丹江市	−11.2	129	辽宁	辽阳市	0.2	244	湖南	益阳市	26.9
18	河南	开封市	−11.0	130	浙江	台州市	0.2	245	内蒙古	乌海市	27.0
19	四川	南充市	−11.0	131	山东	聊城市	0.5	246	青海	黄南州	27.7
20	贵州	黔南州	−11.0	132	湖北	武汉市	0.5	247	青海	海南州	28.8

图2-7考察了2019—2023年土地相关税收平均增速的分布情况，总体上大部分城市土地相关税收的平均增速介于−20%至20%之间，其中增速的峰值出现在

0增速，除极个别城市增速大于20%，存在右拖尾，总体上以0增长为中心，正增长和负增长基本呈对称态势。

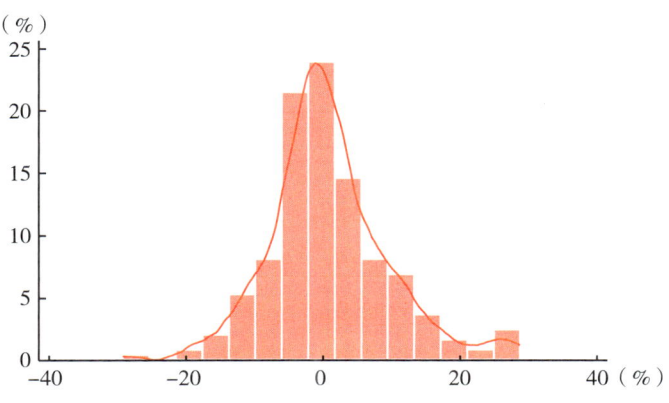

图2-7　2019—2023年土地相关税收平均增速

4. 共享三主税占一般公共预算收入的比重

2019—2023年共享三主税占一般公共预算收入的比重最高的20个城市中，其中10个位于江浙地区。在数据可得的城市中（见表2-6），对2019—2023年共享三主税占一般公共预算收入的比重从低到高排序，排名最低的20个城市介于15.5%至21.9%之间，总体以三四线城市为主；中间20个城市介于35.8%至37.5%中间，变动幅度较小；最高的20个城市介于50.6%至72.8%之间，其中10个城市均位于江浙地区。

表2-6　2019—2023年共享三主税占一般公共预算收入的比重　　　　单位：%

序号	省份	地级市	占比	序号	省份	地级市	占比	序号	省份	地级市	占比
1	广东	云浮市	15.5	131	甘肃	兰州市	35.8	263	山西	吕梁市	50.6
2	四川	巴中市	16.8	132	宁夏	银川市	35.9	264	湖北	孝感市	51.2
3	四川	资阳市	17.3	133	青海	海北州	35.9	265	福建	宁德市	52.1
4	吉林	松原市	18.2	134	福建	南平市	36.1	266	海南	海口市	52.8
5	广东	汕尾市	19.1	135	福建	漳州市	36.3	267	浙江	台州市	53.0
6	广东	揭阳市	19.2	136	河南	许昌市	36.5	268	宁夏	吴忠市	53.8
7	贵州	黔西南州	19.9	137	山东	枣庄市	36.5	269	新疆	哈密市	54.2
8	四川	自贡市	20.4	138	海南	儋州市	36.5	270	江苏	南京市	54.3

续表

序号	省份	地级市	占比	序号	省份	地级市	占比	序号	省份	地级市	占比
9	四川	南充市	20.4	139	陕西	安康市	36.7	271	江苏	常州市	54.4
10	黑龙江	佳木斯市	20.5	140	陕西	延安市	36.8	272	浙江	湖州市	55.2
11	河北	张家口市	20.5	141	河南	信阳市	36.8	273	江苏	宿迁市	55.5
12	甘肃	张掖市	20.9	142	辽宁	铁岭市	36.8	274	江苏	无锡市	56.4
13	吉林	四平市	21.0	143	青海	海南州	36.9	275	青海	西宁市	56.6
14	黑龙江	大庆市	21.5	144	山东	济宁市	37.0	276	浙江	嘉兴市	57.1
15	湖南	永州市	21.5	145	四川	成都市	37.1	277	江苏	苏州市	57.2
16	四川	广安市	21.6	146	四川	甘孜州	37.3	278	广东	深圳市	57.8
17	吉林	辽源市	21.7	147	青海	海东市	37.3	279	浙江	宁波市	57.9
18	甘肃	天水市	21.8	148	山东	菏泽市	37.3	280	西藏	山南市	59.2
19	甘肃	武威市	21.8	149	山东	威海市	37.4	281	浙江	杭州市	61.6
20	四川	眉山市	21.9	150	甘肃	嘉峪关市	37.5	282	西藏	拉萨市	72.8

图2-8考察了2019—2023年共享三主税占一般公共预算收入比重的分布情况，总体上大部分城市共享三主税占一般公共预算收入比重介于20%至50%之间，且集中于30%至40%的水平。

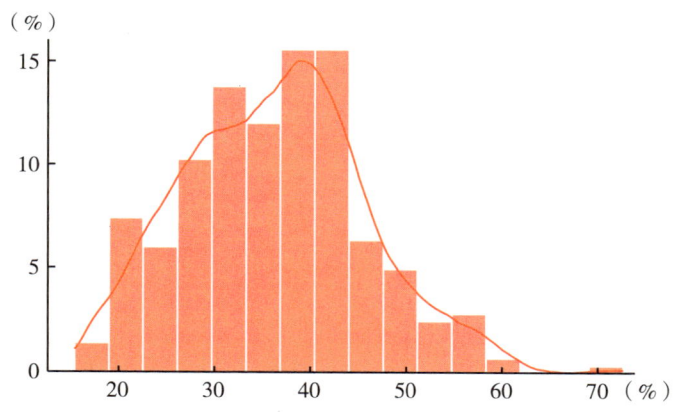

图2-8 2019—2023年共享三主税占一般公共预算收入比重

2019—2023年共享三主税平均增速最高的城市集中在山西、青海、新疆等省份之中。在数据可得的城市中（见表2-7），2019—2023年共享三主税平均增速排名最低的20个城市介于-37.7%至-14.3%，总体以区域内欠发达城市为主；中间20个城市介于-2.5%至-1.6%之间，变动幅度较小，但仍然为负增速；最高的20个城市介于12.7%至49%之间，集中在山西、青海、新疆等省份之中。

表2-7　　2019—2023年共享三主税平均增速　　单位：%

序号	省份	地级市	增速	序号	省份	地级市	增速	序号	省份	地级市	增速
1	广东	揭阳市	-37.7	129	河南	信阳市	-2.5	259	青海	海南州	12.7
2	四川	自贡市	-36.1	130	江苏	泰州市	-2.5	260	山西	临汾市	14.4
3	云南	临沧市	-35.8	131	山东	菏泽市	-2.4	261	山西	晋城市	14.8
4	吉林	四平市	-26.6	132	浙江	舟山市	-2.4	262	新疆	吐鲁番市	14.8
5	甘肃	武威市	-24.2	133	甘肃	平凉市	-2.4	263	青海	西宁市	16.6
6	云南	德宏州	-23.8	134	福建	泉州市	-2.3	264	山西	阳泉市	17.5
7	河北	张家口市	-20.1	135	山东	泰安市	-2.3	265	山西	朔州市	18.4
8	云南	西双版纳州	-20.0	136	湖北	黄石市	-2.2	266	青海	海北州	19.4
9	云南	普洱市	-20.0	137	广东	阳江市	-2.2	267	山西	忻州市	19.7
10	云南	丽江市	-18.3	138	四川	甘孜州	-2.2	268	山西	吕梁市	20.6
11	江苏	连云港市	-18.3	139	江西	吉安市	-2.1	269	内蒙古	鄂尔多斯市	20.9
12	贵州	黔南州	-17.3	140	浙江	台州市	-2.1	270	山西	长治市	21.1
13	云南	昭通市	-16.9	141	甘肃	临夏州	-2.1	271	青海	海东市	21.2
14	贵州	黔东南州	-16.6	142	宁夏	石嘴山市	-1.9	272	青海	黄南州	21.8
15	辽宁	葫芦岛市	-16.2	143	山东	济宁市	-1.9	273	陕西	榆林市	22.8
16	四川	资阳市	-16.1	144	湖北	随州市	-1.9	274	新疆	哈密市	23.7
17	贵州	安顺市	-15.9	145	陕西	西安市	-1.9	275	新疆	昌吉州	29.2
18	四川	巴中市	-15.1	146	黑龙江	佳木斯市	-1.8	276	辽宁	朝阳市	31.7
19	河北	廊坊市	-14.4	147	甘肃	甘南州	-1.7	277	海南	儋州市	40.0
20	西藏	拉萨市	-14.3	148	山东	淄博市	-1.6	278	青海	海西州	49.0

图2-9考察了2019—2023年共享三主税平均增速的分布情况，总体上大部分城市共享三主税平均增速介于-20%至20%之间，主要集中在0左右，且更多的城市平均增速小于0，可见由于2022年大规模留抵退税和经济下行等因素，共享三主税的增长受冲击较大。

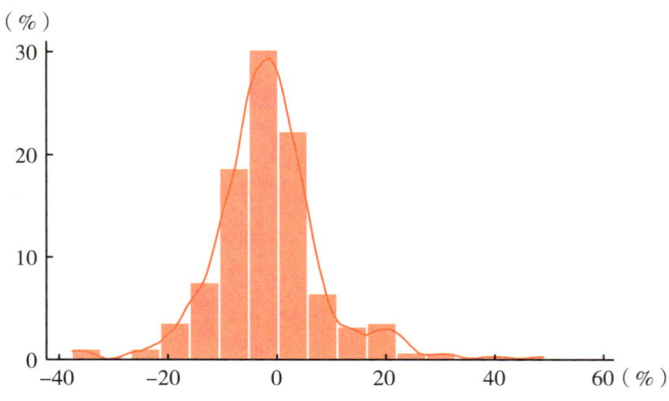

图2-9 2019—2023年共享三主税平均增速

5. 增值税

在共享三主税中，占比相对较高的是增值税。在数据可得的城市中（见表2-8），2019—2023年增值税平均增速排名最低的20个城市介于-47%至-21.5%之间，总体以区域内欠发达城市为主；中间20个城市介于-6%至-5.2%之间，变动幅度较小，东部和中部城市占比相对更高；最高的20个城市介于11%至49.6%之间，西部资源型城市占比相对更高。

表2-8　　　　　　2019—2023年增值税平均增速　　　　　　单位：%

序号	省份	地级市	增速	序号	省份	地级市	增速	序号	省份	地级市	增速
1	甘肃	武威市	-47.0	143	湖北	荆州市	-6.0	288	安徽	铜陵市	11.0
2	云南	临沧市	-44.4	144	宁夏	中卫市	-6.0	289	河南	三门峡市	11.3
3	广西	防城港市	-41.6	145	湖北	十堰市	-5.9	290	山西	朔州市	12.5
4	江苏	连云港市	-39.5	146	江苏	常州市	-5.9	291	山西	吕梁市	14.3
5	四川	资阳市	-30.2	147	黑龙江	大兴安岭地区	-5.8	292	山西	忻州市	14.5
6	吉林	四平市	-27.8	148	湖北	黄冈市	-5.8	293	吉林	长春市	14.7
7	云南	德宏州	-27.5	149	河北	邢台市	-5.7	294	青海	海东市	14.8
8	云南	大理州	-27.1	150	湖北	黄石市	-5.7	295	内蒙古	鄂尔多斯市	14.8
9	四川	绵阳市	-26.8	151	辽宁	阜新市	-5.7	296	山西	阳泉市	15.2
10	河北	张家口市	-26.3	152	宁夏	吴忠市	-5.6	297	青海	西宁市	17.5
11	广东	梅州市	-25.6	153	陕西	西安市	-5.6	298	青海	果洛州	18.3

续表

序号	省份	地级市	增速	序号	省份	地级市	增速	序号	省份	地级市	增速
12	云南	西双版纳州	-24.4	154	广东	阳江市	-5.5	299	陕西	榆林市	18.5
13	陕西	铜川市	-24.0	155	山东	泰安市	-5.5	300	山西	长治市	18.7
14	贵州	黔东南州	-23.5	156	广东	中山市	-5.4	301	新疆	哈密市	18.9
15	贵州	黔南州	-23.5	157	贵州	遵义市	-5.4	302	青海	黄南州	19.7
16	云南	普洱市	-23.3	158	浙江	温州市	-5.4	303	青海	海北州	20.3
17	内蒙古	兴安盟	-23.3	159	辽宁	锦州市	-5.4	304	新疆	昌吉州	22.6
18	广西	玉林市	-23.3	160	山东	东营市	-5.4	305	海南	儋州市	25.6
19	福建	漳州市	-22.5	161	广东	湛江市	-5.4	306	辽宁	朝阳市	32.7
20	云南	昭通市	-21.5	162	江苏	无锡市	-5.2	307	青海	海西州	49.6

图2-10考察了2019—2023年增值税平均增速的分布情况，总体上大部分城市增值税平均增速介于-20%至20%之间，主要集中在0左右，但更多的城市平均增速小于0。可见，受2022年大规模留抵退税等因素影响，总体上大部分城市增值税入库收入下降幅度较大。

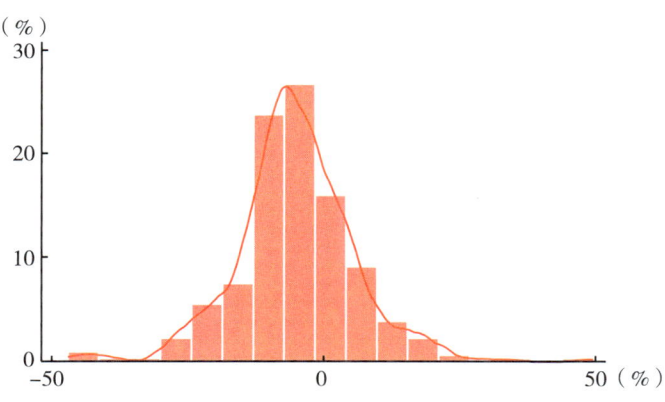

图2-10　2019—2023年增值税平均增速

6. 区县税收占比

2019—2023年地级市中的区县税收收入占全市税收收入的比重最低的城市中有多个省会城市。在数据可得的城市中（见表2-9），2019—2023年地级市中的区县税收收入占比排名最低的20个城市介于0%至46.5%之间，其中无下辖区县的城市这一比重为0，同时也有长春、拉萨、西安、合肥等省会城市；中间20个城市介于74.1%至77.5%之间，变动幅度较小，中位数位置的占比显示出区县获得了全市约八成的税收收入；最高的20个城市的区县税收占比均超过99%，这意味着市本级政府获得的税收分成微乎其微，税收收入几乎全部归入区县级财政。

表2-9　　　　2019—2023年地级市的区县税收占比　　　　单位：%

序号	省份	地级市	占比	序号	省份	地级市	占比	序号	省份	地级市	占比
1	甘肃	嘉峪关市	0	129	内蒙古	乌兰察布市	74.1	260	新疆	吐鲁番市	99.3
2	广东	东莞市	0	130	湖南	怀化市	74.3	261	新疆	哈密市	99.4
3	广东	中山市	0	131	湖北	咸宁市	74.7	262	新疆	和田地区	99.5
4	海南	儋州市	0	132	云南	昆明市	74.8	263	河北	承德市	99.6
5	吉林	长春市	24.8	133	福建	漳州市	74.9	264	山东	临沂市	99.6
6	吉林	松原市	25.5	134	江苏	镇江市	75.1	265	新疆	喀什地区	99.7
7	福建	厦门市	29.4	135	河南	南阳市	75.1	266	新疆	伊犁州	99.7
8	吉林	吉林市	32.0	136	四川	达州市	75.8	267	山东	滨州市	99.7
9	青海	海西州	32.5	137	安徽	滁州市	75.9	268	新疆	博尔塔拉州	99.7
10	新疆	克拉玛依市	35.3	138	甘肃	酒泉市	75.9	269	新疆	阿勒泰地区	99.8
11	西藏	拉萨市	36.1	139	山西	临汾市	75.9	270	新疆	塔城地区	99.8
12	陕西	西安市	36.6	140	河南	许昌市	76.0	271	辽宁	沈阳市	99.8
13	黑龙江	七台河市	38.7	141	浙江	温州市	76.1	272	辽宁	抚顺市	99.8
14	广西	北海市	38.9	142	山西	晋中市	76.4	273	四川	绵阳市	100.0
15	甘肃	庆阳市	40.5	143	湖南	湘西州	76.4	274	湖北	荆州市	100.0
16	甘肃	金昌市	41.1	144	四川	遂宁市	76.6	275	山东	日照市	100.0
17	黑龙江	大庆市	41.6	145	西藏	日喀则市	76.7	276	吉林	延边州	100.0
18	山西	大同市	43.5	146	贵州	遵义市	77.1	277	内蒙古	巴彦淖尔市	100.0
19	安徽	合肥市	43.7	147	山东	聊城市	77.2	278	内蒙古	乌海市	100.0
20	广东	湛江市	46.5	148	江苏	徐州市	77.5	279	内蒙古	锡林郭勒盟	100.0

图2-11考察了2019—2023年地级市中的区县税收收入占全市税收收入的比重的分布情况。总体上，大部分地级市区县税收收入占比在50%以上，其中，占比在70%至80%的地区相对集中，另外，大于90%的地区也相对更加集中。总体来看，市本级政府可支配的税收占比相对较低。

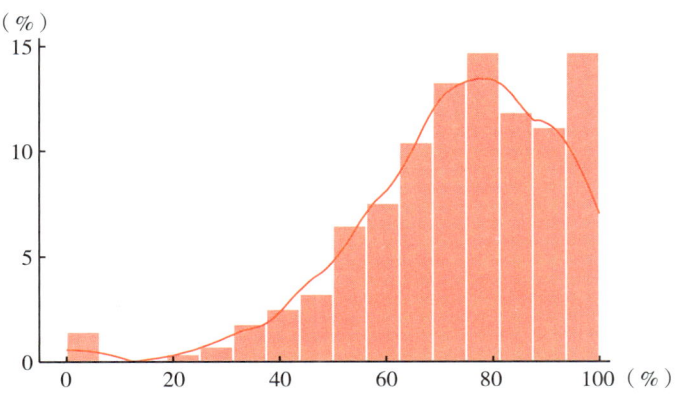

图 2-11 2019—2023 年地级市的区县税收占比

2019—2023年地级市中的区县非税收入占全市非税收入的比重显示出大多数城市的区县获得了全市约七成的非税收入。在数据可得的城市中（见表2-10），2019—2023年地级市中的区县非税收入占比排名最低的20个城市介于2.1%至39%之间，变动幅度较大，其中有长春、西安、太原等省会城市；中间20个城市介于69%至70.9%之间，变动幅度较小，中位数位置的占比显示出区县获得了全市约七成的非税收入；最高的20个城市的区县税收占比介于84.8%至94.7%之间，这意味着市本级政府获得的非税收入较少。

表 2-10　　2019—2023 年地级市的区县非税收入占比　　　　　　　　单位：%

序号	省份	地级市	占比	序号	省份	地级市	占比	序号	省份	地级市	占比
1	海南	三亚市	2.1	130	四川	攀枝花市	69.0	261	四川	遂宁市	84.8
2	吉林	辽源市	6.3	131	安徽	六安市	69.0	262	新疆	阿克苏地区	84.9
3	海南	儋州市	6.5	132	江苏	淮安市	69.1	263	河北	衡水市	84.9
4	吉林	松原市	8.7	133	山西	朔州市	69.2	264	贵州	黔西南州	85.2
5	吉林	四平市	8.9	134	河南	郑州市	69.2	265	四川	眉山市	85.4
6	吉林	通化市	11.8	135	云南	普洱市	69.3	266	青海	海北州	85.4
7	黑龙江	七台河市	14.4	136	湖南	邵阳市	69.4	267	云南	德宏州	85.5
8	吉林	吉林市	20.0	137	湖南	郴州市	69.5	268	山东	德州市	86.5
9	广东	深圳市	20.7	138	河南	平顶山市	69.6	269	陕西	渭南市	86.6
10	海南	海口市	20.9	139	内蒙古	巴彦淖尔市	69.6	270	青海	海东市	86.7
11	吉林	长春市	24.7	140	西藏	昌都市	69.7	271	浙江	台州市	86.9

续表

序号	省份	地级市	占比	序号	省份	地级市	占比	序号	省份	地级市	占比
12	辽宁	本溪市	25.6	141	贵州	遵义市	69.7	272	贵州	安顺市	87.2
13	陕西	西安市	27.0	142	湖南	怀化市	69.7	273	浙江	嘉兴市	88.7
14	山西	太原市	27.7	143	河南	焦作市	70.1	274	浙江	衢州市	88.9
15	辽宁	辽阳市	28.6	144	广东	河源市	70.3	275	吉林	延边州	89.4
16	山西	大同市	34.1	145	山西	吕梁市	70.5	276	浙江	绍兴市	90.4
17	福建	厦门市	34.9	146	陕西	商洛市	70.6	277	新疆	博尔塔拉州	90.9
18	陕西	宝鸡市	37.2	147	贵州	六盘水市	70.7	278	江苏	苏州市	91.4
19	黑龙江	鹤岗市	38.7	148	云南	迪庆州	70.8	279	河北	廊坊市	91.5
20	宁夏	固原市	39.0	149	青海	黄南州	70.9	280	山东	烟台市	94.7

图2-12考察了2019—2023年地级市中的区县非税收入占全市非税收入的比重的分布情况。总体上，大部分地级市的区县非税收入占比在40%以上，其中，占比在60%至80%的地区相对集中。总体来看，市本级可支配的非税收入占比也相对较低。

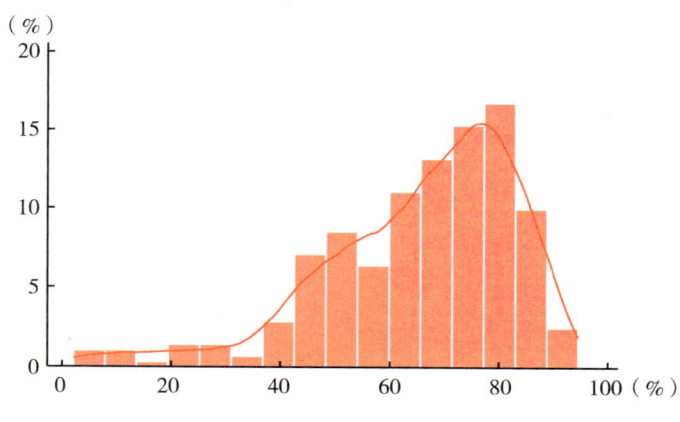

图2-12　2019—2023年地级市区县非税收入占比

（二）一般公共预算支出

1. 教育支出、社会保障和就业支出、卫生健康支出占比

所有城市的2019—2023年教育支出、社会保障和就业支出、卫生健康支出

占一般公共预算支出的比重均值最低的 20 个城市中有 10 个位于西藏、新疆。在数据可得的城市中（见表 2-11），对 2019—2023 年教育支出、社会保障和就业支出、卫生健康支出占比的均值从低到高排序，排名最低的 20 个城市介于 23.1%至 31.5%之间，其中有 10 个城市位于西藏、新疆；中间 20 个城市介于 40.2%至 41.3%之间，变动幅度较小；最高的 20 个城市介于 48.4%至 57.4%之间。

表 2-11　　2019—2023 年教育支出、社会保障和就业支出、卫生健康支出占比

单位：%

序号	省份	地级市	占比	序号	省份	地级市	占比	序号	省份	地级市	占比
1	西藏	山南市	23.1	132	湖北	鄂州市	40.2	265	四川	广安市	48.4
2	内蒙古	阿拉善盟	24.8	133	湖北	黄石市	40.3	266	广东	汕尾市	49.0
3	西藏	林芝市	25.0	134	山西	大同市	40.4	267	云南	西双版纳州	49.1
4	内蒙古	鄂尔多斯市	25.5	135	四川	遂宁市	40.5	268	山东	潍坊市	49.3
5	海南	三亚市	27.8	136	河北	廊坊市	40.6	269	山东	聊城市	49.6
6	四川	甘孜州	27.8	137	浙江	杭州市	40.6	270	辽宁	抚顺市	49.9
7	西藏	拉萨市	27.9	138	辽宁	辽阳市	40.7	271	云南	曲靖市	50.0
8	四川	阿坝州	28.0	139	辽宁	沈阳市	40.7	272	安徽	阜阳市	50.1
9	浙江	舟山市	28.6	140	江苏	连云港市	40.7	273	山东	济宁市	50.4
10	云南	迪庆州	29.1	141	四川	凉山州	40.8	274	山东	日照市	50.9
11	新疆	博尔塔拉州	29.3	142	湖南	湘西州	41.0	275	河南	南阳市	51.2
12	西藏	昌都市	29.7	143	海南	儋州市	41.0	276	贵州	毕节市	51.5
13	新疆	阿勒泰地区	30.1	144	黑龙江	鹤岗市	41.0	277	广东	潮州市	51.7
14	新疆	昌吉州	30.4	145	甘肃	陇南市	41.0	278	山东	泰安市	52.2
15	甘肃	甘南州	30.5	146	广西	贺州市	41.0	279	福建	莆田市	52.6
16	河南	郑州市	30.8	147	山东	滨州市	41.1	280	广东	汕头市	53.9
17	西藏	日喀则市	30.9	148	广西	北海市	41.1	281	山东	菏泽市	54.4
18	浙江	嘉兴市	31.1	149	江西	上饶市	41.1	282	山东	临沂市	54.9
19	青海	海西州	31.3	150	四川	巴中市	41.2	283	山东	枣庄市	54.9
20	湖南	长沙市	31.5	151	河北	石家庄市	41.3	284	广东	揭阳市	57.4

图 2-13 考察了 2019—2023 年教育支出、社会保障和就业支出、卫生健康支出占一般公共预算支出的比重的分布情况。总体上，所有地级市的这一占比均超过 20%，其中大部分城市的这一占比集中在 40%左右，但也有极个别城市超过 50%。

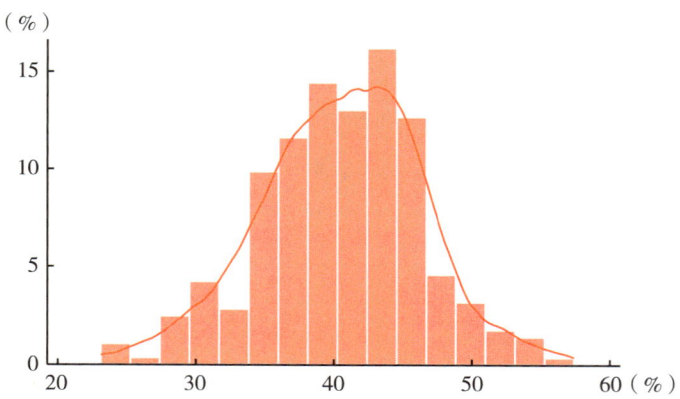

图2-13　2019—2023年教育支出、社会保障和就业支出、卫生健康支出占比

2. 科学技术支出、城乡社区支出、农林水支出、交通运输支出占比

2019—2023年科学技术支出、城乡社区支出、农林水支出、交通运输支出占比占一般公共预算支出的比重均值最低的城市中，西部欠发达地区的城市较多。在数据可得的城市中（见表2-12），对2019—2023年科学技术支出、城乡社区支出、农林水支出、交通运输支出占比的均值从低到高排序，排名最低的20个城市介于13.5%至20.4%之间，其中有8个城市位于东北地区；中间20个城市介于27.2%至27.9%之间，变动幅度较小；最高的20个城市介于36.6%至43.8%之间，西部欠发达地区的城市较多。

表2-12　2019—2023年科学技术支出、城乡社区支出、农林水支出、交通运输支出占比

单位：%

序号	省份	地级市	占比	序号	省份	地级市	占比	序号	省份	地级市	占比
1	吉林	辽源市	13.5	131	云南	丽江市	27.2	263	青海	海西州	36.6
2	福建	莆田市	15.8	132	河南	三门峡市	27.2	264	青海	海南州	36.8
3	广东	汕头市	16.1	133	陕西	渭南市	27.2	265	四川	阿坝州	37.2
4	山东	枣庄市	16.4	134	四川	乐山市	27.3	266	内蒙古	阿拉善盟	37.5
5	广东	揭阳市	16.9	135	河北	承德市	27.3	267	内蒙古	兴安盟	37.6
6	新疆	吐鲁番市	18.3	136	辽宁	铁岭市	27.4	268	新疆	阿勒泰地区	37.8
7	辽宁	抚顺市	18.8	137	黑龙江	大庆市	27.4	269	黑龙江	佳木斯市	37.8
8	吉林	四平市	19.0	138	江苏	扬州市	27.4	270	宁夏	固原市	38.1
9	广东	东莞市	19.1	139	广东	珠海市	27.5	271	西藏	昌都市	38.4

续表

序号	省份	地级市	占比	序号	省份	地级市	占比	序号	省份	地级市	占比
10	山东	临沂市	19.1	140	黑龙江	鹤岗市	27.6	272	青海	黄南州	38.7
11	新疆	克拉玛依市	19.2	141	河南	濮阳市	27.6	273	湖南	长沙市	39.2
12	山东	聊城市	19.3	142	安徽	阜阳市	27.6	274	云南	迪庆州	39.4
13	吉林	通化市	19.4	143	广东	中山市	27.6	275	四川	甘孜州	39.6
14	辽宁	鞍山市	20.0	144	四川	德阳市	27.7	276	河南	郑州市	39.7
15	辽宁	辽阳市	20.1	145	云南	普洱市	27.7	277	西藏	山南市	39.8
16	辽宁	本溪市	20.2	146	湖南	益阳市	27.7	278	云南	怒江州	39.8
17	山东	泰安市	20.2	147	新疆	喀什地区	27.8	279	湖南	株洲市	39.8
18	吉林	吉林市	20.3	148	浙江	绍兴市	27.8	280	海南	三亚市	40.0
19	山东	菏泽市	20.4	149	山西	长治市	27.9	281	安徽	合肥市	41.8
20	福建	泉州市	20.4	150	江苏	南京市	27.9	282	黑龙江	黑河市	43.8

图 2-14 考察了 2019—2023 年科学技术支出、城乡社区支出、农林水支出、交通运输支出占一般公共预算支出的比重的分布情况。总体上，所有地级市的这一占比均超过 10%，其中大部分城市的这一占比集中在 27% 左右，但也有极个别城市超过 40%。

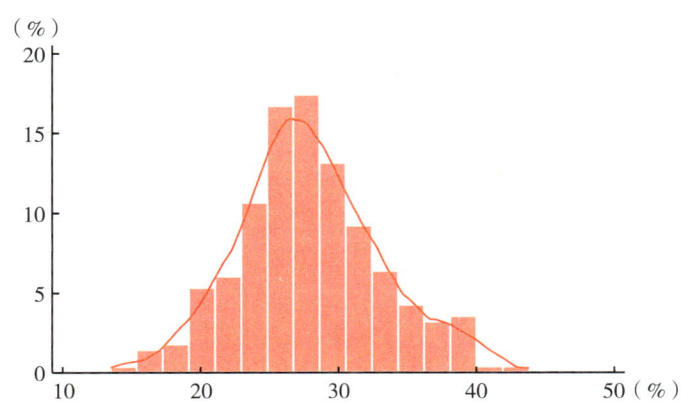

图 2-14　2019—2023 年科学技术支出、城乡社区支出、
农林水支出、交通运输支出占比

3. 调入资金占一般公共预算支出的比重

调入资金占一般公共预算支出的比重最高的 20 个城市主要位于江苏、浙江、

广东等省份。在数据可得的城市中（见表2-13），对调入资金与一般公共预算支出之比的均值从低到高排序，排名最低的20个城市在1%以内，无调入资金或调入资金极少，主要为西部地区的城市；中间20个城市介于6.9%至8.3%之间，变动幅度较小；最高的20个城市介于18.5%至33.3%之间，这些城市基本位于江苏、浙江、广东等省份。

表2-13　2019—2023年调入资金占一般公共预算支出的比重　　　单位：%

序号	省份	地级市	比重	序号	省份	地级市	比重	序号	省份	地级市	比重
1	江西	抚州市	0	114	河南	平顶山市	6.9	229	江苏	宿迁市	18.5
2	宁夏	固原市	0	115	湖北	咸宁市	6.9	230	浙江	杭州市	20.2
3	西藏	日喀则市	0.1	116	广东	清远市	7.0	231	广东	汕尾市	20.7
4	黑龙江	双鸭山市	0.1	117	河北	保定市	7.0	232	江苏	无锡市	21.1
5	四川	甘孜州	0.2	118	河南	洛阳市	7.0	233	山东	德州市	21.4
6	黑龙江	佳木斯市	0.2	119	河南	鹤壁市	7.2	234	广东	广州市	21.8
7	西藏	山南市	0.4	120	山东	青岛市	7.3	235	浙江	台州市	22.9
8	内蒙古	阿拉善盟	0.4	121	甘肃	兰州市	7.4	236	浙江	湖州市	23.5
9	广东	河源市	0.5	122	福建	福州市	7.6	237	广东	中山市	24.0
10	西藏	那曲市	0.5	123	河南	新乡市	7.6	238	山东	威海市	24.3
11	青海	黄南州	0.5	124	四川	巴中市	7.7	239	浙江	金华市	24.5
12	青海	海东市	0.7	125	辽宁	本溪市	8.0	240	浙江	嘉兴市	24.5
13	黑龙江	伊春市	0.7	126	湖南	娄底市	8.0	241	浙江	温州市	24.6
14	内蒙古	呼伦贝尔市	0.8	127	湖南	益阳市	8.1	242	江苏	南通市	26.4
15	四川	雅安市	0.8	128	四川	眉山市	8.2	243	湖南	株洲市	26.7
16	西藏	昌都市	0.8	129	云南	德宏州	8.2	244	浙江	绍兴市	27.8
17	黑龙江	牡丹江市	0.8	130	吉林	延边州	8.3	245	安徽	淮北市	28.1
18	青海	海北州	0.8	131	辽宁	辽阳市	8.3	246	广东	珠海市	28.5
19	甘肃	嘉峪关市	0.9	132	云南	曲靖市	8.3	247	浙江	衢州市	30.9
20	黑龙江	齐齐哈尔市	0.9	133	辽宁	丹东市	8.3	248	江苏	扬州市	33.3

图2-15考察了2019—2023年调入资金占一般公共预算支出的比重的分布情况。总体上，大部分城市的这一占比集中在10%以内，调入资金占比较低，但也有极个别的城市超过20%，调入资金对一般公共预算支出的支持程度较高。

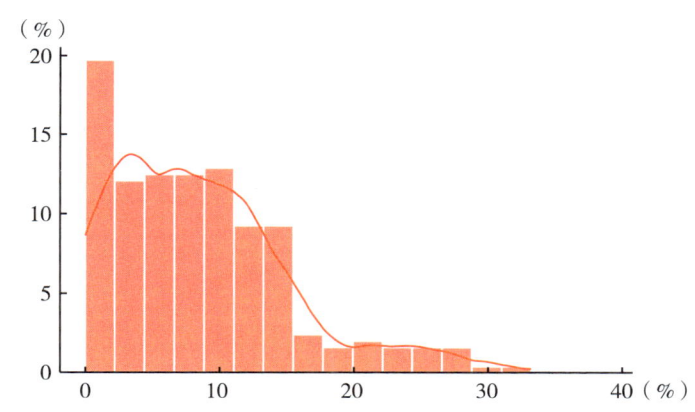

图 2-15　2019—2023 年调入资金占一般公共预算支出的比重

4. 教育支出、社会保障和就业支出、卫生健康支出：区县占全市的比重

对于2019—2023年教育支出、社会保障和就业支出和卫生健康支出，区县占全市比重的比重最高的20个城市均超过87.4%。在数据可得的城市中（见表2-14），对2019—2023年的这一比重从低到高排序，排名最低的20个城市中，有3个无下辖区县的城市为0，其余城市介于32.9%至55.5%之间；中间20个城市介于78.2%至79.5%之间，变动幅度较小；最高的20个城市介于87.4%至92.9%之间。

表 2-14　2019—2023 年教育支出、社会保障和就业支出、
卫生健康支出区县占全市的比重

单位：%

序号	省份	地级市	比重	序号	省份	地级市	比重	序号	省份	地级市	比重
1	广东	东莞市	0	129	福建	南平市	78.2	260	浙江	台州市	87.4
2	甘肃	嘉峪关市	0	130	内蒙古	鄂尔多斯市	78.2	261	广东	河源市	87.4
3	海南	儋州市	0	131	湖北	宜昌市	78.3	262	江西	赣州市	87.9
4	吉林	吉林市	32.9	132	陕西	榆林市	78.3	263	江苏	苏州市	87.9
5	吉林	辽源市	33.6	133	甘肃	酒泉市	78.3	264	湖南	邵阳市	87.9
6	吉林	通化市	34.8	134	辽宁	铁岭市	78.3	265	吉林	延边州	88.1
7	吉林	松原市	37.0	135	福建	漳州市	78.5	266	湖南	湘西州	88.1
8	吉林	四平市	37.4	136	四川	宜宾市	78.5	267	新疆	塔城地区	88.2
9	海南	三亚市	40.1	137	山西	晋城市	78.7	268	湖南	怀化市	89.0
10	黑龙江	鹤岗市	43.2	138	贵州	黔东南州	78.7	269	河南	商丘市	89.2
11	黑龙江	伊春市	44.1	139	云南	迪庆州	78.7	270	青海	海东市	89.4

续表

序号	省份	地级市	比重	序号	省份	地级市	比重	序号	省份	地级市	比重
12	黑龙江	大兴安岭地区	44.4	140	四川	遂宁市	78.7	271	湖北	恩施州	90.0
13	辽宁	本溪市	45.5	141	江苏	常州市	79.1	272	广东	汕尾市	90.3
14	黑龙江	七台河市	49.6	142	河北	承德市	79.2	273	湖南	永州市	90.6
15	内蒙古	乌海市	49.9	143	宁夏	吴忠市	79.2	274	新疆	喀什地区	90.7
16	辽宁	抚顺市	53.4	144	山西	晋中市	79.3	275	江苏	泰州市	90.8
17	海南	海口市	54.0	145	内蒙古	赤峰市	79.3	276	云南	保山市	91.4
18	辽宁	鞍山市	55.1	146	福建	三明市	79.3	277	湖南	张家界市	91.9
19	辽宁	辽阳市	55.5	147	河北	邯郸市	79.4	278	陕西	安康市	92.1
20	陕西	西安市	55.5	148	安徽	阜阳市	79.5	279	广东	揭阳市	92.9

图2-16考察了2019—2023年教育支出、社会保障和就业支出、卫生健康支出的区县占全市的比重的分布情况。总体上，大部分城市的这一占比介于60%至90%之间，且主要集中在80%左右。但也有个别城市的这一占比在40%以内或0。

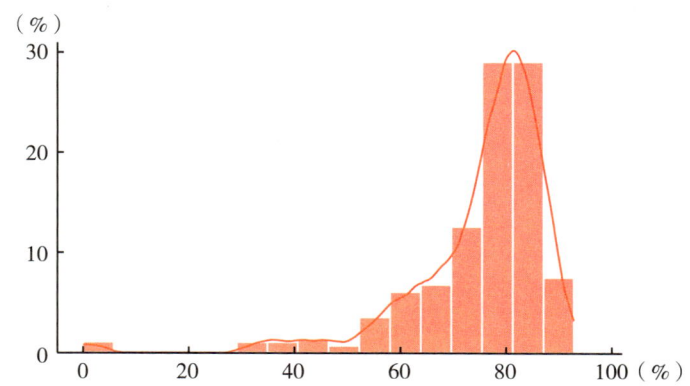

图2-16 2019—2023年教育支出、社会保障和就业支出、卫生健康支出区县占全市的比重

5. 科学技术支出、城乡社区支出、农林水支出、交通运输支出：区县占全市的比重

对于2019—2023年科学技术支出、城乡社区支出、农林水支出、交通运输支出，区县占全市比重最高的20个城市主要位于西部地区。在数据可得的城市中（见表2-15），对2019—2023年的这一比重从低到高排序，排名最低的20个城

市中,有3个无下辖区县的城市为0,其余城市介于21.6%至50.8%之间;中间20个城市介于79.8%至82.2%之间,变动幅度较小;最高的20个城市介于93.7%至97%之间,这些城市主要位于西部地区。

表2-15   2019—2023年科学技术支出、城乡社区支出、农林水支出、交通运输支出区县占全市的比重

单位:%

序号	省份	地级市	比重	序号	省份	地级市	比重	序号	省份	地级市	比重
1	广东	东莞市	0	129	湖南	常德市	79.8	259	贵州	遵义市	93.7
2	甘肃	嘉峪关市	0	130	广东	汕尾市	80.0	260	新疆	昌吉州	93.7
3	广东	中山市	0	131	湖北	荆州市	80.3	261	江西	上饶市	93.8
4	吉林	四平市	21.6	132	江苏	淮安市	80.4	262	甘肃	甘南州	94.2
5	海南	三亚市	24.9	133	湖南	邵阳市	80.4	263	贵州	安顺市	94.2
6	海南	儋州市	26.5	134	广东	潮州市	80.6	264	黑龙江	齐齐哈尔市	94.2
7	吉林	松原市	26.9	135	福建	福州市	80.8	265	贵州	铜仁市	94.3
8	吉林	通化市	30.3	136	陕西	咸阳市	80.9	266	青海	海南州	94.3
9	陕西	西安市	33.0	137	山西	吕梁市	80.9	267	甘肃	武威市	94.3
10	吉林	辽源市	33.1	138	江苏	连云港市	81.0	268	湖北	恩施州	94.4
11	海南	海口市	34.7	139	新疆	博尔塔拉州	81.1	269	贵州	黔东南州	95.1
12	吉林	吉林市	36.7	140	山东	滨州市	81.3	270	云南	楚雄州	95.3
13	安徽	合肥市	41.2	141	河南	许昌市	81.6	271	新疆	喀什地区	95.6
14	湖南	湘潭市	44.1	142	山西	朔州市	81.6	272	甘肃	陇南市	95.7
15	福建	厦门市	47.3	143	内蒙古	锡林郭勒盟	81.7	273	贵州	黔南州	95.7
16	西藏	拉萨市	47.7	144	山东	烟台市	81.9	274	贵州	毕节市	96.4
17	山东	济南市	49.5	145	江苏	徐州市	81.9	275	贵州	黔西南州	96.7
18	新疆	乌鲁木齐市	49.5	146	湖北	宜昌市	81.9	276	青海	黄南州	96.7
19	广西	北海市	50.1	147	辽宁	阜新市	82.1	277	甘肃	定西市	96.7
20	广东	深圳市	50.8	148	四川	巴中市	82.2	278	云南	怒江州	97.0

图2-17考察了2019—2023年科学技术支出、城乡社区支出、农林水支出、交通运输支出的区县占全市的比重的分布情况。总体上,大部分城市的这一占比介于60%至90%之间,且主要集中在80%左右。但也有个别城市的这一占比在50%以内或0。

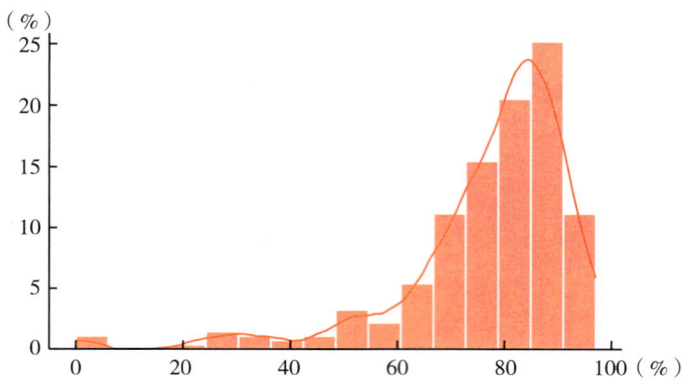

图 2-17　2019—2023 年科学技术支出、城乡社区支出、
农林水支出、交通运输支出区县占全市的比重

（三）一般公共预算收支

1. 财政自给率

2019—2023 年财政自给率平均水平最高的城市主要为省会等经济发达城市或资源型城市。在数据可得的城市中（见表 2-16），对 2019—2023 年的财政自给率平均水平从低到高排序，排名最低的 20 个城市介于 1.8% 至 10.2% 之间，均位于西部地区；中间 20 个城市介于 31.8% 至 34.7% 之间，变动幅度较小；最高的 20 个城市介于 73.5% 至 96.9% 之间，主要为省会等经济发达城市或资源型城市。

表 2-16　　　2019—2023 年财政自给率平均水平　　　单位：%

序号	省份	地级市	自给率	序号	省份	地级市	自给率	序号	省份	地级市	自给率
1	青海	玉树州	1.8	143	河南	驻马店市	31.8	287	山东	烟台市	73.5
2	青海	果洛州	2.8	144	河北	邢台市	31.8	288	湖南	长沙市	74.0
3	西藏	那曲市	3.2	145	海南	儋州市	31.8	289	广东	中山市	75.1
4	青海	黄南州	4.3	146	贵州	六盘水市	32.1	290	新疆	乌鲁木齐市	76.0
5	西藏	日喀则市	4.7	147	湖南	常德市	32.2	291	山东	济南市	76.1
6	甘肃	甘南州	5.0	148	安徽	安庆市	32.2	292	广东	佛山市	77.5
7	宁夏	固原市	6.3	149	内蒙古	锡林郭勒盟	32.3	293	浙江	绍兴市	77.5

续表

序号	省份	地级市	自给率	序号	省份	地级市	自给率	序号	省份	地级市	自给率
8	青海	海北州	6.4	150	四川	遂宁市	32.4	294	山东	东营市	77.8
9	甘肃	临夏州	6.8	151	新疆	巴音郭楞州	32.5	295	山东	青岛市	78.2
10	西藏	昌都市	7.2	152	广东	清远市	32.5	296	内蒙古	鄂尔多斯市	79.1
11	新疆	和田地区	7.7	153	四川	绵阳市	32.6	297	新疆	克拉玛依市	81.2
12	陕西	安康市	8.3	154	辽宁	丹东市	32.8	298	浙江	嘉兴市	81.9
13	陕西	商洛市	8.3	155	河北	衡水市	32.9	299	浙江	宁波市	82.7
14	甘肃	陇南市	8.6	156	四川	雅安市	33.1	300	福建	厦门市	82.9
15	新疆	喀什地区	9.1	157	湖南	郴州市	33.1	301	江苏	常州市	83.7
16	新疆	克孜勒苏州	9.4	158	河南	濮阳市	33.5	302	广东	东莞市	85.2
17	西藏	山南市	9.5	159	福建	三明市	33.6	303	广东	深圳市	85.9
18	甘肃	定西市	9.8	160	河南	商丘市	34.6	304	江苏	无锡市	87.5
19	西藏	林芝市	9.9	161	广东	汕头市	34.6	305	江苏	南京市	91.3
20	云南	迪庆州	10.2	162	湖北	襄阳市	34.7	306	江苏	苏州市	96.9

图2-18考察了2019—2023年财政自给率平均水平的分布情况。总体上，各个城市的财政自给率水平差异较大，既有10%以内的城市，也有90%以上的城市。同时，财政自给率在30%左右的城市较多，较少城市的财政自给率超过80%。

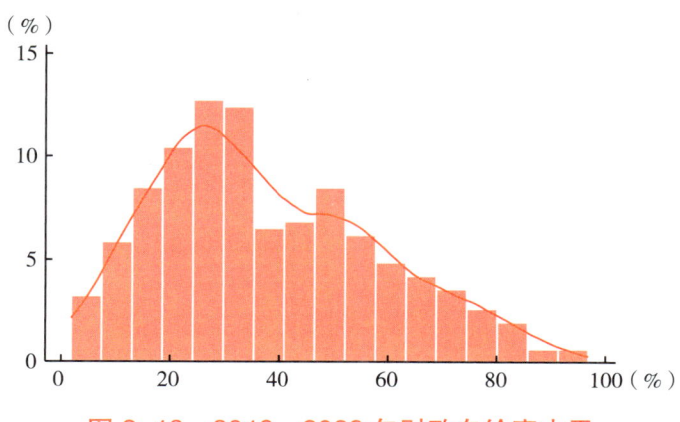

图 2-18　2019—2023 年财政自给率水平

2. 一般公共预算收入与支出增速

2019—2023年一般公共预算收支增速差最高的城市介于8.5%至26.1%之间。在数据可得的城市中（见表2-17），对2019—2023年的一般公共预算收支增速差从低到高排序，排名最低的20个城市介于−41%至−4.5%之间，收入增速低于支出增速，支出压力变大；中间20个城市介于−0.1%至0.5%之间，变动幅度较小，收入增速与支出增速相差较小；最高的20个城市介于8.5%至26.1%之间，收入增速高于支出增速，支出压力较小。

表2-17　2019—2023年一般公共预算收支平均增速情况　　　　单位：%

序号	省份	地级市	收支平均增速差	收入平均增速	支出平均增速
1	西藏	山南市	−41.0	−10.8	30.2
2	宁夏	中卫市	−24.6	−0.2	24.3
3	吉林	白城市	−11.3	−11.9	−0.6
4	西藏	拉萨市	−10.6	−11.3	−0.7
5	云南	德宏州	−10.2	−7.5	2.7
6	宁夏	石嘴山市	−8.4	3.4	11.7
7	浙江	嘉兴市	−7.7	1.3	9.0
8	吉林	松原市	−7.6	−7.4	0.3
9	山东	威海市	−7.6	−2.6	5.0
10	黑龙江	哈尔滨市	−7.5	−8.3	−0.8
11	江苏	连云港市	−6.8	−3.2	3.6
12	云南	昆明市	−6.6	−5.4	1.3
13	西藏	日喀则市	−6.3	−4.3	1.9
14	辽宁	葫芦岛市	−6.2	−8.5	−2.3
15	河南	鹤壁市	−6.1	2.7	8.8
16	浙江	绍兴市	−5.3	0.5	5.9
17	宁夏	固原市	−5.2	−2.9	2.3
18	新疆	阿勒泰地区	−4.8	−0.7	4.1
19	湖南	张家界市	−4.8	−1.6	3.2
20	江苏	南通市	−4.5	−0.3	4.2
139	安徽	黄山市	−0.1	2.8	3.0
140	江西	上饶市	−0.1	1.9	2.0
141	江西	宜春市	−0.1	3.0	3.1

续表

序号	省份	地级市	收支平均增速差	收入平均增速	支出平均增速
142	河北	张家口市	−0.1	−0.2	−0.1
143	广东	广州市	−0.1	1.6	1.7
144	浙江	衢州市	0	6.0	6.0
145	湖北	恩施州	0	−1.2	−1.2
146	云南	临沧市	0	−2.7	−2.7
147	福建	漳州市	0.1	3.4	3.3
148	广东	佛山市	0.1	2.2	2.1
149	贵州	黔西南州	0.1	0.9	0.8
150	吉林	长春市	0.1	2.3	2.2
151	湖北	荆州市	0.2	0.5	0.3
152	山西	运城市	0.2	6.9	6.8
153	江西	九江市	0.2	1.7	1.5
154	山东	日照市	0.2	2.2	2.0
155	吉林	吉林市	0.3	−1.1	−1.4
156	宁夏	银川市	0.3	6.3	6.0
157	河北	保定市	0.3	3.7	3.4
158	广东	江门市	0.5	1.2	0.7
280	青海	海南州	8.5	16.1	7.5
281	新疆	哈密市	8.6	17.5	8.9
282	河南	驻马店市	8.8	6.3	−2.5
283	湖南	湘潭市	8.9	2.5	−6.4
284	四川	遂宁市	8.9	10.5	1.6
285	山西	吕梁市	9.0	15.4	6.4
286	山西	长治市	9.1	17.7	8.5
287	黑龙江	双鸭山市	9.2	8.8	−0.3
288	山西	忻州市	9.6	13.6	4.0
289	广东	肇庆市	9.9	9.1	−0.8
290	吉林	四平市	10.0	8.3	−1.7
291	云南	怒江州	10.0	3.5	−6.5
292	青海	果洛州	10.1	11.7	1.6
293	新疆	和田地区	10.1	9.7	−0.4
294	内蒙古	乌海市	10.5	14.3	3.8

续表

序号	省份	地级市	收支平均增速差	收入平均增速	支出平均增速
295	广东	云浮市	11.0	13.5	2.5
296	青海	黄南州	13.2	10.9	−2.3
297	陕西	榆林市	13.4	22.9	9.5
298	海南	儋州市	18.1	30.7	12.7
299	青海	海西州	26.1	30.1	4.0

图2-19考察了2019—2023年一般公共预算收支增速差的分布情况。总体上，大部分城市的收支增速差介于−10%至10%之间，但大部分的城市的收支增速差较小，介于0左右。

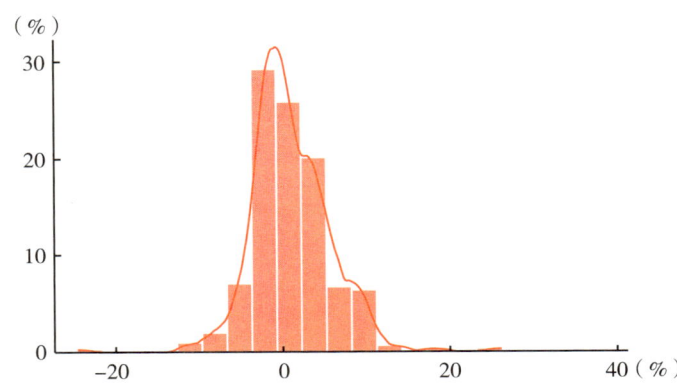

图2-19　2019—2023年一般公共预算收支平均增速差

三、政府性基金预算

（一）政府性基金收入

1. 土地财政依赖度

土地财政依赖度可反映土地房产类财政收入在地方财政中的重要性，通过横向对比可分析不同地区对土地财政依赖程度的差异。土地财政依赖度的计算公式为：土地财政依赖度=（土地出让收入+土地房产类税收）/（一般公共预算支出+政府性基金预算支出）。

2019—2023年土地财政依赖度均值最高的20个城市中有12个城市位于江苏

省、浙江省。在数据可得的城市中（见表2-18），对土地财政依赖度从低到高排序，排名最低的20个城市介于0.3%至3.5%之间，以西部地区的欠发达城市为主，也有个别东北地区的城市；中间20个城市介于19.1%至21.7%之间，城市分布较为广泛，东部、中部、西部地区均有；最高的20个城市介于47.5%至63.3%之间，以江苏、浙江的城市为主。

表 2-18　　2019—2023 年土地财政依赖度均值排名　　单位：%

序号	省份	地级市	依赖度	序号	省份	地级市	依赖度	序号	省份	地级市	依赖度
1	青海	玉树州	0.3	142	贵州	铜仁市	19.1	286	江西	南昌市	47.5
2	青海	果洛州	0.4	143	湖北	黄冈市	19.1	287	山东	枣庄市	48.3
3	西藏	那曲市	0.6	144	吉林	吉林市	19.1	288	四川	成都市	48.5
4	青海	黄南州	1.0	145	福建	南平市	19.2	289	江苏	无锡市	48.7
5	甘肃	甘南州	1.1	146	河北	衡水市	19.2	290	山东	威海市	48.9
6	西藏	阿里地区	1.2	147	广西	桂林市	19.2	291	江苏	泰州市	49.5
7	西藏	日喀则市	1.4	148	河北	张家口市	19.7	292	山西	太原市	49.9
8	青海	海北州	1.7	149	安徽	池州市	19.7	293	贵州	贵阳市	50.5
9	西藏	昌都市	1.8	150	河南	周口市	19.7	294	浙江	绍兴市	50.7
10	黑龙江	伊春市	2.0	151	贵州	毕节市	19.9	295	江苏	扬州市	51.5
11	四川	阿坝州	2.1	152	广西	贵港市	20.1	296	江苏	苏州市	51.9
12	黑龙江	大兴安岭地区	2.1	153	云南	西双版纳州	20.1	297	浙江	湖州市	52.2
13	西藏	林芝市	2.1	154	辽宁	营口市	20.2	298	四川	眉山市	52.2
14	新疆	克孜勒苏州	2.2	155	四川	攀枝花市	20.3	299	浙江	嘉兴市	52.4
15	云南	怒江州	2.5	156	河南	信阳市	20.3	300	浙江	金华市	55.6
16	四川	甘孜州	2.6	157	福建	三明市	20.5	301	江西	景德镇市	57.2
17	云南	迪庆州	2.9	158	安徽	淮南市	21.0	302	江苏	南京市	57.7
18	黑龙江	鹤岗市	3.4	159	陕西	咸阳市	21.1	303	江苏	南通市	57.9
19	黑龙江	黑河市	3.4	160	湖南	邵阳市	21.2	304	浙江	杭州市	63.0
20	黑龙江	双鸭山市	3.5	161	内蒙古	包头市	21.7	305	江苏	常州市	63.3

2019—2021年，多数城市的土地财政依赖度变化幅度较小，基本在-10%至10%之间（见图2-20），且呈现对称分布（见图2-21）。当然也可看出，在这一期间已有部分城市的土地财政依赖度开始降低。但是2021—2023年，绝大多数城市

的土地财政依赖度均降低,这主要是由于2021年之后,各个城市的土地出让收入规模增长受限。土地财政依赖度先增再降,或连续降低,形成了地方财政的缺口。

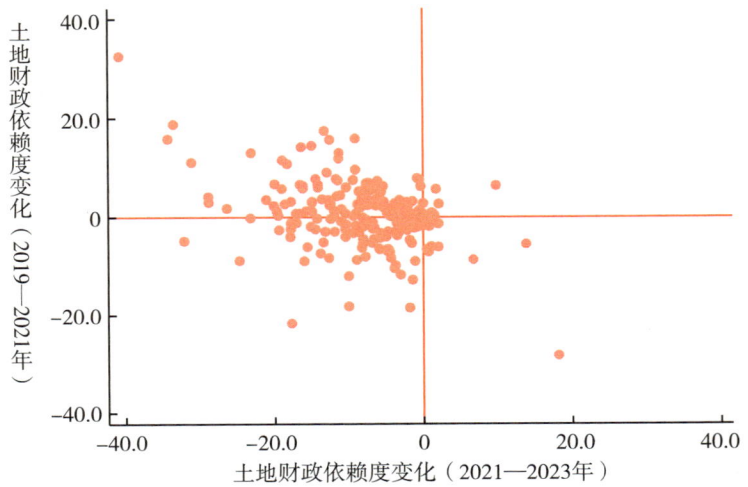

图 2-20　土地财政依赖度变化对比(散点图)

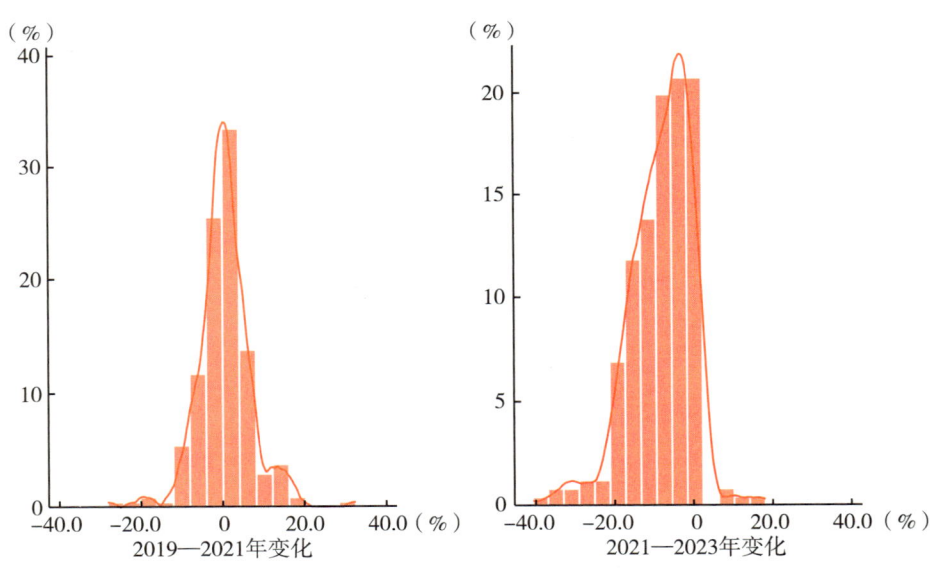

图 2-21　土地财政依赖度变化对比(核密度图)

2. 土地出让收入的增长情况

2023年土地出让收入增速最高的20个城市中,西部地区和东北地区的城市较多。在数据可得的城市中(见表2-19),对土地出让收入增速从低到高排序,排名最低的20个城市介于-93.5%至-51.3%之间，土地出让收入大幅度降低；中间20个城市增速仍然为负，介于-12.7%至-9.2%之间；最高的20个城市介于39.4%至147.7%之间，西部地区和东北地区的城市较多。

表2-19　　2023年土地出让收入增速排名　　单位：%

序号	省份	地级市	增速	序号	省份	地级市	增速	序号	省份	地级市	增速
1	四川	攀枝花市	-93.5	121	广西	贺州市	-12.7	243	湖北	襄阳市	39.4
2	山东	菏泽市	-92.8	122	四川	成都市	-12.7	244	新疆	阿克苏地区	47.6
3	贵州	铜仁市	-85.3	123	云南	楚雄州	-12.5	245	甘肃	金昌市	48.9
4	新疆	克拉玛依市	-82.7	124	陕西	宝鸡市	-12.4	246	湖北	鄂州市	49.2
5	青海	黄南州	-82.2	125	江西	抚州市	-12.2	247	内蒙古	乌海市	53.2
6	广东	珠海市	-81.0	126	四川	巴中市	-12.1	248	内蒙古	呼和浩特市	57.6
7	甘肃	临夏州	-78.4	127	内蒙古	通辽市	-11.9	249	山西	阳泉市	58.3
8	辽宁	抚顺市	-72.7	128	江苏	宿迁市	-11.6	250	云南	西双版纳州	62.0
9	内蒙古	锡林郭勒盟	-72.1	129	河北	廊坊市	-11.5	251	辽宁	本溪市	63.2
10	宁夏	固原市	-70.5	130	四川	广元市	-11.1	252	吉林	吉林市	78.0
11	新疆	喀什地区	-62.3	131	河南	南阳市	-10.8	253	河北	承德市	80.4
12	吉林	通化市	-61.1	132	福建	莆田市	-10.3	254	辽宁	鞍山市	81.6
13	云南	迪庆州	-60.8	133	黑龙江	双鸭山市	-10.3	255	内蒙古	鄂尔多斯市	85.6
14	甘肃	天水市	-55.6	134	山东	滨州市	-10.0	256	甘肃	白银市	98.5
15	西藏	日喀则市	-54.8	135	广东	东莞市	-9.9	257	甘肃	甘南州	108.8
16	青海	海北州	-54.0	136	河南	新乡市	-9.8	258	海南	三亚市	123.5
17	福建	三明市	-52.8	137	江苏	常州市	-9.7	259	吉林	辽源市	124.4
18	山西	晋城市	-52.0	138	四川	眉山市	-9.6	260	西藏	林芝市	126.9
19	河南	三门峡市	-51.4	139	湖北	武汉市	-9.4	261	新疆	克孜勒苏州	132.9
20	湖南	湘西州	-51.3	140	浙江	金华市	-9.2	262	吉林	长春市	147.7

2023年专项债余额增速最高的20个城市中有8个城市位于东北地区。在数据可得的城市中（见表2-20），对专项债余额增速从低到高排序，排名最低的20个

城市介于-20.2%至7.6%之间，专项债的增速大幅降低；中间20个城市增速介于21.7%至23.5%之间，专项债呈现增长趋势；最高的20个城市介于56.6%至131%之间，东北地区的城市较多。

表2-20　　　　2023年专项债余额增速排名　　　　单位：%

序号	省份	地级市	增速	序号	省份	地级市	增速	序号	省份	地级市	增速
1	湖南	张家界市	-20.2	140	贵州	贵阳市	21.7	282	湖南	湘潭市	56.6
2	宁夏	石嘴山市	-13.1	141	云南	曲靖市	21.7	283	安徽	淮北市	56.7
3	黑龙江	伊春市	-3.1	142	四川	自贡市	22.1	284	辽宁	盘锦市	56.9
4	青海	海南州	-3.0	143	新疆	哈密市	22.2	285	辽宁	丹东市	57.3
5	黑龙江	大庆市	0	144	湖北	襄阳市	22.3	286	辽宁	铁岭市	60.4
6	西藏	山南市	0	145	辽宁	大连市	22.3	287	广西	贵港市	63.7
7	青海	海北州	0	146	内蒙古	通辽市	22.4	288	黑龙江	双鸭山市	65.4
8	青海	黄南州	0	147	广西	崇左市	22.4	289	内蒙古	鄂尔多斯市	67.3
9	宁夏	银川市	1.1	148	吉林	通化市	22.7	290	吉林	辽源市	68.9
10	黑龙江	大兴安岭地区	2.1	149	河南	信阳市	22.9	291	吉林	吉林市	71.0
11	青海	果洛州	2.6	150	河北	唐山市	23.1	292	西藏	林芝市	71.5
12	江苏	南京市	2.9	151	山东	日照市	23.2	293	河南	洛阳市	72.8
13	陕西	延安市	4.0	152	广东	广州市	23.2	294	辽宁	阜新市	74.4
14	西藏	拉萨市	4.3	153	江西	鹰潭市	23.2	295	河南	驻马店市	76.3
15	贵州	毕节市	6.2	154	浙江	丽水市	23.4	296	辽宁	葫芦岛市	77.9
16	浙江	舟山市	6.2	155	四川	广元市	23.4	297	安徽	黄山市	86.6
17	湖南	长沙市	6.9	156	山西	太原市	23.4	298	云南	迪庆州	106.2
18	江苏	徐州市	7.0	157	内蒙古	呼伦贝尔市	23.4	299	湖北	随州市	107.3
19	云南	玉溪市	7.1	158	云南	楚雄州	23.5	300	浙江	温州市	127.4
20	云南	德宏州	7.6	159	贵州	铜仁市	23.5	301	西藏	昌都市	131.0

2023年，多数城市的土地出让收入降低，少数城市的土地出让收入增长。专项债余额基本均为增长，但增速聚集在0至50%之间（见图2-22）。对于土地出让收入降低但专项债余额大幅增长的城市，政府性基金收入来源发生了明显变化。对于土地出让收入降低但专项债余额小幅增长的城市，政府性基金收入也可能存

在一定的缺口。

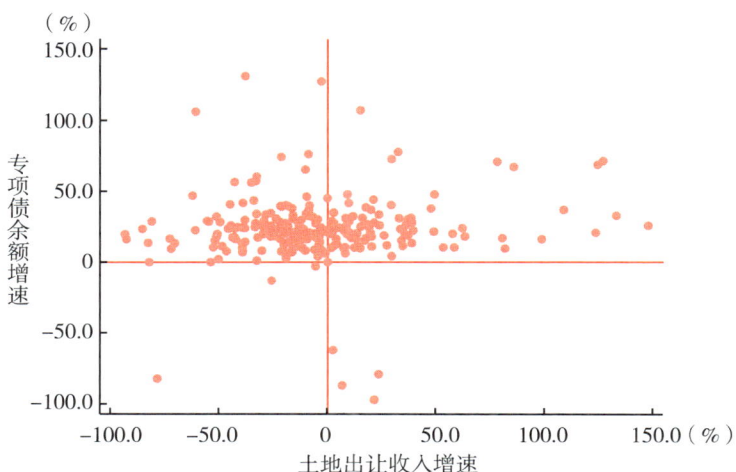

图 2-22　2023 年土地出让收入增速与专项债余额增速的对比

3. 土地出让收入的分享比例

分析土地出让收入的分享比例便于考察全市层面的土地出让收入集中在哪一级政府。在数据可得的城市中（见表 2-21），对区县的土地出让收入占全市土地出让收入的比重从低到高排序，排名最低的 20 个城市介于 0 至 14.5% 之间，土地出让收入基本集中在市本级；中间 20 个城市介于 65.1% 至 70.5% 之间；最高的 20 个城市的这一比重均为 100%，这些城市多为自治州、地区、盟，均为地级行政单位。

表 2-21　2023 年区县的土地出让收入占全市的比重　　　　单位：%

序号	省份	地级市	比重	序号	省份	地级市	比重	序号	省份	地级市	比重
1	吉林	四平市	0	123	山东	德州市	65.1	247	青海	海南州	100
2	广东	中山市	0	124	黑龙江	大庆市	65.4	248	内蒙古	兴安盟	100
3	海南	三亚市	0	125	山东	青岛市	65.7	249	贵州	安顺市	100
4	广东	东莞市	0	126	山东	滨州市	66.1	250	内蒙古	阿拉善盟	100
5	海南	海口市	0	127	河南	濮阳市	66.2	251	新疆	博尔塔拉州	100
6	吉林	吉林市	0	128	山东	济宁市	66.3	252	贵州	黔南州	100
7	甘肃	嘉峪关市	0	129	黑龙江	双鸭山市	66.6	253	内蒙古	锡林郭勒盟	100

续表

序号	省份	地级市	比重	序号	省份	地级市	比重	序号	省份	地级市	比重
8	海南	儋州市	0	130	甘肃	兰州市	66.7	254	云南	怒江州	100
9	广东	深圳市	0	131	广东	汕尾市	67.0	255	青海	海西州	100
10	吉林	松原市	0.3	132	青海	海东市	67.3	256	新疆	喀什地区	100
11	陕西	铜川市	3.7	133	湖北	咸宁市	67.8	257	内蒙古	鄂尔多斯市	100
12	吉林	辽源市	4.5	134	四川	乐山市	68.2	258	云南	迪庆州	100
13	吉林	通化市	5.0	135	河南	周口市	68.7	259	青海	黄南州	100
14	陕西	西安市	7.0	136	江苏	徐州市	69.0	260	四川	甘孜州	100
15	安徽	蚌埠市	8.6	137	河北	唐山市	69.3	261	云南	红河州	100
16	黑龙江	哈尔滨市	9.0	138	山西	晋中市	69.4	262	新疆	昌吉州	100
17	吉林	长春市	9.1	139	湖北	黄石市	69.5	263	新疆	和田地区	100
18	山东	济南市	9.6	140	河北	沧州市	70.2	264	新疆	阿勒泰地区	100
19	广西	北海市	14.4	141	江西	吉安市	70.2	265	湖南	湘西州	100
20	河南	鹤壁市	14.5	142	四川	广安市	70.5	266	新疆	塔城地区	100

从分布上看（见图2-23），2023年我国各个城市的区县土地出让收入占全市土地出让收入的比重主要分布在50%至100%之间。同时，基于动态的视角（见图2-24），2019—2023年多数城市的区县土地出让收入占比未发生变化，或变化幅度较小。但也有个别城市的区县土地出让收入占比出现了大幅的增长或下降。

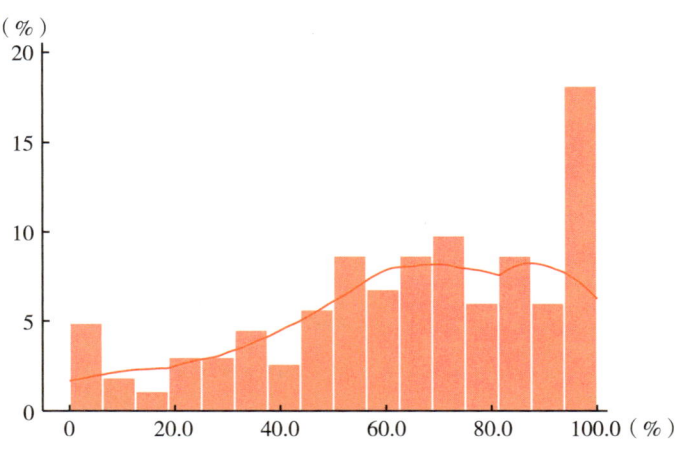

图2-23　2023年区县的土地出让收入占比分布

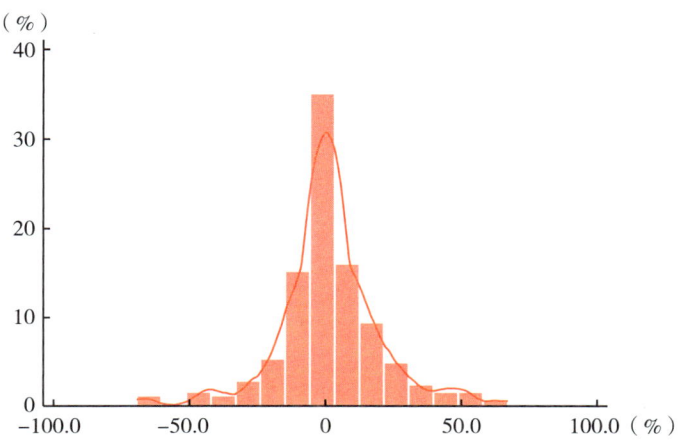

图 2-24　2019—2023 年区县的土地出让收入占比变化

（二）政府性基金支出

1. 调出资金与一般公共预算支出之比

调出资金与一般公共预算支出之比可用于衡量政府性基金预算对一般公共预算支出的支持程度。在数据可得的城市中（见表 2-22），对调出资金与一般公共预算支出之比的均值从低到高排序，排名最低的 20 个城市基本均为 0，无调出资金或调出资金极少，这些城市主要为西部地区的城市；中间 20 个城市介于 3.9% 至 4.7% 之间；最高的 20 个城市介于 12.5% 至 25.5% 之间，这些城市多为各省的省会或经济体量较大的城市。

表 2-22　2019—2023 年调出资金与一般公共预算支出之比的均值

单位：%

序号	省份	地级市	比重	序号	省份	地级市	比重	序号	省份	地级市	比重
1	江西	景德镇市	0	140	陕西	延安市	3.9	281	河南	郑州市	12.5
2	江西	吉安市	0	141	新疆	哈密市	3.9	282	陕西	西安市	12.6
3	浙江	丽水市	0	142	陕西	渭南市	3.9	283	广东	佛山市	13.3
4	宁夏	固原市	0	143	广西	钦州市	4.0	284	浙江	绍兴市	13.7
5	宁夏	中卫市	0	144	湖北	恩施州	4.0	285	湖南	株洲市	14.1
6	宁夏	吴忠市	0	145	广东	阳江市	4.0	286	湖南	岳阳市	14.1
7	青海	果洛州	0	146	陕西	咸阳市	4.0	287	浙江	嘉兴市	14.2

续表

序号	省份	地级市	比重	序号	省份	地级市	比重	序号	省份	地级市	比重
8	西藏	阿里地区	0	147	江西	新余市	4.1	288	江苏	扬州市	14.6
9	青海	玉树州	0	148	河南	平顶山市	4.2	289	江苏	泰州市	14.8
10	宁夏	石嘴山市	0	149	河南	南阳市	4.2	290	浙江	温州市	15.3
11	西藏	昌都市	0	150	河北	衡水市	4.5	291	浙江	杭州市	15.6
12	新疆	和田地区	0.1	151	云南	昆明市	4.5	292	四川	内江市	15.6
13	西藏	日喀则市	0.1	152	湖南	湘西州	4.6	293	浙江	湖州市	17.2
14	四川	甘孜州	0.1	153	河北	石家庄市	4.6	294	广东	中山市	17.3
15	甘肃	嘉峪关市	0.1	154	云南	楚雄州	4.6	295	浙江	金华市	18.0
16	甘肃	甘南州	0.1	155	湖北	荆州市	4.6	296	江苏	南通市	18.8
17	黑龙江	双鸭山市	0.1	156	广东	潮州市	4.7	297	浙江	衢州市	18.9
18	青海	海北州	0.2	157	湖南	娄底市	4.7	298	广东	广州市	20.2
19	甘肃	张掖市	0.2	158	河北	张家口市	4.7	299	浙江	台州市	20.6
20	黑龙江	佳木斯市	0.2	159	湖南	益阳市	4.7	300	广东	珠海市	25.5

从分布上看（见图2-25），2019—2023年各个城市的调出资金与一般公共预算支出之比的均值主要分布在10%以内，且有部分城市无调出资金或仅有非常少的调出资金。同时，基于动态的视角（见图2-26），2023年与2019年相比，大部分城市的调出资金与一般公共预算支出之比呈现降低的趋势，仅有少部分城市的这一比重增长。

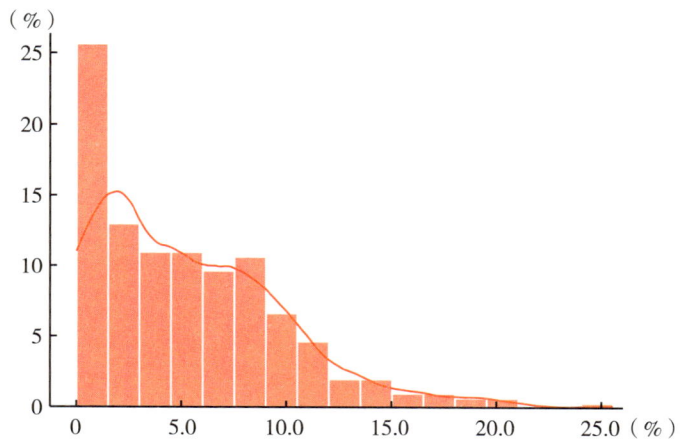

图2-25　2019—2023年调出资金与一般公共预算支出之比的均值

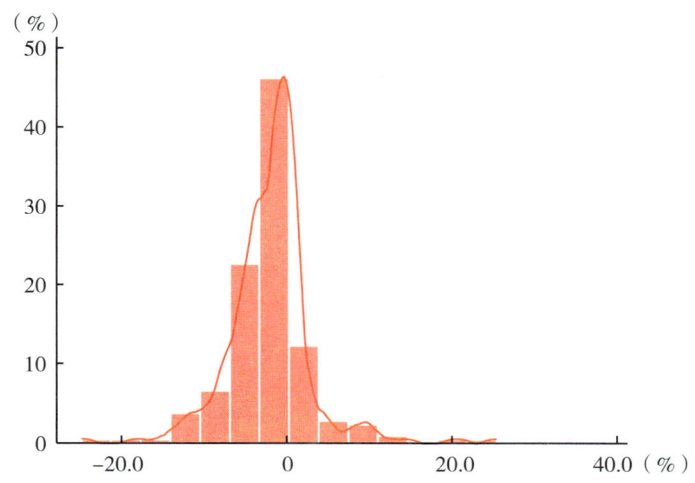

图 2-26　2019—2023 年调出资金与一般公共预算支出之比的变化

2. 政府性基金支出的分享比例

考察政府性基金支出的分享比例便于分析全市层面的政府性基金支出集中在哪级政府以及是否发生错配。在数据可得的城市中（见表 2-23），对区县政府性基金支出占全市的比重从低到高排序，排名最低的 20 个城市介于 0 至 25.5% 之间，区县层面政府性基金支出占比较低，市本级的政府性基金支出占比较高；中间 20 个城市介于 72.2% 至 75.6% 之间，区县层面政府性基金支出占比超过七成；最高的 20 个城市均超过 90%，全市的政府性基金支出主要集中在区县，其中较多为地级自治州。

表 2-23　2023 年区县政府性基金支出占全市的比重　　　单位：%

排名	省份	城市	数值	排名	省份	城市	数值	排名	省份	城市	数值
1	广东	中山市	0	137	福建	漳州市	72.2	275	云南	普洱市	94.8
2	甘肃	嘉峪关市	0	138	江苏	连云港市	72.3	276	新疆	伊犁州	94.9
3	广东	东莞市	0	139	福建	泉州市	72.6	277	新疆	塔城地区	95.2
4	吉林	松原市	4.3	140	四川	乐山市	72.9	278	四川	宜宾市	95.2
5	海南	儋州市	4.6	141	湖南	常德市	72.9	279	河北	邢台市	95.4
6	陕西	西安市	9.2	142	江西	新余市	73.5	280	广东	江门市	95.7
7	辽宁	阜新市	9.2	143	河南	信阳市	73.5	281	内蒙古	阿拉善盟	96.2
8	黑龙江	鹤岗市	12.8	144	湖南	娄底市	73.8	282	江西	宜春市	96.3

续表

排名	省份	城市	数值	排名	省份	城市	数值	排名	省份	城市	数值
9	海南	海口市	15.6	145	山东	潍坊市	74.0	283	新疆	博尔塔拉州	96.6
10	海南	三亚市	16.5	146	云南	昆明市	74.1	284	安徽	宿州市	96.9
11	西藏	那曲市	16.5	147	四川	雅安市	74.6	285	贵州	遵义市	96.9
12	黑龙江	大庆市	16.8	148	广东	茂名市	74.9	286	新疆	昌吉州	97.2
13	吉林	四平市	18.8	149	云南	楚雄州	74.9	287	青海	海北州	97.7
14	湖南	湘潭市	19.3	150	湖北	荆州市	74.9	288	广东	梅州市	97.9
15	吉林	通化市	20.6	151	湖北	十堰市	74.9	289	新疆	喀什地区	98.3
16	西藏	林芝市	20.8	152	河北	石家庄市	74.9	290	湖北	恩施州	98.4
17	辽宁	辽阳市	22.2	153	山东	临沂市	75.6	291	新疆	巴音郭楞州	98.6
18	辽宁	沈阳市	22.7	154	甘肃	甘南州	75.6	292	吉林	延边州	98.8
19	黑龙江	牡丹江市	23.1	155	山东	济宁市	75.6	293	贵州	黔南州	99.1
20	湖北	襄阳市	25.5	156	甘肃	金昌市	75.6	294	新疆	和田地区	99.1

从分布上看（见图2-27），2023年各个城市的区县政府性基金支出占全市的比重主要分布在60%至100%之间，但也有部分城市的区县占比不足50%。同时，基于动态的视角（见图2-28），2023年与2019年相比，大部分城市的区县政府性基金支出占全市的比重增长，但增长程度一般在30个百分点以内。

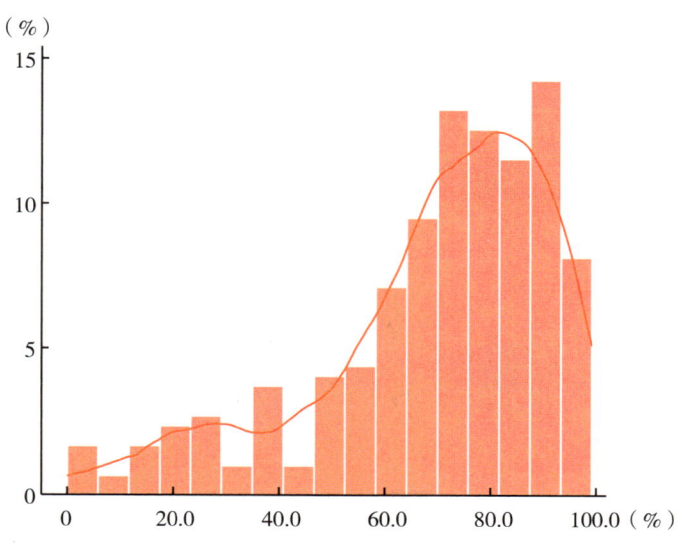

图2-27 2023年区县政府性基金支出占全市的比重分布

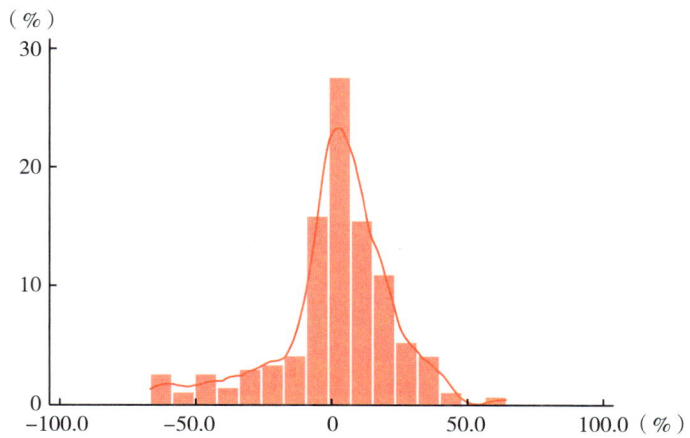

图 2-28　2019—2023 年区县政府性基金支出占全市的比重变化

四、国有资本经营预算和社会保险基金预算

（一）国有资本经营预算支出

国有资本经营预算支出的调出资金与一般公共预算支出之比，表现的是国有资本经营预算对一般公共预算支出的支持。在数据可得的城市中，对调出资金与一般公共预算支出从低到高排序，排名最低的 20 个城市均为 0，无调出资金；中间 20 个城市均为 0.3%，有调出资金但与一般公共预算支出的比值较低；最高的 20 个城市介于 2.1% 至 7.2% 之间，这些城市多为国有经济较为发达的资源型城市。

表 2-24　　2019—2023 年调出资金与一般公共预算支出之比的均值

单位：%

排名	省份	城市	数值	排名	省份	城市	数值	排名	省份	城市	数值
1	青海	玉树州	0	139	甘肃	陇南市	0.3	279	广东	惠州市	2.1
2	宁夏	中卫市	0	140	广东	佛山市	0.3	280	内蒙古	赤峰市	2.2
3	浙江	丽水市	0	141	浙江	台州市	0.3	281	辽宁	本溪市	2.2
4	青海	果洛州	0	142	辽宁	沈阳市	0.3	282	山东	东营市	2.3
5	青海	海东市	0	143	山东	日照市	0.3	283	广东	珠海市	2.4
6	吉林	白山市	0	144	安徽	芜湖市	0.3	284	江西	宜春市	2.7
7	西藏	阿里地区	0	145	广西	柳州市	0.3	285	四川	宜宾市	2.9

续表

排名	省份	城市	数值	排名	省份	城市	数值	排名	省份	城市	数值
8	甘肃	临夏州	0	146	四川	广安市	0.3	286	山西	临汾市	3.0
9	黑龙江	双鸭山市	0	147	陕西	宝鸡市	0.3	287	江苏	宿迁市	3.3
10	黑龙江	绥化市	0	148	甘肃	兰州市	0.3	288	江西	鹰潭市	3.4
11	青海	海北州	0	149	河南	郑州市	0.3	289	陕西	榆林市	3.5
12	广西	河池市	0	150	云南	曲靖市	0.3	290	江苏	镇江市	3.6
13	青海	海南州	0	151	云南	怒江州	0.3	291	湖南	邵阳市	3.8
14	广西	防城港市	0	152	河北	邯郸市	0.3	292	山东	滨州市	3.9
15	西藏	那曲市	0	153	黑龙江	鸡西市	0.3	293	辽宁	盘锦市	4.0
16	海南	儋州市	0	154	山西	大同市	0.3	294	湖南	张家界市	4.2
17	河南	周口市	0	155	湖北	襄阳市	0.3	295	安徽	六安市	4.9
18	宁夏	吴忠市	0	156	山东	菏泽市	0.3	296	辽宁	锦州市	5.6
19	山西	阳泉市	0	157	广东	清远市	0.3	297	湖南	株洲市	6.7
20	黑龙江	伊春市	0	158	湖北	咸宁市	0.3	298	陕西	延安市	7.2

从分布上看（见图2-29），2019—2023年调出资金与一般公共预算支出之比的均值主要分布在2%以内，且大部分城市为0。同时，基于动态的视角（见图2-30），2023年与2019年相比，大部分城市的调出资金与一般公共预算支出之比未发生变化。虽然增长的城市较多，但增长程度一般在5个百分点以内。

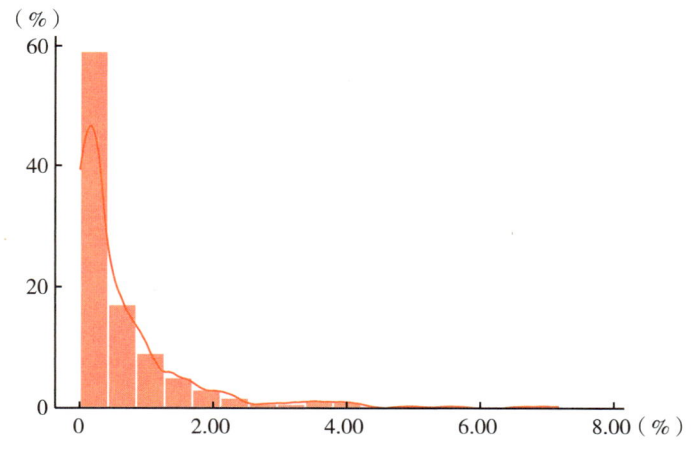

图2-29　2019—2023年调出资金与一般公共预算支出之比的均值

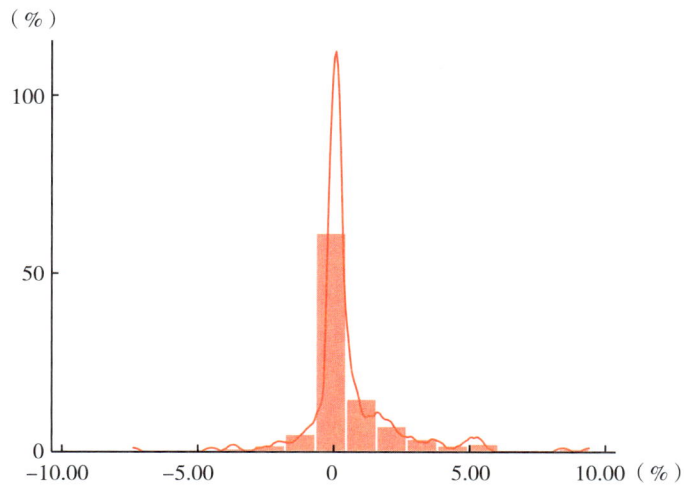

图 2-30　2019—2023 年调出资金与一般公共预算支出之比的变化

（二）社会保险基金收入

财政补贴依赖度可通过财政补贴收入占社会保险基金支出的比重衡量。在数据可得的城市中（见表 2-25），对财政补贴依赖度的均值从低到高排序，排名最低的 20 个城市介于 0 至 13.7% 之间，这些城市部分为经济发达城市，如深圳、厦门、南京等，也有部分城市位于西部地区；中间 20 个城市介于 27.4% 至 30.2% 之间；最高的 20 个城市介于 45% 至 59.4% 之间，且主要位于湖南、湖北、四川等省份。

表 2-25　　2019—2023 年财政补贴依赖度的均值　　　　　　　　单位：%

排名	省份	城市	数值	排名	省份	城市	数值	排名	省份	城市	数值
1	陕西	渭南市	0	103	山东	东营市	27.4	208	贵州	安顺市	45.0
2	陕西	延安市	0	104	四川	广元市	27.4	209	四川	内江市	45.2
3	陕西	咸阳市	0	105	浙江	温州市	27.6	210	贵州	黔南州	45.5
4	四川	凉山州	0	106	黑龙江	绥化市	27.7	211	湖北	黄冈市	45.5
5	广东	深圳市	3.7	107	浙江	金华市	27.8	212	江西	吉安市	46.1
6	甘肃	金昌市	4.0	108	海南	海口市	28.0	213	贵州	铜仁市	46.8
7	广东	东莞市	5.9	109	山东	潍坊市	28.1	214	江西	景德镇市	47.1
8	福建	厦门市	7.9	110	河南	许昌市	28.2	215	黑龙江	齐齐哈尔市	47.4

续表

排名	省份	城市	数值	排名	省份	城市	数值	排名	省份	城市	数值
9	西藏	阿里地区	9.6	111	广东	汕头市	28.3	216	四川	资阳市	47.4
10	青海	海西州	10.3	112	浙江	台州市	28.6	217	河南	濮阳市	47.5
11	西藏	林芝市	10.6	113	湖南	长沙市	28.7	218	江西	赣州市	48.0
12	新疆	克拉玛依市	11.0	114	山东	枣庄市	28.9	219	山西	运城市	48.4
13	江苏	南京市	11.0	115	黑龙江	七台河市	29.1	220	湖北	恩施州	48.8
14	广东	中山市	11.2	116	湖南	张家界市	29.2	221	陕西	安康市	49.0
15	海南	三亚市	12.0	117	新疆	博尔塔拉州	29.6	222	湖南	邵阳市	49.1
16	甘肃	嘉峪关市	12.0	118	四川	遂宁市	29.6	223	湖南	益阳市	51.6
17	广东	珠海市	12.1	119	甘肃	白银市	29.9	224	湖北	随州市	51.7
18	山东	青岛市	12.9	120	云南	丽江市	30.0	225	四川	巴中市	54.1
19	江苏	常州市	13.4	121	甘肃	平凉市	30.0	226	四川	达州市	57.3
20	新疆	乌鲁木齐市	13.7	122	甘肃	陇南市	30.2	227	四川	广安市	59.4

从散点图上看（见图2-31），社会保险基金支出与财政补贴收入呈现明显的正相关性。社会保险基金支出越高，所需要的财政补贴收入支持越多。同时，基于动态的视角（见图2-32），2023年与2019年相比，大部分城市的财政补贴依赖度出现了增长，且增长幅度在0至20%之间。

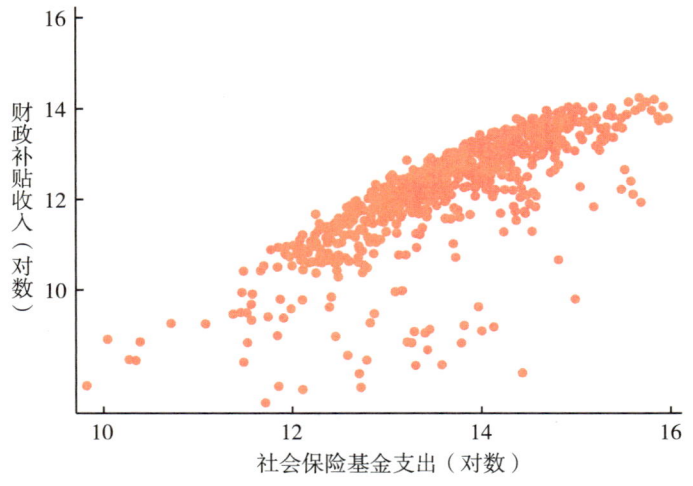

图2-31 财政补贴收入与社会保险基金支出的分布（散点图）

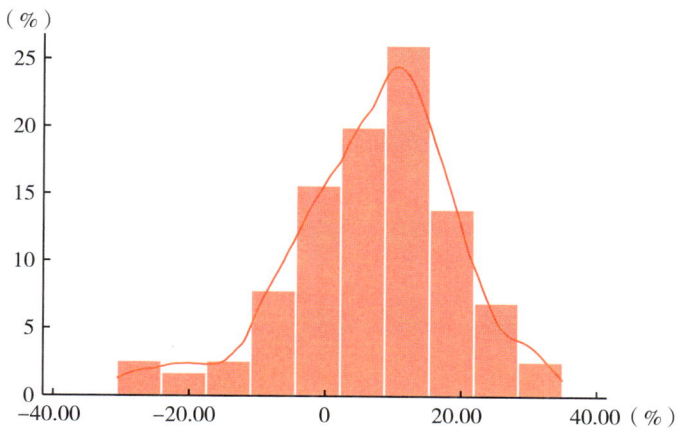

图 2-32　2019—2023 年财政补贴依赖度的变化

（三）社会保险基金支出

1. 保险费收入与社会保险待遇支出之比

保险费收入与社会保险待遇支出之比可用于分析一个城市的社会保险基金收入对支出的支持程度。在数据可得的城市中（见表2-26），对保险费收入与社会保险待遇支出之比的均值从低到高排序，排名最低的20个城市介于44.3%至58.6%之间，保险费收入仅为社会保险待遇支出的50%左右，其中10个城市位于东北地区；中间20个城市介于69.4%至72.6%之间，保险费收入约为社会保险待遇支出的70%；最高的20个城市超过100%，保险费收入超过社会保险待遇支出。

表 2-26　2019—2023 年保险费收入与社会保险待遇支出之比的均值

单位：%

排名	省份	城市	数值	排名	省份	城市	数值	排名	省份	城市	数值
1	江西	景德镇市	44.3	79	新疆	克孜勒苏州	69.4	159	宁夏	银川市	110.1
2	黑龙江	伊春市	47.8	80	宁夏	石嘴山市	69.5	160	福建	厦门市	112.3
3	辽宁	锦州市	51.5	81	山西	大同市	69.7	161	青海	海南州	114.1
4	黑龙江	鹤岗市	51.9	82	湖南	湘西州	70.0	162	海南	三亚市	115.0
5	吉林	延边州	52.8	83	山西	晋中市	70.1	163	广东	中山市	117.6
6	河南	驻马店市	53.4	84	黑龙江	大庆市	70.2	164	青海	黄南州	121.7
7	黑龙江	佳木斯市	53.5	85	山西	阳泉市	70.2	165	青海	西宁市	122.9

续表

排名	省份	城市	数值	排名	省份	城市	数值	排名	省份	城市	数值
8	黑龙江	双鸭山市	54.2	86	甘肃	平凉市	70.2	166	青海	海北州	127.7
9	陕西	安康市	54.4	87	黑龙江	哈尔滨市	70.3	167	西藏	那曲市	128.2
10	黑龙江	鸡西市	54.8	88	甘肃	天水市	70.6	168	西藏	林芝市	128.3
11	黑龙江	绥化市	55.0	89	浙江	衢州市	71.1	169	西藏	昌都市	130.2
12	黑龙江	牡丹江市	55.2	90	贵州	黔西南州	71.4	170	西藏	山南市	136.9
13	湖南	常德市	55.2	91	吉林	通化市	71.5	171	西藏	日喀则市	140.1
14	湖北	荆州市	56.2	92	山东	日照市	71.6	172	贵州	遵义市	140.9
15	内蒙古	乌兰察布市	56.7	93	浙江	舟山市	71.8	173	西藏	阿里地区	141.9
16	黑龙江	齐齐哈尔市	57.3	94	贵州	六盘水市	71.8	174	广东	东莞市	152.8
17	广东	湛江市	57.8	95	湖南	衡阳市	71.9	175	青海	海西州	156.4
18	广东	揭阳市	58.1	96	山西	长治市	72.3	176	广东	深圳市	169.5
19	湖南	永州市	58.4	97	甘肃	武威市	72.5	177	西藏	拉萨市	202.3
20	广东	茂名市	58.6	98	福建	福州市	72.6	178	青海	果洛州	207.3

从分布上看（见图2-33），2019—2023年保险费收入与社会保险待遇支出之比的均值主要分布在50%至100%之间，多数城市的保险费收入不足以支撑社会保险待遇支出。同时，基于动态的视角（见图2-34），2023年与2019年相比，各个城市的保险费收入与社会保险待遇支出之比有增有减，但降低的城市更多。

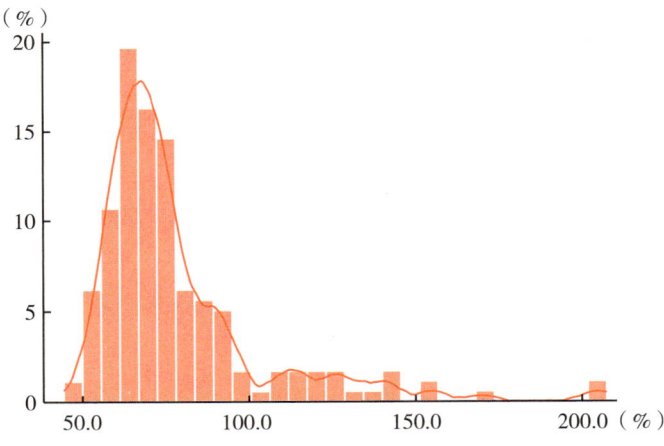

图2-33　2019—2023年保险费收入与社会保险待遇支出之比的均值

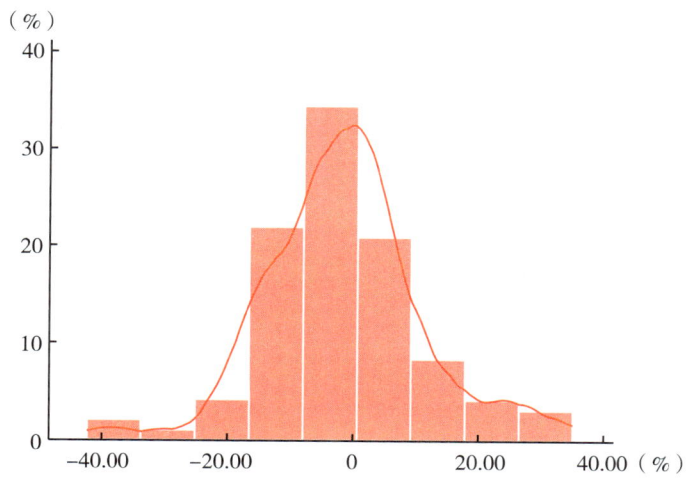

图 2-34　2019—2023 年保险费收入与社会保险待遇支出之比变化

2. 社会保险基金收入与社会保险基金支出之比

大部分城市的社会保险基金收入与支出的比值超过了90%。在数据可得的城市中（见表2-27），对社会保险基金收入与支出之比的均值从低到高排序，排名最低的20个城市介于71.2%至99.1%之间，社会保险基金收入不及支出，但其中大部门城市的社会保险基金收入占支出的比值超过了90%；中间20个城市均为108%左右；最高的20个城市介于132.2%至190.5%之间，社会保险基金收入超过支出的部分较多。

表 2-27　2019—2023 年社会保险基金收入与支出之比的均值　　　单位：%

排名	省份	城市	数值	排名	省份	城市	数值	排名	省份	城市	数值
1	安徽	六安市	71.2	142	河南	周口市	108.0	286	西藏	阿里地区	132.2
2	河北	秦皇岛市	80.0	143	江西	景德镇市	108.1	287	宁夏	中卫市	132.6
3	辽宁	辽阳市	93.7	144	江西	新余市	108.1	288	四川	成都市	133.1
4	广东	汕尾市	94.2	145	甘肃	陇南市	108.2	289	河北	邯郸市	133.6
5	甘肃	嘉峪关市	95.0	146	陕西	汉中市	108.2	290	宁夏	银川市	139.5
6	辽宁	铁岭市	95.6	147	河南	三门峡市	108.2	291	四川	凉山州	139.8
7	内蒙古	赤峰市	95.9	148	新疆	博尔塔拉州	108.2	292	四川	南充市	139.9
8	浙江	舟山市	96.0	149	吉林	长春市	108.3	293	吉林	辽源市	142.2

续表

排名	省份	城市	数值	排名	省份	城市	数值	排名	省份	城市	数值
9	山东	青岛市	96.7	150	河南	驻马店市	108.3	294	西藏	昌都市	142.2
10	福建	三明市	96.7	151	云南	昭通市	108.4	295	青海	黄南州	142.5
11	海南	儋州市	96.7	152	江苏	南京市	108.4	296	青海	西宁市	142.7
12	山西	临汾市	97.4	153	河南	漯河市	108.4	297	西藏	那曲市	144.2
13	广东	江门市	97.8	154	新疆	伊犁州	108.5	298	青海	玉树州	144.7
14	辽宁	大连市	97.9	155	新疆	昌吉州	108.6	299	青海	海东市	145.5
15	云南	迪庆州	98.3	156	江苏	徐州市	108.7	300	青海	海北州	145.7
16	吉林	延边州	98.3	157	贵州	黔东南州	108.8	301	青海	海南州	153.6
17	内蒙古	乌海市	98.8	158	湖南	郴州市	108.9	302	广东	深圳市	154.8
18	辽宁	盘锦市	98.8	159	山东	聊城市	108.9	303	安徽	合肥市	163.7
19	辽宁	锦州市	98.9	160	陕西	宝鸡市	109.0	304	青海	海西州	167.6
20	甘肃	张掖市	99.1	161	黑龙江	伊春市	109.0	305	青海	果洛州	190.5

从分布上看（见图2-35），2019—2023年社会保险基金收入与支出之比的均值主要分布在100%至120%之间，多数城市的社会保险基金收入超过支出。同时，基于动态的视角（见图2-36），2023年与2019年相比，各个城市的保险费收入与社会保险待遇支出之比有增有减，但增长的城市要稍多。

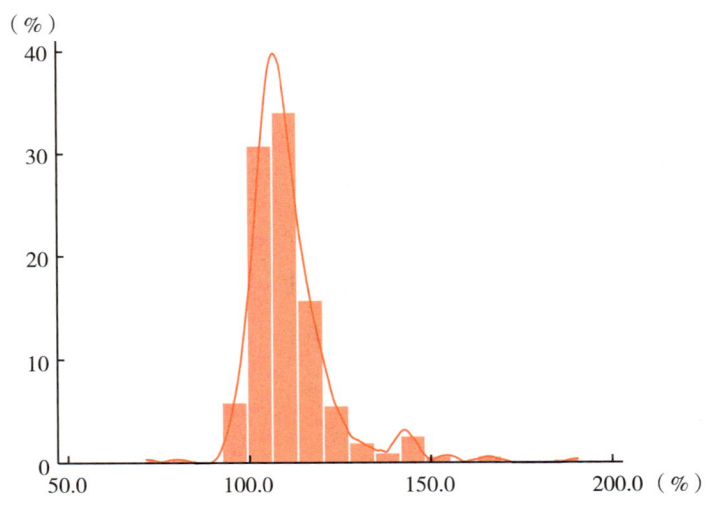

图2-35　2019—2023年社会保险基金收入与支出之比的均值

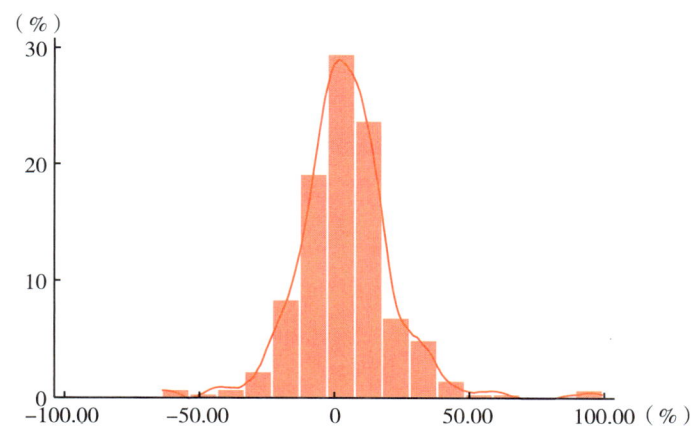

图 2-36　2019—2023 年社会保险基金收入与支出之比的变化

（四）社会保险基金滚存结余可持续时间（备付期限）

社会保险基金滚存结余可持续时间（备付期限）的计算公式为：社会保险基金滚存结余/当年社保支出×12。在数据可得的城市中（见表2-28），对社会保险基金滚存结余可持续时间从低到高排序，排名最低的20个城市介于1.5至8.3个月之间，主要为东北地区和西部地区的城市；中间20个城市介于13至14.3个月之间；最高的20个城市介于27.3至72.1个月之间，多为四川、西藏、青海的城市。

表 2-28　　　2023 年社会保险基金滚存结余可持续时间（备付期限）

单位：个月

排名	省份	城市	数值	排名	省份	城市	数值	排名	省份	城市	数值
1	湖南	株洲市	1.5	96	河南	三门峡市	13.0	194	云南	昆明市	27.3
2	甘肃	临夏州	2.4	97	湖南	益阳市	13.1	195	四川	遂宁市	27.4
3	辽宁	辽阳市	3.2	98	河北	唐山市	13.1	196	西藏	山南市	27.9
4	广东	韶关市	4.4	99	新疆	克孜勒苏州	13.1	197	广东	广州市	28.3
5	甘肃	张掖市	5.1	100	江苏	常州市	13.2	198	西藏	那曲市	29.8
6	云南	玉溪市	5.2	101	广东	潮州市	13.2	199	四川	绵阳市	30.9
7	甘肃	武威市	5.7	102	江西	宜春市	13.3	200	四川	凉山州	34.7
8	云南	普洱市	5.9	103	海南	儋州市	13.3	201	四川	阿坝州	34.9

续表

排名	省份	城市	数值	排名	省份	城市	数值	排名	省份	城市	数值
9	辽宁	锦州市	6.2	104	湖南	郴州市	13.5	202	四川	成都市	36.0
10	吉林	四平市	6.4	105	云南	保山市	13.5	203	四川	甘孜州	37.5
11	黑龙江	鹤岗市	6.7	106	山东	枣庄市	13.5	204	西藏	昌都市	38.1
12	宁夏	石嘴山市	6.7	107	山东	聊城市	13.6	205	青海	黄南州	38.3
13	甘肃	庆阳市	6.8	108	新疆	巴音郭楞州	13.9	206	青海	玉树州	40.0
14	湖北	襄阳市	7.0	109	四川	攀枝花市	14.0	207	西藏	日喀则市	40.2
15	黑龙江	鸡西市	7.3	110	广东	阳江市	14.0	208	青海	海东市	44.6
16	黑龙江	双鸭山市	7.4	111	云南	临沧市	14.1	209	青海	海南州	49.1
17	广东	梅州市	7.4	112	山东	日照市	14.2	210	广东	深圳市	51.9
18	内蒙古	兴安盟	7.9	113	广东	佛山市	14.3	211	海南	三亚市	52.8
19	陕西	铜川市	8.2	114	山西	吕梁市	14.3	212	西藏	拉萨市	68.9
20	甘肃	平凉市	8.3	115	黑龙江	大兴安岭地区	14.3	213	青海	果洛州	72.1

从分布上看（见图2-37），2023年社会保险基金滚存结余可持续时间主要分布在20个月以内。同时，基于动态的视角（见图2-38），2023年与2019年相比，多数城市的社会保险基金滚存结余可持续时间出现增长，增长一般在10个月以内。

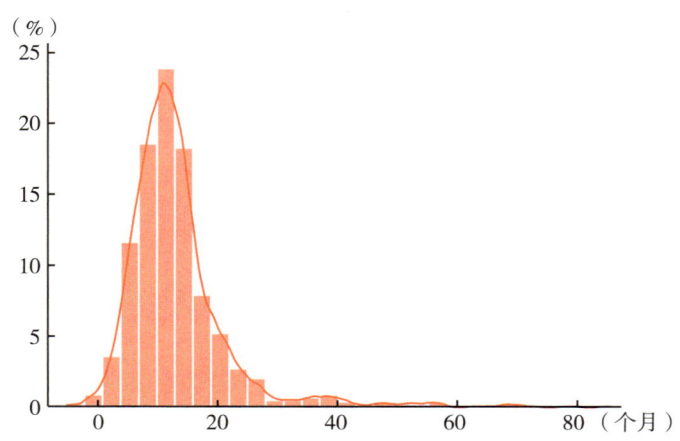

图2-37　2023年社会保险基金滚存结余可持续时间（备付期限）

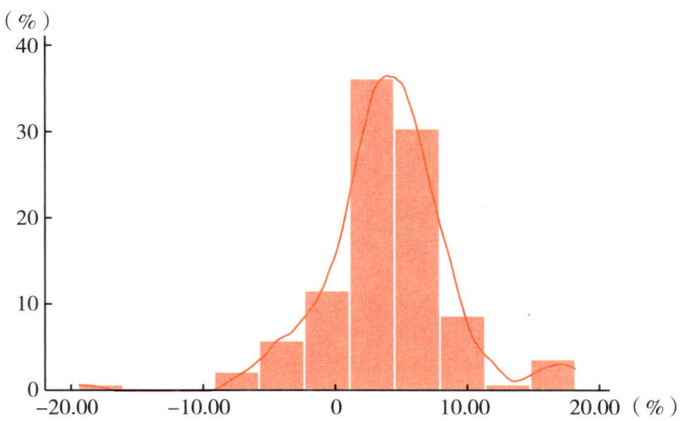

图 2-38 2019—2023 年社会保险基金滚存结余可持续时间（备付期限）的变化

五、政府债务情况

（一）债务整体情况

1. 负债率

负债率可用于衡量地方政府债务的总体风险或地方经济增长对债务的依赖程度，其计算公式为：负债率=地方政府债务余额/当年地区GDP×100%。

2019—2023年平均负债率最高的20个城市，大多位于中西部地区。在数据可得的城市中（见表2-29），对负债率从低到高排序，排名最低的20个城市平均负债率不超过15%，且以东部地区的发达城市为主，其中1/3位于广东省和江苏省；中间20个城市介于26.9%至28.8%区间，变化幅度相对较小，地域分布广泛；最高的20个城市介于52.7%至87.7%区间，其中5个城市位于贵州省，7个城市来自新疆和内蒙古。

表 2-29　　　　2019—2023 年平均负债率　　　　单位：%

序号	省份	地级市	负债率	序号	省份	地级市	负债率	序号	省份	地级市	负债率
1	广东	深圳市	4.7	144	安徽	淮南市	26.9	289	新疆	博尔塔拉州	52.7
2	江苏	苏州市	7.5	145	河南	鹤壁市	27.0	290	海南	三亚市	53.2
3	江苏	徐州市	8.2	146	广西	防城港市	27.2	291	贵州	安顺市	53.7
4	陕西	榆林市	9.0	147	湖南	株洲市	27.2	292	贵州	黔东南州	54.1

续表

序号	省份	地级市	负债率	序号	省份	地级市	负债率	序号	省份	地级市	负债率
5	广东	东莞市	10.0	148	江西	九江市	27.3	293	湖南	湘西州	55.5
6	西藏	拉萨市	10.1	149	青海	海西州	27.5	294	贵州	贵阳市	56.5
7	西藏	林芝市	10.2	150	云南	玉溪市	27.6	295	黑龙江	伊春市	56.7
8	黑龙江	大庆市	11.2	151	江西	吉安市	27.9	296	辽宁	盘锦市	59.0
9	江苏	无锡市	12.0	152	山西	阳泉市	27.9	297	贵州	铜仁市	60.7
10	河南	漯河市	12.6	153	山东	德州市	28.0	298	贵州	黔南州	61.6
11	山西	晋城市	12.7	154	山西	忻州市	28.2	299	内蒙古	兴安盟	62.3
12	河南	洛阳市	13.3	155	福建	龙岩市	28.3	300	吉林	延边州	64.9
13	安徽	合肥市	13.5	156	湖南	永州市	28.3	301	甘肃	甘南州	65.5
14	山西	长治市	13.6	157	河北	保定市	28.3	302	新疆	阿勒泰地区	66.4
15	陕西	咸阳市	13.8	158	宁夏	银川市	28.4	303	辽宁	营口市	69.7
16	广东	广州市	14.3	159	四川	雅安市	28.5	304	内蒙古	阿拉善盟	71.7
17	广东	茂名市	14.5	160	山西	大同市	28.5	305	新疆	和田地区	76.3
18	福建	福州市	14.9	161	浙江	湖州市	28.5	306	内蒙古	乌兰察布市	80.2
19	山西	运城市	14.9	162	江西	鹰潭市	28.6	307	四川	巴中市	84.1
20	山西	朔州市	15.0	163	宁夏	吴忠市	28.8	308	新疆	克孜勒苏州	87.7

从整体情况来看，如图2-39所示，2019—2023年各城市的平均负债率存在右拖尾，主要分布在20%至40%区间，仅有不到5%的城市负债率超过了60%，总体来看，大部分城市债务风险可控。

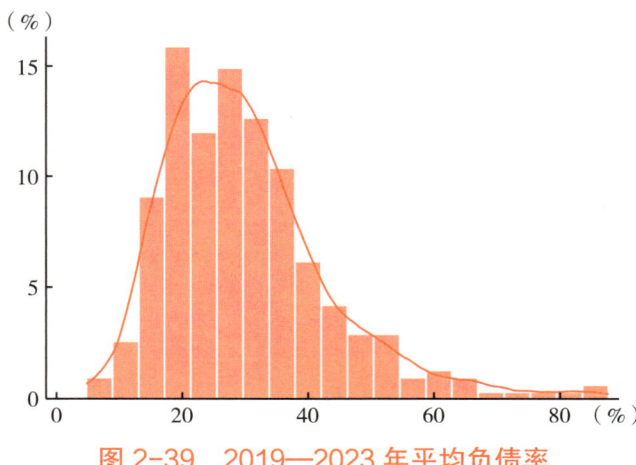

图2-39　2019—2023年平均负债率

分省域来看（见表2-30），负债率超过50%的城市主要分布在贵州、云南、新疆、甘肃等西部省份，东北三省和内蒙古自治区的平均负债率也相对较高。内蒙古、江西、海南、贵州所有城市负债率均高于30%，其中贵州所有城市负债率皆超过50%。

表2-30　2019—2023年我国各省级行政区的城市平均负债率

序号	省份	省内均值	≤10%	(10%—20%]	(20%—30%]	(30%—40%]	(40%—50%]	>50%
1	河北	32.7	0	0	3	5	3	0
2	山西	23.0	0	4	5	2	0	0
3	内蒙古	49.0	0	0	0	4	4	4
4	辽宁	48.5	0	0	1	2	7	4
5	吉林	46.8	0	0	2	1	2	2
6	黑龙江	47.5	0	1	0	2	2	6
7	江苏	18.4	2	8	1	0	1	0
8	浙江	33.3	0	2	4	2	1	1
9	安徽	36.0	0	1	2	9	2	2
10	福建	28.0	0	2	4	2	1	0
11	江西	40.0	0	0	0	5	4	1
12	山东	30.0	0	0	9	6	1	0
13	河南	26.8	1	0	9	4	1	0
14	湖北	28.6	0	1	6	3	1	0
15	湖南	37.9	0	0	3	8	0	3
16	广东	30.7	1	2	8	3	6	1
17	广西	33.6	0	1	4	6	3	0
18	海南	43.9	0	0	0	2	0	1
19	四川	36.4	1	1	5	4	6	1
20	贵州	63.6	0	0	0	0	0	9
21	云南	42.2	1	0	3	3	1	6
22	西藏	21.0	0	2	3	0	0	0
23	陕西	26.6	1	1	1	1	1	0
24	甘肃	45.2	0	1	1	3	3	5

续表

序号	省份	省内均值	≤10%	(10%—20%]	(20%—30%]	(30%—40%]	(40%—50%]	>50%
25	青海	41.3	0	0	1	3	2	2
26	宁夏	33.3	0	0	3	1	0	1
27	新疆	53.7	0	0	2	5	1	6

注：基于可得数据，部分省级行政区未获取全部城市数据，下同。

从变化情况来看，表2-31和图2-40分别展示了负债率增长幅度最小、最大及处于中间的20个城市和整体分布情况。在数据可得的城市中，对2019—2023年负债率增长幅度从低到高排序，排名最低的20个城市介于−7.0%至0.3%之间；排名最高的20个城市则介于7.1%至16.6%之间，以中西部城市为主。整体来看，2019—2023年绝大多数城市（超过95%）负债率水平上升，增长幅度集中在5个百分点以内，但也有个别城市负债率上涨超过10个百分点。

表2-31　　　　2019—2023年负债率增长幅度　　　　单位：%

序号	省份	地级市	变化幅度	序号	省份	地级市	变化幅度	序号	省份	地级市	变化幅度
1	辽宁	沈阳市	−7.0	128	辽宁	阜新市	2.8	257	青海	黄南州	7.1
2	河北	张家口市	−3.9	129	山东	济南市	2.8	258	安徽	黄山市	7.2
3	四川	绵阳市	−3.4	130	安徽	安庆市	2.8	259	江西	景德镇市	7.3
4	内蒙古	鄂尔多斯市	−2.7	131	湖北	黄石市	2.8	260	云南	德宏州	7.4
5	内蒙古	呼和浩特市	−1.8	132	四川	宜宾市	2.8	261	甘肃	陇南市	7.6
6	内蒙古	锡林郭勒盟	−1.4	133	四川	乐山市	2.9	262	新疆	喀什地区	7.7
7	内蒙古	包头市	−1.1	134	河南	三门峡市	2.9	263	云南	丽江市	7.7
8	海南	海口市	−0.9	135	广西	桂林市	2.9	264	青海	果洛州	7.8
9	河南	漯河市	−0.8	136	广东	茂名市	2.9	265	广东	梅州市	7.9
10	吉林	通化市	−0.7	137	山东	济宁市	3.0	266	江西	上饶市	8.2
11	浙江	舟山市	−0.6	138	四川	眉山市	3.0	267	河北	衡水市	8.2
12	江苏	南京市	−0.2	139	甘肃	酒泉市	3.0	268	黑龙江	双鸭山市	8.6
13	海南	儋州市	−0.2	140	湖南	衡阳市	3.0	269	吉林	吉林市	10.0

续表

序号	省份	地级市	变化幅度	序号	省份	地级市	变化幅度	序号	省份	地级市	变化幅度
14	四川	攀枝花市	0.0	141	山东	枣庄市	3.0	270	四川	巴中市	10.1
15	江苏	连云港市	0.0	142	广东	阳江市	3.0	271	湖南	湘潭市	10.4
16	云南	玉溪市	0.1	143	湖南	益阳市	3.0	272	吉林	延边州	11.4
17	江苏	宿迁市	0.1	144	广东	中山市	3.1	273	新疆	克孜勒苏州	12.2
18	云南	昆明市	0.2	145	内蒙古	乌兰察布市	3.1	274	新疆	阿勒泰地区	13.5
19	陕西	榆林市	0.2	146	贵州	贵阳市	3.1	275	新疆	和田地区	14.7
20	江苏	苏州市	0.3	147	四川	泸州市	3.1	276	甘肃	甘南州	16.6

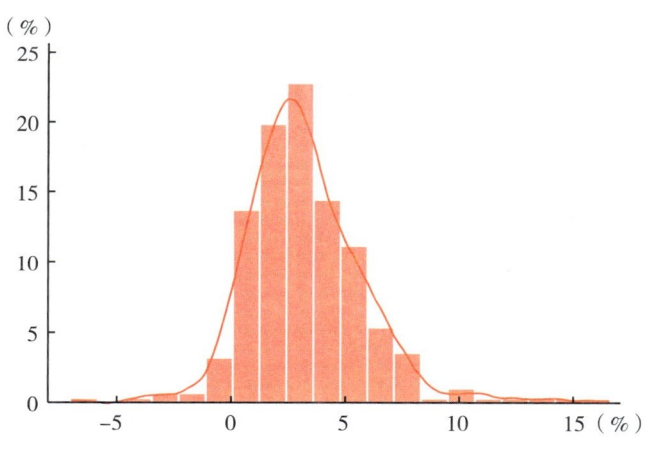

图 2-40　2019—2023 年负债率平均变化幅度

2. 债务依存度

城市的债务依存度可反映财政支出对于债务收入的依赖程度，当债务依存度过高时，则存在财政支出过度依赖债务收入的风险。其计算公式为：债务依存度＝（当年地方政府一般债务收入＋专项债务收入）/（当年一般公共预算支出＋政府性基金预算支出）×100%。

根据图 2-41，在数据可查的 228 个城市中，仅 5% 的城市（13 个）2019—2023 年的平均债务依存度低于 10%，结合表 2-32 可知，这 13 个城市分布在黑龙江、广东、四川、西藏和青海 5 个省份；大部分城市的债务依存度位于 10% 至 50% 区间，分布相对集中；另有4个城市的平均债务依存度高于50%，位于辽宁、吉林和湖南。以省域为单位，吉林、辽宁和贵州的债务依存度平均水平较高，省内均值超过30%；西藏地区的城市债务依存度均低于10%。

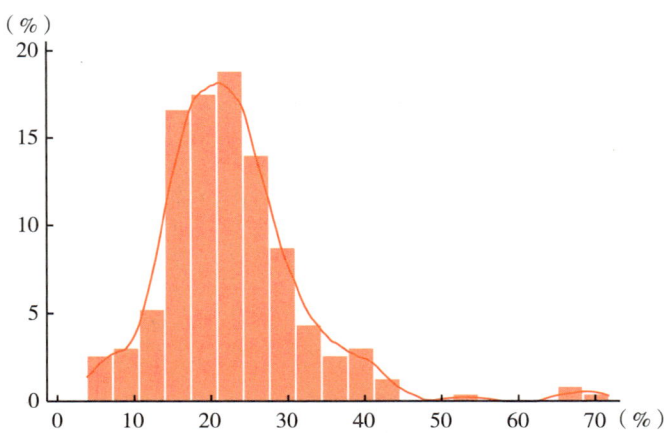

图 2-41　2019—2023 年平均债务依存度

表 2-32　　2019—2023 年我国各省级行政区的城市债务依存度

序号	省份	省内均值	≤10%	(10%—20%]	(20%—30%]	(30%—40%]	(40%—50%]	>50%
1	河北	25.8	0	0	5	1	0	0
2	山西	16.1	0	9	0	0	0	0
3	内蒙古	29.1	0	1	7	3	1	0
4	辽宁	34.0	0	1	4	5	1	1
5	吉林	43.6	0	0	0	3	2	2
6	黑龙江	20.8	1	5	4	2	0	0
7	江苏	18.5	0	8	0	0	1	0
8	浙江	18.7	0	5	5	0	0	0
9	安徽	19.2	0	1	0	0	0	0
10	福建	29.0	0	0	4	3	0	0
11	山东	23.5	0	1	14	1	0	0
12	河南	22.7	0	4	11	1	0	0
13	湖北	12.9	0	3	0	0	0	0
14	湖南	26.3	0	2	11	0	0	1
15	广东	21.3	1	5	5	1	0	0

续表

序号	省份	省内均值	≤10%	(10%—20%]	(20%—30%]	(30%—40%]	(40%—50%]	>50%
16	广西	24.5	0	0	1	0	0	0
17	海南	29.1	0	0	2	1	0	0
18	四川	15.5	3	14	3	0	0	0
19	贵州	30.7	0	0	2	2	0	0
20	云南	27.0	0	2	7	5	0	0
21	西藏	5.9	5	0	0	0	0	0
22	陕西	18.9	0	5	5	0	0	0
23	甘肃	20.3	0	5	5	0	0	0
24	青海	13.2	3	2	1	0	0	0
25	宁夏	14.3	0	1	0	0	0	0
26	新疆	22.9	0	1	7	0	0	0

从变化情况来看（见图2-42），整体来看城市对债务的依赖程度在上升。88.9%的城市2023年债务依存度相较于2019年有所提升，且变化幅度主要集中于0至20%区间，个别城市变化幅度超过40个百分点，结合表2-33，这些城市主要分布在内蒙古、辽宁、海南和四川4个省份。此外，吉林和宁夏两省的城市债务依存度增长幅度虽均控制在40%以内，但整体平均水平较高，分别为27.3%和22.9%；山西、陕西各城市的债务依存度波动不大，平均变化幅度不超过1个百分点。

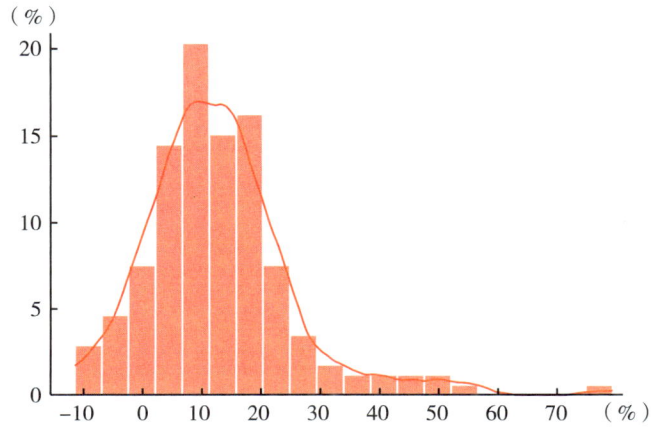

图2-42　2023年债务依存度相比2019年的变化幅度

表 2-33　　2019—2023 年我国各省级行政区的城市债务依存度变化幅度

序号	省份	省内均值	≤ 0%	（0%—20%］	（20%—40%］	>40%
1	河北	13.7	0	3	0	0
2	山西	0.3	2	2	0	0
3	内蒙古	17.6	2	7	2	1
4	辽宁	30.4	1	2	4	2
5	吉林	27.3	0	0	2	0
6	黑龙江	4.3	1	10	1	0
7	江苏	4.0	1	6	0	0
8	浙江	9.7	0	5	0	0
9	安徽	-11.5	1	0	0	0
10	福建	16.9	0	4	3	0
11	山东	15.1	0	9	3	0
12	河南	14.4	2	9	4	0
13	湖北	11.2	2	7	3	0
14	湖南	15.1	0	6	3	0
15	广东	6.7	0	3	0	0
16	广西	8.7	3	12	0	0
17	海南	29.1	0	1	1	1
18	四川	25.1	0	4	4	2
19	贵州	1.1	0	1	0	0
20	云南	4.6	2	8	0	0
21	西藏	12.2	0	8	1	0
22	陕西	0.8	2	2	0	0
23	甘肃	10.5	0	7	0	0
24	青海	14.3	0	1	0	0
25	宁夏	22.9	0	1	7	0
26	新疆	13.7	0	3	0	0

（二）债务余额与限额

1. 债务余额增长

专项债务规模增长较快的城市以区域内欠发达城市为主，且大多为人口流出地。在数据可得的城市中（见表2-34），对2019—2023年专项债务规模平均增速从低到高排序，并列出其一般债务规模平均增速和2022年人口流入/出率。排名最低的20个城市介于-100%至13%区间，以中西部及经济体量偏小的城市为主；中间20个城市介于30.6%至32.4%区间，变动幅度较小；最高的20个城市介于58.8%至100%区间，同样大多在中西部地区，且多为人口流出地。

表2-34　2019—2023年一般债务、专项债务规模平均增速　　　　　　单位：%

序号	省份	地级市	2019—2023年专项债务规模平均增速	2019—2023年一般债务规模平均增速	2022年人口流入/出率
1	青海	玉树州	-100.0	26.5	1.5
2	云南	怒江州	-30.6	-27.2	-3.6
3	四川	绵阳市	-25.3	-37.9	-7.3
4	河南	漯河市	-5.9	-14.3	-12.2
5	河北	张家口市	-1.6	-17.7	-12.2
6	宁夏	中卫市	1.8	8.6	-13.1
7	宁夏	固原市	2.0	14.2	-26.4
8	宁夏	银川市	2.3	9.9	25.9
9	江苏	南京市	6.0	1.9	22.1
10	宁夏	吴忠市	7.6	11.6	-2.9
11	云南	昆明市	7.6	1.4	30.9
12	辽宁	鞍山市	7.8	4.0	-1.3
13	贵州	贵阳市	10.3	19.1	27.6
14	江苏	连云港市	11.1	4.0	-15.5
15	内蒙古	呼和浩特市	11.2	-0.3	27.4
16	河北	承德市	12.3	6.5	-14.0
17	辽宁	铁岭市	12.5	7.0	-21.5
18	新疆	乌鲁木齐市	12.7	1.2	41.4
19	内蒙古	包头市	12.9	6.1	18.1
20	江苏	南通市	13.0	2.1	3.6
……					
136	甘肃	庆阳市	30.6	6.1	-24.7
137	吉林	长春市	30.7	10.7	6.1

续表

序号	省份	地级市	2019—2023年专项债务规模平均增速	2019—2023年一般债务规模平均增速	2022年人口流入/出率
138	浙江	衢州市	30.7	12.4	−11.4
139	山东	泰安市	30.9	−0.4	−4.5
140	山东	日照市	31.0	−0.3	−3.7
141	河南	新乡市	31.2	5.4	−8.4
142	河北	沧州市	31.3	9.7	−6.8
143	四川	凉山州	31.3	3.4	−11.0
144	山西	忻州市	31.5	9.8	−14.4
145	山西	运城市	31.6	13.0	−8.6
146	贵州	黔西南州	31.6	9.5	−25.1
147	湖南	湘潭市	31.8	40.9	−3.6
148	四川	德阳市	31.8	9.7	−9.4
149	山西	朔州市	31.9	8.0	−2.1
150	湖南	衡阳市	32.1	5.0	−18.3
151	山东	济宁市	32.2	3.8	−7.2
152	广东	清远市	32.2	19.7	−13.8
153	广东	云浮市	32.2	25.1	−25.8
154	湖南	岳阳市	32.3	5.6	−11.2
155	四川	自贡市	32.4	9.0	−27.9
……					
273	河北	廊坊市	58.8	7.5	9.7
274	西藏	日喀则市	59.8	19.0	
275	云南	曲靖市	62.6	5.4	−17.1
276	辽宁	丹东市	62.6	4.5	−7.4
277	云南	临沧市	62.8	5.4	−8.0
278	广东	深圳市	63.0	18.3	62.9
279	甘肃	甘南州	66.0	12.9	−9.4
280	黑龙江	双鸭山市	67.8	11.7	−16.1
281	新疆	阿克苏地区	70.1	9.0	5.7
282	黑龙江	黑河市	71.7	20.6	−21.4

续表

序号	省份	地级市	2019—2023年专项债务规模平均增速	2019—2023年一般债务规模平均增速	2022年人口流入/出率
283	甘肃	平凉市	72.8	8.6	−26.6
284	新疆	阿勒泰地区	77.4	9.5	
285	西藏	昌都市	78.8	15.8	
286	黑龙江	鸡西市	80.4	26.8	−12.3
287	河南	信阳市	80.9	8.5	−47.0
288	新疆	喀什地区	89.6	13.6	−2.3
289	新疆	克孜勒苏州	94.6	12.0	0.8
290	新疆	和田地区	100.0	14.5	
291	江西	上饶市	113.2	39.4	−22.8
292	西藏	林芝市	343.8	23.0	

债务余额增速可在一定程度上反映财政资源的配置，前文对总体的债务余额增速与人口净流入率的关系进行分析，此处进一步具体考察一般债务余额增速、专项债务余额增速和人口净流入率的相关性。根据图2-43和图2-44，人口净流入率总体与一般债务增速、专项债务增速均呈较弱的负相关关系，人口流入率越高，2019—2023年一般债务平均增速和专项债务平均增速也越高，其中专项债务平均增速和人口流入率间呈现不明显的正"U"形关系。

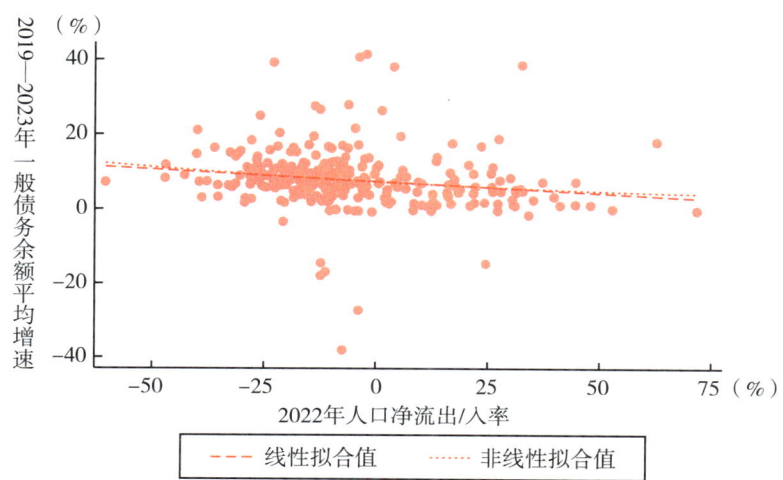

图2-43 一般债务增速与人口净流出/入率的关系

资料来源：中国财政行为数据库。

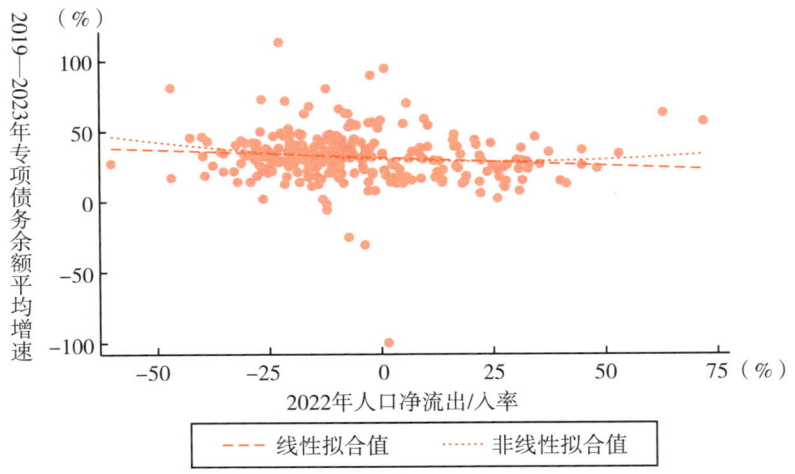

图 2-44 专项债务增速与人口净流出／入率的关系

资料来源：中国财政行为数据库。

2. 新增债务限额市本级占比

对于 2023 年新增债务限额，市本级占全市比重的比重最高的 20 个城市均超过 88%。在数据可得的城市中（见表 2-35），对 2023 年的这一比重从低到高排序，排名最低的 20 个城市新增债务限额市本级占比均小于 0，即市本级债务限额的变化方向与全市相反；中间 20 个城市介于 21.5% 至 26.2% 之间，变动幅度较小；最高的 20 个城市介于 88.1% 至 145% 之间。

表 2-35　　2023 年新增债务限额市本级占比　　单位：%

序号	省份	地级市	占比	序号	省份	地级市	占比	序号	省份	地级市	占比
1	四川	阿坝州	-144.1	133	云南	临沧市	21.5	267	西藏	林芝市	88.1
2	河北	张家口市	-143.5	134	内蒙古	巴彦淖尔市	21.7	268	吉林	辽源市	89.7
3	西藏	拉萨市	-126.5	135	陕西	安康市	22.0	269	吉林	四平市	90.5
4	湖南	邵阳市	-93.7	136	安徽	黄山市	22.2	270	陕西	西安市	91.2
5	山东	青岛市	-84.0	137	内蒙古	呼伦贝尔市	22.2	271	吉林	长春市	92.1
6	广东	茂名市	-82.8	138	甘肃	甘南州	22.3	272	吉林	吉林市	93.9
7	陕西	宝鸡市	-70.8	139	四川	绵阳市	22.3	273	辽宁	锦州市	94.0
8	宁夏	石嘴山市	-67.5	140	河北	沧州市	22.4	274	安徽	淮南市	94.1
9	山东	潍坊市	-61.7	141	甘肃	张掖市	22.9	275	辽宁	沈阳市	95.6

续表

序号	省份	地级市	占比	序号	省份	地级市	占比	序号	省份	地级市	占比
10	河北	邯郸市	-57.7	142	青海	玉树州	22.9	276	青海	西宁市	96.0
11	江苏	苏州市	-54.0	143	甘肃	金昌市	23.7	277	海南	海口市	98.4
12	辽宁	本溪市	-47.6	144	广东	潮州市	24.2	278	广东	中山市	100.0
13	江苏	泰州市	-42.5	145	广东	深圳市	24.3	279	甘肃	嘉峪关市	100.0
14	河北	承德市	-41.8	146	青海	黄南州	24.6	280	江苏	南京市	102.6
15	新疆	克拉玛依市	-35.6	147	山东	聊城市	25.7	281	吉林	松原市	102.8
16	江西	新余市	-29.6	148	西藏	日喀则市	25.9	282	广东	东莞市	115.9
17	陕西	汉中市	-21.4	149	江西	上饶市	25.9	283	新疆	乌鲁木齐市	123.7
18	广东	佛山市	-20.2	150	浙江	嘉兴市	26.0	284	辽宁	朝阳市	124.4
19	云南	曲靖市	-18.0	151	山西	朔州市	26.0	285	福建	三明市	132.2
20	安徽	合肥市	-16.6	152	广东	阳江市	26.2	286	新疆	昌吉州	145.0

图2-45考察了2023年新增限额市本级占比的分布情况。总体上，大部分的城市的这一占比均低于50%之间，说明新增债务限额大多分布于区县；但也有个别城市的这一占比超过100%，说明市本级的债务限额增量（或减量）弥补了区县级的债务限额减量（或增量）。

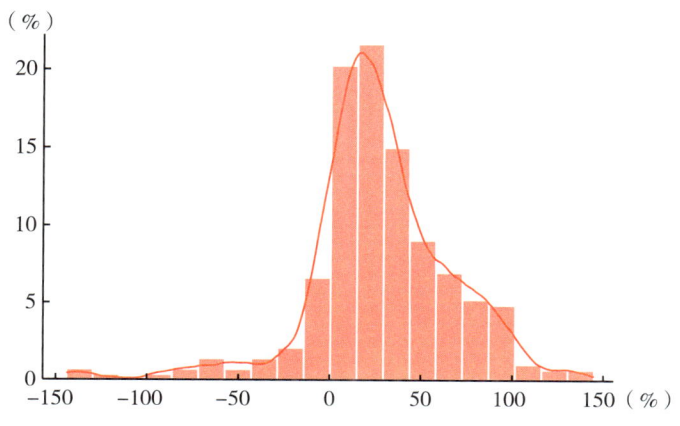

图2-45 2023年新增限额市本级占比

3. 债务使用情况

使用债务余额与限额之比来衡量城市的债务使用情况。如图2-46所示，2019—

2023年，在数据可得的311个城市中，99%的城市债务余额与债务限额之比达到80%以上，且主要集中在90%至100%区间，仅河南、甘肃的个别城市债务使用情况位于70%至80%区间（见表2-36）。此外，根据表2-36列出的分省份区间分布情况，发现债务使用情况位于80%至85%区间的城市大多分布在东部地区省份。

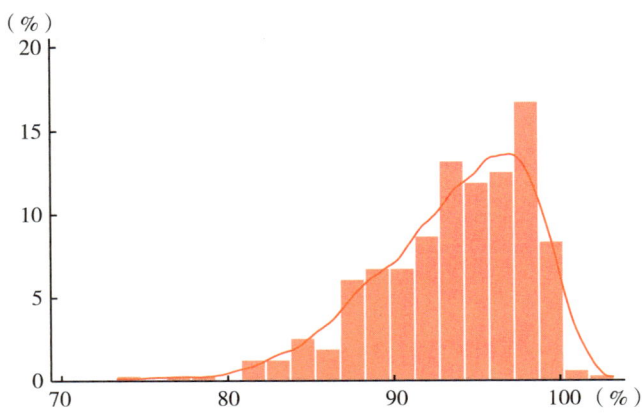

图2-46 2019—2023年平均债务使用情况

表2-36 2019—2023年我国各省级行政区的城市债务使用情况

序号	省份	省内均值	≤80%	(80%—85%]	(85%—90%]	(90%—95%]	(95%—100%]	>100%
1	河北	89.5	0	0	5	6	0	0
2	山西	97.3	0	0	0	1	10	0
3	内蒙古	97.7	0	0	0	0	11	1
4	辽宁	94.0	0	1	1	2	10	0
5	吉林	94.8	0	0	1	2	4	0
6	黑龙江	97.7	0	0	0	0	10	0
7	江苏	93.2	0	1	0	0	4	0
8	浙江	98.8	0	0	0	1	9	0
9	安徽	92.3	0	2	2	7	4	0
10	福建	92.5	0	0	3	5	0	1
11	江西	89.7	0	0	6	5	0	0
12	山东	94.8	0	1	1	3	11	0
13	河南	87.2	2	2	6	6	0	0

续表

序号	省份	省内均值	≤80%	(80%–85%]	(85%–90%]	(90%–95%]	(95%–100%]	>100%
14	湖北	92.9	0	1	0	5	1	1
15	湖南	99.1	0	0	0	0	14	0
16	广东	94.1	0	1	4	4	12	0
17	广西	97.2	0	0	0	2	12	0
18	海南	99.6	0	0	0	0	3	0
19	四川	93.6	0	1	0	14	4	0
20	贵州	97.1	0	0	0	0	9	0
21	云南	90.3	0	1	6	6	0	0
22	西藏	95.1	0	0	1	0	5	0
23	陕西	90.0	0	1	5	4	0	0
24	甘肃	90.0	1	0	5	6	1	0
25	青海	90.7	0	1	2	4	1	0
26	宁夏	87.7	0	0	5	0	0	0
27	新疆	92.9	0	0	1	10	3	0

限额空间可在绝对值层面反映地方政府的债务使用情况。限额空间是地方政府债务限额与债务余额之间的差额，是地方政府剩余发债额度的理论上限，来源于每年的新增限额和债务偿还所释放的限额空间。图2-47考察了2019—2023年各城市的平均限额空间。总体来看，大部分城市的平均限额空间介于0至100万元区间，整体限额空间不大。

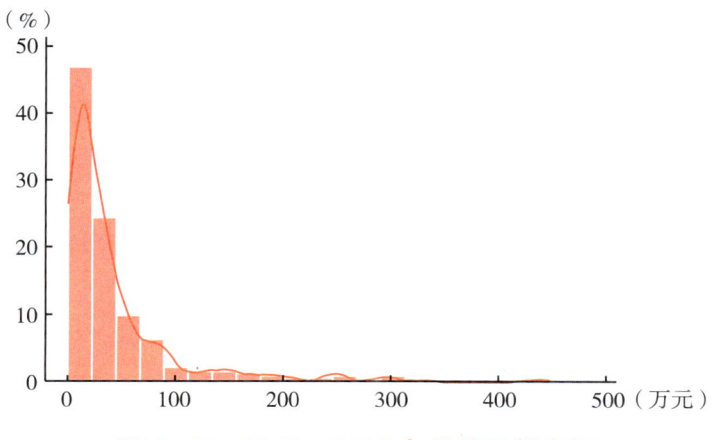

图2-47　2019—2023年平均限额空间

（三）债务付息

1. 债务付息支出占比

债务付息支出为地方政府一项重要的刚性支出，与政府举债规模息息相关。在数据可得的城市中（见表2-37），对2023年专项债务占政府性基金的比重从低到高排序，并列出该城市一般债务付息支出占一般公共预算支出比重。排名最低的20个城市介于0至4.1%之间，其中有9个城市位于东部发达地区，但个别城市一般债务付息支出占比位于平均水平之上；中间20个城市介于7.9%至8.4%之间，变动幅度较小；最高的20个城市介于18.1%至44.6%之间，西部欠发达地区的城市较多。

表2-37　2023年一般债务、专项债务付息支出占比　　　　　单位：%

序号	省份	地级市	2023年专项债务付息支出占政府性基金比重	2023年一般债务付息支出占一般公共预算支出比重
1	山东	济南市	0	0
2	湖南	岳阳市	0	2.0
3	湖南	株洲市	0	0.0
4	甘肃	甘南州	0	1.0
5	湖南	湘西州	0	3.2
6	广东	东莞市	1.6	2.0
7	西藏	昌都市	1.7	0.7
8	江苏	苏州市	2.4	0.9
9	浙江	金华市	2.8	2.3
10	江苏	淮安市	2.8	1.9
11	黑龙江	鹤岗市	2.9	4.1
12	云南	迪庆州	3.4	2.1
13	湖北	黄石市	3.5	1.7
14	山东	枣庄市	3.8	1.8
15	浙江	湖州市	3.9	3.1
16	河南	洛阳市	3.9	1.5
17	浙江	嘉兴市	4.0	2.4

续表

序号	省份	地级市	2023年专项债务付息支出占政府性基金比重	2023年一般债务付息支出占一般公共预算支出比重
18	广东	汕尾市	4.0	0.5
19	西藏	林芝市	4.1	4.2
20	内蒙古	鄂尔多斯市	4.1	4.5
……				
117	辽宁	锦州市	7.9	4.3
118	贵州	安顺市	7.9	3.9
119	广东	珠海市	7.9	1.4
120	河南	平顶山市	7.9	1.9
121	湖南	娄底市	7.9	3.0
122	河南	周口市	8.0	1.1
123	湖北	随州市	8.1	1.7
124	湖北	黄冈市	8.1	1.8
125	山东	威海市	8.1	2.4
126	四川	泸州市	8.1	2.1
127	广东	中山市	8.1	0.6
128	四川	雅安市	8.1	1.6
129	陕西	铜川市	8.1	2.3
130	山东	菏泽市	8.2	0.7
131	贵州	铜仁市	8.2	4.2
132	山东	烟台市	8.2	2.4
133	黑龙江	齐齐哈尔市	8.3	1.0
134	湖南	郴州市	8.3	3.7
135	新疆	阿勒泰地区	8.3	2.4
136	新疆	伊犁州	8.4	1.8
……				
235	内蒙古	通辽市	18.1	3.0
236	福建	龙岩市	18.2	2.6
237	黑龙江	黑河市	18.2	1.6
238	云南	昆明市	18.3	2.4
239	甘肃	张掖市	18.4	1.1

续表

序号	省份	地级市	2023年专项债务付息支出占政府性基金比重	2023年一般债务付息支出占一般公共预算支出比重
240	内蒙古	巴彦淖尔市	19.0	3.1
241	新疆	乌鲁木齐市	19.3	3.0
242	宁夏	银川市	19.4	3.4
243	吉林	松原市	19.4	3.9
244	辽宁	铁岭市	19.8	3.0
245	内蒙古	阿拉善盟	19.9	4.5
246	宁夏	固原市	20.2	2.2
247	新疆	克拉玛依市	20.5	0.0
248	甘肃	兰州市	22.0	1.1
249	云南	德宏州	22.1	1.8
250	青海	黄南州	22.2	0.9
251	云南	怒江州	27.1	1.9
252	青海	海北州	31.0	0.9
253	青海	海西州	35.3	2.3
254	湖南	永州市	44.6	2.1

从分布上看，一般债务付息支出占一般公共预算支出比重、专项债务付息支出占政府性基金比重分布态势大体相似，均呈左偏分布（见图2-48、图2-49）。一般债务付息支出占比较低，平均值为2.1%，且82.3%的城市分布在1%至4%区间；专项债务付息支出占比相对较高，但也绝大多数都控制在20%以内。

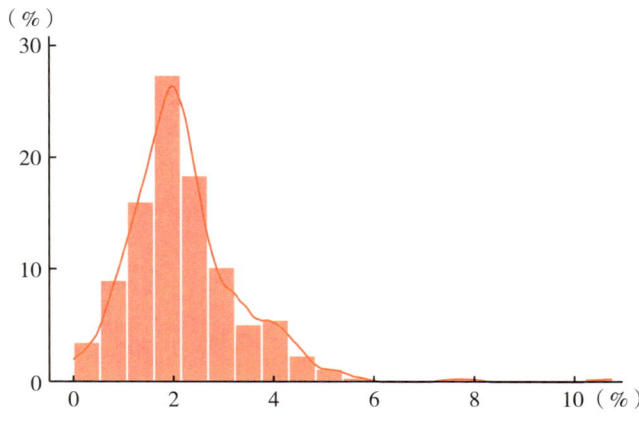

图2-48　2023年一般债务付息支出占一般公共预算支出比重

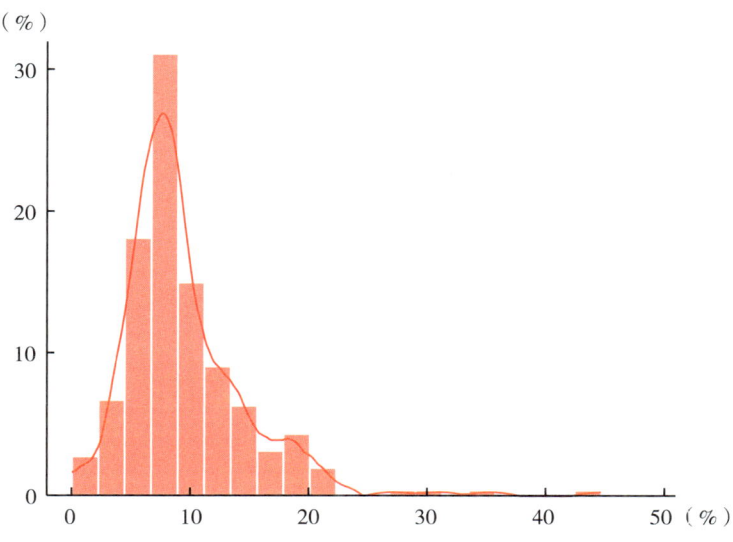

图 2-49　2023 年专项债务付息支出占政府性基金比重

2. 债务付息支出增速

基于动态视角，与 2019 年相比，大多数城市 2023 年的一般债务付息支出规模有所攀升，年均增速主要集中在 0 至 20% 区间。专项债务付息支出增长更为突出，仅个别城市的付息支出规模缩减，其余城市年均增速均高于 4%，且几乎一半的城市年均增速处于 30% 至 50% 区间。结合图 2-50、图 2-51，地方政府面临的专项债务付息支出压力较大。

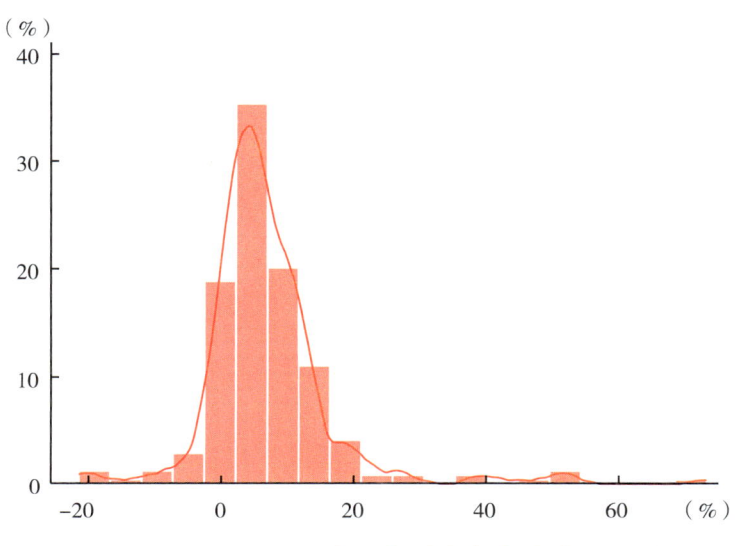

图 2-50　2019—2023 年一般债务付息支出平均增速

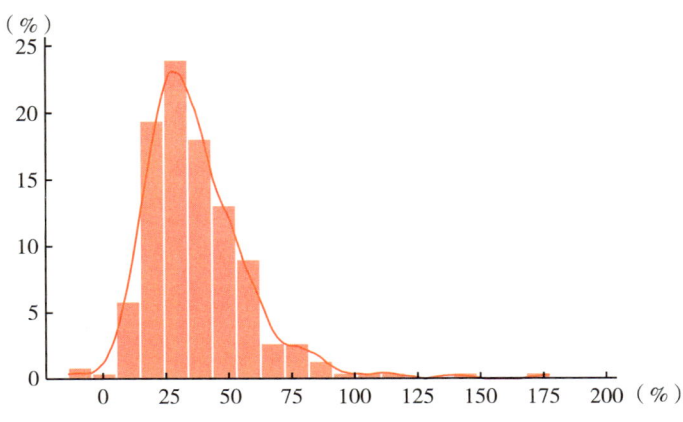

图 2-51　2019—2023 年专项债务付息支出平均增速

（四）再融资占比

在地方政府每年发行的债券中，有部分债券是为偿还部分到期地方政府债券本金而发行的，这部分用于"借新还旧"的债券即为再融资债券。由于"借新还旧"不会表现为债务余额的变化，因此使用债券发行总量和债务余额净增量之差预估地方政府当年的再融资规模，其中，债券发行总额使用决算表中的"债务收入"衡量。进一步，通过再融资规模在债券发行总量中的占比计算再融资占比。表 2-38 列出了数据可得的城市中按 2023 年债券发行量进行排序的结果。债券发行最多的 20 个城市中，仅个别城市的再融资占比超过 50%，说明发债较多的城市中"借新还旧"比重相对较低。

表 2-38　2023 年债券发行量、债务余额净增量和再融资占比

序号	省份	地级市	2023 年债券发行量（亿元）	2023 年债务余额净增量（亿元）	2023 年再融资占比（%）
1	西藏	林芝市	8.7	8.6	0.5
2	黑龙江	大兴安岭地区	9.5	3.4	64.3
3	青海	海北州	10.7	4.9	53.8
4	甘肃	嘉峪关市	11.0	6.1	44.7
5	青海	黄南州	11.4	6.4	44.4
6	青海	海南州	14.0	8.9	36.1
7	西藏	拉萨市	14.0	12.5	10.7

续表

序号	省份	地级市	2023年债券发行量（亿元）	2023年债务余额净增量（亿元）	2023年再融资占比（%）
8	西藏	日喀则市	20.0	15.7	21.6
9	四川	阿坝州	21.3	15.4	27.4
10	西藏	昌都市	21.6	21.6	0.0
11	黑龙江	伊春市	36.9	14.3	61.3
12	青海	海西州	37.1	34.6	6.8
13	黑龙江	黑河市	37.5	23.0	38.7
14	新疆	吐鲁番市	38.0	27.8	26.8
15	山西	朔州市	43.1	28.1	34.9
16	山西	阳泉市	43.7	22.3	48.9
17	陕西	铜川市	46.8	30.8	34.2
18	黑龙江	大庆市	49.0	-1.6	103.2
19	宁夏	固原市	49.1	29.2	40.5
20	四川	攀枝花市	53.2	21.5	59.6
……					
90	广东	汕尾市	151.9	108.3	28.7
91	广东	梅州市	152.4	101.0	33.7
92	吉林	延边州	155.5	107.0	31.2
93	云南	德宏州	155.7	123.7	20.6
94	湖北	恩施州	157.5	110.3	29.9
95	贵州	安顺市	157.5	138.2	12.2
96	河北	承德市	159.0	76.0	52.2
97	四川	眉山市	161.4	80.2	50.3
98	四川	广安市	163.6	116.7	28.6
99	四川	德阳市	166.8	130.8	21.5
100	新疆	阿克苏地区	168.3	121.0	28.1
101	河北	衡水市	169.0	121.0	28.4
102	四川	乐山市	169.5	105.3	37.8
103	四川	巴中市	170.6	72.1	57.8

续表

序号	省份	地级市	2023年债券发行量（亿元）	2023年债务余额净增量（亿元）	2023年再融资占比（％）
104	河南	开封市	171.7	113.6	33.9
105	福建	宁德市	178.0	104.3	41.4
106	云南	楚雄州	179.7	127.8	28.9
107	四川	自贡市	180.4	118.8	34.1
108	黑龙江	牡丹江市	180.6	123.5	31.6
109	云南	玉溪市	183.1	79.3	56.7
……					
182	河南	洛阳市	498.4	427.6	14.2
183	浙江	嘉兴市	502.1	362.1	27.9
184	江苏	南京市	513.9	81.8	84.1
185	吉林	吉林市	529.8	467.7	11.7
186	内蒙古	呼和浩特市	535.2	402.1	24.9
187	江苏	无锡市	537.0	297.0	44.7
188	浙江	宁波市	609.6	363.4	40.4
189	福建	福州市	628.3	357.5	43.1
190	浙江	杭州市	631.9	184.6	70.8
191	辽宁	沈阳市	644.1	367.5	42.9
192	辽宁	大连市	670.5	352.7	47.4
193	广东	深圳市	682.6	609.5	10.7
194	河南	郑州市	707.8	423.8	40.1
195	云南	昆明市	748.8	335.2	55.2
196	贵州	遵义市	757.2	512.2	32.3
197	山东	济南市	770.7	520.1	32.5
198	吉林	长春市	809.7	543.3	32.9
199	陕西	西安市	882.3	404.2	54.2
200	湖南	湘潭市	892.1	817.2	8.4
201	广东	广州市	1399.5	879.3	37.2

就总体分布情况而言（见图2-52），大多数城市2023年再融资占比分布在20%至60%区间，且主要集中于50%以下。但也有个别城市的这一占比超过了100%。表2-39则具体列出了不同省级行政区各地级市再融资占比的分布区间，总体而言，东部地区的再融资占比普遍高于中西部地区，后者各地级市再融资占比大多在50%以下。

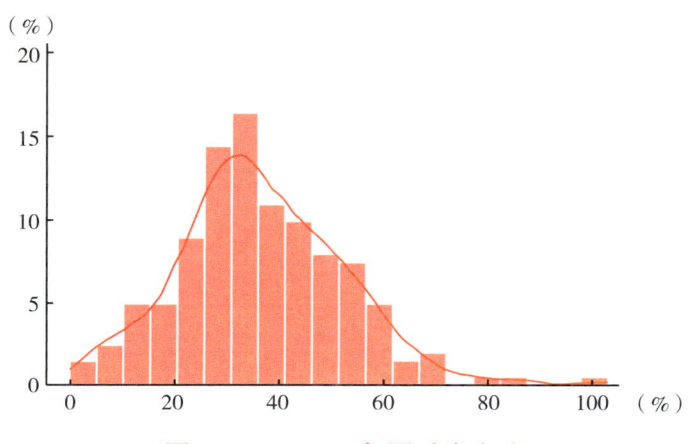

图2-52　2023年再融资占比

表2-39　2023年我国各省级行政区的城市再融资占比

序号	省份	省内均值	(0—25%]	(25%—50%]	(50%—75%]	(75%—100%]	>100%
1	河北	35.2	2	3	2	0	0
2	山西	41.2	1	7	1	0	0
3	内蒙古	42.9	1	9	2	0	0
4	辽宁	42.7	3	5	4	0	0
5	吉林	26.8	2	5	0	0	0
6	黑龙江	43.2	2	3	2	0	1
7	江苏	60.8	0	2	4	2	0
8	浙江	42.4	0	6	2	0	0
9	福建	43.0	1	4	2	0	0
10	山东	38.7	0	13	1	0	0
11	河南	29.4	4	7	0	0	0
12	湖北	40.9	0	1	1	0	0

续表

序号	省份	省内均值	(0—25%]	(25%—50%]	(50%—75%]	(75%—100%]	>100%
13	湖南	42.0	1	7	4	0	0
14	广东	31.4	2	9	0	0	0
15	广西	31.9	0	1	0	0	0
16	海南	25.8	1	2	0	0	0
17	四川	39.5	2	8	5	0	0
18	贵州	24.0	2	2	0	0	0
19	云南	29.7	4	7	2	0	0
20	西藏	8.2	3	0	0	0	0
21	陕西	42.0	1	6	3	0	0
22	甘肃	28.5	2	6	1	0	0
23	青海	30.4	2	2	1	0	0
24	宁夏	40.5	0	1	0	0	0
25	新疆	23.6	5	3	0	0	0

六、样本县情况分析

（一）一般公共预算

1. 一般公共预算收入占 GDP 比重及增速

样本县一般公共预算收入的区域分化特征较为明显。2023年，在数据可得的130个样本县中，3/4的样本县一般公共预算收入规模不超过40亿元，其中10亿元以下的样本县多位于西藏、甘肃、辽宁、内蒙古等西部和东北地区省份，百亿元以上的样本县则大多位于长三角地区。上海浦东新区以1300亿元居于榜首，为收入规模最小的西藏萨迦县（0.75亿元）的1733倍。总的来说，大部分样本县一般公共预算收入规模偏低，沿海地区样本县则表现较好，样本县一般公共预算收入规模与其GDP规模呈明显正相关关系（见图2-53）。

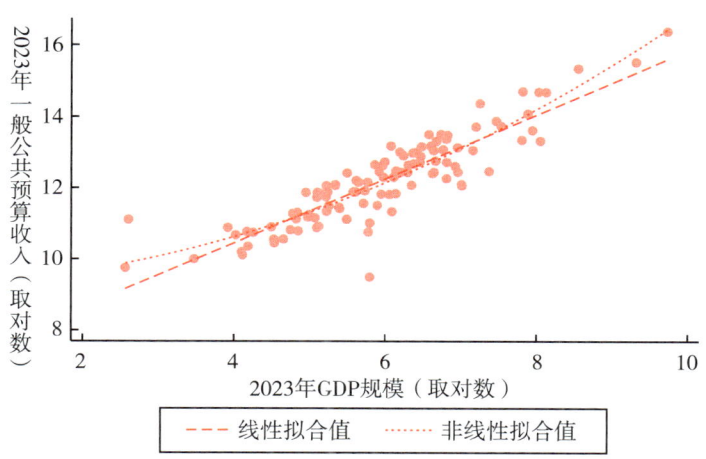

图 2-53　一般公共预算收入与 GDP 规模的关系

资料来源：中国财政行为数据库。

占比方面，图 2-54 考察了 2023 年样本县一般公共预算收入占 GDP 比重的分布情况。与城市层级的分布情况类似，大部分样本县一般公共预算收入占 GDP 比重介于 4% 至 10% 之间，个别样本县这一比重达到了 15% 左右。

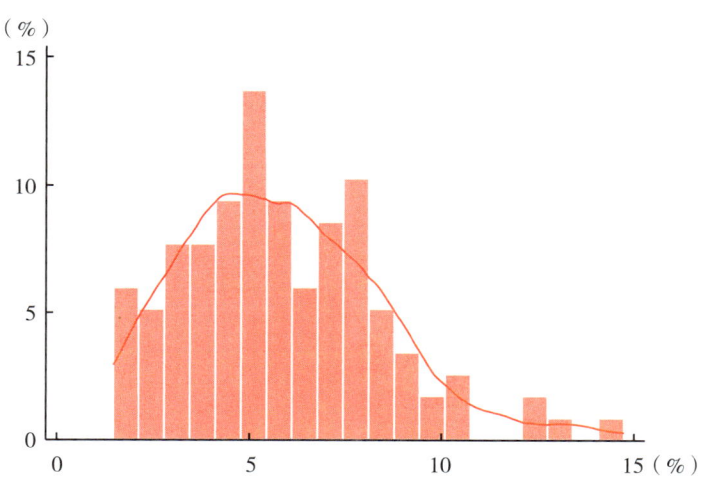

图 2-54　2023 年一般公共预算收入占 GDP 比重

增速方面，图 2-55 考察了一般公共预算收入 2023 年的同比增速。在数据可得的样本县中，84.7% 的样本县实现了一般公共预算收入正增长，其中绝大多数样本县一般公共预算收入增速分布在 0 至 20% 区间，增幅超过 30% 的样本县占样本县数量的 10.1%。

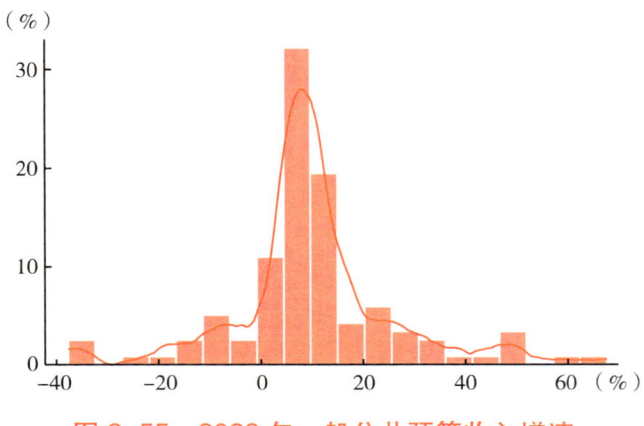

图 2-55 2023 年一般公共预算收入增速

从散点图上看（见图 2-56），一般公共预算收入增速与 GDP 增速呈现明显的正相关性。GDP 规模越大、增长越快，一般公共预算收入的规模和增速也越高。

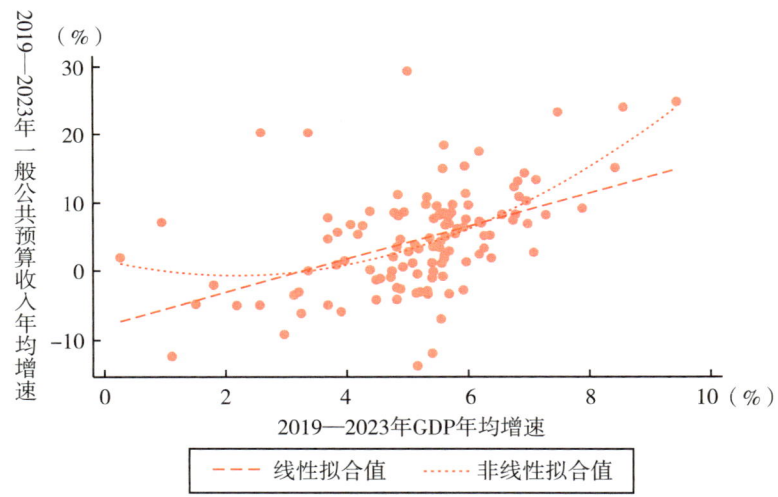

图 2-56 一般公共预算收入增速与 GDP 增速的关系

资料来源：中国财政行为数据库。

2. 税收收入占一般公共预算收入比重

图 2-57 考察了 2019—2023 年样本县税收收入占比平均比重的分布情况。数据可得的所有样本县 2019—2023 年税收收入占比平均值均超过 30%，其中仅 10 个样本县的该指标不超过 50%，且主要分布在西部和东北地区。另有 3 个样本县的税收收入占比平均值超过 90%，分别为杭州市滨江区（94.5%）、乌鲁木齐市天山

区（94.79%）和上海市浦东新区（94.82%）。

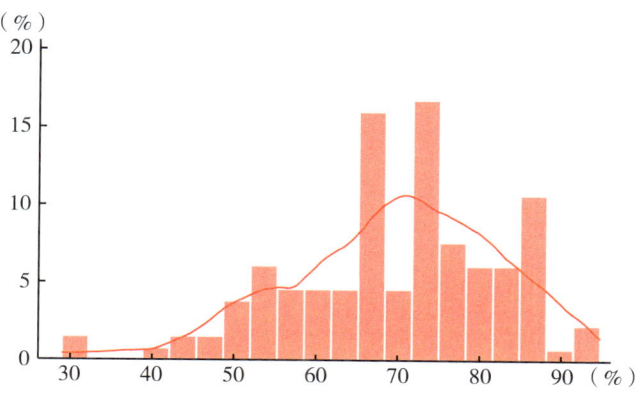

图 2-57　2019—2023 年税收收入占比平均比重

3. 共享三主税占一般公共预算收入比重

图 2-58 考察了 2019—2023 年样本县共享三主税占一般公共预算收入平均比重的分布情况。数据可得的所有样本县 2019—2023 年共享三主税占比平均值大多超过 20%，另有占比约 1/6 的样本县共享三主税占比平均值超过 50%，主要分布在东部沿海地区。

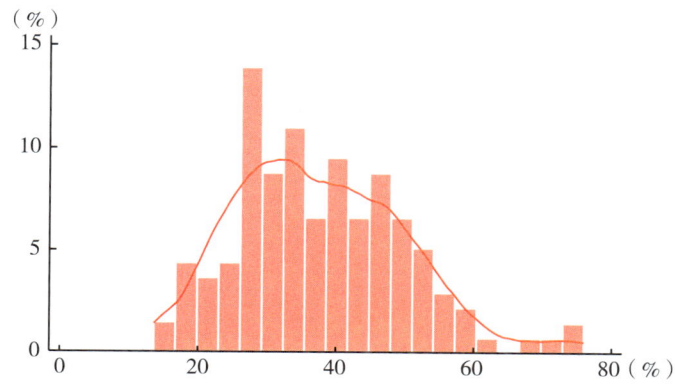

图 2-58　2019—2023 年共享三主税占一般公共预算收入比重

在数据可得的所有样本县中（见图 2-59），各样本县间共享三主税占比和人均 GDP 呈现显著正相关关系。人均 GDP 排名靠前的样本县，共享三主税占比普遍高于 50%；但在人均 GDP 排名靠后的样本县中，共享三主税的比重差异较大。在人均 GDP 平均值低于 6 万元的样本县中，共享三主税占比最高为 68.3%（乌鲁木齐市天山区），最低为 13.7%（通化市柳河县）。

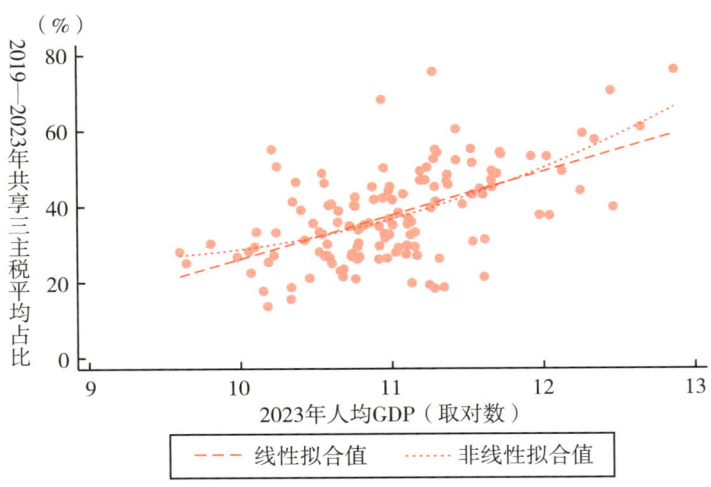

图 2-59 2019—2023 年共享三主税占一般公共预算收入比重与人均 GDP 的关系

资料来源：中国财政行为数据库。

4. 财政自给率

图 2-60 考察了 2019—2023 年样本县财政自给率的分布情况。数据可得的样本县中，财政自给率均值呈现左偏分布：2019—2023 年财政自给率平均水平为 37.1%，这一指标不足 50% 的样本县约占全部样本县的 66.2%。仅 10 个样本县的财政自给率超过 100%，其中 5 个分布在江苏、浙江和山东三省。

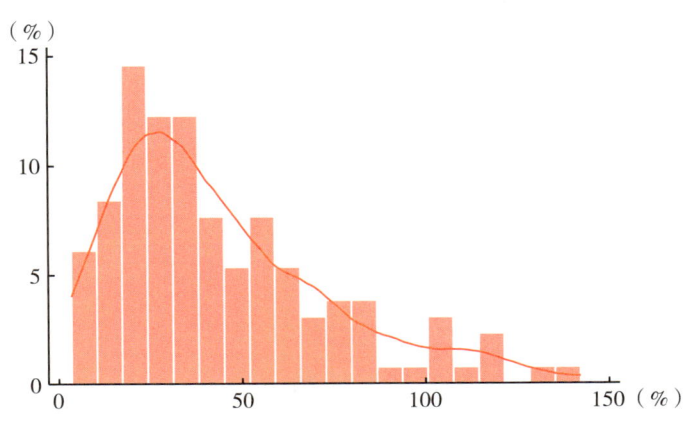

图 2-60 2019—2023 年财政自给率

从散点图来看（见图 2-61），财政自给率与人均 GDP 之间存在显著正相关关系。人均 GDP 较少的样本县，财政自给率水平普遍不超过 50%。

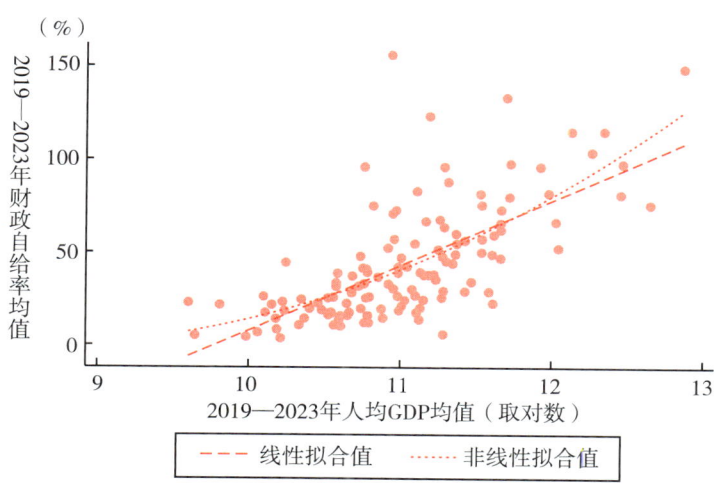

图 2-61　2019—2023 年财政自给率与人均 GDP 的关系

资料来源：中国财政行为数据库。

（二）政府性基金：土地财政依赖度及其变化幅度

图 2-62 考察了 2019—2023 年样本县土地财政依赖度的分布情况。在数据可得的样本县中，超过九成的样本县土地财政依赖度介于 0 至 40% 区间；有 4 个样本县的土地财政依赖度超过 50%，其中一半均来自江苏。

从散点图来看（见图 2-63），土地财政依赖度同样与人均 GDP 呈现较弱的正相关关系：人均 GDP 较高的样本县，其土地财政依赖度普遍高于人均 GDP 较低的样本县。

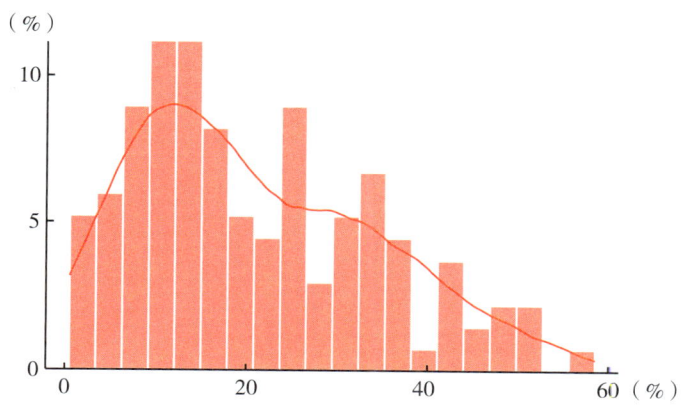

图 2-62　2019—2023 年土地财政依赖度均值

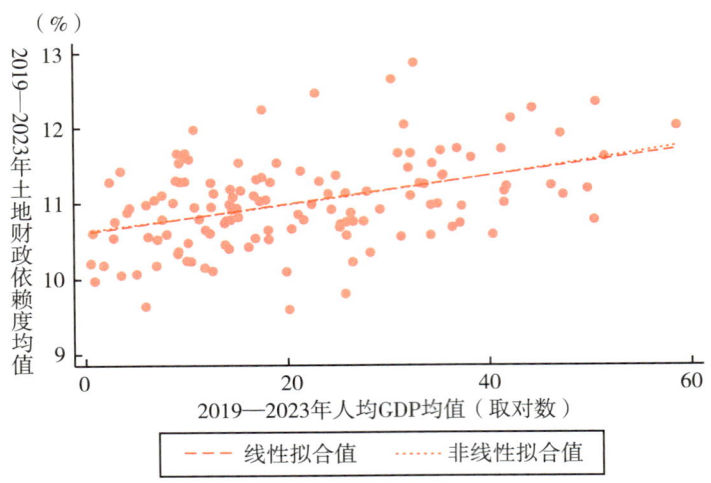

图 2-63　2019—2023 年土地财政依赖度与人均 GDP 的关系

资料来源：中国财政行为数据库。

基于动态视角（见图 2-64），2019—2023 年，多数样本县的土地财政依赖度变化幅度较小，基本分布于 -10% 至 10% 区间。整体来看，土地财政依赖度降低的样本县占多数，即便提高，幅度也相对较小。

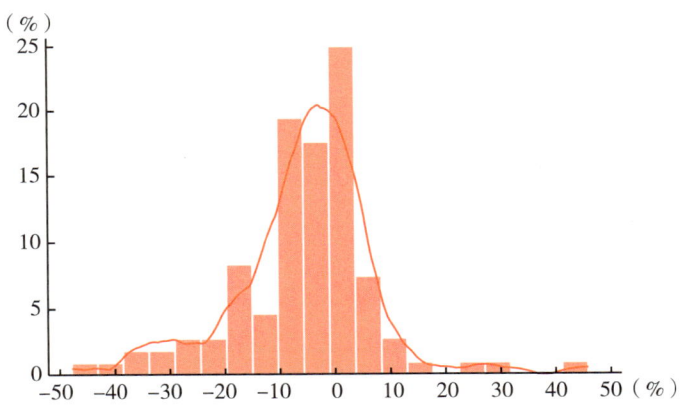

图 2-64　2023 年土地财政依赖度相比 2019 年增长幅度

（三）政府债务情况

1. 负债率

图 2-65 考察了 2019—2023 年样本县平均负债率的分布情况。在数据可得的

样本县中,超过九成的样本县平均负债率控制在40%以内;3个样本县的平均负债率介于40%至50%区间,分别位于江西、吉林和内蒙古;仅贵州省个别区县2019—2023年平均负债率超过60%。

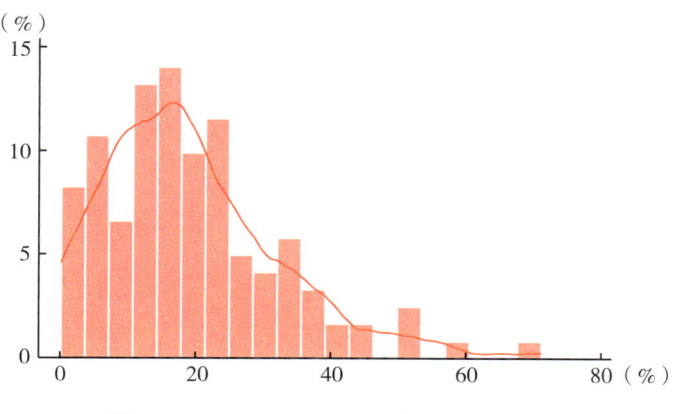

图2-65　2019—2023年平均负债率

2. 债务依存度

图2-66考察了2019—2023年样本县债务依存度的分布情况。在数据可得的样本县中,约九成的样本县债务依存度控制在30%以内;仅5个样本县的平均债务依存度超过40%,分别位于内蒙古、贵州、辽宁和云南(2个样本县),其所属城市的债务依存度也相对较高。

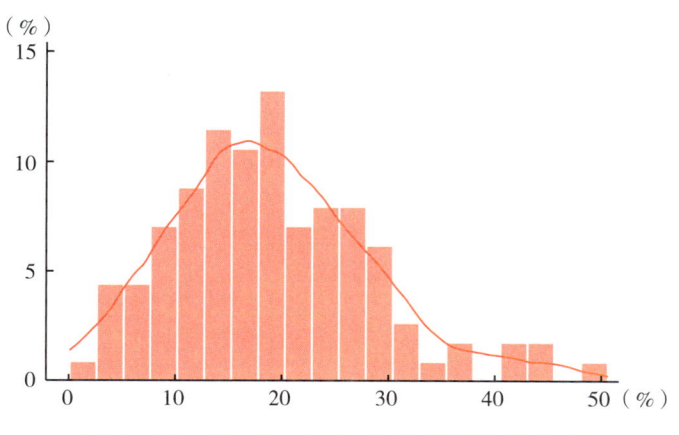

图2-66　2019—2023年平均债务依存度

3. 新增债务限额

图2-67考察了2023年样本县新增债务限额的分布情况。在数据可得的样本

县中，绝大多数的样本县债务限额均增加，近1/3的样本县新增债务限额小于5亿元，整体新增债务限额规模较小。

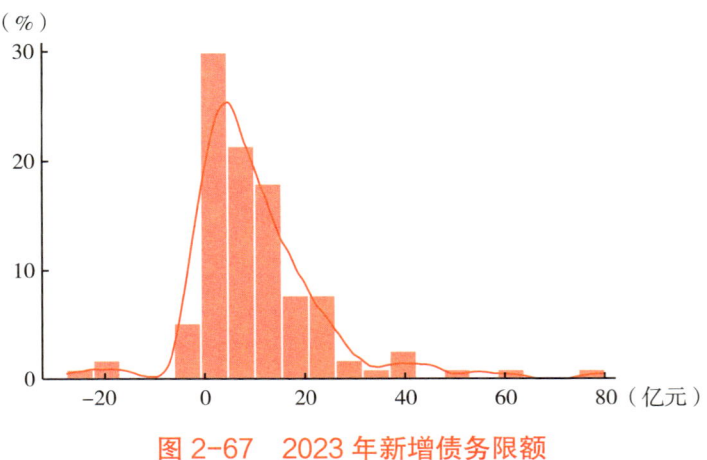

图 2-67　2023 年新增债务限额

从散点图来看（见图2-68），样本县新增债务限额与GDP增速间呈现较弱的负相关关系，相比于GDP快速增长的样本县，GDP增长率较低的样本县得到的新增债务限额反而较高，说明债务限额分配在一定程度上出现"济贫"倾向。

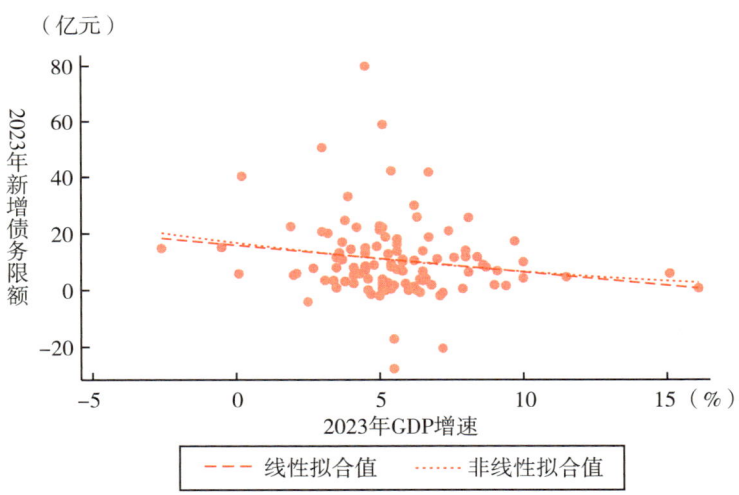

图 2-68　2023 年新增债务限额与 GDP 增速的关系

资料来源：中国财政行为数据库。

专题篇

中国特色政府财政统计体系的构建

一、引言

政府财政统计是宏观经济管理的重要工具，能够全面反映政府财政收支活动、评估财政健康状况，并为政策制定提供科学依据与数据支撑。经过多年发展，我国政府财政统计体系已初步形成了以财政收入、支出为核心的统计框架，为财政管理和经济决策提供了重要参考。然而，随着经济高质量发展和财政体制改革的深入推进，现有财政统计体系暴露出诸多不足：我国政府财政统计体系与IMF发布的财政统计标准存在一定差距，影响国际比较与合作；现有指标体系主要侧重于财政收支的规模统计，缺乏对财政绩效、债务风险、财政可持续性等方面的深入评估，难以全面反映财政运行的质效与风险。本文从我国政府财政统计体系的现状出发，借鉴国际经验，结合中国国情，提出中国特色政府财政统计体系的构建设想。

二、我国政府财政统计体系的现状

（一）我国政府财政统计体系的主要内容

改革开放之后，我国经济体制转轨联动财政体制从统收统支转向分税制，作

本章执笔人：梁季、郭宝棋。

为财政管理基础的财政统计制度也发生较大变化，逐步与GFS接轨，并于1995年开始向IMF报送中国政府财政统计资料和数据。

目前我国的政府财政统计工作以财政预算管理体制为基础，实行分级统计。即按照"一级政府、一级预算"的原则，各级政府分别负责编制本级预算草案，再报人大审议批准。我国政府财政统计的主要内容是财政预决算报告中披露的财政收支统计。具体包括一般公共预算的收支、政府性基金预算的收支、国有资本经营预算的收支和社会保险基金预算的收支，即俗称的"四本账"，分别体现财政的公平、调控、效率和保障功能。

一般公共预算，是政府凭借国家政治权威取得税收收入和非税收入，主要投向公共产品和服务领域。2023年全国一般公共预算收入为216795.4亿元，其中来源于税收收入的有181136.3亿元，占比83.6%。2023年全国一般公共预算支出达到274622.9亿元。

政府性基金预算，源于向特定对象提供服务并以此取得的收入，并投向特定基础设施和公共事业领域，其负担者和受益程度具有潜在的对价性。2023年全国政府性基金收入达到70706.9亿元，相当于一般公共预算收入的35.4%，其中有土地使用权出让收入占比最大，达到80.1%。2023年全国政府性基金支出达到101277.8亿元，相当于一般公共预算支出的36.9%。

国有资本经营预算，是政府凭借国有资产所有者身份取得的国有资本收益，主要是与一般公共预算统筹使用，以及充实社保基金，其他支出主要用以弥补国企改革的成本性支出。2023年，我国国有资本经营预算收入达到6741.8亿元，支出达到3346.4亿元。

社会保险基金的主要收入来源为社保缴费、财政补贴和其他形式收入，比如国有资本划拨，其专项用于社会保险。2023年全国社保基金收入达到113020亿元，其中社保缴费收入达到83395.8亿元，占比73.8%，财政补贴收入24271.3亿元，占比21.5%。2023年我国社保基金支出达到99095.5亿元。[①]

（二）政府财政统计与政府财务报告的关系

1. 二者之间的区别

政府财政统计是对政府财政活动的系统性记录与分析，旨在通过标准化方法

---

① 资料来源：http://yss.mof.gov.cn/。

反映政府部门的收支、资产负债、财政风险等宏观经济信息。其核心目标是服务于宏观经济政策制定、国际比较和财政可持续性评估。政府财务报告是政府根据会计准则编制的财务信息披露文件，包括资产负债表、收入支出表、现金流量表等，旨在向公众、立法机构等利益相关者揭示政府的财务状况、运营绩效和受托责任履行情况。其核心目标是提高财政透明度、强化问责制，并为内部管理决策提供依据。

一是编制范围不同。政府财政统计，主要侧重于对广义政府部门的财政收支活动进行统计。GFSM 2014认为，原则上政府财政统计应涵盖对财政政策具有重大影响的所有实体，具体包括三类：第一类是执行政府职能的政府机构，可以视为狭义政府；第二类是政府控制的非市场非营利机构，加上狭义政府共同组成广义政府部门；第三类是政府拥有或控制的公共公司，与广义政府部门组成公共部门。GFSM 2014中，广义政府部门包括所有政府单位和由政府单位控制的所有非市场非营利机构。具体来说，政府单位是指中央、州、省、地区、地方政府，以及这些单位征管的社会保障基金。但是，广义政府部门不包括公共公司和准公司。如果政府单位拥有的非法人企业若不是准公司，仍是政府单位的组成部分，因此纳入广义政府部门。[①]

政府财务报告，涵盖的主体范围更为广泛。包括政府部门、各类事业单位、国有企业以及政府控制的其他经济主体。政府财务报告旨在全面、系统地反映政府整体的财务状况、运行情况和现金流量情况，不仅要展示政府在公共服务领域的资金运作和财务成果，还要体现政府对国有资产的管理和运营情况，以及政府与其他经济主体之间的财务关系。例如，在编制政府财务报告时，需要将事业单位的财务收支情况、资产负债状况等纳入报告范围；同时，对于国有企业，由于国有资产的所有权归属于政府，因此国有企业的财务状况和经营成果也需要在一定程度上纳入政府财务报告统计的范围，以全面反映政府所拥有的国有资产的规模、结构和运营效益情况。此外，对于政府控制的其他经济主体，如政府设立的投资公司、融资平台公司等，其财务活动也会对政府整体的财务状况产生影响，因此也需要纳入政府财务报告的核算范围。

二是编制方法不同。财政统计体系遵循IMF的GFSM标准，采用权责发生制或现金收付制，强调流量（如财政收入、支出）与存量（如债务余额）的整合分析；财务报告依据国家会计准则，以权责发生制为主，注重财务信息的真实、完整和

[①] 《政府财政统计手册2014》第18页。

可比性。

2. 二者之间的联系

政府财政统计和政府财务报告，二者的数据均来源于政府的会计记录和预算执行过程，例如财政收入、支出、债务等核心数据在统计和报告中均有体现；二者可以使用相同的报表体系，包括政府资产负债表、政府收支流量表等表格体系；二者都能够反映政府的运行状况，均致力于提升财政透明度、防范财政风险。

（三）政府资产负债表与国家资产负债表的关系

政府财政统计体系中的资产负债表与国家资产负债表在概念、核算内容和用途上存在显著区别，但在数据基础、分析和政策制定等方面又紧密相连。

1. 二者之间的联系

一方面，国家资产负债表的数据部分来源于政府资产负债表以及其他经济部门的资产负债数据。政府资产负债表主要反映政府作为一个经济主体在特定时点上的资产负债状况，体现政府的财务实力、偿债能力以及财政可持续性等。国家资产负债表是从宏观层面反映整个国家在特定时点上的资产负债总量、结构和分布情况，涵盖了政府、企业、居民等各个经济部门，通过整合各部门的资产负债信息，展现国家整体的经济实力、财富水平以及经济结构等情况。政府资产负债表是国家资产负债表的重要组成部分，政府资产负债表中的政府拥有的各类资产（如基础设施、储备资产等）和承担的负债（如政府债券等）是国家资产负债表中政府部门相关数据的直接来源，为国家资产负债表全面反映整个国家的资产负债状况提供了基础数据支持。国家资产负债表则是对政府资产负债表等各部门资产负债信息的综合和扩展，二者共同为宏观经济分析和决策提供数据支持。

另一方面，二者在核算逻辑上具有一致性，都遵循资产=负债+净资产的基本会计等式，按照一定的分类标准和方法对资产、负债等进行分类和核算，以清晰反映经济主体的财务状况。

2. 二者之间的区别

一是核算范围不同。政府资产负债表，其核心在于反映政府部门在某一特定时间点的财务状况。相比之下，国家资产负债表覆盖范围更广，包括政府、非金融企业、金融机构、居民等所有经济部门的资产负债情况。

二是核算内容不同。在资产方面，政府资产负债表主要记录政府的现金、银行存款、固定资产（如基础设施、建筑物等）、无形资产（如土地使用权、专利权等）。而国家资产负债表则在此基础上，进一步包含了企业生产设备、居民房产等更多类型的资产。在负债方面，政府资产负债表主要反映政府的债务情况，如政府债券、应付账款、长期借款等。而国家资产负债表则涵盖了各部门的债务，包括企业的银行贷款、居民的房贷等，从而全面揭示整个国家的债务结构。

三是编制主体不同。政府资产负债表，通常由政府财政部门负责编制，数据主要来源于政府各部门、行政事业单位的财务报表、统计数据以及财政收支记录等。国家资产负债表，一般由国家统计部门编制，数据来源更为广泛，除了政府资产负债表的数据外，还需要收集企业财务报表、金融机构统计数据、居民收支调查数据等多方面的信息。

四是编制目的不同。政府资产负债表主要用于政府的财政管理和政策制定，帮助政府评估自身财务状况，制定合理的财政政策。而国家资产负债表则更多用于宏观经济分析和政策制定。

（四）政府财政统计与滚动预算表的关系

中期预算是进一步推进财税体制现代化、保证财政可持续的重要抓手，中期财政规划是其过渡形态。1981年开始，为配合国民经济和社会发展计划，我国开始编制财政发展五年计划。21世纪初，为应对亚洲金融危机等，财政部组织各地开始试编财政发展三年滚动计划。2015年，《国务院关于实行中期财政规划管理的意见》（国发〔2015〕3号）颁布后，我国正式实行中期财政规划。中期财政规划实施滚动调整，按照三年滚动方式编制，第一年规划约束对应年度预算，后两年规划指引对应年度预算。年度预算执行结束后，对后两年规划及时进行调整，再添加一个年度规划，形成新一轮中期财政规划。中期财政规划能够测算未来三年财政收支数额，是分析现行财政问题和制定改革方案的重要依据。当前政府财政统计中年度预算与中期财政规划关系密切，二者的联系与区别主要体现在以下几点。

第一，统计框架基本一致。编制年度预算与中期财政规划的主体均为财政部，且均涵盖四本预算的收支表和债务数据。第一年规划约束当年年度预算，二者基本一致，后两年规划也可以为未来年度编制年度预算提供参考，未纳入中期规划的政策产生的支出增加等，原则上不得列入规划期的年度预算。

第二，统计范围存在差异。一是时间跨度不同。年度预算仅涵盖当年的财政收支，中期财政规划考虑长远发展，包含当年及未来两年共三年的财政收支。二是统计内容不同。根据《关于加强政府投资项目储备编制三年滚动投资计划的通知》（发改投资〔2015〕2463号）文件要求，政府投资计划也实行三年滚动编制，与中期财政规划时间一致，因而部分地区将政府投资计划并入中期财政规划同时编制。三是精确度不同。以财政支出为例，编制年度预算需要精确到项级科目，而中期财政规划仅测算到类级即可。

第三，统计法律效力不同。年度预算编制应依照《中华人民共和国预算法》《中华人民共和国预算法实施条例》等法律法规的规定，经全国人民代表大会（以下简称"全国人大"）审核和批准，且非经法定程序不得调整数据。但是中期财政规划不必遵循法定原则，地方财政部门编制并经同级人民政府批准后报财政部备案即可，不需要提交全国人大或全国人大常委会批准或授权，因而不具有法律效力。

三、国际经验借鉴——基于 GFSM 的分析

（一）GFSM 的统计分析框架介绍

政府财政统计的重点是政府的各类收入、支出、资产（非金融资产和金融资产）、负债、净财富等数据。目前国际政府财政统计报表体系包含6张表格，分别为经营情况表、其他经济流量表、资产负债表、现金来源和使用表4张核心表与净值变化总额表以及显性或有负债和未来社会保障福利的净隐性义务概要表2张补充表[①]，用于反映政府经济活动中的交易、其他经济流量和存量信息。

1. 经营情况表——特定报告期间内某个部门或子部门的交易

GFSM 2014分析框架将"政府运营表"标题名修订为"经营情况表"，通过广义政府部门因交易而发生的流量反映财政政策的执行情况。其中，广义政府部门既包括政府单位，也包括公共部门单位；交易情况包括收入、费用、非金融资产投资净额、获得的金融资产净额以及产生的负债净额。收入是指由交易带来的净值增加；费用是指交易产生的净值减少；非金融资产净投资等于固定资产获得

---

① IMF 政府财政统计数据库，https://www.imf.org/en/data。

减去处置和固定资本消耗，加上库存变化和获得的贵重物品和非生产资产的净额（获得减去处置）；金融资产和负债交易结果的净额等于收入减去费用后的运行净余额再减去非金融资产净投资，即净贷款/净借款。和收入、费用有关的流量变化会对资产、负债以及净值产生影响，其数额也就表现为"资产负债表"期初和期末各存量间的差异。

2. 现金来源和使用表——记录现金流入与流出，但侧重于报告期间交易引起的现金流量变化净值

GFSM 2014分析框架将"政府的现金操作"更名为"现金来源和使用表"，通过记录报告期内广义政府部门交易活动的现金流入、流出及引起的现金流量变化净值提供广义政府部门流动性的有关信息。其中，交易活动包括经常性操作、非金融资产交易、涉及非现金金融资产和负债的交易；现金不仅包括所持有的货币以及在银行等金融机构的活期存款，还包括流动性很高的投资以及必要的透支。现金来源和使用表的编制基础是收付实现制，明确了库存现金变动净额的构成，即货币和存款等金融资产，不应包括其他金融工具或透支。和政府运营表所记录交易相比，现金来源和使用表主要有四类交易未记录，一是未来将以现金结算的费用的交易，即货物和所提供服务尚未交付给购买者即可获得的现金形式收入；二是已经以现金结算但将在未来赚取收入的交易，即在向购买方交付商品或提供服务而赚取收入之前，可能已经收到了现金收入；三是在未来期间以现金结算的资产和负债交易，如零息或其他折扣债券的累积摊销利息；四是交易性质不属于现金的交易，如易货贸易、债务免除和注销等。

3. 其他经济流量表——反映由交易以外的原因引起的资产、负债和净值的存量头寸变化

其他经济流量表刻画了广义政府部门非交易原因导致的资产或负债数量或价值的变化，结合交易原因引起的资产或负债数量或价值的变化，便可以解释资产负债表中存量头寸的全部变动原因。其中，其他经济流量可以划分为两类，分别为持有损益、资产和负债数量的其他变化。持有损益引起的净值变化指因为价格水平和结构变化而产生的资产或负债货币价值的改变，如汇率起伏造成以外币计值的持有损益；资产和负债数量的其他变化引起的净值变化指非因交易或持有损益导致的资产或负债价值的任何变化，如作为经济资产的现有资源的出现或消失、特殊或意料之外的外部事件的影响等。

4. 资产负债表——记录每个报告期期末部门或子部门的资产、负债和净值的存量头寸

资产负债表是一个或一组机构单位在特定日期所拥有资产及所承担负债存量头寸价值的报表，通过报告期期初和期末数值的比较反映资产或负债的存量头寸变化，是揭示家底的主要工具。其中，资产是指经济资产，其所有权得到强制执行，且在一段时间内拥有和使用经济资产可以产生流向所有者的经济利益，不由报告单位或部门拥有和控制的资产以及没有经济价值的资产不包括在内。负债的确立时间为当一个单位（债务人）有义务在特定情形下向另一单位（债权人）提供资金或其他资源时。资产负债表通常在每一报告期结束时——也就是下一个报告期开始时编制，是流量运动结果的承载，资产减去负债后的净值的变化是评估财政活动可持续的主要指标。

5. 净值变化总额表——来自经营情况表的收入和费用交易与其他经济流量表合并到一项报表中

净值变化总额表将经营情况表的收入和费用交易结果和其他经济流量表合并到一项报表中，对引起政府净值变化的因素采用《国际公共部门会计准则》常见的概要格式提供了明确的统计解释。它解释了从一个报告期到另一个报告期涉及收入和费用交易和其他经济流量的资产负债变化的来源。该报表不仅突出强调和解释了广义政府部门净值变化的总额及其原因，即经营情况表中收入和开支的变化，以及其他经济流量的变化；而且从总体上反映了净值变动的数量关系，即体现了资产和负债的变动结果，实现了经营情况表、其他经济流量表和资产负债表之间的相互链接。

6. 显性或有负债和未来社会保障福利的净隐性义务概要表——汇总了仍然存在的显性及隐性担保

显性或有负债和未来社会保障福利的净隐性义务概要表记录了显性及一些隐性或有负债。其中，或有负债指只有未来发生特定的独立事件才会产生的一类负债，具有比较大的不确定性，这些或有事项一定程度上能够引发财政风险，它们可能是由有意的公共政策或不可预见事件引起的。在资产负债表中，或有负债存量头寸记录在备忘栏项目，导致政府相关管理部门难以了解或有债务的期限和结构特征情况。通过编制显性或有负债汇总信息，则能够有效了解公共部门一次性担保以及其他显性或有负债规模和结构。

（二）核心统计指标介绍

1. 总债务

总债务，也称债务合计或债务负债合计，由所有债务工具负债组成，即要求债务人在未来某一日期或若干日期向债权人支付利息和本金，是反映政府的融资活动最终导致政府负债总量变化的核心指标。其中，债务工具主要包括特别提款权、货币和存款、债务证券、贷款、保险、养老金和标准担保计划等。债务总额有三种计算方式。一是按市场价值计算，这被认为是最佳且普遍可用的方法。其中，债务证券按市场价格计值；保险、养老金和标准担保计划按等同于市场计值法的原则计值；所有其他债务工具按名义价格计值。二是按名义价值计算，被认为是最能从债务人角度出发的价值计量方式。名义价值即债务人欠债权人的金额。三是按面值计算。面值，又称名义面值，是指到期日（或到期日之前）待偿还的未贴现本金金额。根据《公共部门债务统计指南》规定，债务工具应当在参考日期按照名义价值计值；对于交易的债务证券，也可以按照市场价值计值。如果没有可用的债务工具名义价值和市场价值，债务总额按面值计值。但是用面值代替名义价值计量债务总额头寸，可能导致各种债务工具之间的计算方法不一致，因而GFSM 2014不推荐采取这种计算方式。

2. 净债务

净债务是指债务总额减去对应债务工具的金融资产的存量头寸，与债务工具对应的金融资产有：货币黄金和特别提款权、货币和存款、债务证券、贷款、保险、养老金和标准担保计划等。理论上，计算净债务可以剔除单个债务工具对应的金融资产来计算它们的净额。但是，实践中多数情况下，逐个剔除债务工具的对应金融资产可能无助于负债分析，因为通常不会预留特定类型的资产来偿还特定类型的负债，而是采用剔除高度流动性资产后的债务，即债务总额减去货币和存款形式的金融资产。净债务也可以按照市场价值、名义价值和面值三种方式计算。

四、中国特色政府财政统计体系的构建设想

政府财政统计作为宏观经济监测与调控工具，在反映政府财政活动、评估财政健康状况以及支持政策制定方面具有不可替代的作用。随着全球经济环境形势

的变化和我国经济高质量发展的深入推进，构建既与国际标准接轨又充分适应中国国情的政府财政统计体系尤为重要。中国特色政府财政统计体系的构建，不仅需要在核心表式设计上持续迭代优化，还应通过引入债务指标等特色指标，深入评估我国政府的财政健康状况与风险水平，从而为宏观经济决策提供更加科学有效的数据支撑。

（一）核心表式的构建

在现有政府财政统计体系的基础上，应首先考虑构建核心表式。核心表式的构建需要进一步完善我国财政收支分类体系，并针对专项债券、转移支付等特色财政活动，设置专门分类项目，以更清晰地反映其规模、结构及对财政的影响。核心表式主要包括现金流量表、资产负债表、经营情况表、其他经济来源表。

1. 现金流量表

现金流量表详细记录政府在一定时期内现金的流入和流出情况。现金流入涵盖税收收入、非税收入、政府债务发行收入、上级政府转移支付收入等。其中，税收收入按照不同税种进行统计，揭示各税种对财政收入的贡献程度；非税收入则包括行政事业性收费、政府性基金收入等项目。现金流出主要包括政府对商品和服务的购买支出，如基础设施建设项目的投资、办公用品采购费用等；对居民和企业的转移支付，如社会保障支出、财政补贴发放等；以及债务还本付息支出等。

2. 资产负债表

资产负债表记录政府在某一特定时点的资产与负债状况，不仅反映了政府当前的财务状况，也是评估政府财政稳健性、债务可持续性以及未来财政空间的重要依据。

资产部分记录了政府拥有的全部经济资源，预期能在未来为政府带来经济利益或用于履行政府职能。资产应涵盖现金、银行存款、政府投资资产、无形资产等。现金与银行存款，代表了政府即时可用的财政资源，直接影响政府的即时支付能力和应急响应能力。政府投资资产，包括基础设施、公共设施、政府办公大楼等由政府直接投资形成的固定资产，不仅体现了政府的长期投资战略，也是评估政府公共服务能力和未来财政收益潜力的关键指标。无形资产，如专利权、商标权、土地使用权等。土地资源与国有企业资产，政府直接或间接拥有的土地资源和国有企业构成了政府资产的重要组成部分。土地资源因其稀缺性和增值潜力，成为政府财政的重要储备；而国有企业，其盈利能力和资产价值对政府的财政状况具有显著影响。因此，在编制资产负债表时，应将其纳入考量，并采用适当的评估方法确定其价值。

负债部分反映了政府因过去交易或事项而形成的、预期会导致经济利益流出的现时义务。负债部分则需包括政府债券、应付账款、长期借款等。政府债券，作为政府筹集资金的主要方式之一，其发行规模、期限结构、利率水平等直接反映了政府的融资策略、债务成本及债务可持续性。应付账款，包括政府购买商品和服务尚未支付的款项，以及应支付给其他政府实体的转移支付等，反映了政府的日常运营成本和支付效率。长期借款，用于支持大型基础设施项目或弥补财政赤字的长期融资方式。长期借款的规模、利率及还款计划对政府的长期财政规划具有重要影响。

净资产，即资产减去负债后的余额，是衡量政府财政稳健性的核心指标，反映了政府在扣除所有负债后所拥有的净资源。

3. 经营情况表

经营情况表重点反映政府参与的各类经营活动的收支和盈利情况。对于政府所属的国有企业、国有控股企业以及参与的公共事业经营项目等，经营情况表详细记录其营业收入、营业成本、税金及附加、销售费用、管理费用、财务费用等经营收支明细。通过该表，可以清晰了解政府经营活动的效益和效率，为政府优化经营决策、提升经营管理水平提供数据支撑，进而推动政府经营活动的可持续发展，实现国有资产的保值增值。

4. 其他经济来源表

除常规税收与非税收入外，政府还存在一些其他经济来源，即在其他经济来源表中体现。包括政府资产处置收入，如国有资产的拍卖、转让所得；政府获得的捐赠收入，如来自国内外企业、社会组织或个人的捐赠；以及政府通过参与特定经济活动所获得的分成收入等。其他经济来源表有助于全面审视政府的财政状况，避免遗漏重要的经济来源信息，以便更加准确评估政府的财政状况。

（二）特色指标的引入

在核心表式构建基础上，中国特色政府财政统计体系应引入一系列特色指标，以更全面地评估政府的财政健康状况与风险水平。债务问题是当前重要风险点之一。因此，政府财政统计体系应引入债务规模、债务负担、债务期限结构、债务成本等指标，以全面评估地方政府的债务风险。

债务规模指标。债务规模是衡量地方政府债务风险的基础指标，反映债务存量大小及对财政收支的压力。债务规模指标包括显性债务和隐性债务两部分。显性债务主要指地方政府债券、城投债等公开债务，而隐性债务则包括地方政府通过融资平台、PPP项目等形成的或有债务。

债务负担指标。债务负担是衡量地方政府偿债能力的重要指标。常用的债务负担指标包括债务率（政府债务余额与政府综合财力之比）和负债率（政府债务余额与国内生产总值之比）。

债务期限结构指标。债务期限结构是评估地方政府债务流动性和偿债压力的关键指标。包括短期债务（1年以内到期）、中期债务（1—5年到期）和长期债务（5年以上到期）。合理的债务期限结构有助于优化债务管理，合理安排偿债计划，避免集中偿债导致的财政风险。

债务成本指标。债务成本是衡量地方政府债务融资效率的重要指标。主要包括债务利率、利息支出占财政收入的比重等。高利率债务会增加地方政府的利息负担，而利息支出占比过高则可能挤占其他财政支出，影响公共服务的供给能力。

我国政府支出分类体系改革研究

政府支出分类体系是财政管理的基石，其科学性与合理性直接关乎政府职能活动的精准呈现、财政透明度的提升，以及预算管理与监督的成效。伴随我国经济社会的发展和财政体制的深刻变革，政府支出分类体系历经多阶段的演进，实现了从传统模式向与国际接轨的现代化模式的跨越。虽然我国政府支出分类已经取得了显著的进步，但是对比国际通行标准还存在一定差距。基于此，本文提出通过系统性重构分类框架、优化科目设置、完善配套保障等措施，以推动我国政府支出分类体系向国际标准靠拢，提升政府职能以及财政透明度，助力政府职能转型与治理能力现代化。

一、我国政府支出分类体系改革历程

（一）传统模式下的支出分类（1949—1978 年）

新中国成立伊始，经济基础极为薄弱。为迅速实现工业化，国家采取了高度集中的计划经济体制，并在财政管理上实行了严格的统收统支模式，财政收入统一上交中央，支出经中央核准拨款。

为统一财政收支管理，1950 年政府发布了《关于统一国家财政经济工作的决定》，要求所有经济物资、税收及利润等，统统上交中央，再由中央根据需要调配

本章执笔人：刘昶、吕慧。

划拨。后又发布了《全国统一收支预算科目》，要求各地从1950年开始按照财政部统一规定的预算科目报告年度收支，这标志着我国财政支出科目体系的初步建立。1949—1952年是三年国民经济恢复时期，这一时期财政支出的主要任务有两个方面，一是负担军政费用，支援战争需要，并维持新政府运转；二是恢复国民经济、消除通胀、稳定市场（高培勇，2019）[①]。1950年5月以解放海南岛为标志的解放战争的大规模作战结束，以及紧随其后的抗美援朝战争[②]，财政支出的职责首先是筹集军费保障战事需要，因此"国防费"在这一时期的财政支出科目中占据优先地位。1953—1957年第一个五年计划时期，这一时期财政支出要保障工业化建设和社会主义三大改造完成。随着156项苏联援建重点工程实施，要在短时间内构建起较为完整的工业体系，"经济建设费"成为财政支出首项。1958—1960年，"大跃进"时期，财政支出大规模向工业领域倾斜，以支持"大炼钢铁"等运动。财政支出在管理上追求高速度、大规模，虽推动了工业产能扩张，但也带来了资源浪费等问题。1961—1965年，国民经济调整时期，财政支出调整方向，削减工业领域过热投资，增加对农业、轻工业的投入，保障市场物资供应。财政支出分类根据产业调整需求，强化对农业、轻工业扶持资金的分类统计。1966—1976年，"文化大革命"期间，财政支出受政治运动影响，经济建设支出虽未中断，但支出效率低下，财政管理混乱，支出分类体系也难以有效执行。1977—1978年，经济逐步恢复，财政支出开始重新重视生产建设和民生改善，为后续改革开放奠定基础，支出分类逐步恢复正常统计与管理。

传统模式下的支出分类体系主要体现了计划经济体制下生产建设型财政的特点。政府通过计划手段来配置资源，财政支出在支持解放战争、抗美援朝战争，恢复国民经济，实施工业化等方面起到了重要作用。然而，随着经济社会的发展变化，传统模式下的支出分类体系也暴露出了一些局限性。比如，分类较为粗略，难以精确反映各项支出的具体用途与效益。

（二）转型过渡期的支出分类（1979—2006年）

改革开放后，我国经济体制逐步从计划经济向市场经济转型，原有的统收统支的财政管理体制难以适应市场经济下财政管理的需求，改革迫在眉睫。

---

① 高培勇.新中国财税体制的演进历程、历史逻辑及时代潮流[N].光明日报，2019-09-24（16）.

② 抗美援朝战争1950年7月始，1953年7月止。

改革开放初期，财政支出开始向经济体制改革领域倾斜，如支持国有企业扩大自主权试点，增加对企业技术改造的资金投入。1980年，实行"划分收支、分级包干"的财政体制，地方政府在财政支出上有了更多自主权，可根据本地情况调整支出方向，如加大对地方基础设施建设的投入。1985年，实行"划分税种，核定收支，分级包干"的财政体制，财政支出分类开始结合税种划分进行调整，以适应新的财政体制。1988—1993年，进一步完善财政包干体制，财政支出在支持经济发展的同时，开始注重教育、科技等领域的投入，以提升国家的长远竞争力。1994年，实施分税制财政体制改革，按中央和地方政府事权划分财政支出范围。中央财政承担国家安全、外交等支出；地方财政承担地区政权运转和经济事业发展支出。1998年，积极财政政策实施，财政支出加大对基础设施建设投入，如公路、铁路等，以拉动经济增长。财政支出管理注重资金使用效率，加强项目审批和监管。1999年底，财政部开始启动政府收支分类改革研究工作。2004年底，形成了《政府收支分类改革方案（征求意见稿）》。2005年1月起，选择科技部、河北省等部门和地方进行了新科目体系的模拟运行试点。同年12月27日，经国务院批准，政府收支分类改革正式进入实施阶段。2006年2月16日，财政部召集中央部门就全面启动政府收支分类改革工作进行动员部署。政府收支分类改革是2006年我国财政体制改革的重点，各级财政部门做了大量准备工作，包括出台改革方案、设计报表软件、组织业务培训、进行预算执行数据转换等。

随着财政体制的改革，支出分类开始结合税种划分和地方自主权进行调整，具有更强的适应性，激发了地方发展经济的积极性，促进了地方基础设施建设。同时，分税制改革明确了中央和地方的事权与支出责任，建立了相对规范的财政转移支付制度，使财政支出分类更加科学合理。部门预算改革细化了支出项目和分类，提高了预算透明度，加强了对财政资金的监管。尽管进行了一系列改革，但支出分类在某些方面仍存在交叉和重叠，部分支出项目的界定不够清晰。

（三）与国际接轨的支出分类（2007年至今）

2007年，实施政府收支分类改革，构建支出功能分类和支出经济分类二维体系。支出功能分类涵盖17个大类，反映政府活动功能和政策目标；支出经济分类包括12个大类，反映支出经济性质和用途。2012年，中共十八大后，全面深化财税体制改革，财政支出分类体系进一步完善，更加注重绩效导向和精准性，推动财政支出分类与预算绩效管理深度融合。2014年，新《预算法》实施，规范财政收支行为，强化预算约束。财政支出分类在预算编制、执行和监督中发挥更重要作用，促进财政资金规范使用。2015年，着手支出经济分类科目改革准备，对中央和地方经济分类科目应用情况进行调研。2016年初，组织中央部门及部分省市进行试编。同年10月，财政部印发《支出经济分类科目改革试行方案》（财预〔2016〕135号）文件，要求各地2017年试运行。2017年，中央本级一般公共预算、政府性基金预算按照新的两套支出经济分类科目编制，大部分省级财政部门开展试编2017年预算工作。2018年，根据财政部要求，全面实施支出经济分类科目改革。各地组织业务培训，完善预算编制体系，加强预算执行。

构建的支出功能分类和支出经济分类二维体系，与国际通行标准接轨，大大增强了财政透明度，便于国际间的财政数据比较和交流。全面实施绩效管理，使财政支出分类为绩效评价提供了精细的数据支撑，有效提升了财政资金使用效益。新《预算法》实施后，财政支出分类在预算编制、执行和监督中发挥了关键作用，促进了财政资金的规范使用。但是随着新兴业态不断涌现，现有的支出分类体系可能无法及时涵盖所有新的支出领域和项目，需要不断进行动态调整和完善。

二、国内外政府支出分类体系比较——基于我国政府支出和GFSM支出的比较

我国政府支出分类体系与国际通行的政府财政统计体系（Government Finance Statistics Manual，GFSM）在分类方法、口径范围和统计标准上存在显著差异。本文将从支出功能科目和支出经济科目两个方面，比较我国政府支出分类体系与GFSM的异同。

（一）支出功能科目比较

支出功能分类是根据政府支出的目的和用途进行分类，反映政府活动的政策目标和职能范围。我国政府支出功能分类，主要依照《政府收支分类科目》，其功能分类科目涵盖一般公共服务、外交、国防、公共安全、教育、科学技术、文化旅游体育与传媒、社会保障和就业、卫生健康、节能环保、城乡社区、农林水、交通运输、资源勘探工业信息、商业服务业、金融、援助其他地区、自然资源海洋气象、住房保障、粮油物资储备、灾害防治及应急管理、预备费等。我国政府支出功能分类体系具有以下特点：一是政策导向性强，分类科目与国家政策目标

紧密相连，为政策的实施提供精准的资金支持导向；二是覆盖面广，全面涵盖政府活动的各个领域，然而部分科目之间存在交叉重叠的情况。GFSM的功能分类体系以《政府财政统计手册》为基础，采用国际通用的分类标准，主要包括一般公共服务、国防、公共秩序与安全、经济事务、环境保护、住房与社区设施、医疗卫生、娱乐文化与宗教、教育、社会保障10大类。GFSM的功能分类特点包括：一是分类逻辑清晰，GFSM的功能分类以政府职能为核心，避免了科目之间的交叉重复；二是灵活性高，GFSM允许各国根据实际情况对分类进行适当调整，以适应不同的国情。

我国政府支出功能科目与GFSM在基本框架上具有较高的一致性，例如都包括一般公共服务、国防、教育、医疗卫生、社会保障等核心功能，两者都强调支出的政策功能导向，旨在反映政府资金的使用方向和政策目标。

二者比较，存在以下不同之处：一是科目设置差异，我国的功能分类科目更加具体化，且部分科目具有中国特色，如"粮油物资储备"，而GFSM的科目设置更加通用化；二是政策导向差异，我国的功能分类直接体现政策重点，而GFSM更注重国际可比性和统计一致性；三是覆盖范围差异，我国的功能分类层级较多，而GFSM的分类层级相对简化。

（二）支出经济科目比较

1. 支出经济科目概述

GFSM要求各国在构建政府支出经济分类体系时，应遵循以下原则：一是分类应全面、准确地反映政府支出的经济性质和具体用途；二是分类应具有可比性和一致性，便于国际比较；三是分类应具有一定的灵活性和可扩展性，以适应政府职能活动和经济社会发展需求的变化。GFSM 2014支出经济科目分为三个层次，一级类目下包含8类开支：雇员补偿、商品和服务的使用、固定资本消耗、利息、补贴、赠与、社会福利、其他开支，二级类目下有16类开支，三级类目下有29类开支。

在GFSM框架下，各国政府支出经济分类的具体设置也存在一定差异。但总体来看，各国都注重将政府支出按照其经济性质和具体用途进行分类，并尽可能与国际通行做法保持一致。同时，各国还根据自身实际情况和需要增设了一些具有特色的科目。我国政府支出经济科目通常设类、款两级。类级科目包括15项，分别是机关工资福利支出、机关商品和服务支出、机关资本性支出、机关资本性支出（基本建设）、对事业单位经常性补助、对事业单位资本性补助、对企业补助、对企业资本性支出、对个人和家庭的补助、对社会保障基金补助、债务利息及费用支出、债务还本支出、转移性支出、预备费及预留、其他支出。

2. 支出经济科目比较分析

我国政府支出经济科目与GFSM在基本框架具有较高的一致性，例如都包括工资福利支出、商品和服务支出、利息支出等核心类别。两者都强调支出的经济性质，旨在反映政府资金的用途和流向。但还是有一些不同：一是科目设置方面有差异。如基本建设支出、转移性支出、债务还本在我国属于经济科目支出，但是GFSM 2014认为这些支出不带来政府净值减少，所以不将其列为开支；GFSM 2014下设固定资本消耗、社会福利，而我国没有类似的支出科目，GFSM 2014将赠与作为单独的经济科目，而我国将其作为款级科目；我国将"对个人和家庭的补助"单独列为一个类别，而GFSM 2014将其归入"社会福利"。二是具体覆盖范围有差异。GFSM的经济分类中，雇员补偿与我国的工资福利支出类似，但在具体核算范围和方式上可能存在差异。例如，对于一些特殊津贴或福利的认定，不同国家的会计核算标准和财政政策不同，导致在具体归类和统计上有所不同。在商品和服务使用方面，GFSM的分类更为细致，对不同类型的商品和服务进行了更详细的划分，以便于更精准地分析政府支出的经济结构。对个人和家庭的补助方面，我国包括抚恤金、生活补助、救济金、助学金等项目，主要目的是保障特定群体的基本生活和福利。GFSM的社会福利分类与之相对应，但在覆盖范围和补助标准的设定上，考虑到不同国家的社会制度和保障体系差异，存在一定的不同。例如，一些发达国家在社会福利方面的支出范围更广，涵盖了更多的民生保障项目，而我国则根据自身国情和发展阶段，重点保障关键领域和群体的需求。

三、当前我国政府支出分类体系面临的主要问题

（一）与国际分类标准和规范尚有一定差距

一是分类标准不统一，存在国际比较难题。我国政府支出分类体系在国际比较方面还存在一定的困难，主要原因是分类标准尚未实现统一。由于缺乏统一的分类标准，导致在进行国际间的财政支出对比时，数据的可比性不是很高。这种不统一的分类标准不仅影响了我国与其他国家在政府支出方面的交流与合作，也制约了我国政府在国际舞台上进行有效沟通的能力。

二是我国财政统计仍以流量数据为主，缺乏国际通行的衍生指标。GFSM 2014 则强调流量与存量联动，要求生成债务利息/GDP、资本形成率等指标用于政策分析。当前我国财政数据应用局限于预决算管理，对宏观经济预测的支撑以及相关指标的国际比较依然不足。

三是尚未确立明确的功能与经济分类交叉表。尽管我国政府支出分类涵盖了功能分类与经济分类两个维度，但还没有据此形成明确的分类交叉表，亦未将部门分类纳入考量，形成三重交叉表。因此，难以充分发挥政府收支分类改革在财政收支统计核算、经济分析及监督管理方面的潜在效用。

（二）功能分类科目还存在职能不清、交叉重叠等问题

一是政府支出的功能分类未能精准反映政府职能。政府预算支出功能分类要求每个科目均应体现政府的某项职能，然而我国2007年的预算支出功能分类，无论是类级科目还是款、项级科目，均未能清晰地展示独立的政府职能。在设定政府收支分类科目时，更多地考虑了财政部门和预算单位使用科目的便利性，而相对忽视了公开财政预算信息的需求。例如，许多类级科目无法体现政府的独立职能，通常需要将数个科目合并，才能明确其属于哪项职能，或者一个科目涵盖了两个以上的政府职能。类级科目数量过多且无法反映政府职能，导致的后果与以往的预算支出分类相同，预算仍旧"难以理解"，未能实现政府预算支出功能分类的既定目标。

二是在现行的政府支出分类体系中，支出项目之间存在一定程度的重叠与交叉。此类现象导致资源的不必要浪费以及管理上的混乱，使政府在预算编制与执行过程中难以精确掌握各项支出的实际情况。同时，支出项目的重叠与交叉亦为审计和监督工作带来了挑战，增加了政府管理的复杂性。

（三）经济分类科目设置不够细致清晰

一是存在与支出功能分类中分类层级不够细化、科目表述或界限不够清晰等类似的问题。如支出经济分类只有类、款两级，没有继续分至项、目，难以详细清晰地体现支出去向；部分科目内容存在交叉、内涵界定不清的情况，如涉及工资福利待遇方面的"工资福利支出""对个人和家庭补助"在核算管理内容上存在重复，类级科目"商品和服务支出"涵盖的内容有些宽泛等。

二是除科目本身设计的问题之外，还存在基层使用科目人员实际操作时科目

使用不规范、串用科目的情况。之所以出现这样的问题，可能是与操作人员自身能力或主观行为有关。前者主要是因为能力不足，未能充分理解和辨析相关科目；后者则是为了平衡决算报表，不负责任地填报数字。

四、我国政府支出分类体系改革的建议

在前述关于我国政府支出分类体系的历史演变、国内外对比以及现存问题等分析的基础上，结合GFSM 2014等国际标准框架，提出以下系统性改革建议。

（一）部分框架重构：深化国际标准对接

当前对财政数据的标准化和可比性要求日益提高。因此，迫切需要在GFSM 2014的标准框架下启动新一轮政府收支分类改革，以解决2007年政府收支分类改革中遗留的问题，并参考国际通用的政府收支核算框架，进一步规范我国政府收支分类科目。

1. 全面融合 GFSM 2014 标准

逐步对现行的收付实现制度进行改革，引入权责发生制的会计核算理念，在现有的收付实现制基础上增设"应收应付""资产折旧"等类型的科目，以实现预算会计与财务会计的有效衔接，同时，实现与GFSM标准的"流量—存量"闭合衔接。

参考GFSM的功能与经济交叉分类方法，在融合功能分类、经济分类以及资金性质的基础上，构建"三维核算矩阵"，以建立适合我国国情的立体化交叉分类体系。

2. 建立动态调整机制

持续跟踪GFSM等国际标准迭代更新以及政府职能的转变，建立政府支出分类的动态调整机制。当国际标准或政府职能发生重大变化时，能够及时响应，对支出分类体系进行必要的调整和优化。通过这一机制，既能确保我国政府支出分类体系始终与国际接轨，同时还能适应政府职能转变的需求。具体地，建议定期评估科目适用性，并建立一套规范的更新流程。

（二）功能分类优化：突出政府职能透明化

一是建议对标COFOG规范，清理冗余科目。目前类级科目数量较多，适当合

并会使支出的职能更为突出，但大类合并不是重点，使职能独立、不相互交叉才更为重要。因此，建议合并重复设置科目，消除功能交叉，具体可以参考联合国《政府职能分类》（COFOG）的10项职能来设置类级科目，短中期目标是分几步走，适当合并或拆分，或者单独设置，使类级科目逐渐反映独立功能。

二是建议调整一般公共服务、教育、医疗卫生等领域的款、项级科目，明确集体消费与个人消费的划分，强化国际可比性。总的方案是，使政府职能清晰化，不能反映本项职能的科目应调出去，在其他科目中反映本项职能的，需要调入本科目。最终使款级、项级科目能反映对应的类级科目职能。今后政府预算收支科目表里应有详细的科目说明以确定口径，不仅说清楚哪些活动记入本科目，还要说清楚哪些不包括在里面。在支出细目中，发达国家按惯例都要标上是集体消费还是个人消费，我国也可以参照这种方法，既能使预算管理更加科学，也便利受益公众。

（三）经济分类改进：强化资金使用透明度

一是切实提高对支出经济分类科目重要性的认识。支出经济分类科目是政府收支分类科目体系的重要组成部分，是编制部门预算、单位会计核算和编制政府财务报告的基础。支出经济分类科目始终贯穿部门预算管理全过程，在部门预算管理制度改革过程中发挥着穿针引线的作用，各级预算管理部门要树立功能科目和经济科目并重的观念，切实加强和规范支出经济分类科目的管理与使用。

二是完善支出经济分类科目体系。首先是进一步细化科目说明，清晰划分科目之间的界限，明确课题研究经费、审计费等一些经常性支出应当使用的科目；其次是在满足财政管理需要的前提下对部分科目适当简化归并，取消专门为少数部门设置的科目，体现财政管理重点；最后是参照固定资产国标分类，重新设置资本性支出科目。

（四）配套保障措施：确保改革顺利推进

1. 法治化保障

政府支出分类改革需与预算法定原则紧密结合，具体需从执行强化和立法完善两方面协同推进。一方面，要严格执行现行《预算法》以及《预算法实施条例》中对预算支出公开管理的相关要求；另一方面，建议适时修订《预算法实施条例》，明确支出分类标准的法律地位，并对支出功能分类和经济分类提出更加细化的要求。

2. 提升人员能力

通过系统性培训加强相关人员，尤其是基层人员对政府支出分类的重视以及正确运用的能力，解决"重功能科目，轻经济科目"等问题。建议财政部门举办专门的培训讲座、制定有针对性的策略，例如进一步增强对政府收支分类科目使用人员的培训强度，重点深化经济科目内涵的阐释与实际操作技能，通过案例分析、实际操作模拟等方法提高科目应用的准确性。此外，构建智能化管理平台，整合预算管理一体化系统，实现经济科目与功能科目的协同填报、自动校验及电子档案留痕，降低人为操作误差。还有，编制实务操作指南，发布经济科目使用手册，结合行业特点和业务场景列举常见问题及解决方案，作为基层人员的工具书。通过这些措施，可以系统性地提升相关人员对经济科目的重视程度和应用能力，推动政府支出分类的科学化、规范化发展。

此外，在具体的改革策略上，建议采用先试点再推广办法。可以优先在教育、科技等职能清晰、数据基础较好的领域先行试点，待积累一定经验后，再逐步向其他领域推广。

参考文献

［1］IMF. Government Finance Statistics Manual 2014［Z］. 2014.

［2］国际货币基金组织. 2014年政府财政统计手册［Z］. 2014.

［3］中华人民共和国财政部. 2007年政府收支分类科目［M］. 北京：中国财政经济出版社，2006.

［4］中华人民共和国财政部. 2024年政府收支分类科目［M］. 北京：中国财政经济出版社，2023.

［5］李冰冰，汪德华. 1950—2021年中国财政支出科目体系的历史演变［J］. 财经智库，2022，7（04）：33-58，145-146.

［6］宋旭光，牛华，石涵琨. 中国政府支出经济属性的核算解析［J］. 财政研究，2017（02）：14，15-24.

［7］王鹏. 完善我国政府支出分类的思考［J］. 预算管理与会计，2015（04）：32-33，37.

［8］付芳. 我国政府预算支出分类体系研究［D］. 上海：上海财经大学，2017.

地方城市财政健康度指标体系构建和分析

一、引言

近年来，我国经济面临"多重压力"，内外部挑战复杂性、严峻性和不确定性持续上升。从外部看，俄乌、巴以战争点燃全球地缘政治紧张，美国对我国高科技产业不断高压，全球供应链价值链"去中国化"态势加剧。从内部看，全社会有效需求不足，市场主体预期偏弱，三大风险暴露叠加（房地产、地方政府债务和中小金融机构）。在此宏观背景下，地方政府已经成为当前经济的冲突点和破局点，即在普遍面临很大的财政债务压力的同时，还要完成大量的改革发展任务，亟须对地方城市的财政健康度进行准确评估。本文从宏观经济、财政、债务、资源资产、数字化、营商环境、行政环境、产业和区域政策等多个维度，主要基于中国财政科学研究院自主构建的中国财政行为数据库，融合多元公开数据源，构建覆盖400个城市（或区县）的地方财政健康度指标体系，为当前财政政策决策提供科学支撑。

地方财政健康度是经济学、公共管理学等多个学科交叉的重要研究课题，对

本章执笔人：地方城市财政健康度课题组陈旭、黄亦炫。
课题负责人：赵全厚
课题组成员：陈　旭　黄亦炫　王蒋姜　宋　恒　赵美娇　杨晓璇
　　　　　　梁文明　杨子毅　杨奇松　康越龙　董佳鑫　靳志伟

于确保地方政府有效履行职能、促进区域经济健康发展具有重要意义。地方财政健康度通常指的是地方政府在一定时期内的财政收入、支出、债务水平以及预算平衡能力等多方面的综合反映。根据Ladd和Yinger（1991）的定义，财政健康是指地区财政向辖区居民提供公共服务的能力，反映政府财政收入能力与提供平均水平的公共服务所需支出的平衡关系。刘军民（2007）认为"健康财政"是一个系统性概念，涵盖财政运行和管理的所有环节。解洪涛等（2015）认为，本质上，财政健康意味着政府有足够财力提供一般公共服务和应付当前及未来债务，其与政府的财政收入、累计净资产、债务期限和净现金流相关。近年来，对违约风险进行分析为研究地方财政健康度带来了新的视角，地方债可持续性纳入地方财政健康度的分析范畴（刁伟涛等，2019；何德旭、王学凯，2020；钟宁桦等，2021）。在此基础上，李成威、杜崇珊（2021）基于公共风险理论，将更多维度的公共风险融入财政健康度评估体系。

如何度量地方财政健康度一直被决策部门所重视，其衡量指标体系包括但不限于：财政自给率、财政依赖度、资产负债率、偿债率、公共投资回报率等。美国政府间关系咨询委员会（Advisory Commission on Intergovernmental Relations）于1973年最早提出检验市政财政健康度的指标体系，主要涵盖政府运营资金收支、预期未来年度支出持续超过收入情况、当前政府负债超过资产程度、短期负债情况、地方税下降趋势、政府资产估值等方面指标。美国政府会计标准委员会（Governmental Accounting Standards Board）于1999年发布了34号准则要求政府提供资产、负债和收支报告，以全面评价地方财政健康度。2003年，政府会计标准委员会采纳相关部门建议，在以往研究基础上提出财政长期健康度评价体系，主要包括短期债务偿还能力、财年内一般预算公共支付能力、长期债务偿还能力、未来一般预算公共服务支付能力，用于评价政府的偿债能力和公共服务支付能力。在此基础上，美国俄亥俄州政府审计局（The Ohio Auditor of State's Office）设计了旨在识别地方政府财政困境迹象的指标体系。该体系由16项指标组成，核心指标包括流动净资产、一般预算资金平衡率（及变动率）、一般预算税收收入缩减率、政府间转移支付收入与一般预算收入比、债务支出与一般预算收入及基金收入比、预决算收支差额等。

由于财政状况存在周期性变动，受宏观经济、政策环境、地方政府投融资行为、区域特征等因素影响，相关学者从不同侧面对指标体系进行研究和修正（Kloha et al.，2010；Wang et al.，2010）。刘军民（2007）认为地方财政的健康程度可以从财力、财政管理体制和制度、财政运行机制三个方面来进行。李建军、谢欣（2011）针对湖北省各市县，从公共服务需求增长与财力匹配的角度测度其财政健康度。一些学者通过设计债务风险综合评价值测度方法，建立地方政府债务风险预警系统（于海峰、崔迪，2010；洪源等，2018；李丽珍，2021）。解洪涛等（2015）结合财政体制改革，从基金预算收入、土地出让收入、国有资源有偿使用收入等信息对省际间的财政健康度进行了评价。此外，随着数字化转型加速，大数据、人工智能等新技术为地方财政健康监测提供了新的工具（宋美喆、胡丕吉，2023；杨彩虹、梁宏，2024）。

结合已有研究，本文从宏观经济、财政、债务、资源资产、数字化、营商环境、行政环境、产业和区域政策等多个维度，基于城市数据，构建覆盖400个城市（或区县）的地方财政健康度指标体系。

二、指标体系构建

（一）指标体系核心架构

本文构建地方财政健康度指标体系，由8个维度（见图1）、37个子指标（见表1）以及政策调整项组成，覆盖31个省（市）、400个城市（或区县）。其中，8个维度分别为宏观经济、财政、债务、资源资产、数字化、营商环境、行政和产业，政策调整项不仅考虑地理区位、省级赋能等因素，也将国家重大区域发展战略、债券市场违约和国家高新区政策等因素纳入评估。

图1 全国地方城市财政健康度衡量维度

表 1　　　　　　　　全国地方城市财政健康度指标体系

一级指标	二级指标	衡量指标	类型
宏观经济	经济增长	GDP 增长率	正向
	产业结构	第三产业占比和第三产业增加值增速	正向
	人口	常住人口规模	正向
	就业	失业率	负向
	经济发展水平	人均 GDP	正向
	高新企业数量	高精特新企业、国家级高新技术企业和科技部科技型中小企业数量	正向
	投资潜力	固定资产投资增长率	正向
财政	综合财力	一般公共预算总收入 + 政府性基金收入 − 上解支出	正向
	人均财力	综合财力 / 常住人口	正向
	土地出让收入	国有土地使用权出让收入	正向
	财政收入质量	税收收入 / 一般公共预算收入	正向
	财政总支出	一般公共预算总支出	正向
	财政信息化预算支出	财政信息化预算支出	正向
债务	政府法定债务率	一般债券余额 + 专项债券余额 / 综合财力	负向
	政府法定偿债率	当年债务到期余额 / 综合财力（省级指标）	负向
	专项债券债务率	专项债券余额 / 综合财力	负向
	城投债债务率	城投债余额 / 综合财力	负向
	城投有息债务率	城投有息负债 / 综合财力	负向
	新增专项债券额度	新增专项债券额度	正向
资产资源	资源存量	资源指标	正向
	资产存量	国有非金融企业资产、国有金融企业资产、地方行政事业单位资产	正向
数字化	数字经济指数	互联网普及率	正向
		互联网相关从业人员数	正向
		互联网相关产出	正向
		移动互联网用户数	正向
	数字金融普惠发展指数	数字金融普惠发展指数	正向
	城市数字化发展指数	城市数字化发展指数	正向
营商环境	营商环境指数	营商环境指数（张三保版）	正向
	法治化水平	法治化水平	正向

续表

一级指标	二级指标	衡量指标	类型
行政	领导更换次数	近五年领导更换次数	负向
产业	主导产业	传统优势产业	
		未来发展产业	
政策调整项	债券市场违约	近五年期间发生城投债、企业债和公司债等发生违约	负向
	地理区位	东部、中部、西部、东北	
	国家区域发展战略	京津冀协同、长江经济带、长三角一体化、黄河流域生态保护和高质量发展、粤港澳大湾区建设	正向
	国家级高新区	该地区是否有国家级高新区	正向
	省级赋能	根据省级财政健康度指标进行赋能	正向

（二）指标体系构建方法

1. 标准化方法

标准化方法可将不同量纲和范围的数据转换为统一的格式，便于合成综合指标。极差标准化、Z-score等是常用的标准化方法，本文以极差标准化为主，Z-score标准化方法为辅。

极差标准化（Range Normalization）是一种常用的数据预处理方法，用于将原始数据转换到同一量纲下，以便进行后续的数据分析。极差标准化的核心思想是对原始数据进行线性变换，将数据的取值范围缩放到指定的范围，通常是［0，1］或［-1，1］。

若x_{ij}为正向指标，则

$$y_{ij}=\frac{x_{ij}-\min(x_{ij})}{\max(x_{ij})-\min(x_{ij})}$$

若x_{ij}为逆向指标，则

$$y_{ij}=\frac{\max(x_{ij})-x_{ij}}{\max(x_{ij})-\min(x_{ij})}$$

Z-score标准方法，也称标准分数标准化或简称Z-score，是一种统计学的数据转换方法，旨在将原始数据转换成具有零均值和单位方差的形式。

2. 加权方法

权重确定方法可分为主观赋权法和客观赋权法，主观赋权法通常以专家根据实践经验进行打分，客观赋权法主要以因子分析和熵权法。本文以专家打分法为主，对财政健康度指标体系的一级指标和二级指标加权，部分三级指标以因子分析和熵权法进行加权。

3. 等级划分

基于财政健康度最终得分排名，划分为Ⅰ、Ⅱ、Ⅲ、Ⅳ四个等级。Ⅰ级别表征财政健康度最低，财政不健全，需警惕风险；Ⅱ级别反映了财政健康度相对较低，需要关注风险；Ⅲ级别表征财政健康度相对较好，财政相对健全，需关注流动性风险；Ⅳ级别表征财政健康度最好，财政健全。

（三）数据来源

指标体系主要使用中国财政科学研究院自主构建的中国财政行为数据库，其他的数据来源也包括Wind、同花顺、企业预警通、CSMAR等市场数据，还手工整理各地方财政预决算、地方党政领导资料和"十四五"规划等数据，具体指标如表2所示。

表2　衡量指标数据来源及说明

衡量指标	数据来源	时间区间
GDP增长率	城市年鉴中有294个地级市、Wind中有333行政区域、直辖市各区数据来自各直辖市统计年鉴	2018—2022年
第三产业占比和第三产业增加值增速	主要参考城市年鉴中有294个地级市、企业预警通中有340个，其他数据来自各地级市的统计公报	2018—2022年
常住人口规模	主要参考Wind中333行政区域，直辖市各区数据来自各直辖市统计年鉴	2018—2022年
失业率	Wind数据库	2018—2022年
人均GDP	计算得到	2018—2022年
高精特新企业、国家级高新技术企业和科技部科技型中小企业数量	课题组手工整理	2022年

续表

衡量指标	数据来源	时间区间
固定资产投资增长率	各地区的统计年鉴、企业预警通	2018—2022年
高等教育、中等职业教育学校数	各地区的统计年鉴	2018—2022年
综合财力	财科院财政行为数据库、企业预警通、Wind、CEIC及各省市财政年鉴和财政局官网、年度的财政执行和预算草案报告,各个地区财政局官网中信息公开财政数据部分的月度财政运行数据	2018—2022年
人均财力	财政行为数据库、企业预警通、Wind、CEIC及各省市财政年鉴和财政局官网、年度的财政执行和预算草案报告	2018—2022年
国有土地使用权出让收入	企业预警通、财政行为数据库、各财政官网及财政年鉴	2018—2022年
税收收入占比	企业预警通、财政行为数据库、各财政官网及财政年鉴	2018—2022年
一般公共预算总支出	企业预警通、财政行为数据库、各财政官网及财政年鉴	2018—2022年
财政信息化预算支出	各省市财政年鉴及财政官网	2018—2022年
一般债券余额+专项债券余额/综合财力	企业预警通、各个地市财政预决算报告,省级数据来自中国地方政府债券公开信息平台	2018—2022年
当年债务到期余额/综合财力(省级指标)	企业预警通、各个地市财政预决算报告,省级数据来自中国地方政府债券公开信息平台	2018—2022年
专项债券余额/综合财力	企业预警通、各个地市财政预决算报告,省级数据来自中国地方政府债券公开信息平台	2018—2022年
城投债余额/综合财力	企业预警通、各个地市财政预决算报告,省级数据来自中国地方政府债券公开信息平台	2018—2022年
城投有息负债/综合财力	企业预警通、各个地市财政预决算报告,省级数据来自中国地方政府债券公开信息平台	2018—2022年
新增专项债券额度	企业预警通、各个地市财政预决算报告,省级数据来自中国地方政府债券公开信息平台	2018—2022年
资源指标	《全国资源型城市可持续发展规划(2013—2020年)》	2022年
国有非金融企业资产、国有金融企业资产、地方行政事业单位资产	省级层面的国资数据来源于其人大、政府或地方官媒报道	2022年

续表

衡量指标	数据来源	时间区间
互联网普及率	同花顺数据库	2018—2022年
互联网相关从业人员数	同花顺数据库	2018—2022年
互联网相关产出	同花顺数据库	2018—2022年
移动互联网用户数	同花顺数据库	2018—2022年
数字金融普惠发展指数	同花顺数据库	2018—2022年
城市数字化发展水平	根据新华三集团《城市数字化发展指数2023》手工整理	2023年
营商环境指数	根据《中国省份营商环境评估数据库2023》张三保团队，课题组计算	2023年
法治化水平	中国劳动统计年鉴	2018—2022年
近五年领导更换次数	CSMAR官员特征数据库、中经网地方党政领导人物库、中国党政领导干部资料库以及人民网和新华网等网站公布的干部简历	2018—2022年
传统优势产业	各市"十四五"规划	2021—2025年
未来发展产业	各市"十四五"规划	2021—2025年

三、财政健康度指标体系分维度分析

（一）宏观经济

宏观经济数据提供了整个经济体系的全局视角，财政健康度不仅受到财政部门的影响，还受到整体经济环境的影响。毋庸置疑，通过考虑宏观经济数据，可以更全面地了解财政健康度与整体经济发展之间的关系。具体指标包括经济增长率、产业结构、人口、就业、GDP、固定资产投资等指标。

经济增长率反映了一个地区的经济体在一定时期内的整体生产和服务增长情况。高经济增长率通常与财政健康度正相关，因为它意味着更多的税收收入和就业机会，有助于降低财政赤字和债务水平。

第三产业占比高、增速快意味着经济结构正在向更加高级和复杂的方向发展。这通常表现为从以制造业为主的产业结构向以服务业为主的产业结构转变，这种转变通常伴随着更高的经济效率和创新能力。第三产业属于劳动密集型产业，结合失业率数据，可以反映出就业市场的需求情况。

常住人口决定了劳动力市场的规模。大规模的人口意味着更丰富的劳动力资源，这对于经济增长和发展至关重要。人口规模的增长也会带动消费升级，推动产业结构升级和经济发展。

失业率是反映一个国家或地区经济健康状况的重要指标。就业市场的状况也会影响地区的社会稳定性和地方政府的支出压力。低失业率通常意味着经济稳定、就业机会充足，而高失业率则可能表示经济衰退或增长放缓，企业和个人面临较大的经济压力。

人均GDP是衡量一个国家或地区经济发展水平的重要指标。它反映了一个国家或地区在一定时期内平均每个人所创造的财富或产值。人均GDP越高，通常意味着经济发展水平越高，人民的生活水平也相应提高。

科技企业数量是科技创新和产业升级的重要体现，也是地区经济持续发展的重要保障。

固定资产投资是企业长期稳定发展的关键之一，可以降低企业的生产成本，促进产业结构升级，通过投资于新兴产业和技术，推动经济向更高层次、更可持续的方向发展。高投资率通常与经济增长和就业机会的增加相关，有助于提高税收收入和减少财政赤字。

（二）财政

财政分析可以评估政府的财政健康状况，政府可以根据财政分析结果，调整税收政策、支出政策等，财政维度主要包含六个方面的指标。

1. 综合财力

综合财力主要为当地政府财政可用规模，为财政维度的最基础指标。包含的二级指标主要为一般公共预算收入（线上）、一般公共预算总收入、政府性基金预算收入、一般公共预算中的上解上级支出。

年度指标计算公式：综合财力=一般公共预算收入总收入+政府性基金预算收入（线上）-上解上级支出。理由：考虑到偿债因素，债务主要划分到一般公共预算和政府性基金预算两个账本，结合学术界以及数据的可得性，严格意义上应为一般公共预算总收入（包含转移性收入、预算调节、调入资金、年度结余等）和政府性基金预算总收入中扣除两个账本中上解上级的部分，但是由于：（1）地级市政府性基金线下部分如上解上级支出等数据较少，缺失部分较多，同时占比非常小；（2）政府性基金收入中80%以上均为土地出让收入；（3）政府性基金收入中的专项债务收入不能用于偿还债务，因此，最终采用一般公共预算总收入和线上政府性基金收入扣除一般公共预算中的上解上级支出部分。

月度指标计算公式：综合财力＝一般公共预算收入。理由：政府性基金数据多为年度指标，各个城市财政官网中公布的月度财政数据参差不齐，大多不包含政府性基金数据和转移支付、上解上级支出等，仅包含一般公共预算收入和支出数据，因此，月度数据主要采用一般公共预算收入作为财政综合财力的小口径进行更新。

2. 人均财力

人均财力主要反映一个地区每个人贡献的财政收入规模。计算方式：人均财力＝综合财力/常住人口，相对户籍人口，常住人口更能反映当地的实际情况。

3. 土地出让收入

土地出让收入主要为一个地区出让土地所获取的收入。土地出让收入作为地方财政的主要收入来源，占据政府性基金收入的80%以上，是地方政府进行基础设施建设以及投融资的主要来源。

4. 税收收入占一般公共预算收入的比重

税收收入占一般公共预算收入的比重高低可以反映出一个地区或国家的财政收入结构、经济发展水平以及政府治理能力等。比重越高，说明税收收入在一般公共预算收入中的贡献越大，财政收入的质量和稳定性越高。这也意味着政府更加依赖税收收入来支撑公共服务和基础设施建设等支出，有利于实现财政的可持续性和公平性。

5. 一般公共预算总支出

一般公共预算总支出反映了政府在经济社会发展中的重点支持领域和政策导向。这些支出的安排和使用，对于促进经济社会发展、改善民生、推动改革开放等方面都具有重要意义。

6. 财政信息化支出

作为细分的延伸性指标，财政信息化支出主要为财政资金投入到信息化方面的规模，反映地方各部门对于信息化建设的重视程度。

（三）债务

地方政府债务是防控财政金融风险的重要一环。地方债务是否会出现风险，影响整个资本市场的风险偏好水平。防范地方政府债务风险，也是掣肘货币政策和财政政策的变量。地方债务主要用于投资性支出，如交通基础设施、水利建设、园区开发等，影响基建投资情况。主要分析指标包括地方政府债券余额、专项债券余额、一般债券余额、地方政府债券限额、一般债券限额、专项债券限额。在此基础上，合成政府债务率、偿债率、负债率，反映地方政府债务风险。

地方法定债务率是指地方政府债务余额与地方政府综合财力的比率，用于衡量地方政府的债务负担和偿债能力。地方法定债务率的高低反映了地方政府债务的规模和债务风险的大小。如果地方法定债务率较高，意味着地方政府的债务负担较重，偿债能力相对较弱，可能存在债务风险。

偿债率，即当年债务到期余额/综合财力，衡量的是地方政府当年需要偿还的债务占综合财力的比重，偿债率越高，地方政府偿还压力越大，相应能够用于投资、民生支出的财力越小。

地方政府专项债债务率是衡量地方政府债务风险的重要分项指标，是指地方政府专项债务余额与地方政府综合财力的比率，用于衡量地方政府专项债务的风险水平和偿债能力。地方政府法定债务包括地方政府一般债务和地方政府专项债务，其中，专项债务通常用于基础设施、公共服务等领域的有一定收益的公益性项目。

城投债券债务率指的是地方城投公司在公开市场上发行的城投债券与综合财力的比值，是衡量地方政府债务风险的另一维度。城投债不是地方政府债券，但市场认为其存在一定的政府"信仰"，目前城投债没有发生实质性违约。

城投有息债务率指的是融资平台公司（主要为城投公司）付息债务与综合财力的比值。有息债务余额的数据口径远大于城投债余额，因为城投债余额仅仅统计融资平台公司发行城投债的数额，而融资平台公司有息债务包括城投债、银行贷款、定向融资等债务，能够更为全面地衡量城投公司的债务风险。

新增专项债券额度，我国地方政府专项债券实行配额制度，某地区每年新增的额度越大，证明该地区的债务风险越小。

（四）资源资产

衡量一个地区的财政健康情况，不仅需要考虑当地经济发展状况和财政实力等方面，还需要考察其自然资源与国有资产状况。资源维度由自然资源与国有资产两部分组成，以下论述其对财政健康度影响的机制。

1. 自然资源

从自然资源的角度而言，一个地区的自然资源是指该地区拥有的土地、水、矿产、森林、草原等自然财富，它们是经济发展的重要基础和支撑。自然资源的数量和质量是衡量自然资源的关键，同时还应考虑其开发和利用程度。一般来说，自然资源的数量和质量越高，越能为地区经济增长提供物质条件和动力，从而增加地区的财政收入。例如，山西煤炭资源丰富，可通过开采煤炭增加财政收入，提高财政健康度。2017年、2021年煤炭PPI同比走强，山西一般公共预算收入也随之大幅增长；2022年受疫情与房地产下行影响，全国财政收入普遍萎缩的情况下，山西的经济增长和财政收入增速更是领跑全国。而自然资源的开发和利用程度，决定了自然资源能否转化为经济价值和财政收入。如果一个地区的自然资源开发和利用程度较高，能够有效地将自然资源转化为工业品、农产品、服务业等，将增加地区的产出和财政收入，从而提高财政健康度。

参考国务院发布的《全国资源型城市可持续发展规划（2013—2020年）》（以下简称《规划》），以其中所界定的128座资源型城市作为蓝本，识别各地级市的自然资源情况。余建辉等2018年在《地理学报》上公布了《规划》中资源型城市分类的依据，即根据资源保障程度和可持续发展能力将资源型城市划分为成长型城市、成熟型城市、衰退型城市、再生型城市4类。根据4类城市的划分依据及特点，对成长型城市赋以5分，成熟型城市赋以3分，再生型城市赋以1分，非资源型城市赋以0分，衰退型城市赋以-1分。

2. 国有资产

从国有资产的角度而言，地方政府可估值国有资产主要由地方非金融国有企业、地方金融国有企业和地方行政事业单位构成，其资产理论上也应纳入地方政府的可用财力中。当一个地区财力不足或债务压力较大时，地方政府可通过调动地方国资的相关资源（如股权），在一定程度上弥补地方财力，缓解债务压力，从而提高财政健康度。例如，自2019年12月起，贵州国有资本茅台集团通过三个方面缓解了地方城投现金流压力：一是茅台集团将部分股份划转至贵州国资，贵州国资再通过减持股份补充现金流；二是茅台集团通过发行利率较低的信用债用于收购城投股权、偿还其高息债务并补充现金流；三是茅台集团还通过直接购买贵州城投债帮助其缓解融资压力。

由于地方国资可估值国有资产主要由地方非金融国有企业、地方金融国有企业和地方行政事业单位构成，因此将这三者的资产负债状况纳入国有资产范围中。2017年中共中央部署建立国有资产报告制度，要求各级政府按规定程序向本级人大报告国有资产管理情况。但在地级市层面，大部分城市都未公开发布国有资产情况，因此使用省级层面的国有资产情况进行替代。省级层面的国资数据来源于其人大、政府或地方官方报道，对部分缺失数据进行补齐后形成资源维度下各地级市的国有资产情况。

（五）数字化

数字经济发展和数字化水平是影响财政数字化投入和财政对数字化项目账款偿还意愿的重要因素。通常而言，数字经济发展越好、数字化水平越高的地区，对数字经济平台企业越重视，数字化投资潜力越大，越不容易产生数字化项目账款拖欠。

近年来，数字经济测算的重要研究大量涌现（刘军等，2020；黄群慧等，2019；郭峰等，2020）。本文借鉴这些文献主要思路，以互联网发展水平、数字普惠金融发展水平和城市数字化三个维度，通过主成分分析的方法合成数字化综合指数，度量各地区数字经济发展和数字化水平。其中，互联网发展水平采用百人中互联网宽带接入用户数、计算机服务和软件业从业人员占城镇单位从业人员比重、人均电信业务总量和百人中移动电话用户数4个指标合成；数字普惠金融指数由北京大学数字金融研究中心和蚂蚁金服集团共同编制（郭峰等，2020[①]），分为覆盖度、使用深度和数字化程度共计33个具体指标，能够精准刻画中国不同地区的数字普惠金融发展水平，而且已经广泛应用于数字金融的计量实证分析之中。城市数字化发展水平来自新华三集团出品的《城市数字化发展指数2023》，这一指数包括数字经济、数字基础设施、数字生态、数字社会和数字政府等指标维度。

[①] 郭峰，王靖一，王芳，等.测度中国数字普惠金融发展：指数编制与空间特征[J].经济学（季刊），2020，19（04）：1401-1418.

（六）营商环境

营商环境是政商关系的重要维度之一，由于账款拖欠是影响营商环境的重要因素。营商环境越好的地区，通常越重视遵守契约精神、政府自身信誉和社会信用体系打造。

本文选取借鉴营商环境指数（张三保和曹锐，2019[①]）和地区法治化水平指标（余明桂等，2008[②]）两个维度，共同度量地方的整体营商环境水平。本文参照以上研究进行了指标更新，构建出新的中国内地城市营商环境评价指标体系。具体而言：首先，参考国家"十四五"规划纲要和党的二十大报告未就营商环境增加新内容，以市场环境、政务环境、法治环境、人文环境作为一级指标。对照四个一级指标及其效果目标，从两个方面确定二级指标：一方面，吸纳世界银行（World Bank，2019）、经济学人智库（EIU/The Economist Intelligence Unit，2014）、中国市场化指数（王小鲁等，2018）、中国城市营商环境（李志军，2021）、中国城市政商关系（聂辉华等，2022）等国内外主流评价指标体系中的相关指标；另一方面，从《优化营商环境条例》条款中提炼相关指标。获得13个二级指标。其次，逐条对照《优化营商环境条例》与二级指标内涵并编码，计算出各二级指标权重，并加总获得相应一级指标权重。最后，基于二级指标内涵和相关数据的短期可获得性、长期可持续性以及来源权威性，确定二级指标下的22项三级指标。法治化水平指标为省级层面指标，参考余明桂等（2008）的做法，采用各省份的经济案件结案率（结案数/收案数）予以衡量。

（七）行政

行政稳定对当地经济环境十分关键。地方党政领导频繁更换不仅可能导致政策的不连续性和不确定性，也可能会导致经济发展思路的调整和政商关系的变化，对经济预期、项目投资、政策执行等方面都有重要影响。

本文将近五年地方党政领导（市委书记）更换次数作为衡量行政环境稳定的指标，作为衡量地方财政健康度的一个重要维度。对于每年的指标设置，参考戴

[①] 张三保，曹锐.中国城市营商环境的动态演进、空间差异与优化策略［J］.经济学家，2019（12）：78-88.

[②] 余明桂，潘红波.政治关系、制度环境与民营企业银行贷款［J］.管理世界，2008（08）：9-21，39，187.

亦一等（2014）、吴敏和周黎安（2018）、徐业坤等（2019）的方法，对于市委书记、市长在1—6月变更的地区，记当年为变更年份；7—12月发生变更的地区，记下一年为变更年份。当市委书记、市长发生变更时赋值为1，否则为0。

（八）产业

产业是经济发展的重要载体，包括农业、工业、服务业等各个领域。产业的发展水平直接决定了经济的整体实力和竞争力。一个地区的产业结构、产业布局、产业技术水平等不仅对当地经济发展产生深远影响，而且影响着地方的偿债能力。一方面，产业的发展可以带动地方经济的增长，增加地方政府的税收收入和非税收入，为地方偿债提供更多的资金来源。另一方面，产业的发展也可以促进地方就业的增加，提高居民的收入水平，进而增强地方的消费能力和投资能力，进一步推动地方经济的发展和偿债能力的提升。因此，将产业维度纳入考察财政健康度的衡量范围，以补充完善对地区财政可持续能力和偿债能力的评价。

本文在产业维度主要聚焦传统优势产业和未来发展产业，对公司业务拓展提供依据。基于各市（区）公布"十四五"规划中的产业分析，课题组梳理总结该地区传统优势产业和未来发展产业。

传统优势产业是指在规划中提及的当地传统产业、优势产业或主导产业，对于地区经济增长和发展具有重要的支柱作用。这些产业体现了当地在长期发展建设中的资源禀赋与比较优势，通过挖掘和利用这些资源，地区可以实现从传统产业向现代产业的转型升级。传统优势产业对地区的财政收入贡献显著，不仅为地方政府提供了稳定的税收来源，还有助于提高地区的整体财政收入水平。同时，这些产业还为当地居民提供了社会保障，如医疗保险、养老保险等，提高了居民的生活水平。此外，传统优势产业的发展可以带动相关产业的发展，形成完整的产业链。这不仅可以提高地区产业的竞争力，还可以促进区域间的协同合作。通过加强产业链上下游企业之间的合作，地区可以实现资源共享和优势互补。

未来发展产业是指在规划中提及的未来将积极发展的产业及新兴产业等。这些产业通常是具有较高技术含量和创新能力的高新技术产业，能够迅速占领市场并创造大量的经济价值，带动地区经济实现快速增长。未来发展产业通常具有较高的成长性和市场竞争力，它们的快速发展将为地方政府提供更多的财源和税收增长点。这将有助于地方政府增强财政风险抵御能力，防范和化解各类财政风险，确保地区财政的稳健运行。具有较高的技术含量和创新性的未来发展产业将推动地区财政结构向高质量、高效率、高附加值的方向转变。这将有助于地方政府更好地配置财政资源，提高财政支出的效益和可持续性。此外，这些产业的发展不仅有助于提升地区经济的整体实力，还能够推动传统产业的转型升级，促进经济结构的优化。

（九）政策调整项

除了上述地区层面八个维度以外，中央层面特定财政金融产业等政策、国家重大区域发展战略以及区位因素等，也都会在更高层面影响地区的财政健康度。对此，指标体系设置政策调整项，对跨区域政策、战略和区位因素等纳入考虑，增强指标体系的立体感。

1. 债券市场违约

城投企业在债券市场公开违约是该地区财政承受高压的重要指标之一。由于债券违约将会对所在城市甚至地域的金融生态造成严重破坏，地方政府轻易不会允许城投企业和国企发生债券违约，通常会动用财政资源进行救助，除非财政健康度处于风险区间。因此，将该城市近五年内企业是否发生债券违约作为负向政策调整项，若发生违约予以5分扣除。

2. 国家重大区域发展战略

国家"十四五"规划指出要"深入实施区域重大战略，聚焦实现战略目标和提升引领带动能力，推动区域重大战略取得新的突破性进展，促进区域间融合互动、融通补充"。国家重大区域发展战略对所覆盖的地区提供重要的政策支持。一方面，针对国家重大区域发展战略，财政会专门制定财税支持政策，比如《关于全面推动长江经济带发展财税支持政策的方案》（财预〔2021〕108号）、《中央财政关于推动黄河流域生态保护和高质量发展的财税支持方案》（财预〔2022〕112号）等。另一方面，随着地方财政和债务压力增大，中央作为逆周期调控的重要主体将更多承担投资事权和责任，而国家重大区域发展战略是重要抓手。中央经济工作会议明确提出"优化财政支出结构，强化国家重大战略任务财力保障"

国家"十四五"规划明确提出京津冀协同发展、长江经济带发展、长三角一体化发展、黄河流域生态保护和高质量发展和粤港澳大湾区建设5个国家重大区域发展战略。在指标体系中,对处于国家重大区域发展战略的省市给予加分调整。具体涉及省市:京津冀协同发展(北京、天津、河北3个)、长江经济带发展(上海、江苏、浙江、安徽、江西、湖北、湖南、重庆、四川、云南、贵州11个)、长三角一体化发展(上海、江苏、浙江、安徽4个)、黄河流域生态保护和高质量发展(青海、四川、甘肃、宁夏、内蒙古、山西、陕西、河南、山东9个)、粤港澳大湾区建设(广东、香港、澳门3个)。

3. 国家级高新区

国家级高新区也是重要的区域产业政策。国家高新区享受多方面的政策支持,主要包括税收优惠、进口税收优惠、金融支持、创新支持和产业支持。本文指标体系将根据该地区是否拥有国家级高新区,进行加分调整。

4. 地理区位

地理区位是决定地区经济发展、投资潜力的重要因素。当前流行着"投资不过山海关、买债不上云贵川"等投资领域坊间谚语,这不仅反映出地区整体的投资环境,也会对这些地区未来的投资发展造成阻碍。

本文指标体系根据东部、中部、西部和东北等地理区位进行差异化加分调整,东部和中部予以加2分,西部和东北不予加分。根据国家统计局标准,地区划分如下:东部包括北京、天津、河北、上海、江苏、浙江、福建、山东、广东、海南10个省份;中部包括山西、安徽、江西、河南、湖北、湖南6个省份;西部包括四川、重庆、贵州、云南、西藏、陕西、甘肃、青海、宁夏、新疆、广西、内蒙古12个省份;东北包括黑龙江、辽宁、吉林3个省份。

5. 省级赋能

从经济体制来看,我国省级政府对地方市(区)级政府有关键影响。从财政体制来看,省级政府制定的省以下财政体制方案对市(区)级政府的税收等财政收入、投资事权和支出责任等各方面的影响都是具有决定性的。在债务化解层面,省级政府具有主体责任。在清理拖欠企业账款方面,2023年国务院常务会议通过的《清理拖欠企业账款专项行动方案》,明确指出省级政府要对本地区清欠工作负总责。

在指标体系构建中,将省级赋能作为重要的政策调整项。具体过程如下:第一,根据上面指标构建方法,收集省级数据,计算省级财政健康度。第二,将省级财政健康度标准化为0—10分,作为调整得分。第三,将城市财政健康度得分加上所在省份（或市）调整得分，得到最终的地方城市健康度得分。

四、基于指标体系的数据分析

（一）总体情况

基于已构建的财政健康度指标体系，在400个城市中，有45个城市处于Ⅰ等级，有85个城市处于Ⅱ等级，有156个城市处于Ⅲ等级，有114个城市处于Ⅳ等级，如图2所示。

图3为各城市财政健康度总体得分的分布概率密度。从图中可以看出，城市财政健康度得分呈现出一定的分布特征。首先，得分在20—60的城市数量相对较多，形成了一个较为明显的集中区域。这表明大部分城市的财政健康度处于中等水平。在得分较低的区域（0—20），城市数量较少，密度较低。这说明财政健康度极低的城市在总体中占比较小。然而，这些城市可能面临着严重的财政问题，如高额债务、财政收入不足等，需要引起高度关注和采取针对性的措施来改善其财政状况。在得分较高的区域（80—100），城市数量同样较少，密度较低。这意味着财政健康度极高的城市也占少数。这些城市可能在财政管理、收入来源多元化、债务控制等方面表现出色，其成功经验值得其他城市学习和借鉴。图中存在几个峰值，其中在40—50有一个较为突出的峰值。这表明在这个得分区间内的城市数量相对最多，是城市财政健康度的一个集中分布区域。这可能暗示着当前城市财政健康度存在一定的共性特征，大部分城市的财政状况处于相似的水平。

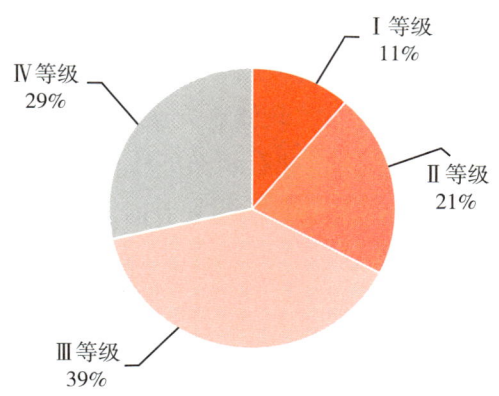

图2 全国各城市财政健康度不同等级的分布情况

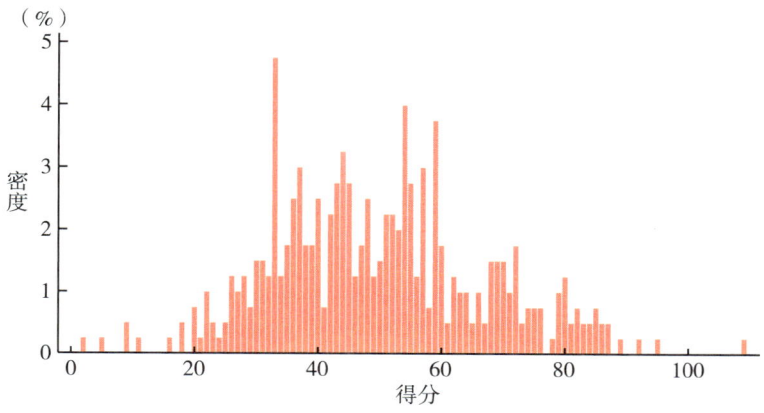

图3 全国各城市财政健康度指标分布密度

(二)城市案例

本文选取合肥市作为典型城市案例进行分析。合肥市的财政健康度综合得分为83分,财政健康度等级为Ⅳ等级,具体分项指标得分如图4所示。合肥作为长三角城市群副中心城市,宏观经济增长、投资增速、财政收入质量等指标表现较好,债务压力较小,但人均财力和信息化预算支出相对较弱,新增专项债受限。合肥市的传统优势产业为电子信息、家电、汽车、装备制造,未来发展产业为信息技术、汽车和智能网联汽车、家电和智能家居、高端装备制造、节能环保、光伏及新能源、生物医药和大健康、新材料、绿色食品、创意文化等。随着近年来新能源汽车、集成电路等产业集群加速形成,未来在信息技术、生物医药及智能产业发展具有较大的发展空间。

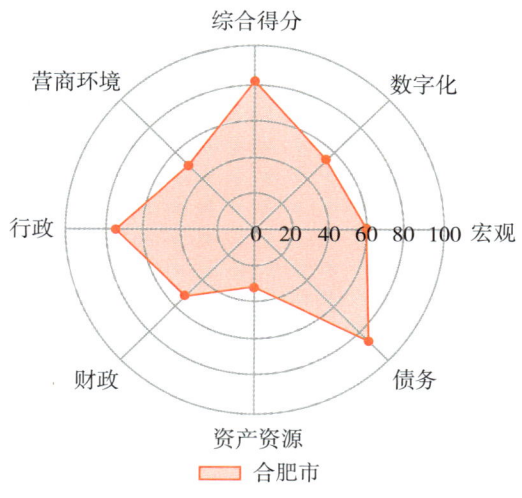

图4 合肥市财政健康度分项指标情况

五、主要结论和展望

本章从宏观经济、财政、债务、资源资产、数字化、营商环境、行政环境、产业和区域政策等多个维度，构建覆盖地方财政健康度指标体系，计算得到了31个省份和400个城市（或区县）的财政健康度得分，并基于将城市划分为四个等级，对全国各城市的财政健康度进行了初步分析。另外，本章还对重点城市进行专题案例分析，为下一步优化提供量化依据。地方财政健康度指标体系不断丰富，不同部门和企业可根据需求差异化运用，比如既可以单独聚焦债务、财政和资产资源等维度指标，也可以更多侧重宏观、新增专项债券、产业、资产资源和数字化等维度指标，还可以重视营商环境、债务、行政环境等维度指标。受数据可得性的限制，本文对城市财政健康度的测度不免不够准确，课题组的重点工作以梳理数据和构建框架为主，以期丰富我国财政健康度的学术研究，为财政政策决策提供一定支撑。未来课题组将不断优化指标体系理论框架、挖掘更多数据和加强量化分析，夯实城市财政健康度指标体系。

参考文献

［1］郭峰，王靖一，王芳，等.测度中国数字普惠金融发展：指数编制与空间特征［J］.经济学（季刊），2020，19（04）：1401-1418.

［2］黄群慧，余泳泽，张松林.互联网发展与制造业生产率提升：内在机制与中国经验［J］.中国工业经济，2019（08）：5-23.

［3］刘军，杨渊鋆，张三峰.中国数字经济测度与驱动因素研究［J］.上海经济研究，2020（06）：81-96.

［4］张三保，曹锐.中国城市营商环境的动态演进、空间差异与优化策略［J］.经济学家，2019（12）：78-88.

［5］余明桂，潘红波.政治关系、制度环境与民营企业银行贷款［J］.管理世界，2008（08）：9-21，39，187.

［6］余建辉，李佳洺，张文忠.中国资源型城市识别与综合类型划分［J］.地理学报，2018，73（04）：677-687.

［7］于海峰，崔迪.防范与化解地方政府债务风险问题研究［J］.财政研究，2010（06）：56-59.

［8］洪源，王群群，苏知立.地方政府债务风险非线性先导预警系统的构建与应用研究［J］.数

量经济技术经济研究，2018，35（06）：95-113.

［9］李丽珍.地方政府或有隐性债务风险预警系统构建与应用研究——基于BP神经网络分析法［J］.财经论丛，2021（03）：14-25.

［10］解洪涛，陈志勇，陈利伟.中国地方政府省际财政健康度评价及解释——结合资产负债与收支信息的分析［J］.中国经济问题，2015（01）：3-14.

［11］宋美喆，胡丕吉.数字基础设施对地方财政可持续的影响机制及效果研究［J］.首都经济贸易大学学报，2023，25（05）：20-35.

［12］杨彩虹，梁宏志.数字经济与地方财政可持续性——基于国家级大数据综合试验区的准自然实验［J］.财经论丛，2024（05）：39-48.

［13］刘军民.我国地方财政健康程度的评价分析与改进思路［J］.华中师范大学学报（人文社会科学版），2007（02）：10-16.

［14］Kloha P, Kleine W R. Developing and Testing a Composite Model to Predict Local Fiscal Distress［J］. Public Administration Review，2010，65（3）：313-323.

［15］Wang X, Dennis L, Tu Y S J. Measuring Financial Condition：A Study of U. S. States［J］. Public Budgeting & Finance，2010，27（2）.

［16］Ladd Helen F., John Yinger. America's Ailing Cities：Fiscal Health and the Design of Urban Policy［M］. Baltimore, MD：Johns Hopkins University Press，1991.

［17］刁伟涛，傅巾益，李慧杰.信用利差、违约概率与地级政府债务风险分类测度［J］.财贸经济，2019，40（06）：5-21.

［18］何德旭，王学凯.地方政府债务违约风险降低了吗?——基于31个省区市的研究［J］.财政研究，2020（02）：9-26.

［19］钟宁桦，陈姗姗，马惠娴，等.地方融资平台债务风险的演化——基于对"隐性担保"预期的测度［J］.中国工业经济，2021（04）：5-23.

［20］李成威，杜崇珊.公共风险、公共债务与财政健康度［J］.现代经济探讨，2021（03）：43-49.

钱随人走？
——基于人钱匹配的动态空间视角

随着经济社会的快速发展和深刻变迁，我国依然在经历着高频率、大规模的人口流动。2020年第七次全国人口普查数据显示，我国流动人口规模高达3.76亿人，为总人口数的26.6%。流动蕴含着活力，也带来了挑战。一方面，人是重要的生产要素，是经济活动的创造者和劳动者，人口流入为经济和财政孕育动能、注入新活力，因此人口的流动意味着财政能力的流动。另一方面，人是独立的生存和发展主体，不仅有着对物质文化生活的需求，同时在民主、法治、公平、正义、安全、环境等方面的要求也日益增长，对公共服务和社会保障提出更高要求。人口流动意味着公共服务需求发生空间转移，基本公共服务（"事"）及相应财政资金（"钱"）的配置，都需要跟"人"的需求走。在这一背景下，党的二十届三中全会审议通过的《中共中央关于进一步全面深化改革、推进中国式现代化的决定》明确指出，要"把握人口流动客观规律，推动相关公共服务随人走"；2024年政府工作报告进一步提出，要"深化户籍制度改革，完善'人地钱'挂钩政策"。从"公共服务随人走"到"钱随人走"，本质上是从财政职能上强化人、钱匹配，在财政能力随人走的同时，实现资金配置随人走、事权和支出责任划分随人走。基于这一逻辑，本文使用各城市2017—2022年的财政收支数据，在对特征事实进行剖析的基础

本章执笔人：侯海波、龙斯玮。

上，展开空间回归分析，试图从动态空间视角回答钱是否随人的增长走、人的流动走。

一、特征事实分析

（一）人口流动与财政能力

财政能力是国家能力的核心与基础，对于城市而言，财政能力至少可以从以下两个层面有所反映：一是短期内从经济社会汲取财政资源的能力，即收入汲取能力；二是财政资源的自给能力或者对上级转移支付的依赖程度，即财政自给率。

1. 收入汲取能力：与人口增长呈现明显正相关

在财政的四本预算中，一般公共预算收入是地方财政收入的主要来源。从散点分布图（图1、图2）可看出，无论是人均规模还是占GDP比重，一般公共预算收入都与人口特征存在明显正相关关系，人口增长[①]越快、人口流入越多，一般公共预算收入越高。一方面，人是社会生产的主体，也是生产过程的最终目标与归宿，因此人口数量的增加将带来生产的扩大。尤其对于人口流入地而言，流动人口一般为青壮年劳动力，生产能力与消费需求高，对经济增长作出明显贡献。另一方面，一般公共预算收入主要来源于经济活动中的商品流转与财产所得，人口集聚伴随着经济集聚，规模效应作用下获取收入的效率得到提升。商品层面，劳动力、技术等生产要素与企业、市场供给及需求形成有效匹配，资源配置效率增加，商品在流转和分配环节积累的价值随之增加；所得层面，生产规模的扩大、生产效率的提高使企业和居民都获得更多收入，财富积累扩张。从图3和图4可见，税收规模及占比与人口增长、人口流动密切相关，人口总量及其背后的经济社会特征促进财政能力提升的效果较为明显。

---

① 由于非普查年度常住人口数为推算数，此处仅考察户籍人口增长率。

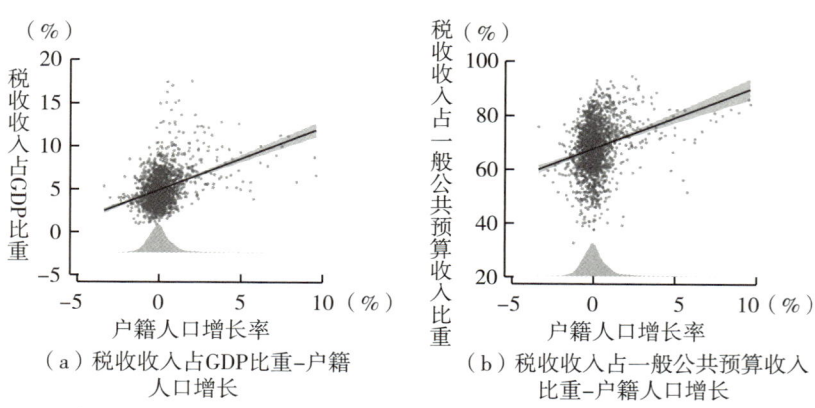

图 1　一般公共预算收入与户籍人口增长率的散点关系图

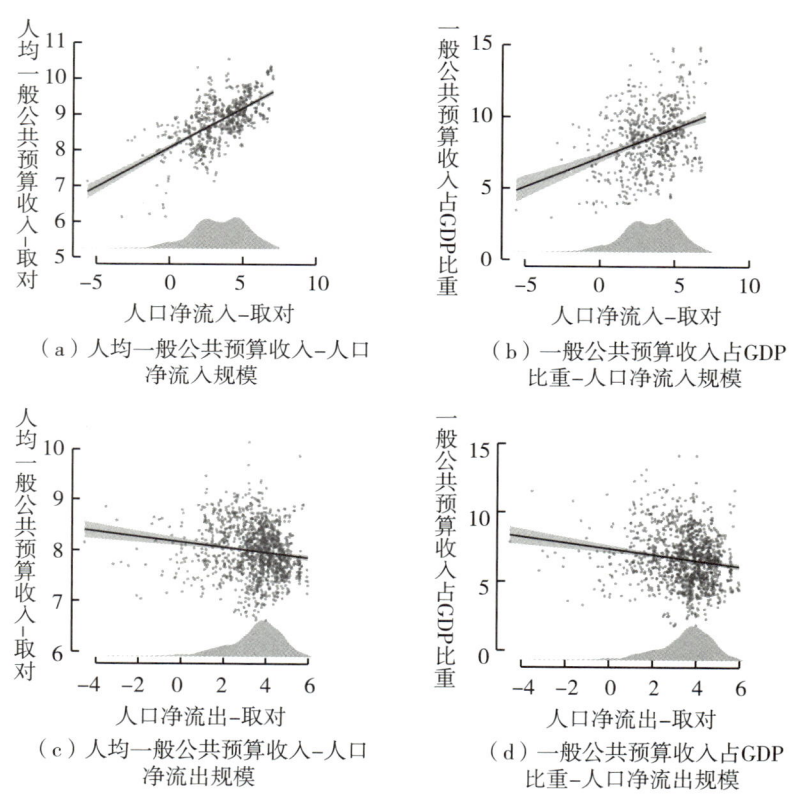

图 2　一般公共预算收入与人口流动状况的散点关系图

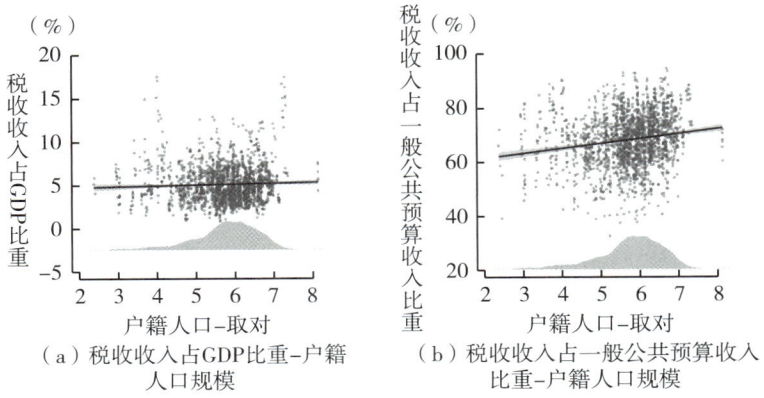

图3　税收收入与户籍人口增长率的散点关系图

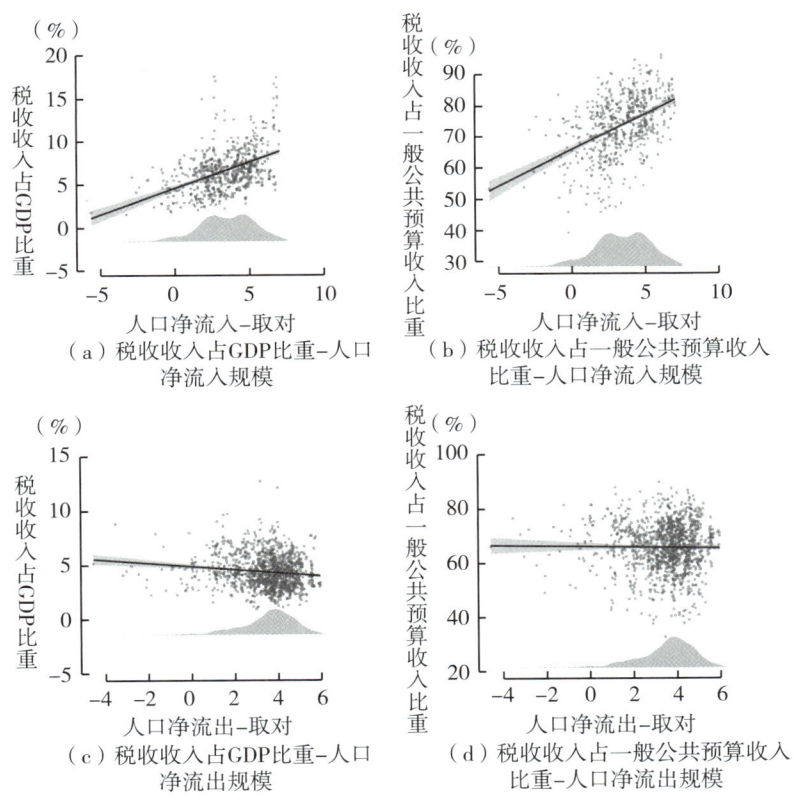

图4　税收收入与人口流动状况的散点关系图

土地出让收入是地方政府另一个重要的收入来源，其与人口之间的关系也呈现相似趋势。人口规模及增长情况代表了对房地产市场需求的强弱，进一步影响房地产企业承接国有出让土地的积极性，并传导至地方政府的土地出让收入（见

图5)。人口流动同样对土地出让收入有着较大影响,流入人口一般为适龄购房人群,且购入住房的需求相对本地居民更为急迫,因此,人口流入地的土地出让收入与人口流入规模密切相关。然而,对于人口流出地而言,尽管人口外流在一定程度上导致房地产消费疲软,但人口流出地往往是经济欠发达地区,GDP相对较低,同时存在土地财政依赖倾向,因此呈现出人口流出规模越高、土地出让收入占GDP比例越高的趋势[见图6(a)、图6(b)]。即,土地出让收入与净流入/出人口占总人口数的比例(以下简称"净流动比例")呈"U"形关系[见图6(c)]。

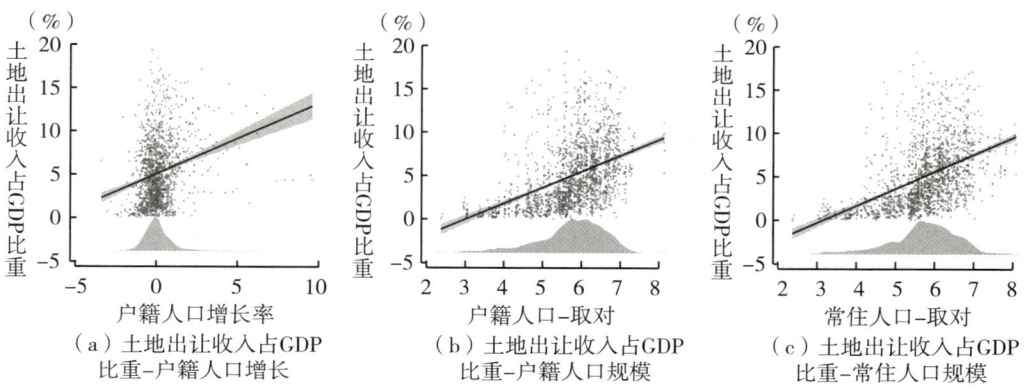

图5 土地出让收入与人口增长及规模的散点关系

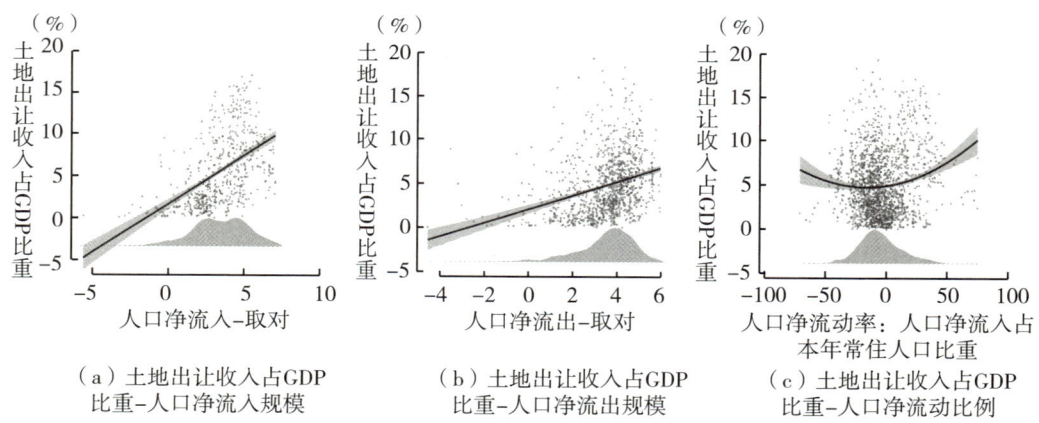

图6 土地出让收入与人口流动状况的散点关系

2. 财政可持续性:与人口增长和流动正相关

财政自给率是从流量角度衡量财政能力的重要指标之一,代表地方财政自主的能力。根据图7,财政自给率与人口增长呈现正相关,说明人口增长越快的地区财政自给能力越高、对转移支付的依赖也越低,主要是因为人口增长较快的地区一般能够获得更多的财政收入,因此与地方财政的收入汲取能力和人口增长的关系类似。从人口流动维度进行考察,人口流入地呈现出同样态势,即人口流入规模越多、财政自给率越高[见图8(a)]。而对于人口流出地而言,其人口流出情况与财政自给率之间的关系并不明显,整体趋势呈现较弱正相关[见图8(b)]。

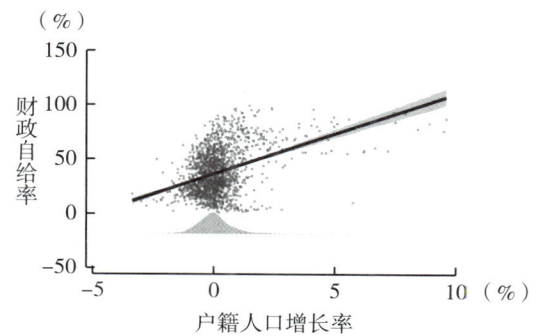

图7 财政自给率与人口增长状况的散点关系图

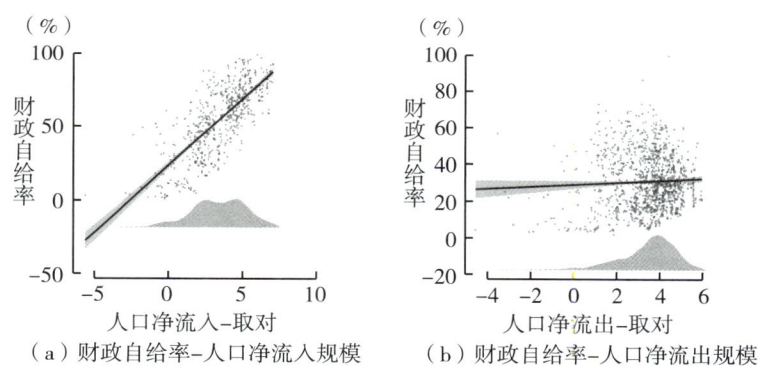

(a)财政自给率-人口净流入规模　　(b)财政自给率-人口净流出规模

图8 财政自给率与人口流动状况的散点关系图

除要维持政府支出水平外,债务风险和社保基金支出压力也是地方财政运行面临的重要挑战,因此,债务可持续性和社保可持续性也可以进一步刻画财政能力特征。

债务可持续性方面,债务风险主要体现为偿债压力,因此使用债务付息支出负担描述债务可持续状况。地方政府债务付息支出包括一般债务付息支出和专项债务付息支出,分别来源于一般公共预算和政府性基金预算,付息支出占总支出的比重可直接衡量债务付息支出负担。从图9和图10可以看出,一方面,户籍人口增长率高的地区付息压力相对较小,可能与总体支出规模相对较大有关;另一方面，人口净流入地区的人口流入规模与付息支出占比间不存在明显趋势，人口净流出地的付息负担则随着人口流出规模而逐渐加重，导致这一现象的可能有两个方面原因，一是人口大量流出后整体支出规模变低，二是人口流出地区的举债规模相对更大。

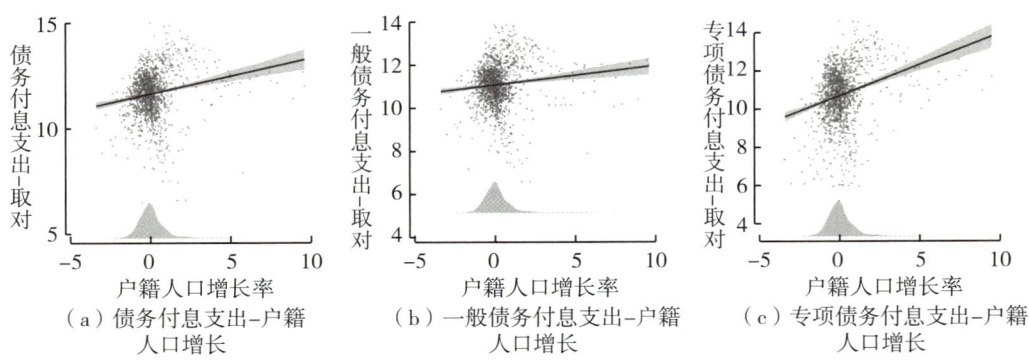

图9　债务付息支出负担与人口增长状况的散点关系图

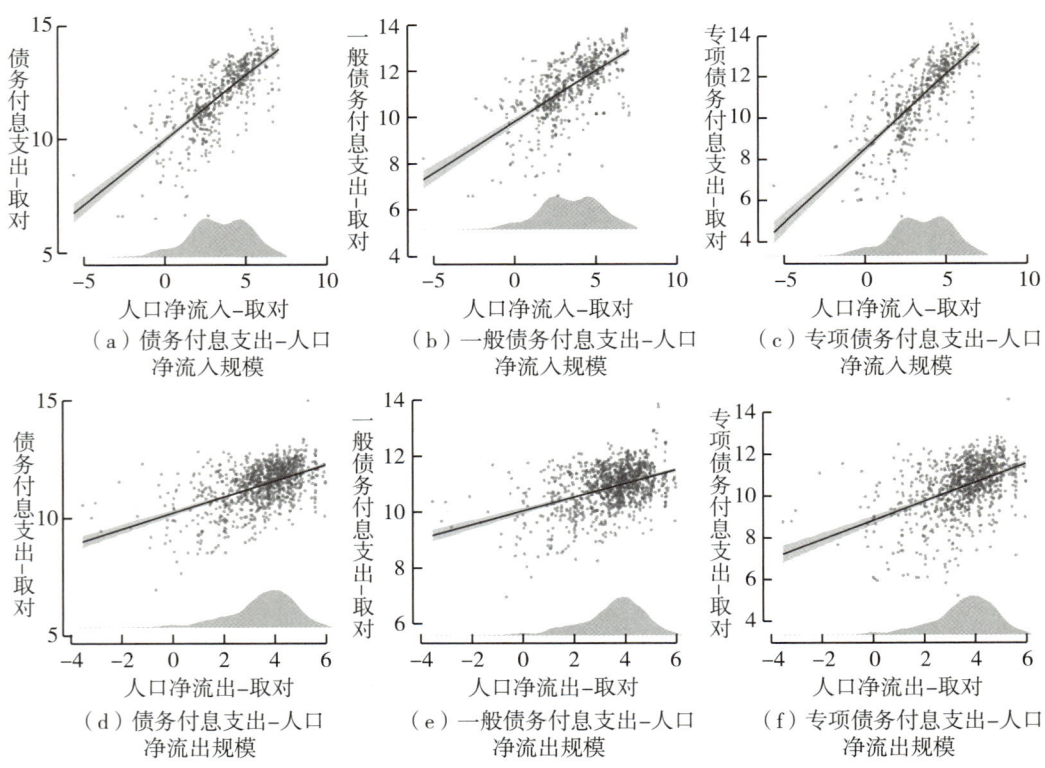

图10　债务付息支出负担与人口流动状况的散点关系图

社保可持续性方面，分别使用社保自给率和社保备付期限进行衡量，前者通过社保收入/社保支出计算，代表社会保险基金进行支付的能力，为静态视角；后者通过社保滚存结余/当年社保支出规模×12个月计算，代表社会保险基金进行支付的可持续时间，为动态视角。图11说明了静态视角下的社保可持续性与人口特征的关系：人口增长越快、人口流入越多，社保自给能力越强。动态视角下该结论同样成立（见图12）。这可能是因为人口状态直接决定社保缴费状况，且新增流入人口大多为青壮年劳动力，老年人占比相对偏低，"生之者众而食之者寡"，社保基金交得多、用得少，社保可持续性相对更高。

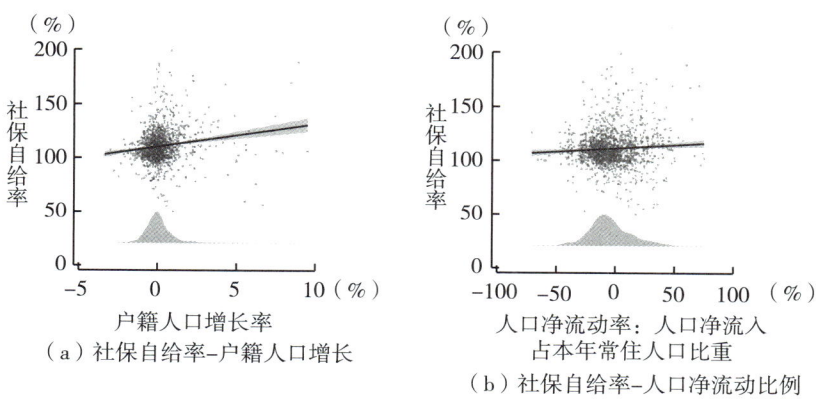

图11 社保自给率与人口增长、人口流动状况的散点关系图

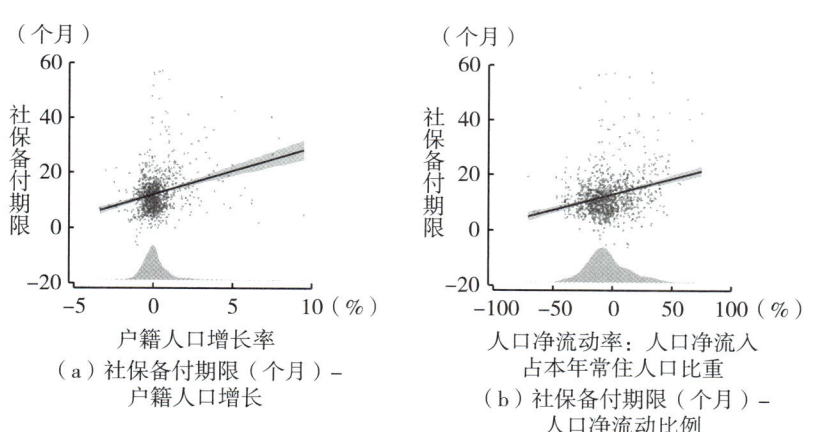

图12 社保备付期限与人口增长、人口流动状况的散点关系图

(二)人口流动与资金配置

财政资金的配置状况是"钱随人走"的最直接体现,既包括地区财政在不同支出用途上的资金分配布局,又涉及上级财政对本地区的资金分配情况。

1. 地区内部资金配置

民生支出与地区人口状况密切相关,因此主要考察地方财政用于教育、社会保障、卫生健康领域的支出。由于人均指标会直接受到人口规模影响,难以准确反映出人口状况与支出之间的净关系,因此此处主要考察人均民生支出规模与人口增长率、人口流动比例的相关性。根据图13,人口增长越快、净流入人口占比越高,人均民生支出就越高,一个可能的原因是,无论是出生人口还是流入人口,这部分新增人群对民生建设的需求都更高。这一结论说明民生相关的资金配置一定程度上体现了"随人走"的特征。分项支出总体呈现类似趋势(见图14),社会保障支出与户籍人口增长率的关系略有差异,推测其可能原因,相比教育与卫生健康,社会保障这类基本公共服务受户籍的限制更高,尽管总的社会保障支出与户籍人口增长保持一致,但由于常住人口增长比户籍人口增长更快,而户籍不在本地的常住人口无法充分并且普惠地享受社会保障类支出,因此均分到单个常住人口上的支出规模被稀释,最终表现为与户籍人口增长的负相关性。

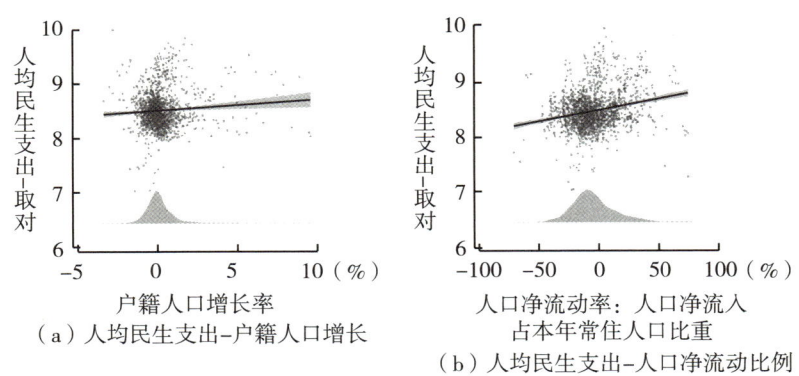

图13 民生支出与人口增长、人口流动状况的散点关系图

从支出规模在一般公共预算支出中的占比来看(见图15和图16),民生支出及其分项与人口增长率、人口流动比例间都呈现负相关,说明在人口增长和流动的过程中,民生支出的增长滞后于总支出的增长。

（a）人均教育支出-户籍人口增长　（b）人均教育支出-人口净流动比例

（c）人均社会保障支出-户籍人口增长　（d）人均社会保障支出-人口净流动比例

（e）人均卫生健康支出-户籍人口增长　（f）人均卫生健康支出-人口净流动比例

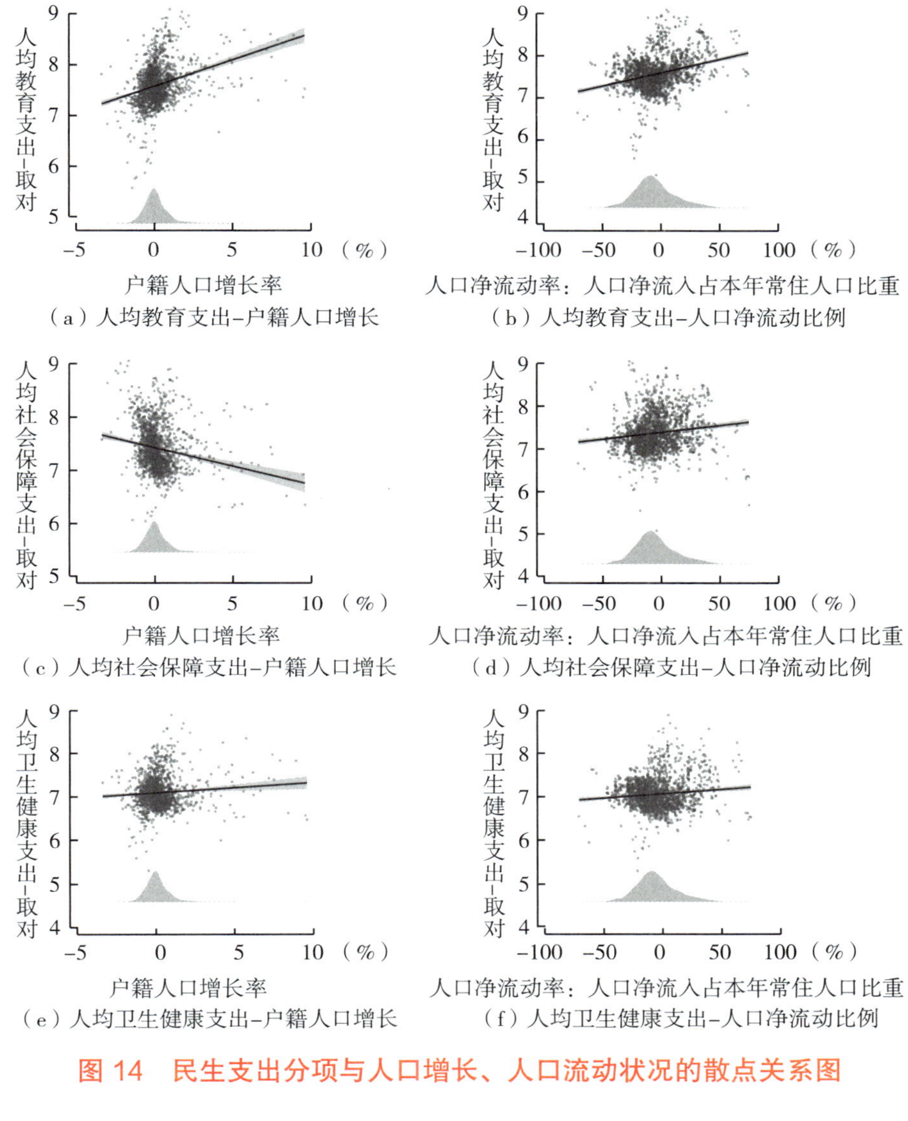

图 14　民生支出分项与人口增长、人口流动状况的散点关系图

（a）民生支出占比-户籍人口增长　（b）民生支出占比-人口净流动比例

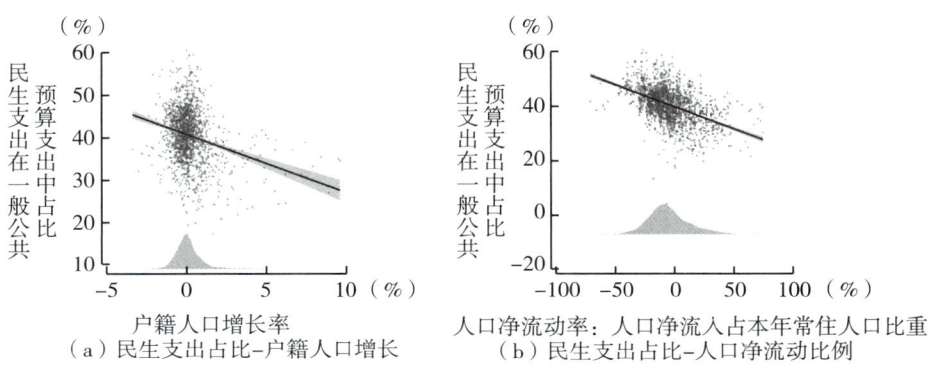

图 15　民生支出在一般公共预算中占比与人口增长、人口流动状况的散点关系图

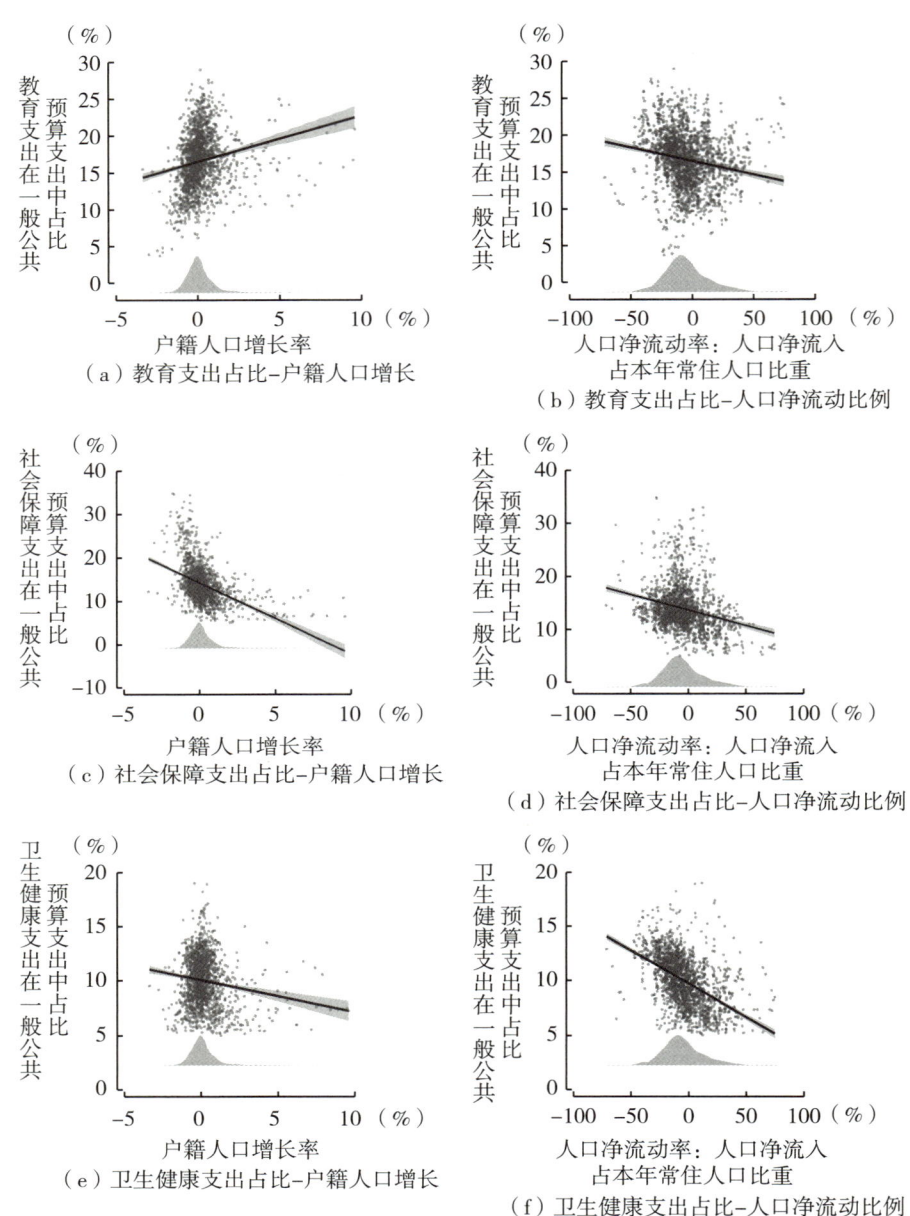

图 16 民生支出分项在一般公共预算中占比与人口增长、人口流动状况的散点关系图

2. 上级财政对本地区的资金配置

上级财政对本地区的资本配置涉及空间和时间两个维度。

空间维度上，指的是对各个地区转移支付的分配情况。转移支付是解决地区财力不均衡问题、推进地区间基本公共服务均等化的重要手段，其中一般性转移支付直接以均衡区域间基本财力配置为目标，向财力薄弱地区倾斜，专项转移支付则主要用于重大政策、重大项目的落实，因此更加侧重于地方的建设需求。从人均转移支付和转移支付占GDP的比重来看（见图17），转移支付总额和一般转移支付与人口增长水平呈负相关，即转移支付向经济欠发达地区倾斜，专项转移支付的趋势则相对较弱。另外，随着"人地钱"挂钩政策的提出，财政部门开始探索建立"钱随人走"转移支付制度，2021年，财政部在对十三届全国人大四次会议第8876号建议的答复中明确承诺，要在完善转移支付分配办法的过程中，合理体现外来人口基本公共服务增支影响，更好发挥转移支付资金均衡区域间财力差异的作用。因此进一步考察转移支付与人口流动的关系。根据图18，人均人口流入、流出规模间都呈现负向的正"U"形趋势。其中，对于人口流入地来说，虽整体依然呈现出负相关关系，但转移支付缩减的幅度随着人口流入规模的增加而减缓，呈现出"钱随人走"的特征。

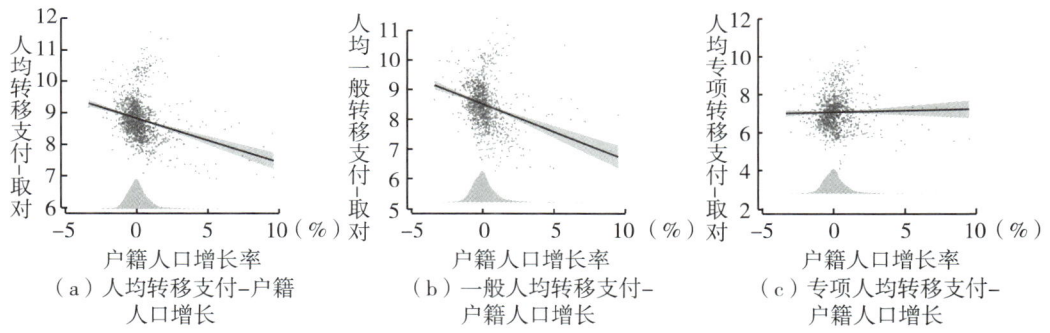

图17　转移支付与人口增长状况的散点关系图

时间维度上，指的是地区的举债情况。一方面，地区的债务限额由上级财政根据不同地区的财力状态、建设需求等因素统筹确定，地方政府再根据上级下达的债务限额进行举债、形成债务余额，因此债务情况本质上是上级财政的资金配置决策。另一方面，政府债务在当期体现为债券收入、在未来体现为债务还本付息支出，因此举债行为实际上是提前使用未来的财政资金，体现的是财政资金的跨期配置情况。政府一般债券规模相对较小，且多针对一般公共预算中无收益的资本性支出，而政府专项债券规模大并投向有一定收益的资本性项目，因此此处主要聚焦于专项债券的分析。

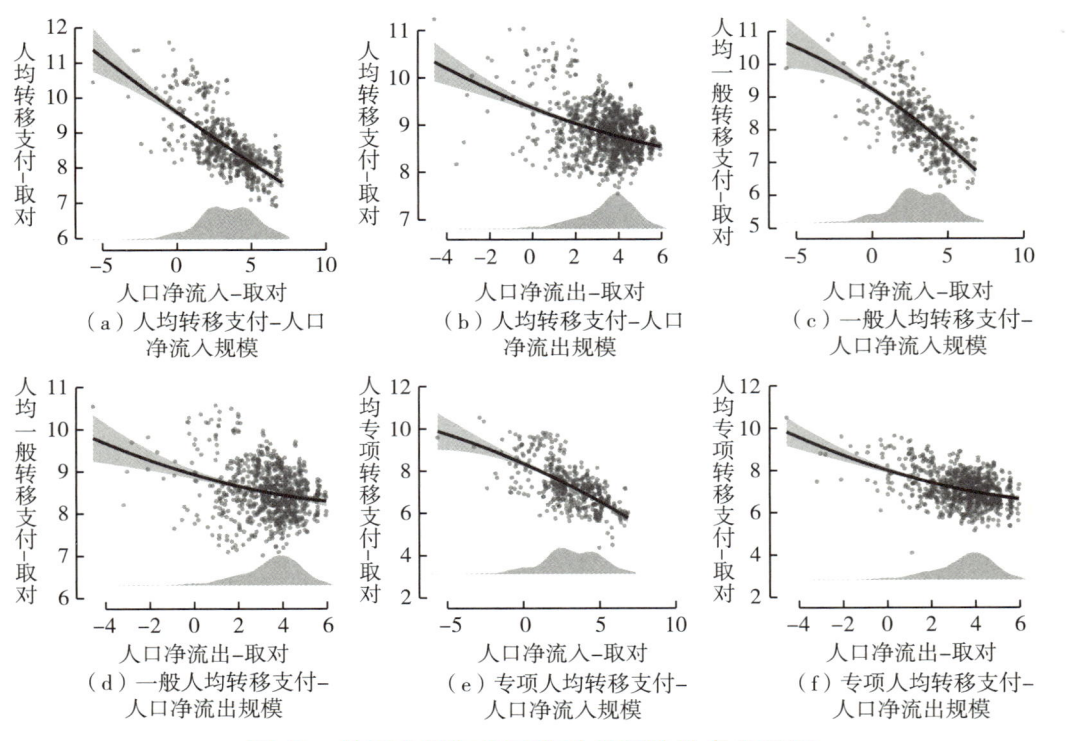

图 18 转移支付与人口流动状况的散点关系图

从债务规模来看，可从存量和增量两个维度进行分析。存量维度，专项债务的限额、余额与人口增长率正相关（见图19），部分体现出"资金跟随人的增长走"的特征；与人口流动则呈现"U"形的正向非线性关系［见图20（a）、图20（d）］，即流入人口占比越高，上级财政在分配债务资源时就越会向该地区倾斜，呈现"资金跟着人的流动走"的趋势。然而，在单独对人口流出地区进行考察时，出现人口净流出规模越大、债务规模越高的现象［见图20（c）、图20（f）］，说明当前专项债券在一定程度上承担了"济贫"的转移支付功能，这实际上是不利于地方财政可持续发展的。由于专项债务融资成本需由项目收益进行偿还，当人口大量流出后，专项债券所建项目的使用者付费缺乏足够的消费人口支撑，项目投资难以收回，遑论利用收益进行还本付息。从增量维度来看，由于债务发行额中包括了"借新还旧"的再融资部分，因此使用专项债新增余额，以更加准确地反映用于地区建设的举债需求。从图21来看，增量角度与存量角度分析的结论具有一致性，即，债券资金的配置体现出了"跟随人的增长走""跟随人的流动走"的部分特征，但是这种趋势和特征是否具有统计意义上的和经济意义上的显著性，还需要实施更为精准的计量经济学分析和验证。

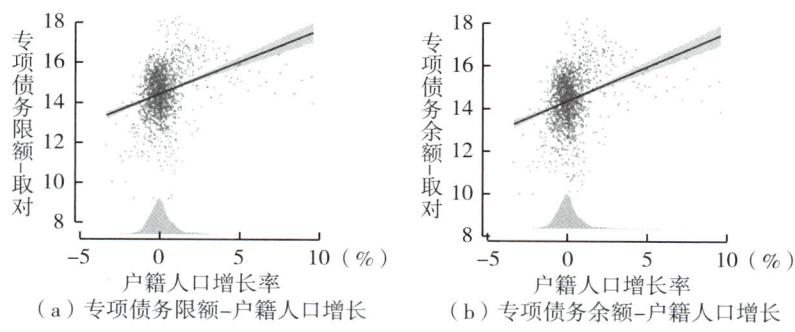

图19 专项债务限额、余额总量与人口增长状况的散点关系图

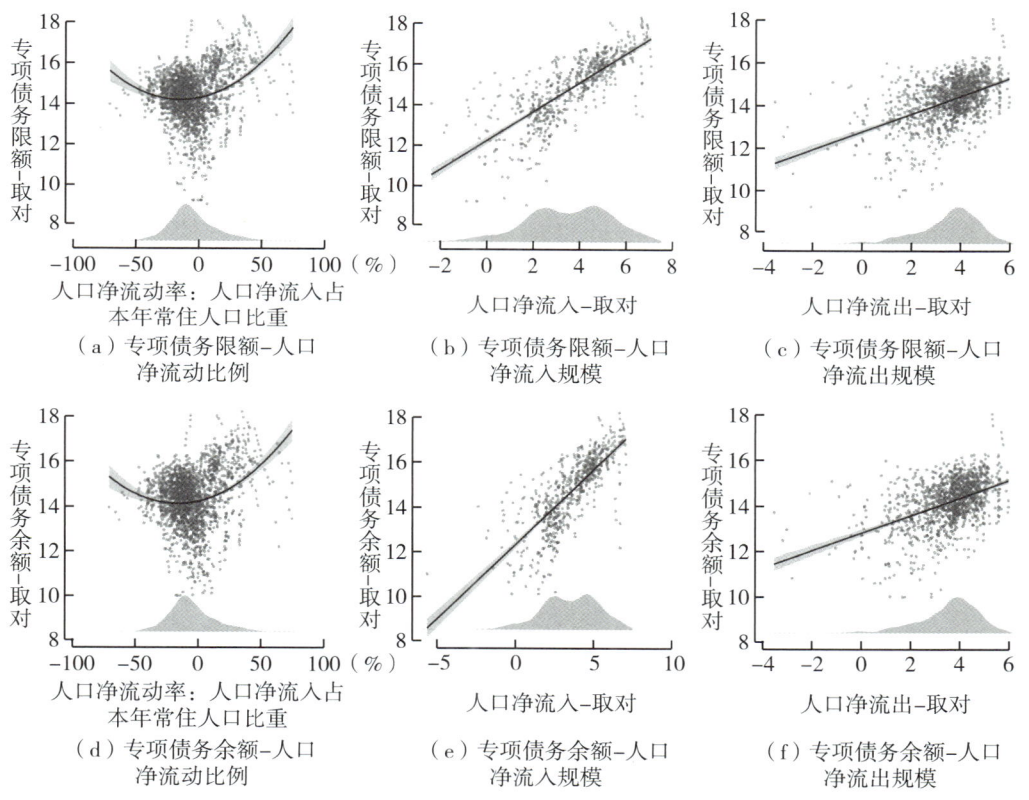

图20 专项债务限额、余额总量与人口流动状况的散点关系图

从债务付息支出来看，债务付息规模与往年债务发行额度紧密相关，且相比于债务规模，债务付息支出能更加直接地反映举债行为带来的跨期资金压力。如图22所示，与限额、余额规模类似，债务付息支出同样呈现出"跟随人的增长走、人的流动走"的趋势，这可能与人口增长带来的建设资金需求相关。

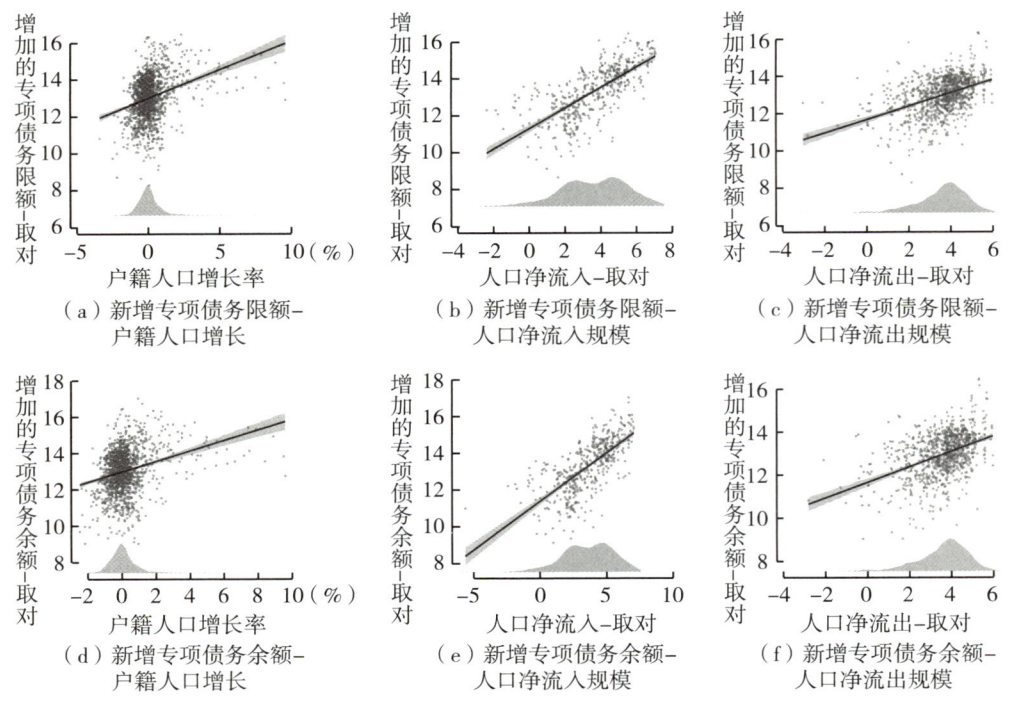

图 21 专项债务限额、余额增量与人口增长及流动状况的散点关系图

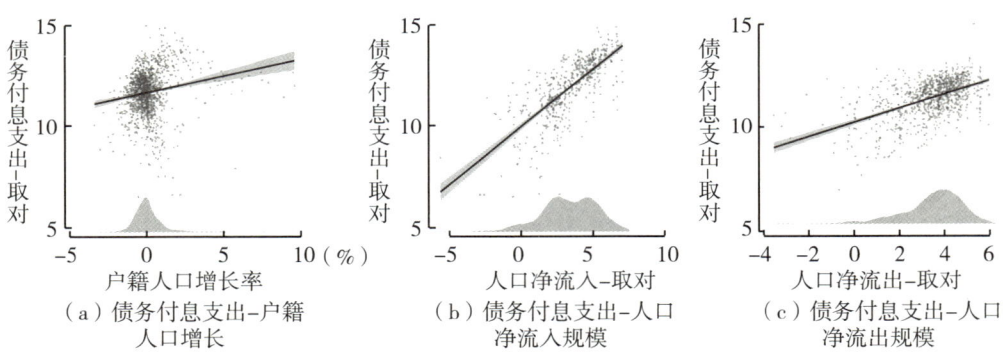

图 22 债务付息支出与人口增长及流动状况的散点关系图

（三）人口流动与支出责任上移的趋势

从统计口径来看，流动人口需要在户口登记的区县以外的地区居住 6 个月以上，因此，人口流动事务具有典型的跨区县或跨区域特征，因此，与人口流动相关的财政支出责任也呈现跨区域特征，不再局限于县域范围以内，需要市级、省级或国家层面进行统筹协调。从理论上讲，财政支出责任也会呈现上移的特征或趋势。

1. 上级政府支出责任比例随人口净流入比例提高而增加，随人口净流出比例提高而下降

尽管民生支出有不同的定义口径，但从大部分地方公开资料来看，已占据一般公共预算支出的六成至八成，同时，教育、就业与社会保障、卫生健康三个方面的支出又占到了民生支出的八成左右，因此，人口增长和流动对教育支出、就业与社会保障支出、卫生健康支出、民生支出以及一般公共预算支出层级带来显著影响。数据分析显示，随着户籍人口增长率的提高，或人口净流入规模的增加，一般公共预算支出的市本级占比也呈增加趋势；而随着人口净流出规模的增加，一般公共预算支出市本级占比呈递减态势。从二次关系曲线上也能观测，人口净流入占常住人口比例与一般公共预算支出市本级占比的关系，在人口净流入率负值区间中为负相关，在人口净流入率正值区间中为正相关，呈现"U"形相关性特征（见图23）。

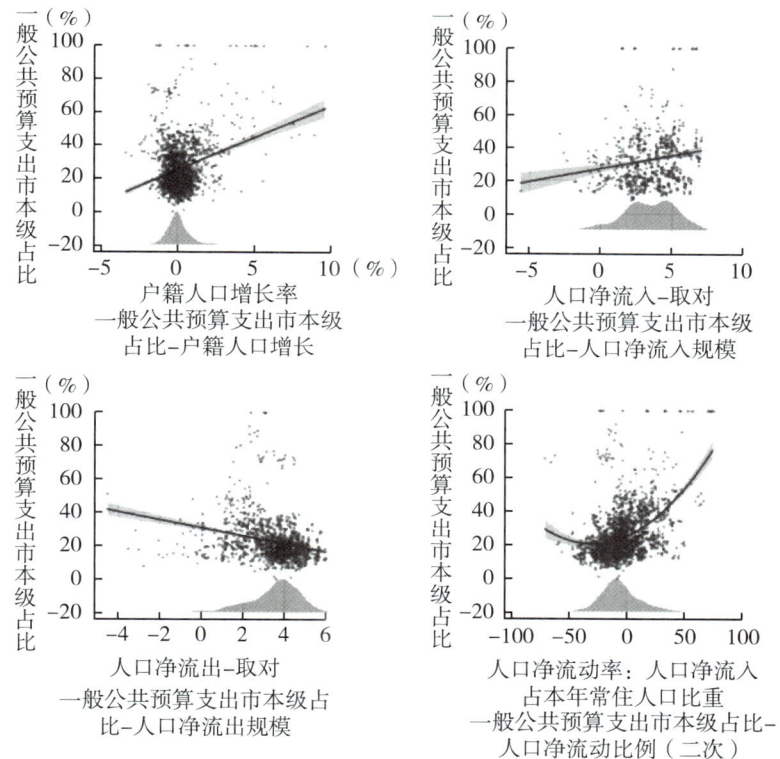

图23　一般公共预算支出市本级支出占比与人口增长及流动状况的关系图

从民生支出市本级支出占比与人口增长和流动的关系来看，也呈现出"U"形相关性特征（见图24）。数据分析显示，随着户籍人口增长率的提高，民生支出

的市本级占比也呈增加趋势。从二次关系曲线上可以观测，人口净流入占常住人口比例与民生支出市本级占比的关系，在人口净流入率负值区间中为负相关，在人口净流入率正值区间中为正相关。随着人口净流入规模的增加，民生支出市本级占比呈递增态势；随着人口净流出规模的增加，民生支出市本级占比呈递减态势。

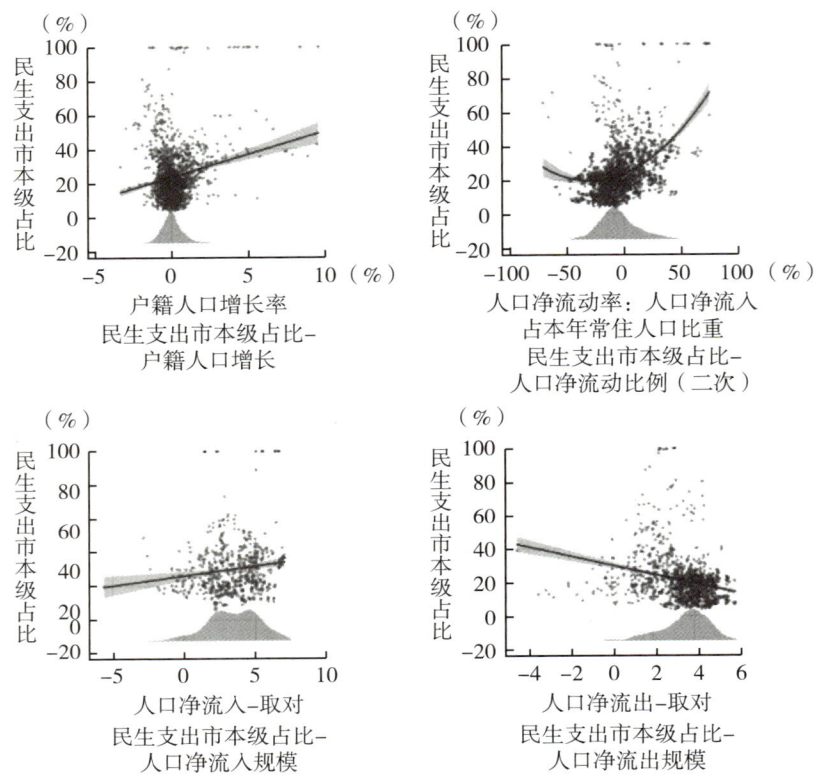

图 24　民生支出市本级支出占比与人口增长及流动状况的关系图

进一步分析民生支出的主要构成科目来看，就教育、就业与社会保障、卫生健康的市本级支出占比与人口增长和流动的关系而言，也呈现出"U"形相关性特征（见图 25、图 26 和图 27）。数据分析显示，随着户籍人口增长率的提高，教育、就业与社会保障、卫生健康支出的市本级占比也呈增加趋势。从二次关系曲线上可以观测，人口净流入占常住人口比例与教育、就业与社会保障、卫生健康支出市本级占比的关系，在人口净流入率负值区间中为负相关，在人口净流入率正值区间中为正相关。随着人口净流入规模的增加，教育、就业与社会保障、卫生健康支出市本级占比呈递增态势；随着人口净流出规模的增加，教育、就业与社会保障、卫生健康支出市本级占比呈递减态势。

专题篇·钱随人走？
——基于人钱匹配的动态空间视角

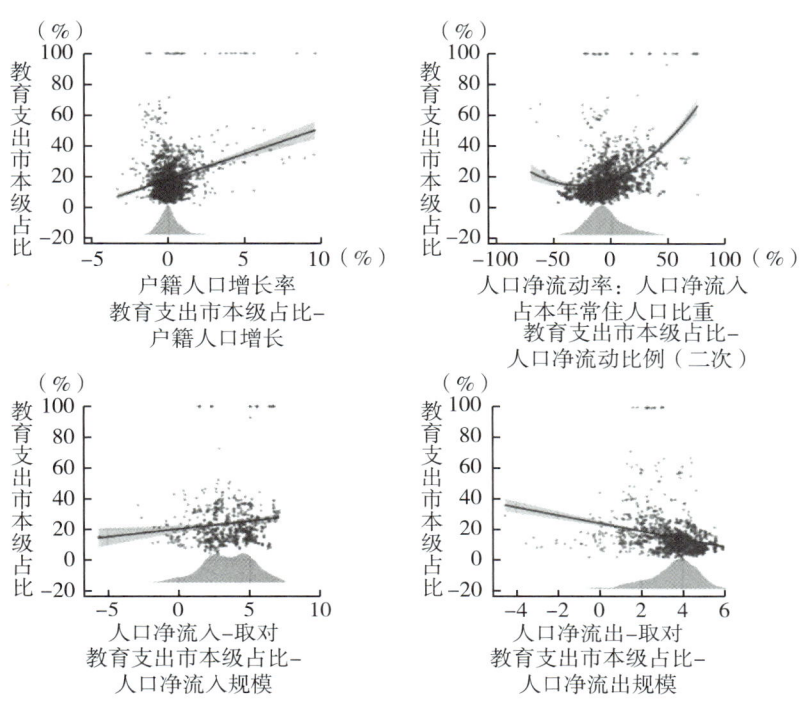

图 25　教育支出市本级支出占比与人口增长及流动状况的关系图

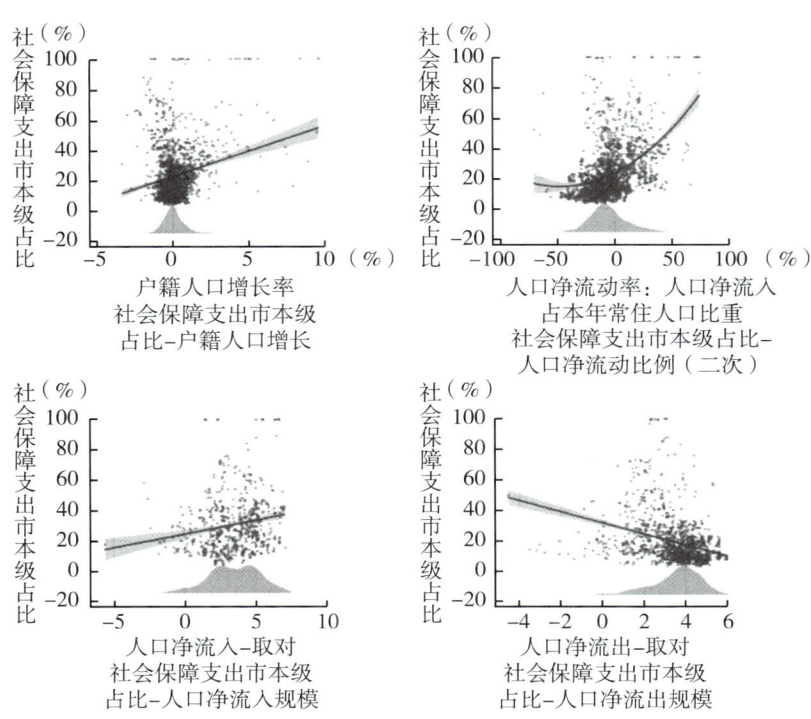

图 26　社会保障支出市本级支出占比与人口增长及流动状况的关系图

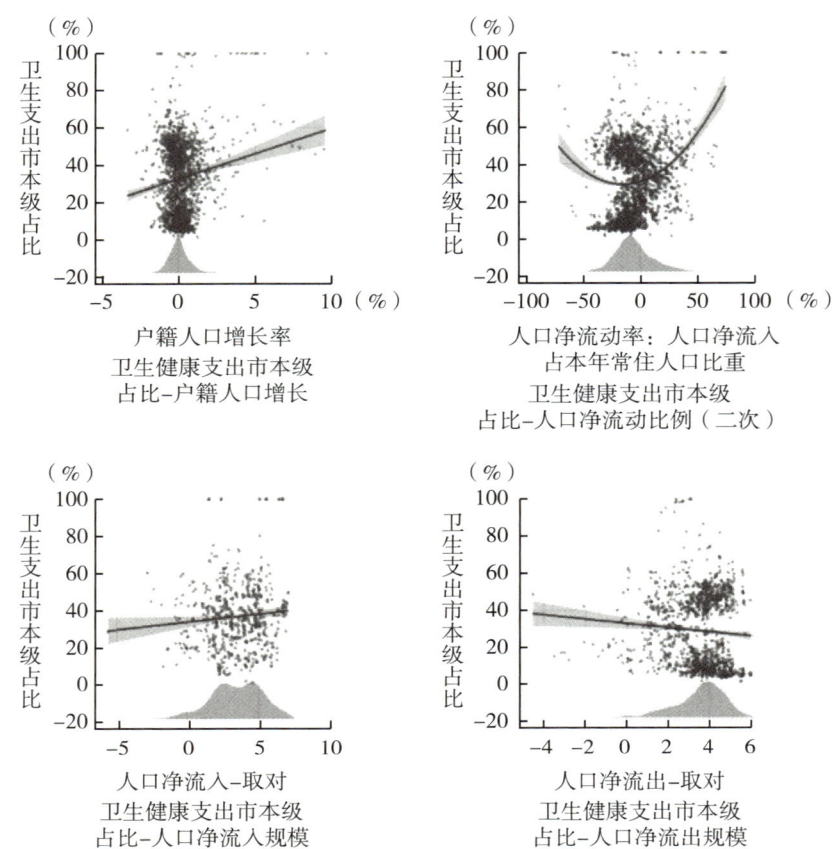

图 27　卫生健康支出市本级支出占比与人口增长及流动状况的关系图

2. 债务付息支出市本级占比随人口增长和流入的增加而提高，债务主体也呈上移的趋势特征

城市化包含两个方面的含义，一是城镇人口在总人口中的比重不断上升，二是城镇人口的空间布局调整，农村人口从外围农村、郊区向城市群、都市圈和中心城区集聚。人口向中心城区的空间流动也会增加更高层级政府的投资建设等支出责任，因此，专项债等举债主体也会呈现上移的趋势性特征，对应的债务付息占比也相应更高。数据显示，随着户籍人口增长或人口净流动比例的增加，债务付息支出、一般债务付息支出、专项债务付息支出的市本级占比呈增加态势。另外，从人口净流出的地级市来看，随着人口净流出的规模增加，债务付息支出、一般债务付息支出的市本级占比呈下降趋势（见图28、图29和图30）。

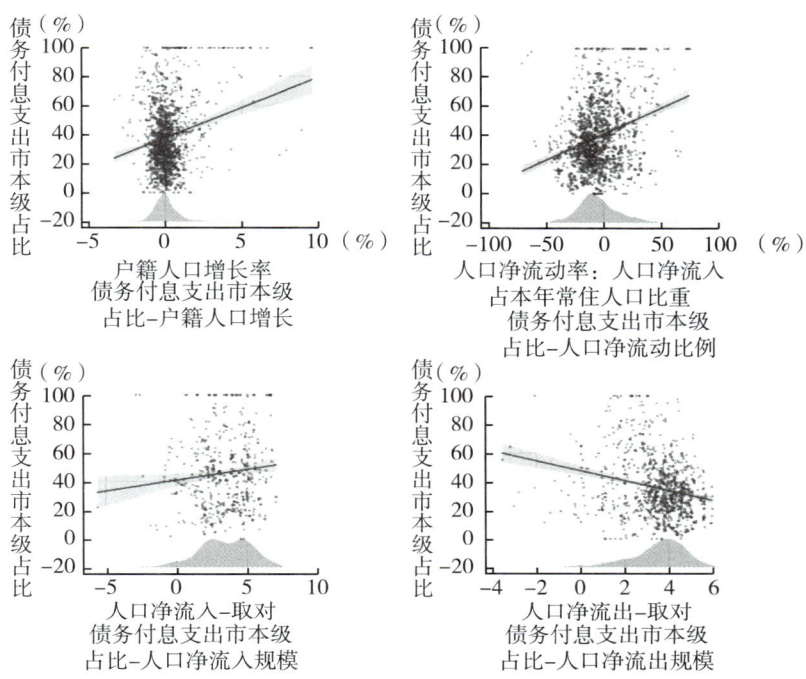

图 28　债务付息市本级支出占比与人口增长及流动状况的关系图

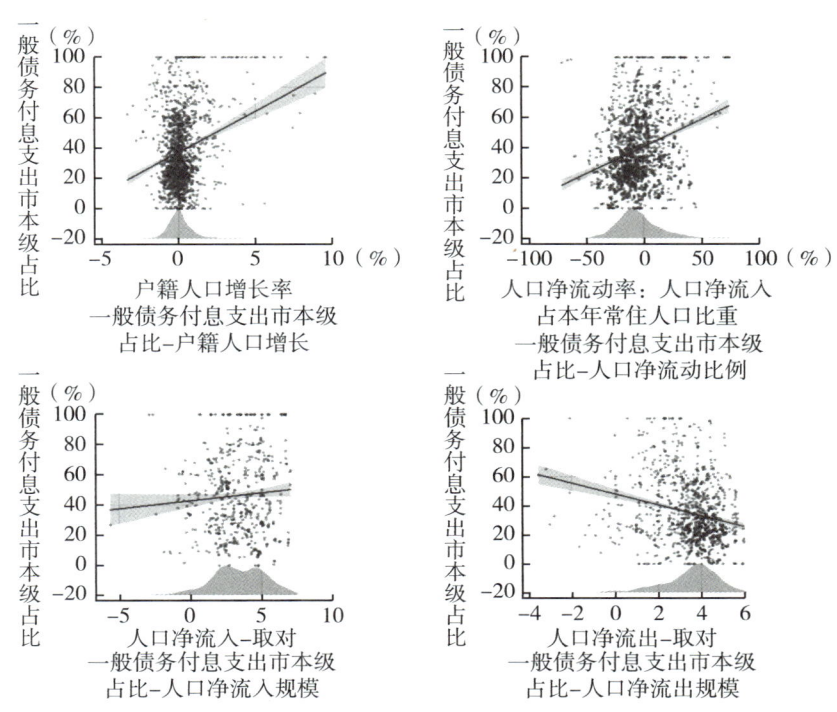

图 29　一般债务付息市本级支出占比与人口增长及流动状况的关系图

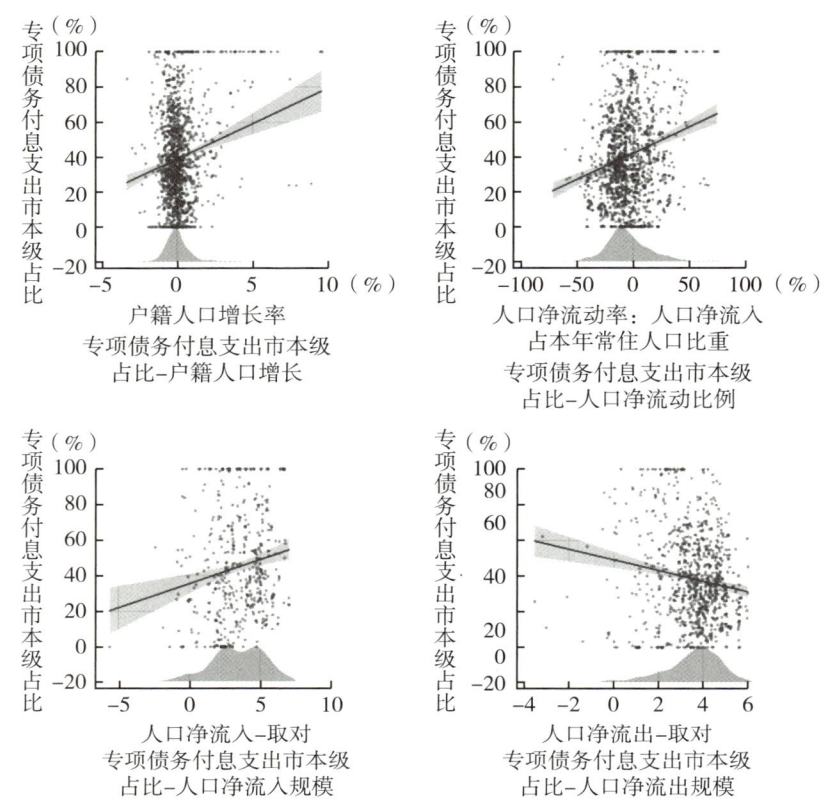

图30 专项债务付息市本级支出占比与人口增长及流动状况的关系图

二、回归分析

上文主要是统计性描述,虽然部分地揭示了变量之间的相关关系,但若要考察统计意义上的相关性及其影响系数,还应当设计适当的计量模型,选择合适的控制变量,推断相对更加精准的影响效应。报告使用面板数据固定效应模型,在控制GDP增速、第二产业增加值占比、第三产业增加值占比和财政自给率的基础上,考察了人口增长及流动情况对财政资金配置的影响。

表1结果显示,在控制了所有控制变量后,户籍人口增长率每增加1个百分点,人均一般公共预算收入增加2.7%,人均税收收入增加3%,人均非税收入增加2.6%,社保自给率提高2.24个百分点,社保备付期限延长1.903个月;户籍人口规模每增加1%,人均一般公共预算收入减少0.192%,人均税收收入减少0.186%,人均非税收入减少0.177%,社保自给率下降0.03849个百分点,社保备

付期限缩短0.02242个月；常住人口规模每增加1%，人均一般公共预算收入减少0.188%，人均税收收入减少0.175%，人均非税收入减少0.179%，社保自给率下降0.03673个百分点，社保备付期限缩短0.01451个月；人口净流动率每增加1个百分点，人均一般公共预算收入增加1.1%，人均税收收入增加1.3%，人均非税收入增加0.9%，社保自给率增加0.256个百分点，社保备付期限延长0.275个月。总体上，回归分析结论与散点图呈现的结果一致，户籍人口增长率和人口净流动率均对财政收入能力和可持续性带来正向影响，而户籍人口规模和常住人口规模与财政收入能力和可持续性存在负相关。

表1　　　人口增长及流动情况对财政收入和可持续能力的影响

	因变量				
	人均一般公共预算收入（对数）	人均税收收入（对数）	人均非税收入（对数）	社保自给率（%）	社保备付期限（个月）
	（1）	（2）	（3）	（4）	（5）
Panel A					
户籍人口增长率	0.027*** (0.006)	0.030*** (0.007)	0.026*** (0.008)	2.239*** (0.357)	1.903*** (0.190)
观测值	1586	1531	1555	1429	1010
R^2	0.733	0.727	0.440	0.031	0.133
年份数	5	5	5	5	5
Panel B					
户籍人口-对数	−0.192*** (0.009)	−0.186*** (0.011)	−0.177*** (0.012)	−3.849*** (1.368)	−2.242*** (0.364)
观测值	1891	1830	1854	1694	1191
R^2	0.769	0.755	0.490	0.005	0.094
年份数	6	6	6	6	6
Panel C					
常住人口-对数	−0.188*** (0.010)	−0.175*** (0.012)	−0.179*** (0.013)	−3.673** (1.534)	−1.451*** (0.416)
观测值	1891	1830	1854	1642	1142
R^2	0.760	0.745	0.481	0.004	0.072
年份数	6	6	6	6	6

续表

	因变量				
	人均一般公共预算收入（对数）	人均税收收入（对数）	人均非税收入（对数）	社保自给率（％）	社保备付期限（个月）
	（1）	（2）	（3）	（4）	（5）
Panel D					
人口净流动率	0.011*** (0.001)	0.013*** (0.001)	0.009*** (0.001)	0.256*** (0.083)	0.275*** (0.022)
观测值	1891	1830	1854	1642	1142
R^2	0.765	0.770	0.472	0.006	0.177
年份数	6	6	6	6	6

注：***、**、*分别表示1％、5％、10％的显著性水平，控制变量为GDP增速（％）、第二产业增加值占比（％）、第三产业增加值占比（％）和财政自给率（％），如无说明，下表同。

表2结果显示，在控制了所有控制变量后，户籍人口增长率每增加1个百分点，转移支付规模增加1.6％，但不具有统计显著性，一般转移支付规模增加0.1％，系数统计显著性和经济显著性都不显著，专项转移支付规模增加5.2％，人均转移支付规模增加3.2％，人均一般转移支付规模增加3.4％，人均专项转移支付规模增加8.8％；户籍人口规模每增加1％，转移支付规模增加0.548％，一般转移支付规模增加0.587％，专项转移支付规模增加0.385％，人均转移支付规模减少0.354％，人均一般转移支付规模减少0.316％，人均专项转移支付规模减少0.509％；常住人口规模每增加1％，转移支付规模增加0.618％，一般转移支付规模增加0.647％，专项转移支付规模增加0.457％，人均转移支付规模下降0.382％，人均一般转移支付规模下降0.353％，人均专项转移支付规模下降0.543％；人口净流动率每增加1个百分点，转移支付规模下降1％，一般转移支付规模下降1.7％，专项转移支付规模下降0.4％，人均转移支付规模增加1.2％，人均一般转移支付规模增加1％，人均专项转移支付规模增加2.2％。总体上，回归分析结论与散点图呈现的结果一致，人口净流动率均对转移支付、一般转移支付和专项转移支付的总规模带来负向影响，而户籍人口增长率、户籍人口规模和常住人口规模对转移支付、一般转移支付和专项转移支付的总规模正相关。户籍人口增长率提高和人口净流入促进了人均转移支付的增长，但户籍人口和常住人口总规模的增加却存在摊薄效应，降低人均转移支付的增长。

表2　　　　人口增长及流动情况对转移支付配置的影响

	因变量					
	转移支付规模（对数）	一般转移支付规模（对数）	专项转移支付规模（对数）	人均转移支付（对数）	人均一般转移支付（对数）	人均专项转移支付（对数）
	（1）	（2）	（3）	（4）	（5）	（6）
Panel A						
户籍人口增长率	0.016 (0.010)	0.001 (0.012)	0.052*** (0.014)	0.032*** (0.008)	0.034*** (0.009)	0.088*** (0.014)
观测值	1387	1129	1118	1346	1088	1077
R²	0.143	0.160	0.104	0.547	0.644	0.319
年份数	5	5	5	5	5	5
Panel B						
户籍人口-对数	0.548*** (0.010)	0.587*** (0.011)	0.385*** (0.018)	−0.354*** (0.009)	−0.316*** (0.011)	−0.509*** (0.017)
观测值	1641	1342	1328	1585	1291	1277
R²	0.695	0.719	0.329	0.757	0.775	0.590
年份数	6	6	6	6	6	6
Panel C						
常住人口-对数	0.618*** (0.010)	0.647*** (0.012)	0.457*** (0.019)	−0.382*** (0.010)	−0.353*** (0.012)	−0.543*** (0.019)
观测值	1585	1291	1277	1585	1291	1277
R²	0.734	0.726	0.368	0.752	0.780	0.573
年份数	6	6	6	6	6	6
Panel D						
人口净流动率	−0.010*** (0.001)	−0.017*** (0.001)	−0.004*** (0.001)	0.012*** (0.001)	0.010*** (0.001)	0.022*** (0.001)
观测值	1585	1291	1277	1585	1291	1277
R²	0.183	0.280	0.098	0.614	0.677	0.459
年份数	6	6	6	6	6	6

表3结果显示，在控制了所有控制变量后，户籍人口增长率每增加1个百分点，新增专项债限额增加40852.795万元，专项债限额下降1.9%，但系数不具有统计显著性，新增专项债余额增加20160.748万元，专项债余额下降2.1%，系数

不具有统计显著性；户籍人口规模每增加1%，新增专项债限额增加4860.345万元，专项债限额增加0.968%，新增专项债余额增加4587.25万元，专项债余额增加0.927%；常住人口规模每增加1%，新增专项债限额增加6163.69万元，专项债限额增加1.059%，新增专项债余额增加5853.33万元，专项债余额增加1.011%；人口净流动率每增加1个百分点，新增专项债限额增加4636.427万元，专项债限额下降2.3%，新增专项债余额增加3954.337万元，专项债余额下降2.5%。回归分析结论与散点图呈现的结果一致，尤其是从人口净流动率的影响来看，对专项债限额和余额的影响均为负，专项债向欠发达地区倾斜的趋势依然比较显著。

表3　　人口增长及流动情况对债券额度配置的影响

	因变量			
	新增专项债限额	专项债限额（对数）	新增专项债余额	专项债余额（对数）
	（1）	（2）	（3）	（4）
Panel A				
户籍人口增长率	40852.795* (23532.875)	−0.019 (0.018)	20160.748 (25612.354)	−0.021 (0.018)
观测值	1424	1524	1457	1536
R^2	0.184	0.403	0.182	0.425
年份数	5	5	5	5
Panel B				
户籍人口 - 对数	486034.610*** (41208.141)	0.968*** (0.022)	458724.621*** (45407.341)	0.927*** (0.022)
观测值	1424	1778	1457	1797
R^2	0.256	0.718	0.236	0.714
年份数	5	6	5	6
Panel C				
常住人口 - 对数	616369.232*** (45085.789)	1.059*** (0.024)	585333.870*** (50194.802)	1.011*** (0.024)
观测值	1391	1733	1422	1750
R^2	0.280	0.720	0.254	0.713
年份数	5	6	5	6

续表

	因变量			
	新增专项债限额	专项债限额（对数）	新增专项债余额	专项债余额（对数）
	（1）	（2）	（3）	（4）
Panel D				
人口净流动率	4636.427* (2415.990)	−0.023*** (0.002)	3954.337 (2711.923)	−0.025*** (0.002)
观测值	1391	1733	1422	1750
R^2	0.185	0.450	0.184	0.481
年份数	5	6	5	6

表4结果显示，在控制了所有控制变量后，户籍人口增长率每增加1个百分点，人均民生支出增加3.7%，人均教育支出增加7.6%，人均社会保障支出下降1.4%，人均卫生健康支出增加5.4%；户籍人口规模每增加1%，人均民生支出下降0.2%，人均教育支出下降0.174%，人均社会保障支出下降0.221%，人均卫生健康支出下降0.168%；常住人口规模每增加1%，人均民生支出下降0.198%，人均教育支出下降0.165%，人均社会保障支出下降0.228%，人均卫生健康支出下降0.165%；人口流入率每增加1个百分点，人均民生支出增加1%，人均教育支出增加1%，人均社会保障支出增加1%，人均卫生健康支出增加0.8%。回归分析结论与散点图呈现的结果一致，随着人口净流入，民生支出呈现出较为显著的增加态势。

表4　　　　　人口增长及流动情况对民生支出的影响

	因变量			
	人均民生支出（对数）	人均教育支出（对数）	人均社会保障支出（对数）	人均卫生健康支出（对数）
	（1）	（2）	（3）	（4）
Panel A				
户籍人口增长率	0.037*** (0.006)	0.076*** (0.007)	−0.014** (0.007)	0.054*** (0.006)
观测值	1542	1542	1542	1542
R^2	0.046	0.105	0.085	0.102
年份数	5	5	5	5

续表

	因变量			
	人均民生支出（对数）	人均教育支出（对数）	人均社会保障支出（对数）	人均卫生健康支出（对数）
	（1）	（2）	（3）	（4）
Panel B				
户籍人口-对数	−0.200*** (0.008)	−0.174*** (0.011)	−0.221*** (0.011)	−0.168*** (0.009)
观测值	1837	1838	1838	1837
R^2	0.268	0.159	0.273	0.217
年份数	6	6	6	6
Panel C				
常住人口-对数	−0.198*** (0.009)	−0.165*** (0.012)	−0.228*** (0.012)	−0.165*** (0.010)
观测值	1837	1838	1838	1837
R^2	0.230	0.130	0.257	0.192
年份数	6	6	6	6
Panel D				
人口净流动率	0.010*** (0.000)	0.010*** (0.001)	0.010*** (0.001)	0.008*** (0.001)
观测值	1837	1838	1838	1837
R^2	0.211	0.165	0.203	0.176
年份数	6	6	6	6

表5结果显示，在控制了所有控制变量后，户籍人口增长率每增加1个百分点，民生支出市本级占比增加0.649个百分点，教育支出市本级占比增加1.048个百分点，社保支出市本级占比增加1.325个百分点，卫生支出市本级占比增加0.924个百分点；户籍人口规模每增加1个百分点，民生支出市本级占比下降0.08023个百分点，教育支出市本级占比下降0.07472个百分点，社保支出市本级占比下降0.09505个百分点，卫生支出市本级占比下降0.06932个百分点；常住人口规模每增加1个百分点，民生支出市本级占比下降0.08411个百分点，教育支出市本级占比下降0.07819个百分点，社保支出市本级占比下降0.094个百分点，卫生支出市本级占比下降0.07546个百分点；人口流入率每增加1个百分点，民生支出市本级占比增加0.301个百分点，教育支出市本级占比增加0.266个百分点，社

保支出市本级占比增加0.472个百分点，卫生支出市本级占比增加0.193个百分点。回归分析结论与散点图呈现的结果一致，随着人口净流入，民生支出的市本级占比呈现出增加的趋势，支出责任有显著的上移特征。

表5　人口增长及流动情况对民生支出市本级占比的影响

	因变量			
	民生支出市本级占比（%）	教育支出市本级占比（%）	社保支出市本级占比（%）	卫生支出市本级占比（%）
	（1）	（2）	（3）	（4）
Panel A				
户籍人口增长率	0.649** (0.264)	1.048*** (0.267)	1.325** (0.526)	0.924*** (0.331)
观测值	1562	1563	1563	1562
R^2	0.088	0.085	0.057	0.045
年份数	5	5	5	5
Panel B				
户籍人口－对数	－8.023*** (0.388)	－7.472*** (0.401)	－9.505*** (0.774)	－6.932*** (0.535)
观测值	1865	1867	1867	1865
R^2	0.265	0.226	0.132	0.133
年份数	6	6	6	6
Panel C				
常住人口－对数	－8.411*** (0.428)	－7.819*** (0.443)	－9.400*** (0.866)	－7.546*** (0.588)
观测值	1812	1814	1814	1812
R^2	0.253	0.214	0.117	0.132
年份数	6	6	6	6
Panel D				
人口净流动率	0.301*** (0.024)	0.266*** (0.024)	0.472*** (0.046)	0.193*** (0.032)
观测值	1812	1814	1814	1812
R^2	0.167	0.135	0.112	0.072
年份数	6	6	6	6

三、总结

基于上述统计性描述和计量分析，可以得出以下初步研究结论：

一是从人口增长和流动对财政能力的影响角度来看，无论是人均规模还是占GDP比重，一般公共预算收入都与人口特征存在明显正相关关系，人口增长[①]越快、人口流入越多，一般公共预算收入越高。财政自给率与人口增长呈现正相关，从人口流动维度进行考察，人口流入地呈现出同样态势，即人口流入规模越多、财政自给率越高，人口净流出地的付息负担随着人口流出规模而逐渐加重，人口增长越快、人口流入越多，社保自给能力越强。

二是从人口流动与财政资源投入的角度来看，人口增长越快、净流入人口占比越高，人均民生支出就越高，民生相关的资金配置一定程度上体现了"随人走"的特征。转移支付占GDP比例与人口流入、流出规模间都呈现负向的正"U"形趋势，即，对于人口流出地来说，人口流出越多，得到的转移支付就越少；而对于人口流入地来说，虽整体依然呈现出负相关关系，但转移支付缩减的幅度随着人口流入规模的增加而减缓，呈现出"钱随人走"的特征。

三是从人口流动对政府性债务的影响来看，专项债务的限额、余额与人口流动则呈现"U"形的正向非线性关系，即流入人口占比越高，上级财政在分配债务资源时就越会向该地区倾斜，呈现"资金跟着人的流动走"的趋势。然而，在单独对人口流出地区进行考察时，出现人口净流出规模越大、债务规模越高的现象，说明当前专项债券在一定程度上承担了"济贫"的转移支付功能。与限额、余额规模类似，债务付息支出同样呈现出"跟随人的增长走、人的流动走"的趋势，这可能与人口增长带来的建设资金需求相关。

四是从人口流动对支出责任上移的影响来看，人口流动事务具有典型的跨区县或跨区域特征，因此，与人口流动相关的财政支出责任也呈现跨区域特征，不再局限于县域范围以内，需要市级、省级或国家层面进行统筹协调，上级政府支出责任比例随人口净流入比例提高而增加，随人口净流出比例提高而下降，债务付息支出市本级占比随人口增长和流入的增加而提高，债务主体也呈上移的趋势特征。

---

① 由于非普查年度常住人口数为推算数，此处仅考察户籍人口增长率。

近年来基层财政运行的调研与分析

中国财政科学研究院在2023年底和2024年底分别启动地方财政运行问卷调研，样本区县填写全年预算执行情况预计数，其中有288个区县连续两年填答问卷，根据样本区县的区域分布，东部地区113个（占39%），中部地区65个（占23%），西部地区75个（占26%），东北地区35个（占12%）。追踪调研为考察地方财政运行形势和压力情况提供了可比较的基准，样本区县两年的变化提供了趋势性参考，数据分析显示：

一是从统筹财政资源的角度，基层政府的刚性支出压力总体可控，但"吃饭财政"的色彩有加重趋势。专项债付息占比高，但从政府综合财力的角度，地方政府法定债务付息负担相对可控，"三保"支出中"保工资"的占比相对偏高，增速相对偏快，东部地区的"三保"支出强度相对突出，而东北地区"三保"支出压力相对更高。

二是自上而下的基层财政纾困政策以及自下而上的积极统筹盘活存量资产和资源成效显著。转移支付对提高基层财政保障能力和促进区域财力均衡的作用显著，库款调度有效缓解了基层财政流动性压力，地方政府积极盘活资产资源，强化跨预算统筹。

三是要客观认识基层财政压力，既要避免过度恐慌，也要避免盲目乐观，寻找财政压力的结构性成因并精准施策。在问题的表现上要区分财力不足和流动性不足的差异，在问题的成因上要区分财政政策逆周期调节和财政管理不优导致的

本章执笔人：曾璐、马润姿、侯海波。

财政压力，在解决路径上要区分政策加力和体制机制改革。

一、当前基层政府刚性支出压力基本面："三保"支出与债务付息负担

基于数据的可得性和基层政府刚性支出的主要构成内容，报告分析了"三保"和债务付息支出的总量和结构特征。结果显示，从财政资源统筹的角度看，债务付息压力相对可控，但增速相对偏快，"三保"支出中"保工资"的占比和增速须格外关注，不同区域的民生保障压力源存在差异，需根据地区支出需求精准增加转移支付予以支持。

（一）债务付息：一般债务付息负担相对温和，欠发达地区专项债付息占比高且增速快，但债务付息压力总体可控

一是从一般债务付息支出占一般公共预算支出的比重来看，样本区县平均从2023年的1.89%提高至2.25%，出现小幅提高。中部和东部样本区县占比与样本总体水平接近，西部样本区县略高于样本总体水平，东北样本区县一般债务付息支出占比最高，平均为样本总体水平的1.5倍（见图1）。

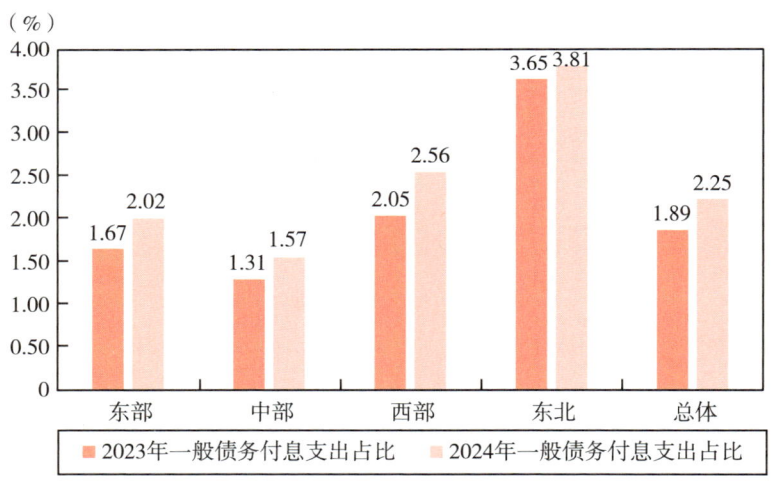

图1 一般债务付息支出占一般公共预算支出的比重

注：共覆盖217个区县。

二是专项债务付息占政府性基金预算支出占比偏高。样本区县平均从2023年的9.49%提高至16.37%，增幅显著。从各地区变化情况看，西部和东北地区样本区县占比高、增幅也相对更大，这与上述两个地区近两年债务置换政策有关，大量隐性债务置换为更加规范、利率更低的专项债券，但也增加了专项债务付息压力（见图2）。

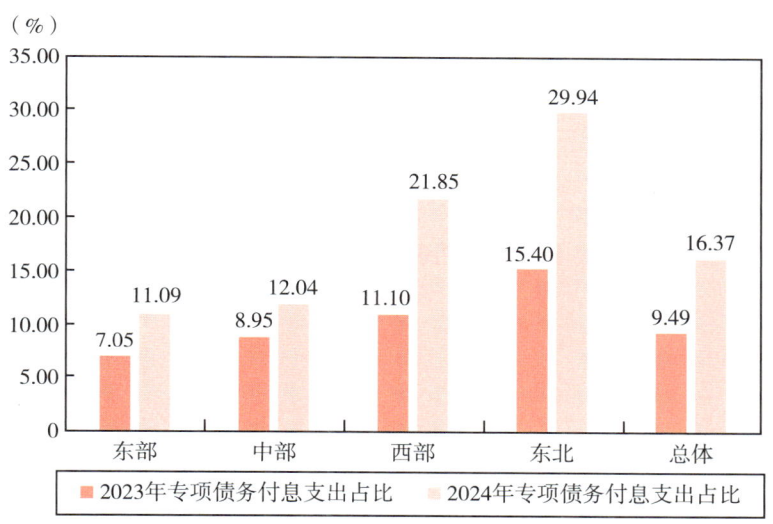

图2 专项债务付息支出占政府性基金预算支出比重

注：共覆盖207个区县。

三是若统筹考虑两本预算对两类债务付息的偿付能力，付息压力大幅降低。2024年12月25日发布的《国务院办公厅关于优化完善地方政府专项债券管理机制的意见》指出，"对专项债券对应的政府性基金收入和项目专项收入难以偿还本息的，允许地方依法分年安排专项债券项目财政补助资金，以及调度其他项目专项收入、项目单位资金和政府性基金预算收入等偿还，确保专项债券实现省内各市、县区域平衡，省级政府承担兜底责任，确保法定债务按时足额还本付息，严防专项债券偿还风险"。因此，在必要时，一般公共预算资金也可统筹用于专项债券付息支出，对债务付息压力的评估，有必要统筹考虑两类债务和两本预算支出。数据显示，所有样本区县中，一般债务和专项债务付息占两本预算支出的比重从2023年的3.2%增加至2024年的4.43%，地区间付息支出比重差异也显著缩小，但东北地区的债务付息偿付压力依然总体偏高、增速也总体偏快（见图3）。

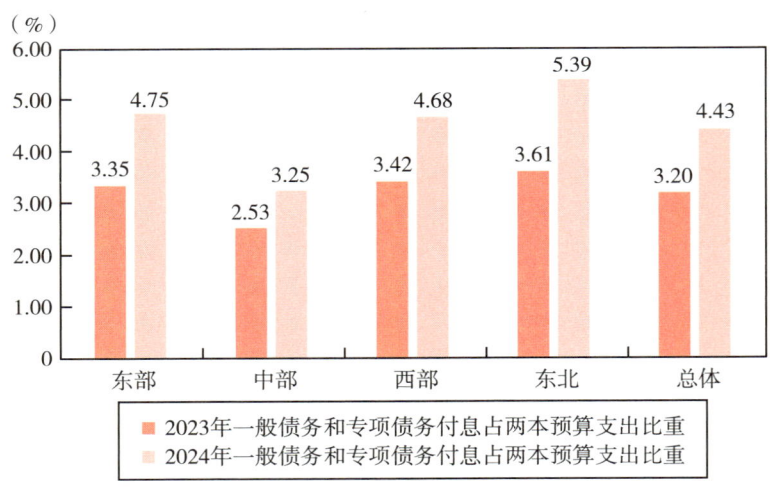

图 3 一般债务和专项债务付息占两本预算支出比重

注：共覆盖207个区县。

（二）"三保"支出："保工资"占比最高并与转移支付依赖度正相关，东北地区支出强度较大且支出压力更高

一是"三保"支出结构总体较为稳定，其中"保工资"支出占一般公共预算支出比重最高，增幅也相对更大。以2024年"三保"支出占一般公共预算支出比重为例，"保工资"占比最高，大约为1/3，"保民生"占比约为1/5，"保运转"占比约为2%。"保工资"不仅占比最高，而且是增幅最大的支出项目，2023—2024年增长近4个百分点，"保民生"和"保运转"增幅较缓，仅分别增长1.73个百分点和0.15个百分点。"三保"支出占一般公共预算支出的比重从2023年的45.83%增至2024年的51.67%（见表1），5.84个百分点的增幅不仅说明地方政府在兜牢"三保"底线方面的努力和成效，也反映出刚性支出只增不减的趋势和压力。

表 1　　　　2023—2024年"三保"支出总体变化趋势　　　　单位：%

年份	"保工资"支出占比	"保民生"支出占比	"保运转"支出占比	"三保"支出占比
2023	26.56	17.41	1.86	45.83
2024	30.52	19.14	2.01	51.67
增幅	3.96	1.73	0.15	5.84

注：共覆盖201个区县。

二是转移支付依赖度越高,"保工资"支出占比越高。如散点图4所示,随着转移支付依赖度提高,样本区县"保工资"支出占一般公共预算支出的比重也呈线性增长,间接显示了转移支付依赖度高的地区,"吃饭财政"的特征也相对更加明显。

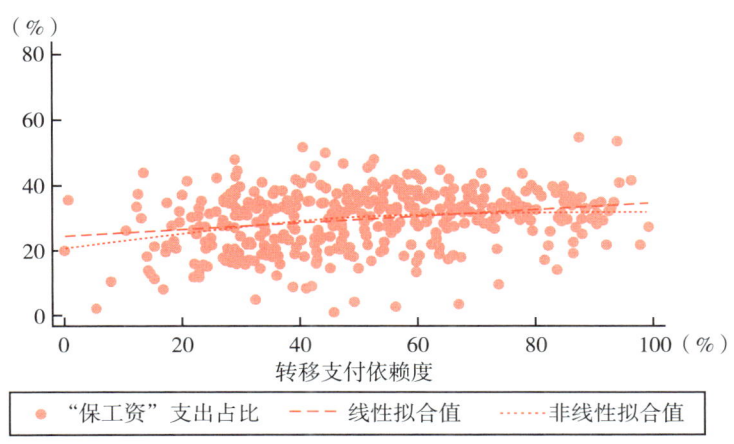

图4 转移支付依赖度和"保工资"支出占比的关系

注:共覆盖201个区县。
资料来源:中国财政科学研究院。

三是样本区县呈现显著的地区差异,东部地区"三保"支出强度相对更高,而东北地区"三保"支出压力相对更大。"保工资"支出中,东部地区支出占比最高,东北地区增幅最大,2024年比2023年增长近8个百分点,是全国平均增长水平(3.96%)的2倍以上。"保民生"支出中,东北地区压力最大,东部地区变化趋势最明显。东部和东北地区的支出压力超过全国平均水平,中西部地区支出压力低于全国平均水平,东部地区两年内"保民生"支出压力增长3.23个百分点,接近全国平均增长水平(1.73%)的2倍。"保运转"支出中,各地区支出占比差异在2%左右,东北地区占比相对偏高(见表2)。

表2　　　　　　　　"三保"支出分地区比较　　　　　　　　单位:%

地区	保工资			保基本民生			保运转		
	支出占比		两年占比增幅	支出占比		两年占比增幅	支出占比		两年占比增幅
	2023年	2024年		2023年	2024年		2023年	2024年	
东部	27.79	32.54	4.75	19.03	22.26	3.23	1.42	1.61	0.19
中部	24.03	27.03	3.00	16.43	17.20	0.77	2.22	2.47	0.25

续表

地区	保工资			保基本民生			保运转		
	支出占比		两年占比增幅	支出占比		两年占比增幅	支出占比		两年占比增幅
	2023年	2024年		2023年	2024年		2023年	2024年	
西部	29.63	31.85	2.22	12.62	14.51	1.89	1.58	1.59	0.01
东北	22.55	30.23	7.68	24.71	23.44	−1.27	2.98	3.17	0.19
均值	26.56	30.52	3.96	17.41	19.14	1.73	1.86	2.01	0.15

注：共覆盖201个区县。

四是在"保民生"支出中，教育支出强度最大且东部地区尤为突出，东北地区就业与社会保障支出强度最大。表3数据显示，约有四成样本区县连续两年在教育领域支出强度最大。分地区来看，东部地区有五成左右样本区县的教育支出在一般公共预算支出中规模最大；2023年和2024年中部地区和西部地区均有近四成左右样本区县的教育支出强度最大；东北地区与其他地区有所不同，两年内分别有45.71%和54.29%的样本区县，一般公共预算支出规模最大的项目是社会保障和就业支出，这一点也符合经验观察，东北地区的人口老龄化和人口外流现象突出，导致地区社保负担尤其严峻。

表3　一般公共预算最大规模支出项目的样本区县占比　　单位：%

地区	教育支出		社会保障和就业支出		卫生健康支出	
	2023年	2024年	2023年	2024年	2023年	2024年
东部	55.75	48.67	23.89	25.66	1.77	3.54
中部	32.31	40.00	24.62	18.46	3.08	4.62
西部	40.00	36.00	0	1.33	1.33	4.00
东北	17.14	8.57	45.71	54.29	5.71	2.86
平均	41.67	38.54	20.49	21.18	2.43	3.82

注：共覆盖288个区县。

二、地方财政对冲压力的做法与成效

进一步了解基层政府在对冲"三保"和债务还本付息等支出压力方面所做的努力、取得的成效，数据显示，转移支付对提高基层财政保障能力和促进区域财力均衡的作用显著，库款调度有效缓解了基层财政流动性压力，地方政府也强化自我努力程度，积极盘活资产资源，强化跨预算统筹，政府综合债务率扩张趋势有效控制。

（一）转移支付对基层政府的纾困成效显著，有力地促进了区域间财力均衡

将调研所得的"三保"和债务付息支出之和定义为"刚性支出"，从样本区县两年平均水平来看，刚性支出规模是一般公共预算收入和政府性基金预算收入之和的1.5倍之多。从不同地区2023年和2024年的刚性支出占两本预算自有收入的比重来看，东部地区均为94.33%，中部地区分别为120.93%和130.05%，增幅为9.12个百分点；西部地区分别为248.98%和225.24%，东北地区分别为249.27%和204.38%，两个地区分别下降23.74个百分点44.89个百分点。

转移支付有效弥补了刚性支出与自有财力之间的缺口，并且地区间刚性支出占比差距呈现显著地收敛和均衡。数据显示，考虑上级转移支付之后，各地区刚性支出占比直接下降至50%左右，一定程度上弥补了支出缺口。考虑了转移支付的财力补充效应后，从不同地区2023年和2024年刚性支出占比来看，东部地区分别为50.84%和50.68%，中部地区分别为48.44%和48.74%，西部地区分别为49.92%和50.23%，东北地区分别为55.53%和51.08%（见表4），其中，东北地区下降幅度相对更大。

表4　　转移支付对地方刚性支出的支撑效果　　单位：%

地区	刚性支出/两本预算收入		刚性支出/两本预算收入与转移支付之和	
	2023年	2024年	2023年	2024年
东部	94.33	94.33	50.84	50.68
中部	120.93	130.05	48.44	48.74
西部	248.98	225.24	49.92	50.23
东北	249.27	204.38	55.53	51.08
平均	167.77	158.24	50.27	50.05

注：共覆盖100个区县。

（二）市级政府积极盘活和挖潜财政资源

除了获得上级转移支付的支持，地方政府也在强化自身努力，积极盘活和挖潜财政资源，2023年和2024年国有资源（资产）有偿使用收入占据非税收入规模

榜首。调研收集了非税收入规模最大的项目，2023年有55.21%的样本区县在盘活国有资源（资产）上获得最多的收入，2024年有53.13%的样本区县在盘活国有资源（资产）上获得最多的收入（见表5）。

表5　非税收入规模第一的项目的样本区县占比　　单位：%

项目	2023年	2024年	增长
专项收入	25.35	22.22	-3.13
行政事业性收费	7.64	10.07	2.43
罚没收入	9.03	8.33	-0.70
国有资源（资产）有偿使用收入	55.21	53.13	-2.08
政府住房基金收入	0.35	1.74	1.39
其他收入	2.43	4.17	1.74

注：共覆盖288个区县。

盘活资产贡献了一般公共预算收入的5%—8%，对基层财政开源起到了一定支撑作用。样本区县盘活资产财税收入占一般公共预算收入的比重，从2023年的6.56%增至2024年的7.38%。从地区差异来看，西部的样本区县盘活资产的努力程度平均水平最高，2023年和2024年均在8%以上；东北地区从2023年的7.74%降至2024年的6.88%；东部地区和中部地区略低于全国平均水平，增幅相对较高，分别为1.06个百分点和1.32个百分点（见图5）。

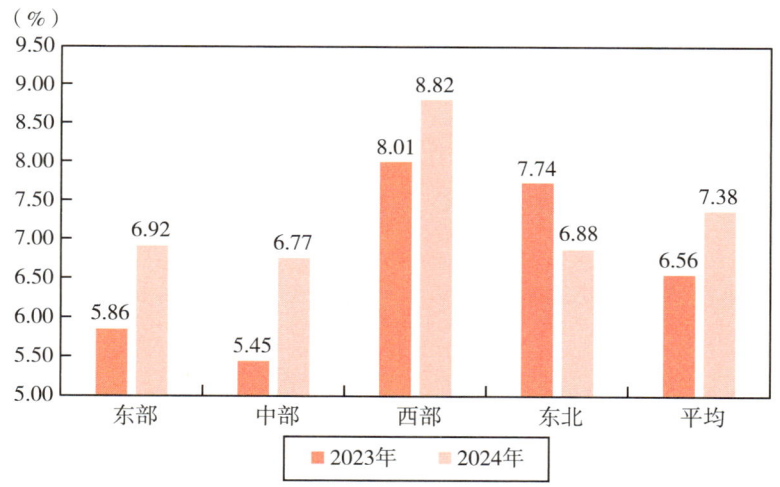

图5　盘活存量资产的财税收入占一般公共预算收入的比重

注：共覆盖288个区县。

（三）强化跨预算统筹，增加一般公共预算对其他预算的支持

对比样本区县一般公共预算支出的资金来源可以发现，财政自给率和转移支付依赖度均有提高。2023年一般公共预算收入占一般公共预算支出的占比（又称"财政自给率"）从2023年的42.41%增至2024年的48.99%，转移支付占一般公共预算支出的占比（又称"转移支付依赖度"）从2023年的51.07%提高至2024年的64.26%。

强化跨预算统筹，加强一般公共预算的反向调度，支持其他预算承担刚性支出责任，是地方政府在面临财政压力时的一种有效应对策略。从一般公共预算收入、转移支付和一般债券之和占一般公共预算支出的比重来看，基层自有财力、上级支持财力和增加债务等筹集收入已基本覆盖一般公共预算支出，覆盖的比例从2023年底的95.38%增至2024年的106.84%（见表6），可筹集收入超出一般公共预算支出的部分便是可统筹用于支持其他预算平衡的资金。这说明地方政府在保障一般公共预算支出的同时，能够灵活地进行跨预算统筹，统筹资金弥补其他预算科目中刚性支出财力的不足。

表6　　　　一般公共预算支出中对应资金来源占比　　　　单位：%

地区	2023年一般公共预算支出中对应资金来源占比				2024年一般公共预算支出中对应资金来源占比			
	一般公共预算收入	转移支付	一般债券	小计	一般公共预算收入	转移支付	一般债券	小计
东部	53.25	39.45	2.20	94.90	63.33	44.37	2.13	109.84
中部	43.62	47.69	3.43	94.73	47.47	54.27	3.28	105.02
西部	28.46	63.66	4.91	97.03	32.85	62.86	7.72	103.42
东北	39.00	47.96	8.01	94.98	56.40	49.43	2.12	107.95
平均	43.57	48.19	3.62	95.38	51.14	51.91	3.80	106.84

注：共覆盖176个区县。

（四）优化债券使用结构，防风险和促发展协同推进

在地方政府防范债务风险压力不减的情况下，优化债券使用结构、灵活使用国家化解债务和增发债券的政策，是市县基层政府防风险和促发展的核心政策工

具。针对2024年样本区县的调研数据发现，专项债券和超长期国债形成协同关系，发行专项债券越多的地方，同样也获得了相对更多的超长期国债的支持，形成了债券组合、协同赋能、支持地方防风险和促发展。

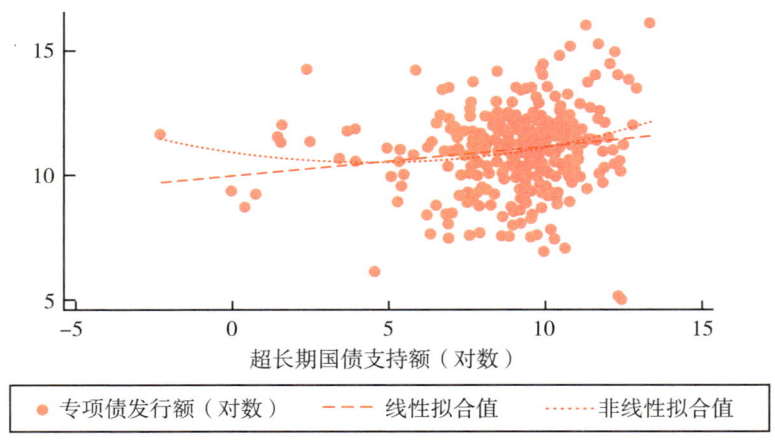

图6　专项债发行额与国债支持额之间的相关关系

注：仅使用2024年调研数据，共覆盖679个区县。
资料来源：中国财政科学研究院。

三、从三个方面客观认识当前地方财政压力

随着国际形势不确定性风险高发，国内经济下行压力不减，经济社会发展还面临多重风险挑战，社会各界对财政政策的期望只增不减，各级财政将继续承压。财政作为社会风险的"最后买单人"，是吸收、缓冲和消解经济社会风险的屏障，因此，财政压力增加本质上就是财政政策短期内发挥逆周期调节作用的表现。对地方财政状况的评估不能仅凭主观臆断，而应秉持理性思维，从实际出发，运用实证方法和纵向数据比较来作出科学判断。因此，要正确认识当前地方财政压力问题，在问题的表现上要区分财力不足和流动性不足的差异，在问题的成因上要区分财政政策逆周期调节和财政管理不优导致的财政压力，在解决路径上要区分政策加力和体制机制改革。须精准研判问题的表现、成因和路径，避免被甚嚣尘上的舆论和非专业分析带偏带错，既不能夸大财政压力，也要防止回避问题和矛盾；既要防止因短期财政收支紧平衡压力而过度恐慌，又应该基于中长期视角关注财政可承受能力和财政的可持续性问题。

（一）在表现上，须区分财政压力源自逆周期调节和财政管理不优

一是积极财政政策尤其体现为"减收和增支"，政策发挥作用本身就会增加财政运行压力。财政收支紧平衡压力，既反映了各级政府履行"稳增长""防风险""惠民生"等支出责任，也体现了财政对经济下行压力、社会不稳定因素和经济社会发展安全风险等公共风险的对冲，财政压力本身就是积极财政政策发挥作用的重要表征。2019—2021年我国新增减税降费分别约为2万亿元、2.5万亿元和1.1万亿元，2022年、2023年新增减税降费及退税缓税缓费分别超4.2万亿元、2.2万亿元，2024年我国采取结构性减税降费政策，重点支持科技创新和制造业发展，前11个月减税降费及退税22979亿元。从2012年起，财政收入增速的降幅明显快于GDP增速的降幅，到2015年财政收入的增速已经低于GDP增速，并且财政收入增速比GDP增速下降得更快。与此同时，财政支出压力只增不减，2024年财政承担的"稳增长"与"保民生"的公共责任增加。财政政策仍然坚决贯彻"加力提效"的要求，保持必要支出强度，特别是三季度部署一揽子增量政策，促进经济回升向好；同时，财政继续对于民生、战略性和重点支出领域予以重点保障，刚性支出挤占有限的预算资金。

二是财政压力也来源于财政管理不足，资金浪费、支出效益不高等问题依然存在，降低了财政投入转化为经济社会发展动能的效率。在财政和部门的关系处理上，对于地方政府主要负责人财政约束的软化，是导致地方超出财政承受能力安排项目和支出的重要原因，整体的治理压力"结构化"到财政身上。比如发展支出需求超出承受能力，调研中发现，地方在落实重大战略部署、支持经济复苏增长、保障重大项目建设等，对财政资金需求较大，但可用资金来源不断收缩；部分市县承担优惠扶持政策引进投资项目任务较重，导致招商引资支出常态化、扩大化；一些地方以往年度过度超前和超标准推进基础设施建设，资金成本、维护成本远超经济社会效益，形成较重的财政负担。分析其中原因，突出的一点就是地方财政难以有效约束地方政府的主要负责人，导致决策超出财政承受能力。纵向上下级政府之间考核的无序扩张，会导致"上级点菜，下级买单"以及"上面千根线，底下一根针"的困境，基层政府"小马拉大车"，一定程度上构成了基层财政困难的体制机制成因。所以，正视财政压力，理性分析其成因和影响，是制定合理财政政策、促进经济社会健康发展的关键所在。

（二）在成因上，须区分财政压力中的财力不足和流动性不足

一是财政压力既可能来自财力不足，也可能来自流动性不足，问题解决的方式和难度存在显著差异。财力问题是指财政收入的不足或减少，或财政收入规模、范围无法覆盖支出的财力需求，涉及财政收入制度和筹集能力，包括税收收入、非税收入以及转移支付等。流动性不足是指财政资源的流动性短缺，如财政资金收支在时间、期限上不对应，资金周转出现障碍，导致某一时点流动性无法支撑支出的需求。虽然总体上地方财政困难是财力不足和流动性不足多重因素交织的结果，但目前在较大规模积极财政政策的背景下，减税降费和增加支出强度造成的流动性压力相对更主导。近年来大规模减税降费财力回补效应偏弱，土地出让收入快速下滑，土地出让收入主要在市县（区）两级缴入国库，作为市县（区）库款流动性的重要支撑，土地出让收入下降，也间接造成了库款流动性的减少和库款保障水平的下降。

二是当前各类财政资源规模已足够支撑"三保"及其他必要刚性支出的资金需求，制度性财力不足导致压力目前还不明显。过去财力不足引发拖欠工资和公用经费停拨，主要是地方政府自有财力和上级转移支付均不足，无法支撑运转需求。然而，如今一般公共预算收入占GDP比重年均已升至16%的水平，收入总量已达21.97万亿元，中央对地方转移支付规模突破10万亿元，确保工资发放和运转经费供给的财力基础相当坚固，部分县市保工资、保运转压力增大的主要原因是区域财力不均衡型资金调度困难。从广义财政资源来看，《国务院关于2023年度国有资产管理情况的综合报告》显示，截至2023年末，我国国有资本（含企业国有资产、金融国有资产、行政事业性国有资产）权益总额达184万亿元，其中地方政府的国有资本权益总额达135.2万亿元，财政资源足够支撑各类支出需求。由于资产盘活周期长、资产价格低估等因素，这些资产可能未能及时转化为现金流，导致地方政府在短期内面临资金流动性的挑战。因此，加大上级流动性调度力度、提升地方财政部门流动性管理，着力解决流动性不足和跨期周转困难等问题，对于解决地方财政压力更为迫在眉睫。

（三）在解决路径上，要区分政策加力和体制机制改革

一是大规模增量财政政策加力提效，更要注重最大化用好存量财政政策。尽管社会各界对财政政策加力的期望和呼声日益提高，但财政政策本身具有专业性

和结构性,以及发挥作用的缓释性和持久性,导致市场主体、社会公众对财政政策的内容和作用机制不了解,存量政策效果尚未充分释放的情况下,不断要求增量政策加码,短期的特殊的经济形势有"被拉长"和"一般化"的趋势,应急政策也存在被动地被常态化倾向。在财政政策工具箱中,如果应急政策工具常态化、长期化,可能会加剧经济安全与财政安全的统筹难度。一定程度上造成财政政策空间的收窄和舆论被动,也会透支财力空间和应对临时突发性冲击的政策余量。因此,须充分做好存量财政政策的深入研究、学理性解读和多层次宣传,做好充分沟通,避免信息不对称,让市场和民众对存量财政政策可知可感可及,了解政策发挥作用的机制,对政策红利释放周期具有理性和耐心。

二是应对地方财政压力除了大规模增量政策刺激以外,更要强化体制机制改革,着力解决问题的深层成因。分税制改革有效激发了地方谋求发展的积极性,但改革聚焦于收入领域划分,支出领域改革相对滞后。长期以来经济快速增长、大规模收入增量掩盖了体制的矛盾,但经济下行和内外不确定性阶段,体制机制的深层次问题突出,对应对短期压力的制约越来越大。随着近年来经济下行压力加大,各领域支出规模快速增长,财政收支紧平衡压力持续加大,财政体制权责不匹配、"条条"部门多头"点菜"增大了地方支出责任和财政负担,财政体制不稳定性和不可预期性有向分税制改革之前回归的趋势。分税制改革的激励效应边际递减,一些亟待体制改革解决的问题仍是依托短期政策手段予以延缓,地方发展积极性受限,基层财政负担和财政风险快速积累,成为当前财政体制面临的核心问题与挑战,也是地方财政压力形成的深层成因,要着从体制机制改革角度应对当前压力,避免用"造成问题的办法来解决问题"。

省以下事权与支出责任划分改革：现状、问题和优化路径

省以下财政体制是政府间财政关系制度的重要组成部分，对于建立健全科学的财税体制、优化资源配置、维护市场统一、促进社会公平具有重要作用。1994年分税制改革，初步建立起了适应社会主义市场经济体制的财政体制，划分了中央和省级财政之间收入分配关系，事权和支出责任划分则总体上延续了改革之前的做法。事权与支出责任划分改革是规范政府间财政关系改革的逻辑起点，相对于省以下收入划分和转移支付这两个体制环节，省以下事权与支出责任划分改革起步最晚，改革空间最大。2016年，国务院下发《关于推进中央与地方财政事权和支出责任划分改革的指导意见》（国发〔2016〕49号），一些省级政府也出台了省以下财政事权和支出责任划分改革实施意见或实施方案，然而除教育等少数几个领域界定了多级财政支出比例外，多数领域的支出责任在地方政府间划分依然模糊。为了更全面地了解省以下事权与划分改革的现状、更准确地掌握改革中存在的问题、破局省以下财政体制改革，本人对广东、内蒙古、河北、陕西等地省、市、县财政部门进行深入调研，以期提出有建设性的改革建议。

本章执笔人：孙维。

一、事权与支出责任改革整体进展

2018年以来，在中央和地方事权与支出责任划分改革的基础上，省以下事权与支出责任改革取得长足进展。中央与地方事权与支出责任划分是省以下政府间事权与支出责任划分的前提，省以下事权与支出责任划分的对象是央地划分完成后的"余权"，因此有必要先厘清央地事权与支出责任划分改革的进展。

（一）中央与地方事权与支出责任划分改革进展

1994年分税制改革侧重于中央与地方政府间收入的划分，事权和支出责任划分则总体上延续了改革之前的做法。党的十八届三中全会提出全面深化改革的要求后，央地事权与支出责任划分改革有了较快进展，可以概括为"1+1+10"三个层次的初步框架（见图1）。

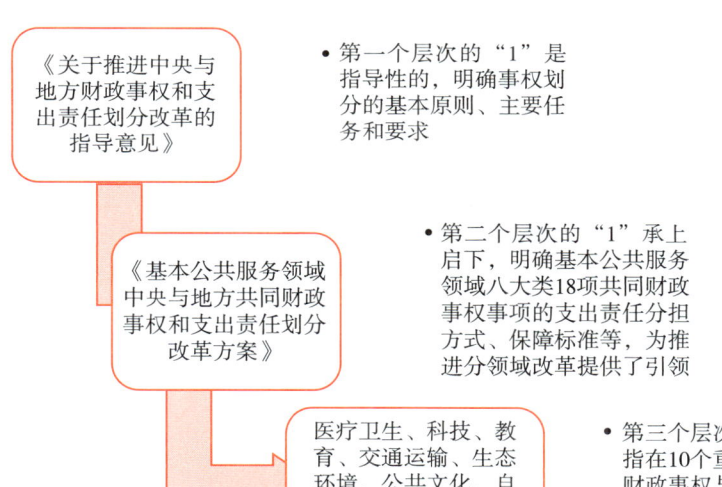

图1 央地事权与支出责任划分改革"1+1+10"框架

资料来源：笔者根据相关文件整理。

"1+1+10"改革方案覆盖面广，有力保障基本公共服务投入。据笔者统计，上述领域所覆盖的财政支出约占全国财政总支出的67%（以2020年决算数据为例），通过科学界定与人民最关心最直接最现实利益问题相关的民生领域中央与地方权责，确定共同财政事权范围，更好地保障了基本公共服务投入，不断满足人民日益增长的美好生活需要。

（二）各地省以下事权与支出责任划分改革进展

在国务院出台的"1+1+10"央地事权与支出责任划分的改革方案基础上，各省级政府陆续推进本地区省以下财政事权与支出责任划分改革。与中央文件相对应，各省出台的财政事权与支出责任划分改革文件主要包括该省关于推进省以下财政事权和支出责任划分改革的意见，以及基本公共服务领域省以下共同财政事权和支出责任划分改革方案和若干分领域的省以下共同财政事权和支出责任划分改革方案。

省以下事权与支出责任划分改革总体延续央地划分框架，但是各地改革进展不同步，一些省份结合央地划分改革及时跟进，分领域制定省以下改革方案，总体框架和覆盖领域均与央地财政事权与支出责任划分改革一一对应。但也有一些地区改革相对滞后。例如，H省一直未出台教育领域、医疗卫生、科技等领域的省以下财政事权与支出责任划分改革方案。

二、省以下事权与支出责任划分现状

事权是一级政府应承担的运用财政资金提供基本公共服务的任务和职责，省以下事权划分是处理好省以下各级政府间关系的重要制度安排，支出责任是各级政府履行事权的支出义务和保障，支出标准则是各级政府按照何种水平履行相应事权的依据，因此客观反映省以下事权与支出责任划分现状应对上述三个方面进行分析。

（一）省以下各级政府事权划分现状

省以下政府事权划分既包括省以下各级政府独立履行的事权，也包括各级政府共同履行的事权。

1. 省以下各级政府独立事权范围

经过本轮省以下事权与支出责任划分改革，目前省以下各级政府独立履行的事权包括以下三个方面：一是一般公共服务类事权，包括本级人大、政协、党委、政府的运转和人员经费；二是公共安全类事权，包括本级公安、检察院和法院的运转和人员经费以及区域内公共安全管理事务和设施建设、装备配置和办案等；三是其他按照受益范围和信息复杂程度划分的基本公共服务事项，其中省级政府主要承担跨地市区域统筹协调或外部性较强的事务。例如，内蒙古自治区区级政府承担农村牧区校舍安全保障，高校国家助学金、奖学金和助学贷款贴息、跨盟市重大基础设施建设、全区性战略性资源使用和保护等事权；市县政府主要承担直接面向基层、信息较为复杂的事务，如市政交通、城乡社区事务、农村公路、农村人居环境整治等事权。

2. 省以下各级政府共同事权的主要内容

与明确由某一级政府独立承担的事权数量相比，省以下各级政府间存在更多的共同事权。前述"1+1+10"方案明确了央地共同财政事权范围，省以下各级政府共同事权范围也是以此为框架制定并在此基础上进行调整。据对部分省财政厅调研了解，A省省以下共同财政事权124项；B省省以下共同财政事权99项。通过观察一些省份共同事权转移支付的设置类别，可以了解当前省以下共同财政事权的具体内容。以2023年广东省共同财政事权转移支付为例，涉及教育、科学技术、社会保障和就业、医疗卫生等九大领域，具体包括城乡义务教育中小学公用经费、就业补助资金、基本公共卫生服务补助资金等59项。

（二）省以下政府支出责任划分基本格局：基于基本公共服务的分析

1. 共同财政事权的支出责任划分情况

各级政府独立事权的支出责任相对明确，按照"谁家的孩子谁抱"的原则匹配支出责任。例如，政府各级人员工资和运转支出属同级财政负担。因此，共同财政事权支出责任的分担比例是省以下政府支出责任划分的重点内容。2018年以来，各省在已明确央地共同财政事权支出责任分担比例的领域，制定了省以下政府共同财政事权的支出责任及分担方式。例如，黑龙江省义务教育公用经费保障省与县按8：2比例分担、省与市按6：4比例分担。

此外，各地还有一些超越中央改革方案的举措。一是对中央文件中已经明确央地支出责任分担比例的共同财政事权事项进行细分，结合具体情况分别制定支出责任分担比例。例如，黑龙江省将中央文件中的城乡居民基本养老保险补助分解为基础养老金补助和缴费补助两项，分别制定不同的支出责任分担比例：前者省级标准高于中央标准部分，享受均衡性转移支付市县由省与市县按5∶5分担，不享受均衡性转移支付市县由市县自行承担；后者由省与市县按6∶4分担。二是对于中央文件中没有明确支出责任分担比例的共同财政事权事项进行了约定。例如，吉林省对于中央文件中没有规定央地分担比例的其他教育大类，明确学前教育生均经费、普通公办高中生均公用经费、中等职业教育生均公用经费三项共同财政事权由省政府制定基础标准，市县财政负担，省级政府对达标市县按比例奖补。

2. 支出责任划分动态调整机制

近年来，省以下共同财政事权支出责任动态调整机制逐步建立。例如，内蒙古自治区在2018年对18项基本公共服务统一实行自治区与盟市分档分担办法，政策执行三年后考虑到各盟市经济发展、常住人口和财力状况发生较大变化，在2021年又对上述领域自治区与盟市共同财政事权和支出责任分档分担比例进行调整（见表1），其中呼和浩特市、乌海市、满洲里市、二连浩特市从第一档分担比例（自治区分担30%，盟市分担70%）调整为第二档分担比例（自治区分担50%，盟市分担50%），包头市、呼伦贝尔市从第二档分担比例调整为第三档分担比例（自治区分担70%，盟市分担30%）。

表1 内蒙古自治区区以下基本公共服务领域共同财政事权分档分担比例

自治区与盟市共同事权的支出责任分担比例	2018年执行盟市	2021年执行盟市
第一档（3∶7）	鄂尔多斯市、呼和浩特市、乌海市、满洲里市、二连浩特市	鄂尔多斯市
第二档（1∶1）	锡林郭勒盟、阿拉善盟、包头市、呼伦贝尔市	呼和浩特市、锡林郭勒盟、乌海市、阿拉善盟、满洲里市、二连浩特市
第三档（7∶3）	兴安盟、通辽市、赤峰市、乌兰察布、巴彦淖尔市	包头市、呼伦贝尔市、兴安盟、通辽市、赤峰市、乌兰察布市、巴彦淖尔市

（三）因地制宜制定省以下基本公共服务支出标准

前述"1+1+10"改革方案将基本公共服务标准上升到国家层面，各省份在确保国家基础标准落实到位的前提下，因地制宜制定本区域执行标准，解决过去基本公共服务有些事项保障标准、名称和内涵不统一,地区间实际保障水平差异较大等问题,有利于更好推进基本公共服务在本区域尽快实现均等化,进一步织密扎牢民生网。

目前省以下财政事权事项执行标准包括以下四种情况:一是执行中央基础标准。二是结合中央标准制定执行本省标准。三是授权市县制定标准。以黑龙江省为例,基本公共服务领域省以下共同财政事权共8大类19项,其中执行中央基础标准7项、结合中央标准执行本省标准3项、制定基本公共服务保障全省基础标准4项、授权市县制定本地标准5项。四是在中央文件中没有规定基础标准的部分领域,一些地方也结合本地实际明确了全省标准。例如,吉林省增加了医疗救助共同事权扶贫攻坚时期省级财政补助资金人均标准。

三、当前推进省以下事权与支出责任划分改革存在的问题

调研中发现一些地区在推进省以下事权与支出责任划分改革中仍有关键问题尚未解决,如省级政府事权有待强化,市以下事权与支出责任划分改革进展滞后;支出责任分担比例有待进一步明确和优化;一些事权的保障标准缺少明确依据等。

(一)事权划分改革尚需深化

一是省级政府事权有待强化。根据公共服务受益范围及信息管理复杂程度,一些领域省级财政事权承担仍显不足,包括教育、科技研发、企业职工基本养老保险等。这些不仅影响财政发挥宏观调控职能,甚至会对全国或区域的经济社会一盘棋发展产生不良后果。典型如基本养老保险全国统筹,一些地方之前实现的所谓"省级统筹"只是名义上的,支出责任仍在市县,"全国统筹"更无从谈起,区域间费率及保障能力差异形成的企业经营成本差异,直接导致同质产品价格差异,形成被动的市场环境差异化带来的市场潜在分割。同时,这种情况持续下去,恶性循环,容易加剧地区间两极分化的"马太效应"。

二是市以下事权与支出责任划分改革进展滞后。市以下事权与支出责任划分是省以下政府间事权与支出责任划分改革的重要组成部分,然而一些省份的市以下改革整体推进情况较慢,制约了省以下政府间事权与支出责任划分改革的贯彻落实和整体进展。例如,A省虽然早已在2018年发布省以下事权与支出责任划分

改革的总体实施意见,并在2019—2022年出台了各个分领域的改革方案,但是截至2023年10月,在该省的12个地市中,只有3个地市出台了6个分领域改革方案,2个地市出台了4个分领域改革方案,2个地市出台了3个分领域改革方案,5个地市严重滞后,均只出台基本公共服务领域1个改革方案。地市出台事权和支出责任划分方案进度较慢,市以下财政事权和支出责任划分不清晰,容易增加下级支出责任或向下级转嫁支出责任的风险。

(二)支出责任分担比例有待进一步明确和优化

虽然目前省以下政府对财政事权进行了划分,明确各级政府的独立财政事权,但仍有很大一部分无法界分清楚,被归入省以下政府的共同财政事权,按照一定的方式或比例确定各自的支出责任。尤其是一些省以下共同财政事权在履行过程中没有明确应该由哪一级政府为主来承担,各级政府应该承担怎样的比例也不确定。例如,科技、交通运输、公共文化等领域就存在不少上述情况。这就导致在财政体制执行过程中,共同事权的支出责任往往层层向下转移,本应由上级财政为主承担的事权逐步转变为基层财政承担为主、上级财政承担为辅的事权,导致"上级请客、下级买单",不利于有效提供基本公共服务,也不符合推动国家治理体系和治理能力现代化的要求。

(三)一些事权的保障标准缺少明确依据

一是大量共同财政事权未明确保障标准,履行支出责任的精准程度有待提高。支出标准是各级政府规范履行共同财政事权的前提和依据,然而目前大量省以下共同财政事权没有明确保障标准,进而无法判断保障这些事权需要多少财力,相对应的支出责任如何在省以下政府之间划分更无从谈起。这些事权在执行中有的按工作量测算,有的按因素法分配资金,政府间支出责任缺乏固定的分担比例,事权是否履行到位也就不易判断。调研了解,A省省以下政府共同财政事权124项,其中只有40项确定了保障(补助)标准,仅占32%,尚未明确保障标准的84项;B省省与市县共同财政事权已明确99项,其中18项确定了保障(补助)标准,尚未明确保障标准的有81项。

二是一些事权的保障标准与成本不匹配,精准程度有待提升。转移支付是上级政府委托下级政府完成共同财政事权最重要的政策工具,载体是财政资金,但发展改革委等部门出台的一些基本公共服务的指标则多聚焦在实物产出上,两者在政策上不够协同。一些支出政策标准与其提供的公共服务标准和成本不匹配。调研中，东部某市反映，残疾人温馨家园基本运行经费和项目补助、基本公共卫生服务补助、困境服务对象入住养老机构补贴等多项政策，均涉及对基层公共服务机构运行或所提供的基本公共服务补助，但未区别运行成本或公共服务成本的差异，补助标准无法与服务标准和成本匹配。

四、完善省以下事权与支出责任改革的建议

针对上述调研中发现的问题，建议强化省级政府事权和辖区责任，加快推进市以下政府间财政事权划分改革；合理确定省以下各级财政承担的支出责任，健全完善涉及资金政策制定出台程序；加快建立共同财政事权保障标准，基于"实物产出"考量成本因素以提升财政支出效率。

（一）合理划分省以下各级财政事权

一是适当上收部分事权，强化省级辖区责任。基于公共产品提供的普惠性、保基本、均等化方向，加强省级政府在教育、企业职工基本养老保险等方面的事权，增强省级财政支出责任，减轻市县负担。同时，还要强化省级政府的辖区责任，在有效履行省本级政府责任的基础上，促进辖区内区域的协调平衡发展。

二是加快推进市以下政府间财政事权划分改革。各地市对照所在省份已经出台的各领域事权与支出责任划分改革方案，加快推进市以下政府间财政事权划分改革。省级政府加强监督指导，明确制定或完善市以下政府间财政事权划分改革方案工作的截止时间点，要求各地市在统一制度框架内，分级明确财政事权内容、保障方式等。

（二）明晰界定省以下各级财政支出责任

一是合理确定省以下各级财政承担的支出责任。除共同财政事权实行上下级共同负担外，其他财政事权要坚持各司其职、各负其责，"谁的孩子谁抱"。共同财政事权需明确划分省本级、市、县各级支出责任，同时按照减轻基层负担、体现区域差别的原则，根据经济发展水平、财力状况、支出成本等，通过分类分档等差别化方式，确定不同市县财政支出责任，省本级对财政困难市县适当提高支

出责任和分担比例。上级政府财政事权原则上不得委托下级履行，确需委托下级履行的，应足额安排资金，不能以考核评比、下达任务、要求配套资金等任何形式，变相增加下级支出责任或向下级转嫁支出责任。

二是健全完善涉及资金政策制定出台程序。省以下各级政府各部门全面加强财政承受能力评估，坚持尽力而为、量力而行，审慎出台涉及资金政策，防止各级财政负担过重或增加基层"隐性"配套要求。除国家统一要求外，建议各部门谨慎出台新的民生政策；对达到国家要求标准的民生政策，一般不提标扩面；严禁各市县擅自出台涉及面广、超出自身承受能力、影响财政可持续的民生支出政策。

（三）完善共同财政事权保障标准

一是加快建立共同财政事权保障标准。建立保障标准是清晰划分各级支出责任的前提条件，没有保障标准，则无法衡量责任落实情况。如前所述，目前省以下政府仍有大量共同财政事权未明确保障标准，明确支出责任划分也就无从谈起。因此建议尽快对基本公共服务领域共同财政事权以及其他适宜量化的共同财政事权制定保障标准。同时，结合各地经济发展水平、财力变化和服务成本变化，建立保障标准动态调整机制。

二是基于"实物产出"考量成本因素，提升财政支出效率。在当前财政资金分配的因素基础上，尽可能考量实物产出的因素，体现其中的成本因素和效率因素，完善共同事权财政转移支付分配因素，准确测算服务成本，研究制定分类分档的支出标准及调整机制，实现财政保障标准与公共服务质量标准、成本标准相匹配，注重从实物产出层面推进基本公共服务均等化。

参考文献

［1］崔运武.论我国省以下财政事权与支出责任划分改革的若干问题［J］.上海行政学院学报，2019，20（02）：4-13.

［2］胡凤乔，李金珊.省以下医卫领域财政事权与支出责任划分——以浙江医疗资源配置改革为例［J］.地方财政研究，2020（11）：72-79.

［3］刘承礼.省以下政府间事权和支出责任划分［J］.财政研究，2016（12）：14-27.

［4］刘尚希，赵福昌，孙维.中国财政体制：探索与展望［J］.经济研究，2022，57（07）：12-25.

[5]马光荣,刘孟鑫,戚庆源.政府间环境事权划分与污染治理——基于省以下环保机构垂直化改革的研究[J].财贸经济,2023,44(08):22-37.

[6]徐绿敏.我国省以下财政体制比较分析[J].江西社会科学,2014,34(05):84-89.

[7]王振宇,路遥.省以下财政体制历史演进、约束条件与配套深化[J].财政科学,2022(09):32-41.

以数字化赋能财政公开的国际实践与启示
——基于OECD财政信息公开平台的分析

2025年2月13日，OECD发布《通过数字化和交互式方法赋能财政报告（Empowering Fiscal Reporting with Digital and Interactive Approaches）》报告，介绍了一个基于互联网的财政报告新框架"数字和交互式财政报告"（Digital and Interactive Fiscal Reporting，DIFR）。DIFR框架主要应用于财政信息公开平台的建设，是指通过提供全面开放的数据访问或数据通信策略来改善财政报告制度，其本质目的是提升财政透明度、增强公众参与，基本原则包括可得性、可理解性、可信性和用户赋权。

事实上，基于DIFR框架，OECD国家已经开展了一系列关于数字化财政信息公开平台的建设，通过整合多维数据、拓展交互层次、加强智能应用等方式，以数字化赋能财政报告现代化，在保障数据权威性的同时，增强了公众对财政工作的理解与支持。因此，梳理OECD国家关于数字化财政信息公开平台的建设历程，对推动我国财政信息公开、提升财政管理水平、实现财政治理现代化具有重要意义。

一、OECD国家数字化财政信息公开平台的兴起与发展

（一）缘起：DIFR满足公众对财政透明的更高的、多元化需求

20世纪末至21世纪初，全球范围内对政府治理透明度的要求不断提高，财政

本章执笔人：梁季、龙斯玮。

透明度作为政府透明度的关键组成部分，受到广泛关注。自1997年以推动公众参与预算为目标的国际预算合作组织（International Budget Partnership，IBP）成立以来，全球财政透明实践不断深入，国际组织纷纷倡导各国提升财政透明度，以增强公众对政府的信任，各国的财政报告制度得以建立和不断完善。

然而，随着公众诉求和数字技术的快速发展，政府财政报告制度面临新的挑战和机遇。一方面，在公民参与意识日益提升的情况下，公众对政府财政决策的参与意愿和能力不断增强，尤其全球金融危机后，对政府支出问责的需求激增，这对财政公开提出了更高要求，即公众不仅要求获取财政信息，还希望能够理解这些信息，以更好地参与政策讨论。因此，传统的财政报告的局限性开始暴露。首先，静态PDF格式的报告存在信息碎片化、更新滞后、可读性差等问题，难以满足时代需求；其次，公众对财政透明度的诉求升级，要求以更直观、动态、易于理解的财政信息获取方式。

另一方面，随着财政报告制度不断发展和成熟，各国也逐渐意识到，财政报告不应该仅仅只是展示数据和政策效果，还应当成为"增加公众认知、促进审查和对话的工具"（Moretti，2018；OECD，2025）。而有效的公共沟通需要同时满足响应性和权威性，前者需要满足用户的多样化需求，后者则要求对所有用户都提供全面、一致、可靠的信息。技术进步和政策完善也为财政报告制度满足公共沟通需要提供了机遇和可能。

（二）演进历程

1. 早期探索阶段（2010年前）：静态数据与报告展现

在公众对财政透明的诉求升级、传统财政报告制度难以胜任的情况下，OECD及部分成员国开始探索财政信息公开数字化，尝试通过互联网平台发布财政数据。

早在20世纪末，加拿大就探索将静态的文件收集转变为更具互动性和信息量的平台，并在后期逐步优化，形成了数字化财政信息公开平台的雏形。早期的平台以开放数据的门户网站为主，公开的数据主要为静态的数据库及PDF格式的财政报告，更新频率较低且相对滞后（以年为单位）；平台功能也较为单一，仅支持基础检索与下载，主要以数据展示为主，交互性弱。尽管这一时期各国财政信息公开平台的用户数量有限，但为后续发展积累了宝贵经验。

随着2006年英国《卫报》发表文章《把皇冠上的明珠还给我们》，席卷全球的开放政府数据运动拉开帷幕。受开放数据运动影响，各国不仅上线了更加规范和全面的政府数据门户网站（如美国的data.gov），部分OECD国家还开始立法，要求财政数据电子化，加速推动数字化财政信息公开平台建设。

2. 快速发展阶段（2010—2020年）：动态数据交互式展现

由于OECD对政府透明和数字政府的持续关注，2010年后许多国家开始大规模建设、推广数字化财政信息公开平台。典型国家包括墨西哥[1]、加拿大[2]、韩国[3]、捷克[4]、爱尔兰[5]。还有部分国家对原有的数据开放门户网站进行优化升级，如美国《联邦资金责任和透明度法》（Federal Funding Accountability and Transparency Law, Act）形成的财政信息公开平台基础上进一步改进，通过加强数据获取推动财政决策、强化问责制与透明度，同时面向用户收集反馈，形成了相对成熟的数字化财政信息公开平台。无独有偶，意大利2018年也对前期的财政数据库进行重构，将其从简单的数据管理平台拓展成"促进公共机构信息利用""拉近公民与机构距离"的交流工具。

这一时期，财政信息公开平台的功能性得到了显著提升，增加了数据实时更新、用户定制等功能，如美国USAspending.gov提供的"夜间数据管道（Nightly Data Pipeline）"实现了数据实时更新；与此同时数据展示方式也越发丰富，动态图表、交互式地图等可视化工具被引入，以帮助用户更好地理解财政数据。除增强交互性外，另一项重要突破是实现用户分层，如将用户分为专家层和公众层，针对专家层提供原始数据下载与高级分析工具，针对公众层提供科普内容和教育工具，在实现"数据可查"的同时强化"政策可感"。这些功能优化主要得益于技术进步。一方面信息技术的快速发展为数字化财政信息公开平台的建设提供更强大的技术支撑，另一方面数据可视化、交互式设计等技术的成熟也使得财政数据能够以更加直观、易懂的方式呈现。与此同时，各国政府部门也陆续制定政策与标准，规范数字化财政信息公开平台的建设和运行。

随着功能不断拓展与优化，数字化财政信息公开平台的用户数量不断增长，公众对财政数据的关注度和参与度持续提高，数字化财政信息公开平台的社会影

---

[1] 2011年启动财政透明度门户网站 Portal de Transparencia Presupuestaria。
[2] 2013年4月推出财政平台 GC Infobase。
[3] 2015年推出 Open Fiscal Data。
[4] 2013年5月推出 Monitor。
[5] 2017年4月推出"Where your money goes"。

响力也逐渐扩大。根据意大利国家审计院（Ragioneria Generale dello Stato）的年度报告，在意大利重构门户网站、推出数字化财政信息公开平台的当年，平台访问量超过24万次页面，数据下载量达到2.5万次；墨西哥数字化财政信息公开平台的页面访问量也从2016年的10.8万次"激增"到2019年的17.5万多次，增长了62%。

3. 持续优化阶段（2020年至今）：财政治理基础设施

随着大数据、云计算、人工智能等技术的井喷式发展，数字化财政信息公开平台也进入了AI驱动与生态重构阶段。一方面，技术融合提升了平台的数据展示和分析能力，自然语言处理（NLP）被用于优化平台查询功能，极大提高了搜索的响应效率，同时沉浸式体验等技术则有利于展示政策效果与数据比对。另一方面，生态拓展使数字化财政信息公开平台从单一的财政报告工具发展为"财政治理基础设施"，无论是面向专家与公众的数据分析与政策模拟工具，还是面向政府的实施监控预警，本质是数字化财政信息公开平台基于数据发布功能形成了联系政府、专家、公众三方的"共治网络"。在这个过程中，平台的安全性也被予以关注，审计和各类风险控制措施更加严格，以保障财政数据的隐私与安全。

在这一阶段，除了技术优化，越来越多的国家开始从传统的财政报告或数据开放门户转向数字化财政信息公开平台。爱尔兰对原有财政信息公开平台进行了重新设计，在提升视觉效果的同时，更新了数据集，增强了图表的交互性和数据分析的深入性。荷兰则将此前建设的数字化财政信息公开平台（rijksfinancien）和分享官方预算文件的传统财政报告平台（rijksbegroting.nl）进行整合，提供了一个集预算文件、开放数据、政策评估、可视化于一体的"一站式"财政信息公开平台。此外，受OECD财政报告框架合理化和数字化财政信息公开平台迅速发展的影响，传统的财政报告制度也开始整合与精简，如爱尔兰已经试点将部分表格从传统的财政报告文件中删除、转而通过财政信息公开平台实时公布。此外，OECD等国际组织对数字化财政信息公开平台的关注与参与，也促进了各国之间的合作交流，进一步推动数字化财政信息公开平台的建设和发展。

二、OECD国家的数字化财政信息公开平台探索实践

（一）总体情况

当前，以DIFR框架为核心的数字化财政信息公开平台建设正如火如荼，据

OECD统计，目前约74%的OECD国家（26国）已建立数字化财政信息公开平台[①]，以提升财政透明度和公众参与度。由于财政体制和数字化建设水平各有不同，建设时间也存在先后，因此各国基于DIFR框架的数字化财政信息公开平台探索也存在较大差异，在成熟程度、关注重点、应用情况上各有特征。以数据范围为例，提供财政数据内容是数字化财政信息公开平台的基本功能，但由于建设目标的不同，具体数据则各有侧重。加拿大、美国、爱尔兰等国重点提供政府支出数据，美国主要提供各机构的支出执行情况和合同、补贴和贷款等信息，爱尔兰则在提供原始数据的基础上还提供趋势分析；捷克、德国、意大利、荷兰等国则同时提供收支两侧数据。在此基础上，公共部门的人力资源（冰岛）、政府资产负债（韩国）、绩效评价（墨西哥）也是各国财政信息公开平台关注的重点数据。又如，平台功能方面，除个别处于建设初期的国家只关注财政数据开放本身外，大部分国家都会利用数字化财政信息公开平台同时进行数据展示和可视化，意大利则引入了促进用户理解的数据分析功能，冰岛在提供这些功能的同时还包括概念解释，德国和墨西哥则直接将数字化财政信息公开平台作为科普和教育工具。

从整体的发展进程来看，包括加拿大在内的十余个国家已经进入了成熟应用阶段，其中，意大利、德国、爱尔兰曾对本国的数字化财政信息公开平台进行过大规模的更新、调整甚至"重构"。事实上，除小部分国家尚处于试点和初期探索阶段外，大多数国家已经经历了至少一个功能进化和增强的周期。之所以能持续开展更新拓展，主要得益于技术发展提供的可能性，与此同时，用户需求也在不断发生变化，几乎每个重大事件和政策都会带来新的报告需求，各国政府也在积极主动收集用户反馈，了解公众关注点的最新变化，以及时调整平台建设。

当前OECD国家数字化财政信息公开平台的建设重点主要体现在以下几个方面：**一是数据整合**。许多国家在建设数字化财政信息公开平台初期时，主要注重与其他政府系统的对接和数据共享，以实现更全面的财政数据整合，而现在，平台则开始探索或已经实现不同政府层级的数据集中，同时从年度更新转向实时（或近实时）数据。**二是技术应用**，API、ETL工具在数据更新中的应用越发普遍，部分国家还引入了VR/AR试点用于政策沙盒等领域。**三是更加注重用户体验和适应能力**，强化页面设计的简洁、清晰和高视觉吸引力，通过强化交互性，引导用户主动进行数据挖掘和决策参与，同时持续围绕数据相关性、及时性以及数字化

[①] 仅澳大利亚、英国、希腊、匈牙利、日本、立陶宛、纽西兰、波兰、土耳其未开展DIFR平台建设。

财政信息公开平台建设的目标进行，不断适应公众诉求和技术发展。

总的来说，相比传统的财政报告形式，以 DIFR 框架为核心的数字化财政信息公开平台在更新和扩展的灵活性、灵敏度上具有明显优势，能更好适应不断变化的财政信息需求和政策优先事项，实现财政信息的动态进化能力。此外，随着技术的进步和新数据源的出现，数字化的财政信息公开平台既能响应用户需求分层，又可兼容新兴技术范式，兼具技术弹性与制度适应性双重特质，这使得财政信息公开平台从传统报告的"补充工具"跃升为现代财政治理的动态基础设施。

（二）具体实践

1. 透明与问责导向

各国通过数字化财政信息公开平台提供实时、详细且易于理解的财政数据，增强公众对政府财政状况的了解，以落实财政透明原则和问责制。DIFR 框架的透明与问责导向关键在于"数据可查"，因此以加强数据可用性为核心，可用性的提升又面临全面、及时、准确三个维度的标准。

全面性方面，数字化财政信息公开平台提供了丰富的财政数据，覆盖预算信息、收入支出、政府债务等，方便公众查询和监督。通过集中化财政数据并进行全面展示，实现了跨层级、跨领域的数据整合，确保数据的完整性和相关性。以加拿大为例，加拿大将不同来源的关键财政数据集中在 GC Infobase 平台上，包括财政、人员、成果、服务和新冠疫情专题五大部分，尽管不提供收入数据，但对支出进行了详细的分解：既包括历史支出追溯，又包括预测支出规划；既包括政府收支的预算与结果，又包括部门绩效的目标及实现情况；既包括授权预算与实际支出的横向差异分析，又包括跨年度执行的纵向连续性监测；同时还涵盖法定支出项目的宏观全景（如老年保障金总额）和单一条目下的资金流向（如养老金发放的区域分布）。通过提供不同层级、不同维度的颗粒化财政信息，增强了公众对政府财政状况的了解。韩国的 dBrain 系统也被定位为一个"面向公众的综合财政数据平台"，提供中央和地方各级政府的收入、支出、财政余额和债务数据，且既包括对关键指标的直观展示，又包括对详细数据的具体细分（如根据部门和类型划分）；同时提供了一系列关于国家财产、国债、政府及公共部门负债和财政平衡的数据。DIFR 框架强调相对全面，原则上尽可能详细，但具体的范围因目标而异。在意大利，财政信息公开平台涵盖国家以下各级财政数据，通过"不同部门和政府实体之间的比较"提供一个分析、控制和监控公共账户的工具；在捷克，财政信息公开平台为"各级国家行政和领土自治区"提供预算和会计信息，并注重数据的可比性；荷兰的财政信息公开平台则旨在为政府财政领域的专业人士提供"一站式服务"，因此该平台将传统预算文件与开放数据、可视化、立法事项信息、政策评估以及统计局和相关部委的其他信息相结合。然而，目前大多数平台依然以回顾性财政支出为主，主要依托于历史数据，收入、债务、投资支出或税收支出数据的提供也不太系统，绩效和人力资源数据很少可用。

及时性方面，数字化财政信息公开平台支持数据的快速更新，确保用户获取的信息始终是最新的。一方面，数字化财政信息公开平台相比传统财政报告在更新上更为便捷，通过技术手段形成规范、成熟的数据采集和传输流程，数据在各业务部门形成后，经过自动标准化处理即可呈现在公众面前，而不用像传统报告一样需要进行汇总、分析、排版、出版等一系列工序，因此，部分国家已经开始试点将部分非财政数据从传统报告转移到数字化财政信息公开平台上（如爱尔兰）。另一方面，以美国为代表的部分国家也开始探索通过实时更新数据，确保公众能够及时了解财政资金的流向。需要注意的是，平台的更新频率取决于财政数据来源及信息系统集中度，除美国外，其他国家更新的频率可能较低，如在捷克为每月更新一次，大量数据则以预算年度为单位。此外，数字化财政信息公开平台的及时性还体现在根据最新政策及突发性事件做出数据响应，如加拿大、荷兰等国在新冠疫情期间迅速增加了数字化财政信息公开平台上与疫情相关的财政数据展示，满足公众对疫情相关财政信息的需求。

准确性方面，作为一种新型技术工具，数字化财政信息公开平台对数据准确性的保障是全面性和及时性释放价值的前提与基础。在爱尔兰，数字化财政信息公开平台被视为在"虚假信息日益增长的环境中"更好地为公民提供信息的手段；捷克数字化财政信息公开平台的主页明确声明，其主要用途之一是获取"关于国家、城市、市政府的官方、核心及有效信息"。数据的准确性来源于两个方面。**一是确保数据可溯源。流程上**，多数数字化财政信息公开平台均明确规定数据统一从政府财务管理等信息系统中提取，再依照平台目的和特定流程进行格式化。如韩国，通过政府的财政管理信息系统完成数据的提取、转换和加载，从多个来源提取数据，将其转换为可以在单个数据环境中呈现的数据，并以用户友好的方式加载结果。**制度上**，完善数据治理体系，如制定数据标准、完善预算科目与政府会计制度、跨部门共享协议、规范数据治理流程以提高数据质量。加拿大通过《财务管理法（Financial Administration Act）》《会计准则指令（Directive on Accounting Standards：GC 5000 Recording Financial Transactions in the Accounts of

Canada）》等建立统一的数据标准，规定所有财政数据都必须遵守数据报告要求形成标准化数据，随后加载到"数据仓库"中并被整合、结构化，以供财政信息公开平台使用。**技术上**，要求提供开放元数据等开源内容。美国单独为开发人员设置板块，提供关于API（应用程序编程接口）的信息、补丁发布说明和平台的开源代码；爱尔兰财政信息公开平台则在主页上提供了该平台所基于的开放数据的链接。**监督上**，强化外部审计机制，引入独立审计机制和自动审计功能。智利规定平台数据需经独立外部审计（如第三方会计事务所）后方可发布，确保与法定财政报告的一致性。建立用户监督与反馈通道等做法也均出于此目的。**二是保持数据的中立性**。由于需要将信息以透明、客观的方式传达，数字化财政信息公开平台不应对财政数据和信息进行过多的修改和解释，这就需要在格式化和数据说明时适度处理。如阐述背景或者叙述时尽可能中立，不加入主观评价，同时通过引用来源等方式，保障叙述的严谨性。

2. 以用户为中心

作为一个面向公众的互动平台，以用户为中心是数字化财政信息公开平台建设实践中最重要的一项工作。各国在建设数字化财政信息公开平台的过程中，通过提供用户友好的界面和交互功能，确保数据获取、解读与应用的易用性、包容性与赋能性，以鼓励公众参与财政决策过程，提高公众对财政政策的理解和支持。以用户为中心包含友好性和交互性两个层面的含义，侧重于通过平台设计和运行实现"政策可感"。

首先是友好性，注重用户对平台使用、数据使用的基本需求。OECD认为，财政信息公开平台不仅是获取全面财政数据的平台，也应是接收关于财政数据的可理解沟通的平台，因此友好性不仅体现在用户易于获得数据，还关注数据对公众而言的可理解性。德国在建设数字化财政信息公开平台时明确旨在使财政数据和概念"人人都能理解"；墨西哥则通过以直观、可访问和用户友好的格式呈现预算信息。**友好性的加强涉及形式和内容两个维度。**

形式上，既包括界面设计的简洁清晰，又强调数据展示的丰富直观。对财政数据的应用往往需要一定的知识基础，但清晰的导航设计和简洁明了的界面能降低操作门槛、提高便捷性，使得非专业人士也能轻松使用。与此同时，大量的复杂数据直观性差、可比性弱且难以聚焦关键信息，若直接从海量数据中提炼出所需内容并进行分析，对用户的能力提出较高要求。因此各国大多在平台上强调数据的可视化，提供多种数据展示方式（如各类图表、地图等，尤其是带钻取功能的交互式图表），帮助用户更好地理解财政数据。如加拿大采用了仪表盘、地图等直观的可视化工具，同时提供数据筛选、详细信息查看、常见问题解答等交互功能，使用户在数据展示页就能快速了解相关概念的含义，可以轻松理解和分析数据；意大利提供交互式地图，用户可点击不同地区查看市政级支出数据，并通过滑动条筛选时间范围，直观比较区域间财政分配差异。此外，提供对比功能也是加强友好性的重要手段，意大利和冰岛支持用户利用图表对比不同地区、不同领域的收支数据，韩国则引入国际比较功能，允许用户将韩国的财政数据与其他国家进行比较，使用国际组织的数据来展示财政收入、支出、财政平衡和政府债务等指标。

内容上，各国主要是通过数据和术语的去技术化表达、提供科普及学习资源来实现。前者是基于平台端角度，所谓"去技术化表达"，本质上是以通俗易懂的方式进行解释。**一方面，对数字（尤其是万亿级的大数字）进行场景化表达**，如使用人均、比率等指标、将数字与日常场景关联（如将政府总支出转换为人均支出，并与家庭支出做横向比较）、结合可视化故事（如法国"千欧元公共支出"案例，将万亿级预算拆解为"每千欧元支出用途"）降低认知门槛，但在这个过程中，可能会破坏数据的中立性。**另一方面，对财政术语进行通俗化处理**，加强财政专业术语的可理解性和传达信息的有效性。以新西兰推出的《投资声明》为例，该声明旨在通过重新分类资产与负债，使政府资产负债表信息更易于公众理解，其重点并非罗列技术性会计科目，而是阐释这些资产与负债如何支撑公民基本服务（如医疗、教育）的供给。事实上，美国、德国等国已经将政府通信和文件中使用语言的清晰度编入法律，这一要求同样适用于财政信息公开平台。

科普和学习资源的提供则是基于用户端角度，通过提升公众的财政素养来促进可理解性。最常见的一种做法是通过术语库与使用指南（如词典、指南和解释性视频），提供了基本概念介绍与技术术语解释，并展示如何使用数据。意大利财政信息公开平台的数据模块专设"探索"（Discover）板块，结合相关数据对关键概念进行解释。以公共账户数据为例，该板块对用户进行分步引导——首先概述公共财政的基本概念，随后展示核心指标（如赤字率、债务规模），最后通过数据对比呈现意大利在欧洲各国的财政表现。为降低理解门槛，平台将专业术语的解释（如"权责发生制""转移支付"）统一置于网页左侧的独立栏目，确保用户随时获取背景知识。加拿大的财政信息公开平台则内嵌了术语库与实时弹窗解释功能，用户点击专业词汇即可弹出定义，同时每个页面都设有问答栏，提供上下文解释，减少用户理解障碍。除了概念解释外，部分国家还引入了财政制度科普内容（如荷兰专设栏目预算程序中的立法事项；墨西哥则在提供预算周期解析等预算知识的同时，还直接赋予财政信息公开平台以教育工具的职能，通过平台提供预算分析在线课程、政策评估文凭项目及线下培训机会，累计培训超5万名公民，有效提升用户财政素养。在基本概念介绍的基础上，个别国家也开始探索公民财政洞察力的提升。财政洞察力是指公众对财政政策的长期影响、财政可持续性以及预算决策背后权衡的深入理解。它与基础的财政素养不同，财政素养更多涉及对术语和基本概念的理解，财政洞察力则强调公众能够理解财政数据与经济、社会结果之间的关系，理解政策选择的后果。目前德国、荷兰、墨西哥在这方面做出了一些探索：德国的财政信息公开平台特设"解释"模块，对财政可持续性等关键财政概念进行解释，并通过一段使用"预算蛋糕"比喻的视频，帮助用户理解预算编制的权衡；荷兰提供的可视化功能覆盖了对支出上限遵守情况的分析，这是政府财政框架和政策的基石；墨西哥则在财政政策之外还提供了国家发展计划、政策评估等宏观内容。科普和学习资源不仅丰富了用户体验，还将促进公民更加知情，有助于政府就复杂的财政政策问题开展更有意义的公共对话。

  与友好性侧重的基本需求不同，交互性是政府在挖掘用户的深层、潜在需求过程中形成的。各国有关交互性的建设主要包括三个方面的做法。**一是用户定制功能**。最基本的"定制"为搜索功能，允许用户直接通过关键字、部门或特定主题来查找所需的财政信息。在此基础上，数字化财政信息公开平台的定制功能还可分为数据交互定制和可视化工具赋权。一方面，用户可通过搜索、筛选、排序等功能精准定位所需信息，如捷克允许按市镇名称、支出类别与年份组合查询，德国平台支持保存个性化仪表盘并导出为多格式报告；另一方面，用户可调整图表类型（柱状图/折线图）、聚合层级（全国/地方）与时间粒度（年度/季度），AI技术更是进一步扩展可视化定制的便捷性与灵活度，如墨西哥已经实现了通过语义搜索自动生成可视化结果，降低非专业用户的操作门槛。**二是支持用户互动**。常见的评论、分享、反馈功能都是与用户互动的一种方式，除此之外，部分国家还开展了更加深入的互动：如德国通过举办研讨会，邀请公民、记者和学者参与，分析用户行为与需求，据此优化平台导航结构和可视化设计。同时，德国还注重营造财政信息公开平台文化，在联邦财政部的平台、印刷材料、社交媒体和各项活动中，积极推广财政信息公开平台作为核心财政信息来源，通过主动互动推动用户使用，再进一步从互动中获得反馈、优化平台，形成良性循环。类似地，墨西哥也曾开展过调查活动，试图分析用户希望从平台获得什么，以便及时对用户需求进行回应。**三是主动增加适应性**。德国通过监测和分析访问量、页面浏览量和停留时间，持续优化板块设计；加拿大定期评估数据的相关性、及时性和存档情况，并吸引数据科学家和开发者参与平台建设，以适应不断变化的报告需求。

3. 精准适配需求

精准匹配需求的前提是能识别出存在何种需求。如前文所述，财政信息公开平台面临的用户群体极其广泛，不同群体的信息需求和参与能力存在较大差异。从财政素养的角度，可以简单地将用户群体分为两类：一类是具有较高财政素养的专业人员，包括政策分析师、经济学家和财政从业人员等；另一类则是更为广泛的公众群体。一般来说，专业人士具有更高的数据处理能力和信息捕捉能力，但往往受到数据可得性的限制，因此需要原始开放数据的全面可用性；而一般公众则更为关注与自己息息相关的政策与数据，却经常面临难以理解专业描述的难题，因此会更多地受益于数据的可理解性。从这种角度来看，面向专业人士的数据交互策略重在提供开放的财政数据，面向公众的策略则重在财政数据可视化和叙述。依照这一思路，各国在精准适配需求方面所做的努力可以总结为三个步骤。

首先，明确分类标准以满足"精准"，即解决如何进行用户分类。专业人士与普通公众这两类群体的需求截然不同，事实上，两个群体内部还可以进一步划分，如不同职业的用户会面临特定的应用场景，因此所需要的功能也存在细微差异。如美国通过"用户画像"（Personas）细分出几类核心用户，如记者、预算分析师等，分析不同用户行为数据的浏览偏好，并基于用户需求提供差异化功能，如对开发者开放API接口，对公民提供可视化指南。

其次，确定服务策略以实现"适配"，即解决如何服务于不同群体。目前主要包括两种做法。**一是界面的分层设计**，主要是依靠不同板块或呈现方式实现，如在公众模块提供可视化和深入分析方法，在专家模块提供对原始数据和传统表格的快速访问。典型案例是意大利财政信息公开平台。意大利在每个数据主题下都提供"发现（discover）""探索（explore）"和"分析（analyse）"三种呈现形式，其中"发现"板块主要是解释公共财政基础概念，同时提供对应的情景化的数据；"探索"部分用于深入了解数据，如同时提供不同政府层级的收支历史趋势与未来预测；"分析"部分则主要面向专业人士，开放原始数据下载，以满足深度分析需求。**二是分角色定制入口**。在提供定制数据的自由基础上，面向特定人群直接提供成熟的定制方案，引导用户访问平台上量身定制的信息或数据点。例如，墨西哥针对不同用户群体设计独立访问页面，为学生、公职人员、研究人员及数据专家提供角色化入口和差异化数据粒度。

最后，挖掘群体共性以洞察"需求"，即如何预判并响应潜在诉求。主要是提高数据相关性，实现思路是基于不同群体的特征挖掘潜在需求，根据用户身份与场景动态适配信息深度，同时开展场景化数据推送。有三类设计都体现了这一原则。**一是基层数据可及**，如捷克集成市级财政数据，用户可通过首页搜索功能快速检索所在地区的财政信息，并通过地图和图表实现跨区域比较。此类设计确保数据贴近用户生活场景，使公众能直接关联数据与自身权益。**二是地理空间关联**，如墨西哥平台通过交互式地图展示各州税费数据，用户悬停即可查看具体信息，帮助用户理解"地方税收和费用征收如何为州整体收入做出贡献以及这些资金如何分配"。**三是提供项目绩效信息**。加拿大平台在部门预算数据中嵌入项目级绩效指标，用户可下钻至子部门层级，分析资金规模与政策成效的关联，让公众不仅知道花了多少钱，还了解取得了多少成果。

4. 技术整合与安全保障并重

数字化财政信息公开平台的最大创新体现在数字化，其价值实现也因而主要依托于数字化赋能的水平，各国在建设数字化财政信息公开平台的过程中，整合大数据、人工智能等先进技术，提升数据处理和分析能力。一方面，增强系统对接能力和数据展示能力。加强与政府的其他信息系统的对接，实现数据的共享和协同，同时利用新技术提供更加丰富和先进的可视化工具。此外，美国还通过嵌入API接口吸引开发者二次开发创新工具。另一方面，强化AI赋能体验，既体现在前端的数据展示，又体现在后台的数据处理。如墨西哥上线了AI聊天机器人来进行补贴查询问题，用户可通过日常用语（如"查询联邦补助金"）搜索数据，而无须预知政策编号或专业术语。又如巴西已经开始试点利用AI自动分类地方政府支出数据，将耗时从1000小时缩短至8小时，且准确率达97%，有效控制人为错误风险。

在技术创新的过程中，安全风险也成为各国难以回避的挑战。与此同时，作为数据开放的载体，数字化财政信息公开平台也天然面临敏感数据泄露、系统漏洞风险等数据安全问题。因此，各国政府在防止数据篡改、泄露或滥用等方面做了大量尝试，试图保障数字化财政信息公开平台在"透明"与"可控"之间的动态平衡。**技术层面**，采取严格的技术交换规则和加密保护，以保护财政数据的隐私和安全，确保数据经过安全验证后方可进入财政信息公开平台、限制。**制度层面**，加强安全合规管理及审计：数据的存储和传输都符合相关的安全标准，确保平台的安全合规运行。如智利要求平台数据需经外部审计后发布，确保与法定报告的一致性。此外，不少功能也体现了风险控制原则。如韩国的数字化财政信息公开平台提供数据追溯功能，后台可查看每项数据的来源系统；美国平台公开API接口的代码库与漏洞修复日志，接受社会监督。

（三）建设成效与评价

经过十余年的探索，数字化财政信息公开平台已在全球多个国家和地区得到了建设和发展，覆盖范围和影响力不断增加。根据OECD公布的数据，加拿大的数字化财政信息公开平台用户数在2017年至2020年实现了838%的巨大增长，意大利仅于2018年数据下载量就超25万次，而在德国2023年9月的一次预算宣传活动中，财政信息公开平台的访问量达到数百次。公众的广泛参与，在促进了财政透明度和问责制的同时，也强化了公众对财政政策的理解和支持。公众的参与和理解，叠加数字化财政信息公开平台提供的更高效的数据分析和管理工具，共同推动财政管理水平提升。具体来说，这既内化于流程效率的提升（如巴西利用AI自动分类地方政府支出，极大缩短耗时），又外显于决策支撑能力的增强（如韩国提供国际债务对比功能，帮助政策制定者快速定位风险），同时还扩散至数据治理领域，通过统一数据标准和跨部门共享协议，减少数据冗余与矛盾（如荷兰"一站式"数据中枢、捷克预算会计系统整合）。此外，技术革新与用户体验也是数字化财政信息公开平台建设的一大成效。各国数字化财政信息公开平台不断进行技术创新与功能改进，提高财政数据的可用性和可访问性的同时，也加强了提升用户体验和数据可理解性。这些国家在数字化财政信息公开平台应用上的出色表现，主要得益于其对透明度、用户友好性、数据整合性和可信度的重视。总的来说，目前数字化财政信息公开平台已经能较好满足透明度和对数据可得性的需求，但在提供情景化数据、处理好客观性和洞察力的平衡、加强用户交互体验方面仍存在亟待突破的瓶颈。

未来，围绕DIFR框架的数字化财政信息公开平台建设或将呈现以下几点趋势。**一是数据融合与拓展**。尽管许多OECD国家在预算和会计改革方面取得了明显进展，但数据整合的挑战仍然存在，未来应当推动公共部门财政与非财政数据（如气候等重要议题）的深度融合，通过制定统一的数据标准和共享协议以及推广数据驱动文化，扩大数字化财政信息公开平台上可用数据的范围；同时利用多模态数据融合技术，将文本、图像、视频等多种数据形式整合，提升数据的丰富性和可理解性。**二是持续深化公众参与**。数字化财政信息公开平台应当继续与开放数据运动紧密结合，同时加强在客观性和洞察力、中立性与叙事性之间的平衡，以促进财政数据公开和公众参与。具体可通过强化公众互动、提升用户参与体验、提高公众财政洞察力三个方面，如引入论坛、问答、评论区等允许公众持续反馈的功能。**三是安全与隐私保护**。既要强化数据加密，增强数据安全意识，采用更先进的加密技术，确保财政数据在传输和存储过程中的安全；又要落实隐私法规的出台与遵从，确保关键数据和用户信息不被滥用。**四是智能化与自动化**。一方面推动技术适配，加强传统报告和新兴技术的融合；另一方面利用人工智能和机器学习技术，分阶推进智能工具，实现更精准的数据分析和预测。

但需要注意的是，数字化财政信息公开平台也正在面临、并将在未来持续面临一些风险和挑战。**一是技术伦理风险**，在推进AI技术应用的过程中，既要从技术角度加强AI的风险控制，确保AI系统的可靠性和数据的准确性，如透明训练数据、人工审核机制、禁止非官方数据引用等；同时AI相关政策体系也应得到建立完善，需涵盖模型治理的透明度、模型训练的问责机制、偏见和歧视风险的预防、模型安全等。**二是政策协同**，DIFR是传统财政报告制度的补充而非替代，需在将DIFR嵌入法定财政框架的同时，保留传统报告为权威基准。**三是能力建设**，既包括公众财政素养的培养，又包括政府数字技能的提升。

三、对我国财政信息公开平台建设的经验启示

基于DIFR框架，OECD国家通过数字化和交互式的方式，探索建设数字化财政信息公开平台，将全面的开放数据访问与有针对性的数据通信策略相结合，向公众提供实时、详细且易于理解的财政数据。这些平台通常包括预算、支出、收入等多方面的财政信息，并通过可视化工具（如图表、地图等）呈现，以便用户更好地理解和分析。经过十余年的实践，各国基于数字化财政信息公开平台的建设目标与关键属性，在透明与问责导向、以用户为中心、精准适配需求、技术整合与安全保障等方面开展了一系列探索。而在未来，数字化财政信息公开平台的发展将围绕多模态数据融合、安全与隐私保护、开放数据与公众参与、智能化与自动化等方向展开，继续快速适应技术进步和用户需求的变化，以保持其有效性和相关性。

在国际数字化财政信息公开平台建设如火如荼、国内财政公开面临更高要求的背景下，有必要系统梳理、深入分析全球数字化财政信息公开平台建设的相关实践，OECD基于DIFR框架开展的系列探索具有较强代表性，为我国推动数字化财政

信息公开平台建设、实现技术赋能财政治理提供借鉴。因此，提出以下政策建议：

（一）加强技术驱动的深层变革

一是加强数据融合与动态扩展。确保数据覆盖无遗漏、动态可更新、真实无偏差，并在此基础上探索技术赋能数据治理，如利用API、ETL工具实现数据实时更新，提高数据颗粒度，增强数据与实际生活的关联。此外，在表现形式上也强化技术适配，例如在传统报告中嵌入互动入口（如二维码链接至AR可视化模块），推动静态报告向动态平台转型。

二是探索沉浸式交互体验创新。如利用VR/AR技术模拟政策影响、开发"财政沙盒"等政策模拟工具、开发无障碍功能（如语音导航、高对比度模式）以实现用户体验精细化等。

（二）注重公民赋权与信任

一是叙事平民化。主要体现为数据和术语的去技术化表达。一方面，通过改变数据呈现方式（如对比、排序、比例指标）、引入日常参照物、结合可视化故事等方式，加强对数据实际意义的理解。另一方面，通过通俗化表达和财政知识科普，加强公民对财政政策的理解。

二是强化用户赋权。这既包括平台使用过程中的赋权，即允许公民能自主定义数据使用方式；也涉及双向参与机制的构建。一方面，形成动态反馈循环。如在平台嵌入实时评论、投票或需求调研模块，使公众从被动接收者转为共同设计者。另一方面，落实精准触达策略，提供个性化选项，同时加强对潜在需求的挖掘，宣传方面则通过社交媒体、地方社区合作推广平台，针对不同群体定制传播内容，提升使用率。

（三）处理好技术赋能的机遇与边界

一是分阶推进智能工具。基础层，借鉴OECD国家的技术应用实例，部署NLP（自然语言处理）驱动的多语言搜索引擎，在加强准确性的同时也降低使用门槛；进阶层，开发AI虚拟助手，不仅提供高级搜索功能，还能按预设规则生成数据、图表和标准化报告，规避主观解读风险。更进一步地，在严格监管下试点生成式AI（GenAI），用于复杂查询的上下文解释。此外，还可以扩展AI在预算编制、执行监控中的应用，如自动化异常支出预警。

二是加强与技术相适应的制度供给。形成AI风险控制的铁三角：首先是来源可信，公开AI模型的训练数据来源、算法逻辑及局限性；其次是过程可控，强化人工纠偏，如设置专家审核层，对AI输出进行中立性校验；最后是结果可靠，明确伦理护栏，如禁止AI使用非官方数据源，划定回答禁区等。

（四）制度协同与生态构建

一是治理框架升级。包括数字经济背景下的预算和会计改革、数据主权管理等，建立跨部门数据治理委员会，统一标准与安全协议。在建立数字化财政信息公开平台并相对完善、成熟后，尝试将数字化财政信息公开平台纳入法定财政报告体系，逐步迁移非核心数据至数字化平台，同时保留PDF报告为权威基准。

二是能力建设。注重公众财政素养和政府数字能力的提升，参考墨西哥等国，开发模块化在线课程，培养公众财政洞察力。同时各地加强交流与协同，学习先进经验，打破信息壁垒。

参考文献

［1］INIT. Good design makes democracy，https：//www.init.de/en/project/bundeshaushalt，2023.

［2］Government of Canada. Government Response to the OGGO Committee Report，https：//www.ourcommons.ca/DocumentViewer/en/41-1/OGGO/report-7/response-8512-411-124，2013.

［3］Government of Mexico. Portal de Transparencia Presupuestaria，https：//www.gob.mx/shcp/articulos/portal-detransparencia-presupuestaria，2021.

［4］OECD. The OECD Digital Government Policy Framework：Six dimensions of a Digital Government，OECD Public Governance Policy Papers，No. 02，OECD Publishing，Paris，https：//doi.org/10.1787/f64fed2a-en，2020.

［5］OECD. Empowering fiscal reporting with digital and interactive approaches，OECD Papers On Budgeting，No. 02，OECD Publishing，Paris，https：//doi.org/10.1787/82070ddb-en，2025.

［6］Ragioneria Generale dello Stato. Legge del 31 dicembre 2009，n. 196：Legge di contabilità e finanza pubblica，https：//www.rgs.mef.gov.it/_Documenti/VERSIONE-I/Selezione_normativa/L-/L31-12-2009_196.pdf，2009.

［7］Williamson，E. OMB Offers an Easy Way to Follow the Money，https：//www.washingtonpost.com/wpdyn/content/article/2007/12/12/AR2007121202701.html?nav=rss_politics/fedpage，2007.

数 据 篇

表 1　全国经济社会指标的统计分析

指标	2015年	2016年	2017年	2018年	2019年	2020年	2021年	2022年	2023年	2024年
GDP（亿元）	688858.2	746395.1	832036.0	919281.1	986515.2	1013567.0	1143669.7	1234029.4	1294271.7	1349083.5
增速（%）	7.0	6.8	6.9	6.8	6.1	2.3	8.6	3.1	5.4	5.0
人均GDP（元）	50912.0	54849.0	60691.0	66726.0	71453.0	73338.0	83111.0	87385.0	91746.0	95749.0
增速（%）	6.4	6.2	6.2	6.3	5.7	2.1	8.5	3.1	5.5	5.1
人均可支配收入（元）	21966.0	23821.0	25974.0	28228.0	30733.0	32189.0	35128.0	36883.0	39218.0	41314.0
增速（%）	7.4	6.3	7.3	6.5	5.8	2.1	8.1	2.9	6.1	5.1
总人口（万人）	138326.0	139232.0	140011.0	140541.0	141008.0	141212.0	141260.0	141175.0	140967.0	140828.0
人口自然增长率（‰）	4.9	6.5	5.6	3.8	3.3	1.5	0.3	-0.6	-1.5	-1.0
城镇化率（%）	57.3	58.8	60.2	61.5	62.7	63.9	64.7	65.2	66.2	67.0

表2　全国政府收支相关指标的统计分析

指标	2015年	2016年	2017年	2018年	2019年	2020年	2021年	2022年	2023年	2024年
政府收入（亿元）	233268.3	247881.1	282739.1	323092.5	342928.6	336028.0	380019.5	366746.1	382993.0	380658.8
增速（%）	2.0	6.3	14.1	14.3	6.1	−2.0	13.1	−3.5	4.4	−0.6
政府支出（亿元）	259409.3	280393.9	314722.4	371039.7	407542.3	444665.4	448378.8	465158.3	478342.7	495280.2
增速（%）	8.6	8.1	12.2	17.9	9.8	9.1	0.8	3.7	2.8	3.5
人均政府收入（元）	16863.7	17803.5	20194.1	22989.2	24319.8	23796.0	26902.1	25978.1	27169.0	27030.1
增速（%）	1.5	5.6	13.4	13.8	5.8	−2.2	13.1	−3.4	4.6	−0.5
人均政府支出（元）	18753.5	20138.6	22478.4	26400.8	28902.1	31489.2	31741.4	32949.1	33933.0	35169.2
增速（%）	8.0	7.4	11.6	17.4	9.5	9.0	0.8	3.8	3.0	3.6
政府收入/GDP（%）	33.9	33.2	34.0	35.1	34.8	33.2	33.2	29.7	29.6	28.2
政府支出/GDP（%）	37.7	37.6	37.8	40.4	41.3	43.9	39.2	37.7	37.0	36.7
政府收入（中央占比，%）	32.2	31.5	30.5	28.2	27.8	26.3	25.9	27.7	27.8	28.4
政府收入（地方占比，%）	67.8	68.5	69.5	71.8	72.2	73.7	74.1	72.3	72.2	71.6
政府支出（中央占比，%）	12.1	11.7	11.0	10.3	9.8	8.9	9.0	9.3	9.4	9.6
政府支出（地方占比，%）	87.9	88.3	89.0	89.7	90.2	91.1	91.0	90.7	90.6	90.4

注：政府收入为四本预算线上收入之和（扣除重复的财政补贴），政府支出为四本预算线上支出之和。

表3　　全国一般公共预算相关指标的统计分析

指标	2015年	2016年	2017年	2018年	2019年	2020年	2021年	2022年	2023年	2024年
一般公共预算收入（亿元）	152269.2	159605.0	172592.8	183359.8	190390.1	182914.0	202555.0	203649.3	216795.4	219702.1
增速（%）	8.5	4.8	8.1	6.2	3.8	-3.9	10.7	0.5	6.5	1.3
一般公共预算支出（亿元）	175877.8	187755.2	203085.5	220904.1	238858.4	245679.0	245673.0	260552.1	274622.9	284612.3
增速（%）	15.9	6.8	8.2	8.8	8.1	2.9	0	6.1	5.4	3.6
人均一般公共预算收入（元）	11008.0	11463.2	12327.1	13046.7	13502.1	12953.1	14339.2	14425.3	15379.2	15600.7
增速（%）	7.9	4.1	7.5	5.8	3.5	-4.1	10.7	0.6	6.6	1.4
人均一般公共预算支出（元）	12714.7	13485.1	14505.0	15718.1	16939.3	17397.9	17391.5	18456.0	19481.4	20209.9
增速（%）	15.3	6.1	7.6	8.4	7.8	2.7	0	6.1	5.6	3.7
一般公共预算收入/GDP（%）	22.1	21.4	20.7	19.9	19.3	18.0	17.7	16.5	16.8	16.3
一般公共预算支出/GDP（%）	25.5	25.2	24.4	24.0	24.2	24.2	21.5	21.1	21.2	21.1
税收收入/GDP（%）	18.1	17.5	17.4	17.0	16.0	15.2	15.1	13.5	14.0	13.0
一般公共预算收入（中央占比,%）	45.5	45.3	47.0	46.6	46.9	45.3	45.2	46.6	45.9	45.7
一般公共预算收入（地方占比,%）	54.5	54.7	53.0	53.4	53.1	54.7	54.8	53.4	54.1	54.3
一般公共预算支出（中央占比,%）	14.5	14.6	14.7	14.8	14.7	14.3	14.3	13.7	13.9	14.3
一般公共预算支出（地方占比,%）	85.5	85.4	85.3	85.2	85.3	85.7	85.7	86.3	86.1	85.7
税收收入（中央占比,%）	49.8	50.4	52.4	51.4	51.3	51.6	51.5	54.0	52.9	52.2
税收收入（地方占比,%）	50.2	49.6	47.6	48.6	48.7	48.4	48.5	46.0	47.1	47.8

续表

指标	2015年	2016年	2017年	2018年	2019年	2020年	2021年	2022年	2023年	2024年
共享税收入/中央一般公共预算收入（%）	63.2	64.6	70.5	72.2	67.0	71.1	71.3	67.3	71.5	67.1
共享税收入/地方一般公共预算收入（%）	27.8	37.8	48.9	50.5	48.3	46.2	47.5	42.5	47.2	45.0
共享税收入/中央税收收入（%）	70.4	71.1	75.6	76.6	73.8	73.9	73.3	70.9	74.3	73.8
共享税收入/地方税收收入（%）	36.8	50.9	65.1	65.0	63.5	61.9	63.0	60.4	64.9	64.3
地方税收收入/地方一般公共预算收入（%）	75.5	74.2	75.1	77.6	76.2	74.6	75.4	70.5	72.8	70.1

表 4　　　　　全国政府性基金预算相关指标的统计分析

指标	2015年	2016年	2017年	2018年	2019年	2020年	2021年	2022年	2023年	2024年
政府性基金收入（亿元）	42338.1	46643.3	61479.7	75479.1	84517.7	93491.0	98024.0	77896.4	70706.9	62090.4
增速（%）	-21.8	10.2	31.8	22.8	12.0	10.6	4.8	-20.5	-9.2	-12.2
政府性基金支出（亿元）	42347.1	46878.3	60968.6	80601.6	91647.8	118058.0	113389.9	110607.5	101277.8	101477.8
增速（%）	-17.7	10.7	30.1	32.2	13.7	28.8	-4.0	-2.5	-8.4	0.2
国有土地使用权出让收入（亿元）	30783.8	35639.7	49997.1	62910.6	70679.3	82159.0	84978.0	65326.0	56633.7	48699.0
增速（%）	-24.0	15.8	40.3	25.8	12.3	16.2	3.4	-23.1	-13.3	-14.0
国有土地使用权出让收入/GDP（%）	4.5	4.8	6.0	6.8	7.2	8.1	7.4	5.3	4.4	3.6
政府性基金收入（中央占比，%）	9.7	9.0	6.2	5.3	4.8	3.8	4.2	5.3	6.2	7.6
政府性基金收入（地方占比，%）	90.3	91.0	93.8	94.7	95.2	96.2	95.8	94.7	93.8	92.4
政府性基金支出（中央占比，%）	10.3	8.5	6.0	5.0	3.4	2.3	2.8	5.0	4.8	4.6
政府性基金支出（地方占比，%）	89.7	91.5	94.0	95.0	96.6	97.7	97.2	95.0	95.2	95.4

表 5 全国国有资本经营预算相关指标的统计分析

指标	2015 年	2016 年	2017 年	2018 年	2019 年	2020 年	2021 年	2022 年	2023 年	2024 年
国有资本经营收入（亿元）	2551.0	2609.0	2580.9	2905.8	3971.8	4775.0	5170.0	5696.0	6741.8	6782.9
增速（%）	27.1	2.3	−1.1	12.6	36.7	20.2	8.3	10.2	18.4	0.6
国有资本经营支出（亿元）	2066.8	2155.5	2015.3	2153.3	2295.4	2556.2	2622.1	3395.2	3346.4	3128.9
增速（%）	2.6	4.3	−6.5	6.8	6.6	11.4	2.6	29.5	−1.4	−6.5
国有资本经营收入（中央占比，%）	63.2	54.8	48.2	45.6	41.2	37.4	38.8	41.1	33.6	33.2
国有资本经营收入（地方占比，%）	36.8	45.2	51.8	54.4	58.8	62.6	61.2	58.9	66.4	66.8
国有资本经营支出（中央占比，%）	65.9	67.3	49.7	51.6	43.0	34.2	35.7	48.9	43.3	48.4
国有资本经营支出（地方占比，%）	34.1	32.7	50.3	48.4	57.0	65.8	64.3	51.1	56.7	51.6

表 6   全国社会保险基金预算相关指标的统计分析

指标	2015年	2016年	2017年	2018年	2019年	2020年	2021年	2022年	2023年	2024年
社会保险基金收入（亿元）	46354.1	50112.5	58437.6	79002.6	83152.1	75863.5	96876.8	102448.1	113020.1	118944.7
增速（%）	14.6	8.1	16.6	35.2	5.3	-8.8	27.7	5.8	10.3	5.2
社会保险基金支出（亿元）	39117.7	43604.8	48653.0	67380.7	74740.8	78372.2	86693.8	90603.4	99095.5	106061.3
增速（%）	16.1	11.5	11.6	38.5	10.9	4.9	10.6	4.5	9.4	7.0
调入资金/一般公共预算支出（%）	4.7	3.8	4.9	6.7	9.3	10.7	4.5	9.5	6.2	8.9
财政补贴/一般公共预算收入（%）	6.7	6.9	7.2	9.6	10.0	11.5	11.2	11.3	11.2	12.2
财政补贴/社会保险基金收入（%）	22.1	22.1	21.1	22.3	23.0	27.7	23.3	22.4	21.5	22.6
财政补贴/社会保险基金支出（%）	26.2	25.4	25.4	26.2	25.6	26.8	26.1	25.3	24.5	25.3

表7　2021—2023年我国各省份及地级市经济财政主要指标[①]

地区名	年份	人均GDP（元）	政府收入/GDP（%）	一般公共预算收入/GDP（%）	土地出让金/GDP（%）	人均一般公共预算收入（元）	人均一般公共预算支出（元）	财政自给率（%）	税收收入/一般公共预算收入（%）	共享三主税收入/税收收入（%）	一般公共预算收入本级占比（%）	社保财政补贴依赖度（%）
北京市	2021	183997	35.4	14.7	6.3	2710549	3292114	82.3	87.1	75.1	55.7	—
北京市	2022	190500	32.8	13.7	5.0	2616105	3419473	76.5	85.2	72.9	55.1	—
北京市	2023	200000	19.1	14.1	4.4	2827842	3646833	77.5	86.7	76.2	54.7	—
天津市	2021	—	34.9	13.6	6.9	1559403	2296102	67.9	75.8	70.3	41.6	22.4
天津市	2022	119235	25.5	11.3	2.3	1354869	2002810	67.6	72.9	69.1	40.1	24.3
天津市	2023	122752	28.1	12.1	3.2	1486445	2405001	61.8	77.9	71.1	38.6	—
河北省	2021	—	26.7	10.3	6.1	559557	1187998	47.1	65.6	53.6	17.6	—
河北省	2022	56995	23.4	9.6	4.1	546671	1254130	43.6	55.3	49.2	15.4	—
河北省	2023	—	—	—	—	—	—	44.6	60.1	56.3	16.5	—
石家庄市	2021	57924	20.7	10.1	0.3	583719	978381	59.7	61.1	45.0	15.8	—
石家庄市	2022	63319	—	9.4	4.5	591619	1059703	55.8	54.3	41.0	14.1	—
石家庄市	2023	67099	19.9	9.4	5.3	629987	1068221	59.0	58.8	45.4	35.4	—
唐山市	2021	106783	15.8	6.7	5.4	718080	1197173	60.0	62.8	46.0	7.9	—
唐山市	2022	115571	12.7	6.1	3.2	704203	1215811	57.9	47.4	35.4	9.9	—
唐山市	2023	118418	12.9	6.4	3.1	753202	1297408	58.1	52.2	43.3	9.3	—
秦皇岛市	2021	58774	22.4	9.3	3.4	549506	992067	55.4	62.4	44.1	12.7	—
秦皇岛市	2022	61277	22.7	9.0	4.1	554807	1020334	54.4	47.2	44.0	14.6	—
秦皇岛市	2023	64491	18.5	8.6	3.9	555228	1216696	45.6	51.9	48.5	16.9	—
邯郸市	2021	43817	19.8	7.6	5.8	335289	801117	41.9	66.2	45.5	8.2	—
邯郸市	2022	46615	24.0	8.2	4.0	382762	911127	42.0	55.4	37.0	7.9	—
邯郸市	2023	47493	16.3	6.3	4.1	300907	950222	31.7	81.9	43.0	5.8	—
邢台市	2021	34193	20.6	7.9	5.3	269083	808460	33.3	62.6	43.6	9.6	—
邢台市	2022	36091	20.6	8.2	4.5	298445	875253	34.1	50.4	40.4	16.3	—
邢台市	2023	36994	20.9	8.3	4.9	308275	922637	33.4	55.9	49.3	11.5	—
保定市	2021	40403	25.6	8.4	10.4	339839	860887	39.5	60.6	40.6	11.6	—
保定市	2022	42317	21.5	8.1	5.6	345167	897696	38.5	47.3	38.3	9.9	—
保定市	2023	43986	20.5	7.7	5.9	339817	963300	35.3	53.6	46.6	13.4	—

[①] 社保财政补贴依赖度是指社会保险基金预算对于财政补贴的依赖程度，其计算公式为：财政补贴收入/社会保险基金支出×100%。

续表

地区名	年份	人均GDP（元）	政府收入/GDP（%）	一般公共预算收入/GDP（%）	土地出让金/GDP（%）	人均一般公共预算收入（元）	人均一般公共预算支出（元）	财政自给率（%）	税收收入/一般公共预算收入（%）	共享三主税收入/税收入（%）	一般公共预算收入本级占比（%）	社保财政补贴依赖度（%）
张家口市	2021	42049	26.1	10.8	7.1	454668	1306004	34.8	50.1	40.2	29.9	—
张家口市	2022	43435	24.8	9.4	6.3	411046	1494030	27.5	40.6	28.2	23.9	—
张家口市	2023	45360	24.8	9.8	6.2	445352	1713549	26.0	46.3	45.1	25.7	—
承德市	2021	50749	18.7	7.4	4.3	377721	1262485	29.9	66.5	52.7	12.3	—
承德市	2022	53482	15.5	7.0	1.6	373080	1313942	28.4	53.7	44.5	16.3	—
承德市	2023	—	16.0	7.2	2.7	405677	1422117	28.5	57.2	51.0	12.6	—
沧州市	2021	57001	15.7	7.2	3.7	410242	915616	44.8	62.1	44.9	11.9	—
沧州市	2022	60035	15.0	7.2	3.0	433632	970387	44.7	53.7	37.2	12.4	—
沧州市	2023	60909	16.4	7.7	3.7	471779	1006134	46.9	56.1	52.8	16.0	—
廊坊市	2021	64460	21.2	11.0	5.3	705130	1160106	60.8	66.7	31.5	4.7	—
廊坊市	2022	64626	17.8	9.6	3.6	621477	1101047	56.4	53.5	28.2	6.0	—
廊坊市	2023	65763	16.6	8.9	3.1	584548	1087009	53.8	62.0	40.7	5.3	—
衡水市	2021	40561	19.2	8.0	4.8	326345	944377	34.6	58.0	44.3	18.8	—
衡水市	2022	43108	18.1	8.0	3.5	344671	1012627	34.0	47.4	39.4	13.7	—
衡水市	2023	45364	17.1	8.0	2.8	365046	1059115	34.5	53.4	49.7	17.2	—
山西省	2021	64821	27.3	12.5	3.7	814387	1449970	56.2	73.9	55.6	30.4	—
山西省	2022	73675	25.6	13.5	2.0	992242	1688163	58.8	78.1	55.3	29.0	—
山西省	2023	73984	26.3	13.5	1.8	1003861	1830821	54.8	73.5	57.6	29.1	—
太原市	2021	95646	16.7	8.3	—	785465	1166733	67.3	79.5	54.0	48.0	—
太原市	2022	102922	14.1	7.9	—	804938	1317196	61.1	76.0	56.8	46.7	—
太原市	2023	102370	15.8	8.1	—	—	—	57.8	74.9	56.5	48.7	—
大同市	2021	54391	19.5	9.9	3.1	537998	1207425	44.6	70.6	54.6	58.5	42.2
大同市	2022	59447	17.4	10.1	1.4	602374	1293085	46.6	69.8	58.4	58.8	39.2
大同市	2023	60580	18.3	10.4	1.6	630253	1508929	41.8	66.1	59.3	59.7	39.3
阳泉市	2021	69731	13.0	6.1	1.6	428638	975516	43.9	76.6	54.0	48.3	31.5
阳泉市	2022	77263	14.4	8.1	1.3	625246	1208808	51.7	83.6	58.8	54.1	34.7
阳泉市	2023	76830	16.2	8.3	2.1	639467	1294813	49.4	72.8	56.2	47.1	40.0
长治市	2021	73001	19.0	9.7	3.9	710839	1231430	57.7	75.0	56.7	30.7	39.5
长治市	2022	89137	17.3	11.1	2.0	988188	1565272	63.1	80.4	63.6	39.2	41.7

续表

地区名	年份	人均GDP（元）	政府收入/GDP（%）	一般公共预算收入/GDP（%）	土地出让金/GDP（%）	人均一般公共预算收入（元）	人均一般公共预算支出（元）	财政自给率（%）	税收收入/一般公共预算收入（%）	共享三主税收入/税收收入（%）	一般公共预算收入本级占比（%）	社保财政补贴依赖度（%）
长治市	2023	89536	17.5	11.2	1.6	1007731	1831456	55.0	75.4	64.5	38.5	48.0
晋城市	2021	87265	22.4	10.5	3.4	919603	1334535	68.9	56.4	55.7	25.0	—
晋城市	2022	105322	18.6	12.3	2.3	1292785	1766726	73.2	55.9	60.3	24.3	—
晋城市	2023	107003	17.1	11.9	1.1	1276318	1985629	64.3	50.5	57.5	26.6	—
朔州市	2021	89299	15.8	8.2	2.2	731411	1304486	56.1	85.4	58.5	35.1	—
朔州市	2022	96585	16.8	10.3	1.7	994489	1560677	63.7	87.9	62.7	35.5	—
朔州市	2023	97133	15.6	9.8	1.4	951927	1852226	51.4	86.2	58.9	36.4	—
晋中市	2021	54377	18.9	9.3	3.5	504619	1082056	46.6	69.9	56.0	21.4	40.2
晋中市	2022	62269	15.9	8.9	1.8	550965	1219653	45.2	76.2	59.4	21.2	40.6
晋中市	2023	61760	16.3	9.3	1.1	576241	1301650	44.3	71.8	59.7	22.6	40.0
运城市	2021	43201	17.0	5.1	5.0	222192	842643	26.4	76.4	57.4	21.4	52.1
运城市	2022	48693	13.9	4.9	2.4	240084	1030475	23.3	72.8	55.8	19.9	54.3
运城市	2023	49445	14.6	5.3	1.7	264869	1103308	24.0	66.6	54.8	19.1	54.9
忻州市	2021	50290	19.4	8.8	3.3	442897	1477840	30.0	70.5	58.5	23.7	45.3
忻州市	2022	56426	18.5	10.1	1.4	569577	1632383	34.9	80.6	62.7	21.9	49.1
忻州市	2023	54578	19.5	10.2	1.5	560478	1729809	32.4	74.9	58.8	22.3	53.7
临汾市	2021	48438	21.2	8.4	—	408717	1052846	38.8	72.6	57.4	22.1	—
临汾市	2022	56986	19.3	9.0	—	513432	1286054	39.9	80.8	62.1	24.9	—
临汾市	2023	59342	20.0	8.6	1.7	511657	1399735	36.6	72.4	61.5	25.3	—
吕梁市	2021	61379	17.7	11.2	1.5	686746	1205033	57.0	76.2	62.4	21.2	—
吕梁市	2022	71722	20.3	14.1	1.6	1015075	1637561	62.0	85.8	66.4	21.6	—
吕梁市	2023	70449	19.9	14.0	0.9	990886	1861580	53.2	77.7	65.7	23.5	—
内蒙古自治区	2021	85422	23.7	11.5	2.0	979144	2183152	44.9	71.1	50.0	31.5	28.8
内蒙古自治区	2022	96474	23.2	12.2	1.4	1176241	2451981	48.0	75.6	49.6	30.7	30.9
内蒙古自治区	2023	102677	24.5	12.5	1.5	1286993	2853190	45.1	75.6	47.6	31.3	30.7
呼和浩特市	2021	89828	14.4	7.3	3.9	654819	1203520	54.4	79.6	47.7	19.7	31.0
呼和浩特市	2022	94443	11.8	6.9	1.4	650140	1185479	54.8	68.9	56.1	24.4	34.0
呼和浩特市	2023	106337	11.3	6.3	2.0	660523	1645274	40.1	81.8	61.6	19.8	28.1
包头市	2021	121331	—	4.9	2.0	592543	1234964	48.0	77.0	54.9	17.0	—

续表

地区名	年份	人均GDP（元）	政府收入/GDP（%）	一般公共预算收入/GDP（%）	土地出让金/GDP（%）	人均一般公共预算收入（元）	人均一般公共预算支出（元）	财政自给率（%）	税收收入/一般公共预算收入（%）	共享三主税收入/税收收入（%）	一般公共预算收入本级占比（%）	社保财政补贴依赖度（%）
包头市	2022	137360	9.0	4.6	1.2	633529	1442281	43.9	76.6	56.6	16.6	38.2
包头市	2023	155050	8.6	4.7	1.2	726168	1719952	42.2	81.7	56.4	18.7	40.3
乌海市	2021	128923	13.3	8.8	2.2	1134714	2030701	55.9	79.5	56.4	0	20.8
乌海市	2022	143450	14.5	9.9	1.2	1415014	2122747	66.7	81.0	56.3	5.6	26.7
乌海市	2023	127342	18.9	12.0	2.0	1540732	3092823	49.8	74.4	42.5	9.1	33.0
赤峰市	2021	49069	17.6	6.4	3.0	315491	1422409	22.2	70.6	44.8	9.0	—
赤峰市	2022	53577	14.9	5.3	1.9	284606	1432737	19.9	63.7	41.8	12.2	—
赤峰市	2023	55144	16.7	5.5	2.1	305852	1709757	17.9	66.2	44.7	8.3	39.7
通辽市	2021	49346	17.0	6.2	1.3	308229	1319079	23.4	66.6	50.6	33.0	39.6
通辽市	2022	54992	14.8	5.9	2.0	324085	1485110	21.8	62.8	43.3	30.8	39.7
通辽市	2023	57056	14.8	6.2	1.7	357177	1821525	19.6	67.5	45.4	33.7	42.6
鄂尔多斯市	2021	218118	15.2	11.7	0.9	2545720	3364919	75.7	77.6	53.8	35.8	27.8
鄂尔多斯市	2022	256908	18.1	15.0	0.8	3829887	4515029	84.8	84.1	59.8	36.3	28.6
鄂尔多斯市	2023	264699	19.4	15.6	1.5	4098495	5042115	81.3	76.7	51.5	35.1	36.9
呼伦贝尔市	2021	60887	15.6	7.4	0.9	451000	1919445	23.5	62.0	45.4	35.6	36.4
呼伦贝尔市	2022	69819	14.3	6.4	0.6	450728	2156606	20.9	69.1	50.2	36.8	28.9
呼伦贝尔市	2023	73192	14.9	6.9	0.8	510669	2661296	19.2	74.1	47.7	31.8	29.6
巴彦淖尔市	2021	64144	13.2	6.0	1.0	387704	1760650	22.0	69.5	48.6	12.6	42.7
巴彦淖尔市	2022	71118	13.8	7.1	1.1	510771	2024870	25.2	50.0	43.1	21.4	43.5
巴彦淖尔市	2023	76893	17.4	6.9	1.1	533249	2426690	22.0	66.8	51.4	10.1	44.3
乌兰察布市	2021	53871	18.7	6.7	2.5	362137	2277543	15.9	64.8	48.2	33.6	43.3
乌兰察布市	2022	61876	16.3	6.1	1.8	383747	2302231	16.7	63.9	45.8	29.2	42.3
乌兰察布市	2023	67158	17.0	6.3	2.0	423235	2591153	16.3	69.1	46.9	25.5	46.9
兴安盟	2021	42702	17.5	6.7	2.2	286696	1920613	14.9	54.3	48.1	28.9	34.8
兴安盟	2022	48507	20.1	5.9	1.4	289620	2183163	13.3	61.1	30.7	30.7	30.0
兴安盟	2023	50561	16.6	5.9	1.1	299080	2541572	11.8	69.2	41.6	33.5	35.4
锡林郭勒盟	2021	91235	18.3	9.5	3.2	859533	2501044	34.4	61.2	44.9	12.5	—
锡林郭勒盟	2022	102558	18.6	9.4	4.3	967440	2888550	33.5	65.0	35.8	10.0	—
锡林郭勒盟	2023	105784	—	10.8	1.2	1144599	3345192	34.2	70.0	41.6	7.3	—

续表

地区名	年份	人均GDP（元）	政府收入/GDP（%）	一般公共预算收入/GDP（%）	土地出让金/GDP（%）	人均一般公共预算收入（元）	人均一般公共预算支出（元）	财政自给率（%）	税收收入/一般公共预算收入（%）	共享三主税收入/税收收入（%）	一般公共预算收入本级占比（%）	社保财政补贴依赖度（%）
阿拉善盟	2021	137663	15.2	9.2	1.3	1265615	3221159	39.3	70.5	57.1	45.8	29.2
阿拉善盟	2022	150848	15.2	8.9	1.2	1345416	3834268	35.1	65.0	53.0	46.6	26.3
阿拉善盟	2023	149973	14.5	8.2	1.6	1238133	4593976	27.0	75.0	54.6	42.2	30.6
辽宁省	2021	65026	30.1	10.0	3.8	653957	1379080	47.4	71.3	59.1	3.6	—
辽宁省	2022	68775	26.8	8.7	1.5	601638	1479044	40.7	65.9	55.9	4.7	—
辽宁省	2023	72107	27.9	9.1	1.2	658845	1554653	42.4	67.9	60.3	4.0	—
沈阳市	2021	79706	22.7	10.7	6.4	847796	1132167	74.9	79.2	59.6	11.6	—
沈阳市	2022	84268	15.8	9.3	1.4	780225	1151839	67.7	74.2	59.9	13.7	—
沈阳市	2023	88519	16.4	9.9	1.0	870115	1177809	73.9	76.0	62.9	13.7	—
大连市	2021	104751	17.3	9.4	3.3	987281	1311812	75.3	69.0	65.1	37.0	—
大连市	2022	112270	14.0	7.9	1.8	891832	1319686	67.6	62.1	62.5	28.4	—
大连市	2023	116557	14.4	8.6	1.3	995140	1344349	74.0	65.7	68.0	32.9	—
鞍山市	2021	57188	17.1	9.0	1.5	514896	881682	58.4	77.4	57.9	46.5	—
鞍山市	2022	57102	15.1	8.0	1.1	455178	942348	48.3	71.6	47.7	51.9	—
鞍山市	2023	—	15.6	8.0	1.9	—	—	51.7	71.8	53.9	46.3	—
抚顺市	2021	47338	18.2	8.8	0.8	418639	892938	46.9	73.1	60.2	13.3	—
抚顺市	2022	51467	14.6	6.6	0.8	340603	973143	35.0	68.6	53.6	15.9	—
抚顺市	2023	52663	14.6	7.1	0.2	382876	1018060	37.6	69.9	58.0	12.5	—
本溪市	2021	68340	33.6	8.2	2.2	562785	1012226	55.6	86.2	63.3	53.2	—
本溪市	2022	72634	14.6	7.9	0.8	576925	1263389	45.7	70.4	54.8	57.9	—
本溪市	2023	77217	15.3	8.2	1.2	—	—	46.9	67.6	57.8	50.3	—
丹东市	2021	39402	24.9	9.6	3.1	377185	915111	41.2	64.4	49.8	21.4	—
丹东市	2022	41730	17.7	7.6	2.3	321163	1095045	29.3	55.6	44.0	21.7	—
丹东市	2023	44926	17.0	7.9	1.4	356929	1144900	31.2	60.5	56.9	20.2	—
锦州市	2021	42063	18.7	9.5	1.4	400725	785592	51.0	63.5	48.8	50.3	44.8
锦州市	2022	45294	17.2	8.6	1.5	393803	980794	40.2	62.1	45.5	44.4	38.8
锦州市	2023	47577	—	9.1	1.0	—	—	41.0	63.4	49.9	36.5	31.0
营口市	2021	60484	20.2	10.1	4.3	611668	1103941	55.4	79.5	57.4	5.1	29.3
营口市	2022	62269	15.7	9.0	1.4	565795	1096577	51.6	69.8	51.7	13.6	31.8

续表

地区名	年份	人均GDP（元）	政府收入/GDP（%）	一般公共预算收入/GDP（%）	土地出让金/GDP（%）	人均一般公共预算收入（元）	人均一般公共预算支出（元）	财政自给率（%）	税收收入/一般公共预算收入（%）	共享三主税收入/税收收入（%）	一般公共预算收入本级占比（%）	社保财政补贴依赖度（%）
营口市	2023	64999	16.7	9.3	1.6	604978	1106977	54.7	71.1	50.6	5.4	19.1
阜新市	2021	33376	35.8	8.4	1.5	280317	873597	32.1	61.6	49.3	26.6	—
阜新市	2022	36153	34.7	7.8	0.6	280567	1007708	27.8	58.7	48.4	31.0	—
阜新市	2023	—	32.2	7.9	0.4	—	—	27.3	60.2	56.1	24.8	—
辽阳市	2021	54105	19.9	11.5	1.9	625645	1020359	61.3	71.3	56.7	26.0	30.1
辽阳市	2022	57170	17.1	9.8	1.1	566299	1109004	51.1	71.1	53.8	33.2	30.1
辽阳市	2023	57132	15.7	9.1	1.1	521009	1389013	37.5	70.5	53.1	34.9	21.1
盘锦市	2021	99443	19.5	11.5	2.5	1139953	1412227	80.7	67.3	55.0	66.2	26.2
盘锦市	2022	100347	14.6	8.7	0.6	873737	1540774	56.7	77.4	47.3	67.9	23.4
盘锦市	2023	997171	—	9.4	—	—	—	61.7	78.5	51.7	40.6	23.5
铁岭市	2021	30389	20.1	7.0	0.9	214074	828761	25.8	70.0	52.7	13.8	—
铁岭市	2022	32671	16.6	6.0	0.7	197047	926341	21.3	69.6	47.8	12.6	—
铁岭市	2023	33123	17.6	6.7	0.5	—	—	21.7	70.5	58.6	14.2	—
朝阳市	2021	33086	24.1	8.9	5.7	296923	988639	30.0	75.6	53.1	21.2	—
朝阳市	2022	35296	20.1	7.9	3.3	281881	1095479	25.7	69.1	42.8	24.4	—
朝阳市	2023	37368	19.7	7.9	1.9	296514	1141727	26.0	66.1	52.0	25.2	—
葫芦岛市	2021	34823	18.8	7.6	3.2	265746	970873	27.4	68.9	53.8	12.0	—
葫芦岛市	2022	36558	15.7	6.8	0.9	248219	951723	26.1	59.3	46.5	17.4	—
葫芦岛市	2023	38815	9.4	0.7	1.2	29187	999365	2.9	—	58.5	—	—
吉林省	2021	55720	29.2	8.6	6.4	481561	1556370	30.9	70.7	59.4	12.2	31.9
吉林省	2022	55673	22.1	6.5	2.2	362482	1722537	21.0	67.1	62.2	9.5	32.4
吉林省	2023	57840	26.5	7.9	3.7	459432	1883723	24.4	65.1	63.7	25.5	34.0
长春市	2021	78255	—	8.7	9.4	679090	1063591	63.8	84.3	61.8	69.0	37.7
长春市	2022	74310	—	6.8	2.3	507083	1077361	47.1	82.0	69.9	72.8	30.2
长春市	2023	77084	—	8.2	5.4	633401	1181036	53.6	73.4	67.9	75.3	38.0
吉林市	2021	43333	—	4.4	2.2	191554	467680	41.0	73.1	40.7	70.9	32.7
吉林市	2022	42947	—	3.8	0.7	164816	571337	28.8	63.6	38.0	71.4	40.1
吉林市	2023	44932	—	3.8	1.2	—	—	28.5	68.1	39.4	71.8	39.3
四平市	2021	31003	—	4.2	2.7	130923	436159	30.0	57.8	35.6	54.9	40.7

续表

地区名	年份	人均GDP（元）	政府收入/GDP（%）	一般公共预算收入/GDP（%）	土地出让金/GDP（%）	人均一般公共预算收入（元）	人均一般公共预算支出（元）	财政自给率（%）	税收收入/一般公共预算收入（%）	共享三主税收入/税收收入（%）	一般公共预算收入本级占比（%）	社保财政补贴依赖度（%）
四平市	2022	33549	—	2.6	1.1	88365	420982	21.0	66.4	33.8	46.1	47.5
四平市	2023	34922	—	4.9	0.6	140253	416206	33.7	40.0	41.6	69.2	36.6
辽源市	2021	47007	—	2.5	2.8	119085	441718	27.0	64.6	38.2	80.4	40.0
辽源市	2022	51714	—	2.0	1.1	105427	539610	19.5	57.5	28.0	72.4	30.2
辽源市	2023	54345	—	2.3	2.3	123529	627715	19.7	56.5	37.0	66.0	44.2
通化市	2021	44308	—	2.7	1.1	119621	492499	24.3	69.2	39.7	56.6	22.7
通化市	2022	47405	—	2.3	1.8	110810	538417	20.6	55.8	37.5	65.3	41.4
通化市	2023	—	—	3.1	0.7	—	—	28.2	50.0	40.1	67.0	36.9
白山市	2021	57948	—	1.8	0.3	108404	346775	31.3	59.8	60.8	100	—
白山市	2022	59228	—	1.9	0.1	116334	448622	25.9	58.6	61.9	100	—
白山市	2023	61378	—	—	—	—	—	—	—	—	—	—
松原市	2021	36877	—	2.7	0.4	102156	277578	36.8	56.0	30.0	81.9	—
松原市	2022	40075	—	1.8	0.4	74672	312279	23.9	66.2	33.6	78.2	—
松原市	2023	41654	—	2.3	0.4	97472	389400	25.0	58.6	36.2	81.4	—
白城市	2021	35996	—	7.2	—	261011	1484081	17.6	—	—	34.4	—
白城市	2022	38470	—	4.6	—	179136	1646995	10.9	—	—	38.7	—
白城市	2023	40385	—	4.8	—	194685	1971721	9.9	—	—	39.3	—
延边州	2021	41645	—	6.8	3.7	283691	1417664	20.0	61.7	41.0	7.1	13.0
延边州	2022	44007	—	5.4	2.0	240326	1603701	15.0	57.9	47.4	7.8	31.6
延边州	2023	46161	—	8.4	1.8	388855	1757952	22.1	50.1	48.0	5.3	43.0
黑龙江省	2021	47613	32.7	8.7	2.0	416160	1633541	25.5	66.9	51.6	22.0	32.1
黑龙江省	2022	51310	31.6	8.1	0.7	416477	1759274	23.7	61.5	51.6	25.5	33.5
黑龙江省	2023	51563	33.7	8.8	0.6	455959	1886493	24.2	61.6	55.6	21.6	0
哈尔滨市	2021	53823	16.9	6.8	4.2	370071	1003618	36.9	76.8	49.9	54.1	38.9
哈尔滨市	2022	55711	11.0	4.8	0.8	266871	1084612	24.6	74.5	53.8	50.0	35.9
哈尔滨市	2023	56411	11.9	5.6	0.7	316717	1093270	29.0	76.5	58.4	52.1	32.0
齐齐哈尔市	2021	30558	19.3	6.9	1.4	—	—	16.6	61.0	55.3	36.7	—
齐齐哈尔市	2022	33301	18.2	7.4	0.9	247117	1441103	17.1	44.7	58.6	46.6	47.2
齐齐哈尔市	2023	34	19.6	8.4	0.8	275775	1489606	18.5	45.0	61.5	48.9	47.6

数据篇·表7 2021—2023年我国各省份及地级市经济财政主要指标

续表

地区名	年份	人均GDP（元）	政府收入/GDP（%）	一般公共预算收入/GDP（%）	土地出让金/GDP（%）	人均一般公共预算收入（元）	人均一般公共预算支出（元）	财政自给率（%）	税收收入/一般公共预算收入（%）	共享三主税收入/税收收入（%）	一般公共预算收入本级占比（%）	社保财政补贴依赖度（%）
鸡西市	2021	40807	15.3	6.6	0.5	267961	1220779	22.0	55.3	49.1	46.0	44.7
鸡西市	2022	45620	16.7	6.9	0.3	314707	1542349	20.4	58.4	51.5	45.4	43.3
鸡西市	2023	45689	19.1	7.6	0.4	330624	1582100	20.9	54.8	50.8	45.4	46.2
鹤岗市	2021	40338	15.1	8.0	0.3	—	—	23.3	53.9	55.7	—	23.6
鹤岗市	2022	47328	18.3	7.5	1.0	357897	1567233	22.8	61.6	50.8	54.2	1.8
鹤岗市	2023	44600	16.8	8.4	0.7	361651	1536475	23.5	60.2	53.0	52.6	36.6
双鸭山市	2021	43270	13.6	6.1	0.4	—	—	21.1	57.6	46.0	50.3	44.8
双鸭山市	2022	47378	16.0	6.8	0.4	324491	1476883	22.0	58.7	45.1	51.5	0.8
双鸭山市	2023	46701	15.8	8.0	0.4	371483	1696020	21.9	50.0	45.3	51.8	40.5
大庆市	2021	94790	10.4	7.1	0.3	672699	1226252	54.9	64.3	33.7	64.5	29.0
大庆市	2022	109200	9.2	6.1	0.4	671049	1348478	49.8	59.9	30.4	66.6	28.7
大庆市	2023	105490	9.4	5.9	0.4	629922	1366495	46.1	68.5	28.6	55.5	27.5
伊春市	2021	36982	16.3	5.6	0.2	209029	2228425	9.4	60.3	41.1	64.1	43.1
伊春市	2022	40657	18.2	6.1	0.2	248148	2456800	10.1	60.8	43.8	51.1	3.1
伊春市	2023	—	16.9	7.9	0.2	338296	2692754	12.6	55.4	45.6	39.4	2.9
佳木斯市	2021	38247	15.7	7.1	0.7	272077	1577346	17.2	54.8	42.0	33.6	46.1
佳木斯市	2022	41183	15.4	7.2	0.7	296906	1711883	17.3	40.5	40.6	35.8	46.9
佳木斯市	2023	—	16.4	8.5	0.7	—	—	20.8	38.9	46.4	40.2	46.3
七台河市	2021	34055	21.7	10.4	1.5	—	—	28.3	58.6	52.4	61.8	36.4
七台河市	2022	40086	24.1	10.4	1.4	421142	1540169	27.3	59.4	45.4	68.1	30.2
七台河市	2023	—	23.8	13.1	0.7	—	—	33.1	43.7	47.8	73.3	38.2
牡丹江市	2021	38719	15.0	6.9	1.2	267471	1184355	22.6	60.6	49.2	40.7	46.3
牡丹江市	2022	41489	7.8	0	0.2	0	1419250	0.0	—	47.2	—	1.5
牡丹江市	2023	43181	17.1	9.3	0.2	—	—	25.1	37.2	50.7	50.3	1.3
黑河市	2021	50206	13.4	7.1	0.5	353973	2052159	17.2	51.3	49.1	29.4	44.6
黑河市	2022	52576	11.3	7.2	0.5	380620	2227919	17.1	46.4	56.2	27.0	28.6
黑河市	2023	53250	17.7	7.9	0.4	426508	2363272	18.0	48.1	53.3	25.6	43.7
绥化市	2021	31915	15.0	5.4	1.4	172471	1072101	16.1	60.9	41.8	26.6	49.3
绥化市	2022	33953	14.0	4.8	0.9	163706	1269495	12.9	49.0	38.2	27.3	0.7

续表

地区名	年份	人均GDP（元）	政府收入/GDP（％）	一般公共预算收入/GDP（％）	土地出让金/GDP（％）	人均一般公共预算收入（元）	人均一般公共预算支出（元）	财政自给率（％）	税收收入/一般公共预算收入（％）	共享三主税收入/税收收入（％）	一般公共预算收入本级占比（％）	社保财政补贴依赖度（％）
绥化市	2023	—	—	—	—	—	—	—	—	—	—	—
大兴安岭地区	2021	47544	15.4	7.3	0.4	345357	2686432	12.9	55.3	55.4	21.7	26.4
大兴安岭地区	2022	53364	19.4	7.6	0.6	409288	3431425	11.9	51.6	52.8	24.3	23.9
大兴安岭地区	2023	—	23.9	9.1	0.3	—	—	12.2	53.2	55.2	25.2	23.5
上海市	2021	173593	39.8	18.0	8.2	3121957	3386720	92.2	85.0	76.3	45.4	8.9
上海市	2022	180351	39.6	17.0	8.5	3072903	3793853	81.0	83.5	75.2	44.9	8.7
上海市	2023	1898	39.8	17.6	6.8	3341776	3874852	86.2	85.5	75.1	46.4	7.7
江苏省	2021	137039	26.9	8.6	11.0	1177506	1714823	68.7	81.6	65.4	2.6	—
江苏省	2022	144390	23.6	7.5	8.7	1087362	1750014	62.1	73.5	62.3	2.1	—
江苏省	2023	150487	22.7	7.7	7.4	1164694	1787741	65.1	80.3	69.9	2.9	—
南京市	2021	174520	29.4	10.6	14.0	1835422	1929197	95.1	85.2	65.4	11.3	—
南京市	2022	178781	22.2	9.2	8.2	1641773	1926766	85.2	77.6	62.9	16.5	—
南京市	2023	183015	20.2	9.3	6.5	1696850	1925941	88.1	84.4	68.8	11.8	—
无锡市	2021	187415	20.4	8.6	8.1	1604948	1815232	88.4	82.0	67.7	9.9	—
无锡市	2022	198404	18.1	7.6	7.0	1512989	1823311	83.0	75.2	68.2	10.8	—
无锡市	2023	206300	17.3	7.7	6.3	1594960	1854822	86.0	82.2	73.1	8.6	—
徐州市	2021	89634	23.7	6.6	11.9	595097	1112411	53.5	79.9	61.6	25.6	—
徐州市	2022	93731	20.2	6.1	9.3	573706	1144046	50.1	69.9	60.3	27.7	—
徐州市	2023	98683	18.6	6.1	7.4	605277	1171725	51.7	76.1	65.0	26.4	—
常州市	2021	165724	27.3	7.8	16.1	1286274	1442899	89.1	82.8	65.1	8.4	—
常州市	2022	178243	25.6	6.6	15.3	1177332	1539323	76.5	79.5	61.6	9.2	—
常州市	2023	188400	23.6	6.7	13.0	1265673	1590265	79.6	86.0	70.0	8.3	—
苏州市	2021	177505	24.0	11.0	9.4	1953642	2011009	97.1	86.3	67.5	3.3	—
苏州市	2022	186024	20.1	9.7	6.7	1804083	2004996	90.0	81.5	64.0	3.5	—
苏州市	2023	190600	18.6	10.0	5.2	1895981	2022902	93.7	85.0	72.3	2.7	—
南通市	2021	142642	22.7	6.4	12.7	918377	1451213	63.3	80.7	61.5	19.0	—
南通市	2022	147057	18.7	5.4	9.5	791628	1481522	53.4	67.3	55.1	19.0	—
南通市	2023	153000	17.8	5.8	7.7	877737	1523981	57.6	79.2	66.4	18.1	—
连云港市	2021	81015	19.1	7.4	6.6	597150	1160762	51.4	79.3	61.9	9.4	—

续表

地区名	年份	人均GDP（元）	政府收入/GDP（%）	一般公共预算收入/GDP（%）	土地出让金/GDP（%）	人均一般公共预算收入（元）	人均一般公共预算支出（元）	财政自给率（%）	税收收入/一般公共预算收入（%）	共享三主税收入/税收收入（%）	一般公共预算收入本级占比（%）	社保财政补贴依赖度（%）
连云港市	2022	87042	17.2	5.3	7.3	462570	1165088	39.7	59.9	44.5	12.7	—
连云港市	2023	94917	17.7	5.9	7.3	557289	1250971	44.5	76.5	65.0	9.4	
淮安市	2021	99768	19.8	6.5	8.4	651055	1343457	48.5	80.3	58.8	18.7	
淮安市	2022	104054	21.3	6.3	10.4	659063	1448124	45.5	70.0	58.7	19.2	
淮安市	2023	110328	19.8	6.3	8.5	697680	1580758	44.1	75.6	65.3	17.4	
盐城市	2021	98593	23.4	6.8	11.8	671839	1568845	42.8	75.2	58.0	20.9	
盐城市	2022	105647	21.4	6.4	10.2	677555	1635218	41.4	65.6	54.6	20.5	
盐城市	2023	110681										
扬州市	2021	146562	17.7	5.1	9.4	751735	1496233	50.2	79.8	62.8	12.1	
扬州市	2022	155132	16.7	4.6	8.8	710233	1525611	46.6	73.2	59.4	13.7	
扬州市	2023	161977	16.7	4.7	8.1	758060	1551229	48.9	79.7	64.1	10.1	
镇江市	2021	148204	18.7	6.9	7.8	1018249	1687661	60.3	78.2	64.6	30.4	
镇江市	2022	155823	17.0	6.1	7.3	943335	1662014	56.8	65.5	57.8	32.5	
镇江市	2023	163300	17.1	6.1	6.0	994128	1655137	60.1	71.6	65.2	28.7	
泰州市	2021	133323	22.0	7.0	10.7	929468	1477075	62.9	75.4	64.8	7.2	
泰州市	2022	141830	18.2	6.5	7.7	924731	1562200	59.2	63.5	64.8	7.5	
泰州市	2023	149383	17.5	6.5	6.8	975604	1547417	63.0	70.0	69.4	7.1	
宿迁市	2021	74476	22.1	7.2	10.1	535752	1169184	45.8	86.8	63.7	28.8	
宿迁市	2022	82452	19.6	6.6	8.4	546254	1249793	43.7	80.4	66.4	32.1	
宿迁市	2023	88379	18.5	6.9	6.9	606737	1289399	47.1	79.6	71.8	29.7	
浙江省	2021	113032	36.3	11.2	14.1	1263400	1684188	75.0	86.8	65.0	4.2	14.7
浙江省	2022	118496	31.8	10.3	10.7	1222348	1827231	66.9	82.3	65.9	4.7	15.4
浙江省	2023	125034	29.0	10.4	7.8	1297798	1864054	69.6	82.8	68.9	4.1	14.7
杭州市	2021	149857	31.1	13.2	12.7	1955583	1884521	103.8	93.6	67.3	14.4	18.9
杭州市	2022	152588	34.7	13.1	15.6	1980132	1994255	99.3	88.5	68.7	15.6	19.2
杭州市	2023	161129	28.8	13.0	10.1	2089771	2073373	100.8	89.7	70.7	13.7	19.9
宁波市	2021	153922	26.2	11.8	10.1	1805468	2037318	88.6	85.2	69.0	9.3	—
宁波市	2022	163911	22.0	10.7	7.1	1746965	2274707	76.8	82.3	70.2	9.8	—
宁波市	2023	170363	19.8	10.9	5.0	1841659	2304934	79.9	82.0	70.4	9.1	—

续表

地区名	年份	人均GDP（元）	政府收入/GDP（%）	一般公共预算收入/GDP（%）	土地出让金/GDP（%）	人均一般公共预算收入（元）	人均一般公共预算支出（元）	财政自给率（%）	税收收入/一般公共预算收入（%）	共享三主税收入/税收收入（%）	一般公共预算收入本级占比（%）	社保财政补贴依赖度（%）
温州市	2021	78879	33.5	8.7	15.6	681757	1106081	61.6	83.6	61.6	21.6	34.5
温州市	2022	83107	26.4	7.1	8.9	592882	1175469	50.4	78.2	59.4	21.9	32.2
温州市	2023	89821	27.1	7.1	8.0	637931	1204736	53.0	80.7	65.9	22.3	32.1
嘉兴市	2021	116323	30.8	10.6	14.0	1223350	1438946	85.0	90.4	61.1	20.6	31.2
嘉兴市	2022	121794	25.6	8.9	10.5	1074535	1491092	72.1	87.8	65.9	18.8	24.9
嘉兴市	2023	126851	21.3	8.9	6.7	1131844	1480999	76.4	88.1	69.2	15.5	23.8
湖州市	2021	107534	33.6	11.3	15.9	1213733	1539460	78.8	91.8	55.4	18.2	34.8
湖州市	2022	112902	29.3	10.1	13.1	1135433	1764643	64.3	88.7	63.3	15.8	31.4
湖州市	2023	117195	29.0	10.2	12.8	1193658	1764971	67.6	84.4	65.5	15.7	27.7
绍兴市	2021	127875	29.7	8.9	15.7	1131353	1338766	84.5	81.3	57.9	11.0	32.6
绍兴市	2022	137522	21.0	7.3	8.1	1008948	1503564	67.1	76.1	52.3	9.4	28.3
绍兴市	2023	144992	16.8	7.4	4.7	1072947	1443533	74.3	77.7	62.8	9.4	25.4
金华市	2021	75524	43.4	9.2	27.3	691466	1111532	62.2	90.7	55.3	15.7	36.0
金华市	2022	78086	29.0	8.8	13.0	686352	1165142	58.9	83.9	55.9	14.2	33.7
金华市	2023	84133	28.0	8.7	10.9	734045	1184527	62.0	86.1	61.9	15.3	31.6
衢州市	2021	82174	40.8	8.7	18.0	716795	2265245	31.6	85.3	61.8	38.4	42.4
衢州市	2022	87544	33.3	8.6	10.5	755897	2479041	30.5	80.9	59.0	33.7	42.2
衢州市	2023	92662	30.3	9.6	8.6	889021	2640321	33.7	75.7	62.7	31.6	37.0
舟山市	2021	146231	22.3	10.6	8.2	1551073	2885065	53.8	72.4	66.0	46.6	30.0
舟山市	2022	166777	15.3	8.0	4.1	1334592	3027978	44.1	68.7	51.7	45.1	29.8
舟山市	2023	179096	16.6	9.2	4.1	1649732	3209795	51.4	71.8	64.9	49.1	27.8
台州市	2021	86866	24.5	7.9	10.3	683731	1103146	62.0	84.3	63.6	9.7	37.4
台州市	2022	90457	24.0	7.3	8.8	660003	1250270	52.8	80.7	60.0	6.8	36.6
台州市	2023	92978	22.9	7.9	7.2	736411	1246436	59.1	82.8	65.9	8.7	34.6
丽水市	2021	68101	38.0	9.6	19.4	652209	2170609	30.0	84.1	60.8	26.9	46.5
丽水市	2022	72812	33.5	9.3	12.9	679373	2413924	28.1	71.5	62.2	25.9	47.6
丽水市	2023	77908	36.8	9.5	9.5	735979	2585657	28.5	74.5	68.7	25.5	39.6
安徽省	2021	70321	—	7.5	—	526093	1241788	42.4	68.4	62.9	8.1	—
安徽省	2022	73603	22.6	8.0	—	585791	1367681	42.8	62.6	59.8	3.5	—

续表

地区名	年份	人均GDP（元）	政府收入/GDP（%）	一般公共预算收入/GDP（%）	土地出让金/GDP（%）	人均一般公共预算收入（元）	人均一般公共预算支出（元）	财政自给率（%）	税收收入/一般公共预算收入（%）	共享三主税收入/税收收入（%）	一般公共预算收入本级占比（%）	社保财政补贴依赖度（%）
安徽省	2023	76830	21.9	8.4	—	643555	1412122	45.6	—	—	7.7	—
合肥市	2021	121187	17.1	7.4	6.5	891937	1292893	69.0	75.7	60.0	56.9	—
合肥市	2022	125798	19.8	7.6	8.9	943798	1432613	65.9	73.8	60.6	58.2	—
合肥市	2023	130074	15.6	7.3	4.6	943497	1432393	65.9	72.5	64.2	56.6	—
芜湖市	2021	117500	—	7.6	—	887623	1326340	66.9	78.7	66.6	20.6	—
芜湖市	2022	121630	18.1	7.4	—	887353	1516017	58.5	76.3	66.1	22.6	—
芜湖市	2023	126648	15.7	8.7	—	1103035	1648562	66.9	—	—	17.3	—
蚌埠市	2021	60117	—	8.4	—	504465	991281	50.9	62.7	58.7	24.0	—
蚌埠市	2022	60739	—	0.0	—	0	0	—	—	—	—	—
蚌埠市	2023	64402	—	8.5	2.9	550889	—	—	—	—	25.1	—
淮南市	2021	48008	24.4	7.5	4.1	360569	913294	39.5	64.4	59.6	26.8	17.5
淮南市	2022	50802	27.4	7.8	5.3	397443	989272	40.2	62.8	61.3	26.6	17.1
淮南市	2023	53005	21.0	8.1	5.1	432695	1047882	41.3	72.9	65.8	26.1	38.7
马鞍山市	2021	113010	—	8.1	—	911109	1332460	68.4	72.2	69.4	42.7	—
马鞍山市	2022	116100	—	8.1	—	937215	1453703	64.5	67.8	69.2	41.9	—
马鞍山市	2023	118000	—	0.0	—	0	0	—	—	—	—	—
淮北市	2021	62100	—	—	—	—	0	—	—	—	—	—
淮北市	2022	66400	—	—	—	—	0	—	—	—	—	—
淮北市	2023	70242	—	7.7	—	539249	1167644	46.2	—	—	41.1	—
铜陵市	2021	89112	—	8.0	—	715944	1490634	48.0	75.6	65.2	43.4	—
铜陵市	2022	92823	—	8.6	—	797723	1543952	51.7	73.1	67.6	45.5	—
铜陵市	2023	94530	—	0.0	—	0	—	—	—	—	—	—
安庆市	2021	63707	—	—	—	—	1081327	—	—	—	—	—
安庆市	2022	66470	—	6.3	—	420837	1232435	34.1	60.3	77.3	22.2	—
安庆市	2023	69583	15.6	6.7	—	470002	1331795	35.3	—	—	31.0	—
黄山市	2021	71928	—	9.2	—	662860	1597313	41.5	50.0	53.3	26.4	—
黄山市	2022	75505	—	9.1	—	685638	1672577	41.0	46.9	49.3	25.9	—
黄山市	2023	79295	—	8.1	—	640578	1684651	38.0	49.7	—	24.2	—
滁州市	2021	84263	—	7.5	—	628732	1157169	54.3	58.8	55.4	23.6	—

续表

地区名	年份	人均GDP（元）	政府收入/GDP（%）	一般公共预算收入/GDP（%）	土地出让金/GDP（%）	人均一般公共预算收入（元）	人均一般公共预算支出（元）	财政自给率（%）	税收收入/一般公共预算收入（%）	共享三主税收入/税收收入（%）	一般公共预算收入本级占比（%）	社保财政补贴依赖度（%）
滁州市	2022	89800	19.8	7.7	4.8	686060	1267825	54.1	53.5	52.1	21.8	—
滁州市	2023	93325	21.5	7.9	5.9	735293	1316666	55.8	55.9	63.1	20.8	—
阜阳市	2021	37590	—	6.2	—	232048	771080	30.1	69.5	54.7	18.0	—
阜阳市	2022	39643	—	5.7	—	227004	794421	28.6	68.1	55.9	19.1	—
阜阳市	2023	40970	—	5.9	—	240860	802790	30.0	68.5	57.9	20.1	—
宿州市	2021	40688	—	6.8	—	277684	890264	31.2	63.1	60.5	9.5	—
宿州市	2022	41875	—	7.0	—	293105	947369	30.9	58.2	59.7	14.7	—
宿州市	2023	43387	19.7	7.1	—	307353	953772	32.2	0	—	12.6	—
六安市	2021	43690	—	7.7	12.5	334849	1100324	30.4	72.2	57.9	15.5	—
六安市	2022	45643	20.2	8.0	6.3	368267	1206470	30.5	66.8	60.4	19.2	—
六安市	2023	48462	20.5	8.2	3.7	399738	1401989	28.5	65.8	60.6	18.6	—
亳州市	2021	39509	—	7.0	—	277032	748107	37.0	69.6	52.1	19.9	—
亳州市	2022	42258	—	6.9	—	293492	800774	36.7	61.4	56.1	21.4	—
亳州市	2023	44941	—	—	—	—	—	—	—	—	—	—
池州市	2021	75191	—	7.4	4.6	558084	1299320	43.0	68.9	61.8	—	—
池州市	2022	81124	18.5	7.7	2.8	625986	1519581	41.2	63.6	64.2	35.2	—
池州市	2023	83906	—	0	—	0	—	—	—	—	—	—
宣城市	2021	73548	—	10.0	—	735027	1266986	58.0	62.1	61.5	16.3	—
宣城市	2022	76853	—	9.8	—	755515	1396971	54.1	63.7	59.1	14.7	—
宣城市	2023	78358	19.5	10.1	—	795738	1481303	53.7	—	—	14.7	—
福建省	2021	116939	18.4	6.9	6.5	808074	1243066	65.0	73.7	64.3	9.0	—
福建省	2022	126829	15.8	6.3	4.7	797329	1358934	58.7	62.7	60.3	8.4	—
福建省	2023	129865	15.3	6.6	3.5	858724	1400763	61.3	65.2	67.7	7.5	—
福州市	2021	135298	17.2	6.6	8.1	890555	1098879	81.0	75.2	67.0	29.7	40.3
福州市	2022	145936	13.0	5.7	4.9	826851	1190920	69.4	61.3	60.4	28.9	39.7
福州市	2023	152846	12.0	5.8	3.7	890402	1186568	75.0	64.5	68.9	29.9	—
厦门市	2021	133217	30.9	12.5	—	1668487	2007579	83.1	76.8	64.7	68.9	8.3
厦门市	2022	146998	27.8	11.3	—	1665054	2051136	81.2	71.4	60.8	68.8	9.3
厦门市	2023	151426	23.4	11.6	—	1749833	2036144	85.9	71.3	68.2	69.0	6.5

续表

地区名	年份	人均GDP（元）	政府收入/GDP（%）	一般公共预算收入/GDP（%）	土地出让金/GDP（%）	人均一般公共预算收入（元）	人均一般公共预算支出（元）	财政自给率（%）	税收收入/一般公共预算收入（%）	共享三主税收收入/税收收入（%）	一般公共预算收入本级占比（%）	社保财政补贴依赖度（%）
莆田市	2021	89672	14.3	5.3	6.1	477588	770442	62.0	73.5	59.8	15.7	—
莆田市	2022	97095	10.5	4.8	2.5	472185	865697	54.5	57.9	52.1	17.0	
莆田市	2023	96291	11.5	5.3	2.3	512149	837742	61.1	61.6	66.1	13.4	
三明市	2021	118852	10.0	3.8	3.1	457711	1248219	36.7	71.2	63.4	22.9	
三明市	2022	126044	9.0	3.6	1.9	453582	1423906	31.9	56.4	54.8	21.2	
三明市	2023	123141	8.5	3.9	0.9	485692	1488006	32.6	58.1	59.8	19.4	
泉州市	2021	128165	9.8	4.5	3.4	570096	759638	75.0	78.2	64.8	16.5	
泉州市	2022	136533	8.9	4.4	2.6	593302	909394	65.2	64.5	62.1	16.7	
泉州市	2023	137060	9.7	4.8	2.7	653823	957182	68.3	67.1	65.7	17.1	
漳州市	2021	99218	12.1	4.9	4.2	485571	828901	58.6	71.6	54.6	23.1	
漳州市	2022	112578	11.0	4.4	3.6	494470	990256	49.9	51.8	42.9	26.0	
漳州市	2023	113087	10.7	4.9	2.7	551640	1030984	53.5	59.8	59.1	21.6	
南平市	2021	79310	13.3	4.8	3.9	383129	1155450	33.2	64.7	61.5	20.9	
南平市	2022	83434	13.0	4.7	3.2	392535	1298790	30.2	51.7	57.0	21.3	
南平市	2023	86311	13.5	5.0	2.9	431062	1392786	30.9	52.2	64.8	20.6	
龙岩市	2021	112886	13.5	5.5	4.8	620723	1262133	49.2	72.4	58.6	33.2	
龙岩市	2022	121721	10.5	5.0	2.2	609200	1330720	45.8	62.2	55.6	30.6	
龙岩市	2023	122683	10.8	5.2	2.3	641283	1398635	45.9	63.4	59.9	31.2	
宁德市	2021	100034	12.0	5.0	3.8	501741	1091058	46.0	74.1	70.1	10.0	47.6
宁德市	2022	112700	9.3	4.7	2.6	530568	1179504	45.0	60.9	71.4	7.9	38.6
宁德市	2023	120600	9.8	5.5	1.4	664815	1282610	51.8	70.3	78.5	9.2	43.0
江西省	2021	65560	27.8	9.5	—	622532	1500614	41.5	68.6	65.4	19.7	—
江西省	2022	69000	23.9	9.2	—	651136	1609783	40.4	60.7	64.9	21.5	
江西省	2023	71216	24.2	9.5	—	677651	1661259	40.8	66.1	68.4	19.9	
南昌市	2021	104788	15.8	7.3	5.7	753137	1351469	55.7	—	—	33.0	
南昌市	2022	111031	12.8	6.4	—	700017	1435951	48.7	—	—	31.9	
南昌市	2023	—	—	—	—	—	—	54.0	66.0	55.1	31.1	
景德镇市	2021	68018	—	9.2	—	626073	1394236	44.9	—	—	36.0	
景德镇市	2022	73500	30.5	7.9	17.2	579600	1526391	38.0	—	—	38.6	

续表

地区名	年份	人均GDP（元）	政府收入/GDP（%）	一般公共预算收入/GDP（%）	土地出让金/GDP（%）	人均一般公共预算收入（元）	人均一般公共预算支出（元）	财政自给率（%）	税收收入/一般公共预算收入（%）	共享三主税收入/税收收入（%）	一般公共预算收入本级占比（%）	社保财政补贴依赖度（%）
景德镇市	2023	74146	—	0	—	0	0	—	—	—	—	—
萍乡市	2021	61371	—	9.8	—	601511	1605565	37.5	—	—	13.1	—
萍乡市	2022	64200	—	9.2	—	592139	1696101	34.9	—	—	14.7	—
萍乡市	2023	63796	—	9.7	—	622760	1807692	34.5	—	—	14.4	—
九江市	2021	81910	18.7	7.8	7.2	640717	1369149	46.8	—	—	14.3	—
九江市	2022	88300	14.6	7.5	3.2	665651	1517753	43.9	—	—	17.7	—
九江市	2023	84566	17.3	8.4	4.1	710744	1658099	42.9	57.6	—	19.7	—
新余市	2021	96048	18.0	7.1	—	678693	1310325	51.8	—	—	22.0	—
新余市	2022	104100	15.8	7.1	—	739451	1597470	46.3	—	—	18.4	—
新余市	2023	105098	—	7.3	—	764289	1729662	44.2	76.1	—	18.5	—
鹰潭市	2021	99040	—	8.1	—	801841	1635913	49.0	—	—	7.2	—
鹰潭市	2022	107100	25.1	8.1	6.3	867591	1803219	48.1	—	—	9.2	—
鹰潭市	2023	111176	18.9	8.5	—	943246	2170579	43.5	73.9	68.3	7.0	—
赣州市	2021	46429	23.0	7.1	10.3	327470	1070260	30.6	—	—	15.6	47.9
赣州市	2022	50400	18.0	6.8	5.8	340522	1143357	29.8	—	—	16.1	50.3
赣州市	2023	51245	19.8	6.9	6.1	355527	1224436	29.0	62.6	—	13.2	43.2
吉安市	2021	57075	18.0	7.2	5.6	411189	1264234	32.5	—	—	20.2	45.0
吉安市	2022	62200	15.0	6.9	3.3	431466	1380757	31.2	—	—	20.3	52.3
吉安市	2023	62099	16.0	7.5	3.4	466998	—	—	60.1	65.6	18.6	48.6
宜春市	2021	63957	25.2	8.0	—	511410	1305675	39.2	—	—	8.6	—
宜春市	2022	69900	—	8.0	—	558336	1412531	39.5	—	—	10.8	—
宜春市	2023	69951	18.5	8.4	—	586574	1454362	40.3	66.5	66.4	10.7	—
抚州市	2021	50135	26.9	7.3	13.7	368438	1400758	26.3	—	—	16.4	—
抚州市	2022	54300	20.8	7.0	8.6	381164	1494133	25.5	—	—	15.5	—
抚州市	2023	56988	19.9	7.0	7.2	397575	1512575	26.3	63.1	58.1	16.8	—
上饶市	2021	47283	24.9	7.8	—	366574	1170008	31.3	—	—	9.0	—
上饶市	2022	51400	21.1	7.6	—	389816	1233493	31.6	—	—	9.0	—
上饶市	2023	53020	20.4	8.0	—	423233	1273921	33.2	67.8	56.8	9.7	—
山东省	2021	86003	24.6	8.3	8.2	716778	1152554	62.2	75.2	57.4	3.4	—

续表

地区名	年份	人均GDP（元）	政府收入/GDP（%）	一般公共预算收入/GDP（%）	土地出让金/GDP（%）	人均一般公共预算收入（元）	人均一般公共预算支出（元）	财政自给率（%）	税收收入/一般公共预算收入（%）	共享三主税收入/税收收入（%）	一般公共预算收入本级占比（%）	社保财政补贴依赖度（%）
山东省	2022	86034	22.6	8.1	6.2	699031	1193436	58.6	67.5	53.0	3.3	19.2
山东省	2023	90771	21.4	8.1	4.5	737410	1242890	59.3	70.1	57.6	3.0	18.8
济南市	2021	122452	21.7	8.8	8.5	1079271	1384648	77.9	77.1	57.0	9.1	—
济南市	2022	127748	16.3	8.3	3.7	1063348	1301724	81.7	69.2	52.5	33.2	25.9
济南市	2023	135347	15.7	8.3	3.2	1124110	1446747	77.7	75.2	55.0	27.4	24.1
青岛市	2021	137826	24.5	9.7	6.9	1334013	1663999	80.2	74.3	61.3	6.4	—
青岛市	2022	144870	18.8	8.5	4.9	1231191	1640059	75.1	69.2	58.2	9.4	—
青岛市	2023	152000	18.9	8.5	2.6	1289938	1657233	77.8	75.2	64.8	8.0	—
淄博市	2021	89238	22.0	8.8	7.9	783556	1109953	70.6	74.0	63.0	14.9	30.2
淄博市	2022	93526	19.4	8.5	5.7	798795	1118657	71.4	64.9	59.7	14.6	29.6
淄博市	2023	97599	18.2	8.7	4.1	845751	1177427	71.8	64.4	62.1	13.3	0.2
枣庄市	2021	50613	31.5	8.1	15.7	412422	710821	58.0	77.1	51.1	14.0	43.3
枣庄市	2022	53081	31.3	8.3	15.9	440982	849960	51.9	66.4	48.6	13.8	34.5
枣庄市	2023	56610	29.8	8.4	14.3	475212	924066	51.4	64.2	49.6	14.1	1.3
东营市	2021	156852	13.7	7.6	3.4	1192866	1371892	87.0	70.6	50.6	12.5	27.9
东营市	2022	163908	12.6	7.3	2.5	1201805	1672608	71.9	66.1	46.5	35.6	28.2
东营市	2023	176748	13.0	7.3	2.6	1290235	1730410	74.6	70.2	49.9	36.8	24.9
烟台市	2021	122818	16.0	7.4	4.4	912970	1133635	80.5	74.4	57.5	3.8	35.8
烟台市	2022	134581	14.7	6.7	4.1	900167	1308249	68.8	67.1	49.9	2.7	36.6
烟台市	2023	144241	12.9	6.6	2.2	958261	1354810	70.7	70.1	56.3	2.3	32.8
潍坊市	2021	74606	26.1	9.4	10.8	698830	935997	74.7	76.1	53.8	4.8	41.0
潍坊市	2022	77655	22.9	8.3	9.1	645579	894526	72.2	61.7	50.5	4.8	33.5
潍坊市	2023	81178	19.1	8.0	5.9	649252	949228	68.4	64.8	56.4	20.5	0.6
济宁市	2021	60728	24.5	8.7	10.0	528396	872293	60.6	75.3	51.0	3.3	38.2
济宁市	2022	63954	21.9	8.4	7.2	539964	901060	59.9	67.4	50.0	19.9	39.4
济宁市	2023	66938	21.3	8.6	6.6	576429	949930	60.7	68.1	53.5	19.5	1.6
泰安市	2021	54917	20.7	7.7	6.5	424191	787853	53.8	75.1	58.5	26.6	41.6
泰安市	2022	59029	18.5	7.0	5.3	412405	817902	50.4	70.6	55.1	25.6	39.4
泰安市	2023	62144	16.1	7.2	2.6	447285	866351	51.6	74.9	59.0	26.7	40.0

续表

地区名	年份	人均GDP（元）	政府收入/GDP（％）	一般公共预算收入/GDP（％）	土地出让金/GDP（％）	人均一般公共预算收入（元）	人均一般公共预算支出（元）	财政自给率（％）	税收收入/一般公共预算收入（％）	共享三主税收入/税收收入（％）	一般公共预算收入本级占比（％）	社保财政补贴依赖度（％）
威海市	2021	118847	22.6	7.7	10.7	915537	1178380	77.7	74.5	49.0	5.1	—
威海市	2022	116806	20.2	6.6	9.1	771795	1430244	54.0	70.4	46.3	5.4	—
威海市	2023	120591	15.7	6.8	4.3	814739	1477360	55.1	71.3	61.0	6.0	—
日照市	2021	74434	25.3	8.5	10.7	630841	910440	69.3	80.8	62.4	6.3	35.3
日照市	2022	77669	22.1	8.0	9.3	625062	973974	64.2	73.0	52.4	6.7	27.0
日照市	2023	—	22.0	8.2	8.7	—	—	61.0	66.7	56.7	8.2	37.5
临沂市	2021	49585	23.7	7.5	9.1	371594	731995	50.8	81.7	53.8	4.8	41.1
临沂市	2022	52502	18.1	7.3	5.3	382228	795743	48.0	76.3	47.5	5.0	39.5
临沂市	2023	—	16.6	7.3	3.5	—	—	48.4	73.8	50.7	4.7	41.7
德州市	2021	62298	22.2	6.7	10.3	418010	881007	47.4	76.9	55.8	4.9	47.2
德州市	2022	65022	18.2	6.5	6.8	421612	1028290	41.0	68.8	52.9	5.6	45.4
德州市	2023	68733	19.5	6.6	7.6	452649	1125033	40.2	69.7	55.0	5.2	44.8
聊城市	2021	44577	28.5	8.7	12.4	388522	823194	47.2	75.5	56.8	26.7	41.9
聊城市	2022	46995	22.5	8.3	7.1	390672	868126	45.0	62.0	51.4	29.6	41.3
聊城市	2023	49943	22.4	8.4	6.8	417487	914213	45.7	63.0	59.7	28.9	42.6
滨州市	2021	73078	25.6	10.0	10.2	731040	1216711	60.1	75.2	62.8	5.5	41.1
滨州市	2022	75813	23.9	9.3	8.7	703464	1228268	57.3	64.7	59.1	4.2	41.7
滨州市	2023	79886	23.9	9.4	7.5	748281	1350142	55.4	65.7	53.1	6.3	39.5
菏泽市	2021	45539	24.6	7.1	11.1	325113	725061	44.8	77.0	50.2	8.1	46.6
菏泽市	2022	48294	22.2	7.1	9.0	346198	797058	43.4	67.3	44.9	7.1	47.5
菏泽市	2023	51699	20.9	7.1	0.6	366520	851126	43.1	64.8	54.1	7.1	48.5
河南省	2021	59410	21.4	7.4	5.0	440547	990013	44.5	65.3	54.4	4.6	—
河南省	2022	62106	25.6	6.9	3.1	433047	1084743	39.9	60.9	48.3	−0.8	—
河南省	2023	60073	19.1	7.6	2.7	460326	1126086	40.9	63.2	58.3	3.2	—
郑州市	2021	99599	—	9.6	6.1	960311	1274871	75.3	68.1	59.4	20.5	—
郑州市	2022	101200	—	8.7	3.5	881498	1135335	77.6	64.1	58.8	18.5	—
郑州市	2023	101169	—	8.6	2.4	896255	1168222	76.7	67.5	63.4	16.6	—
开封市	2021	52110	19.4	7.0	7.5	374810	897906	41.7	66.3	69.2	30.9	0
开封市	2022	56080	18.1	7.5	6.0	423061	972327	43.5	65.1	70.0	29.6	0

续表

地区名	年份	人均GDP（元）	政府收入/GDP（%）	一般公共预算收入/GDP（%）	土地出让金/GDP（%）	人均一般公共预算收入（元）	人均一般公共预算支出（元）	财政自给率（%）	税收收入/一般公共预算收入（%）	共享三主税收入/税收收入（%）	一般公共预算收入本级占比（%）	社保财政补贴依赖度（%）
开封市	2023	53873	14.8	6.1	3.9	326399	876856	37.2	73.4	69.5	30.8	—
洛阳市	2021	77110	15.2	7.3	3.8	562908	907783	62.0	64.8	46.4	22.5	—
洛阳市	2022	80230	12.8	7.0	2.3	562555	888033	63.3	64.9	41.6	19.0	—
洛阳市	2023	77434	14.5	7.4	3.0	571108	941659	60.6	65.7	53.0	19.1	—
平顶山市	2021	54122	16.4	7.5	4.3	409040	676983	60.4	71.3	46.8	29.5	—
平顶山市	2022	57193	15.2	8.0	2.6	455409	837921	54.3	70.1	48.9	29.7	—
平顶山市	2023	55057	15.6	8.7	1.8	481965	862999	55.8	62.7	55.3	32.7	—
安阳市	2021	44690	—	8.2	—	369906	—	—	68.9	—	25.2	—
安阳市	2022	46350	—	—	—	—	—	—	—	—	—	—
安阳市	2023	46070	—	—	—	—	—	—	—	—	—	—
鹤壁市	2021	65140	16.7	6.9	5.3	468782	1083047	43.3	60.2	47.7	29.8	—
鹤壁市	2022	70420	16.0	7.0	2.4	491660	1287136	38.2	66.1	44.7	28.2	—
鹤壁市	2023	65807	16.1	7.8	1.4	512344	1059290	48.4	64.2	46.8	27.6	—
新乡市	2021	52160	14.7	6.4	4.3	337516	713508	47.3	71.6	57.2	30.6	—
新乡市	2022	56160	13.4	6.6	3.0	368197	774005	47.6	66.7	58.5	23.7	—
新乡市	2023	54473	14.8	7.2	2.8	394295	799808	49.3	66.3	64.1	24.7	—
焦作市	2021	60643	16.1	7.5	4.0	456146	768658	59.3	64.8	50.6	19.1	—
焦作市	2022	63430	14.4	7.6	2.4	481347	811609	59.3	64.8	47.7	20.9	—
焦作市	2023	63437	16.3	6.4	2.0	407816	859198	47.5	76.2	58.9	18.9	—
濮阳市	2021	46910	18.2	6.4	6.6	300965	774147	38.9	68.5	48.0	43.9	—
濮阳市	2022	50480	14.2	6.2	3.0	311826	856087	36.4	66.4	46.1	43.5	—
濮阳市	2023	49722	13.9	6.4	2.4	320329	891915	35.9	67.5	49.1	42.4	45.0
许昌市	2021	82060	11.1	5.2	2.9	431574	743377	58.1	67.1	54.4	30.1	—
许昌市	2022	85520	10.3	5.4	2.0	465335	791545	58.8	66.7	60.3	23.0	—
许昌市	2023	73897	12.0	6.5	1.8	483385	794226	60.9	67.1	56.0	23.0	—
漯河市	2021	72560	13.0	6.7	3.2	482890	900200	53.6	73.8	50.5	31.4	—
漯河市	2022	76493	13.5	7.3	2.2	556900	1041901	53.5	73.5	52.3	28.5	—
漯河市	2023	74491	14.1	7.7	2.7	575644	1115277	51.6	70.6	66.6	25.6	—
三门峡市	2021	76060	17.0	9.0	1.7	698898	1229073	56.9	62.5	55.8	11.9	—

续表

地区名	年份	人均GDP（元）	政府收入/GDP（%）	一般公共预算收入/GDP（%）	土地出让金/GDP（%）	人均一般公共预算收入（元）	人均一般公共预算支出（元）	财政自给率（%）	税收收入/一般公共预算收入（%）	共享三主税收入/税收收入（%）	一般公共预算收入本级占比（%）	社保财政补贴依赖度（%）
三门峡市	2022	82280	14.7	8.3	2.0	682550	1354460	50.4	66.3	65.9	12.8	—
三门峡市	2023	79875	15.9	8.7	1.0	696477	1401113	49.7	64.6	65.2	17.6	—
南阳市	2021	44250	15.8	5.2	5.2	233491	718203	32.5	69.3	48.7	21.0	
南阳市	2022	47340	14.7	5.6	3.5	267156	802351	33.3	70.0	51.4	22.5	
南阳市	2023	47846	15.5	6.3	3.1	304702	859936	35.4	68.2	54.8	22.0	35.0
商丘市	2021	39130	17.3	6.2	6.3	246188	666413	36.9	65.0	46.1	26.8	
商丘市	2022	42230	15.2	6.1	3.5	258885	715539	36.2	63.4	45.0	25.8	
商丘市	2023	40403	14.8	6.5	2.3	262319	733424	35.8	59.6	52.6	25.9	
信阳市	2021	49340	14.6	4.4	5.0	218865	986958	22.2	69.2	51.6	22.5	
信阳市	2022	51750	12.2	4.3	3.2	222129	1041055	21.3	70.4	46.2	19.9	
信阳市	2023	48459	14.4	4.8	3.3	234153	1069646	21.9	70.1	52.4	18.8	
周口市	2021	38680	14.5	4.5	4.2	178742	753194	23.7	71.9	58.2	19.4	
周口市	2022	40950	13.0	5.0	2.3	204406	783554	26.1	65.5	54.8	18.2	
周口市	2023		—	—		233408	843518	27.7	67.4	66.1	18.3	
驻马店市	2021	44270	16.3	5.9	5.0	262363	692740	37.9	67.2	42.8	21.6	
驻马店市	2022	47140	16.1	6.3	4.3	296387	798311	37.1	65.7	42.0	20.8	
驻马店市	2023	4578	16.9	6.8	4.1	312321	969275	32.2	62.0	49.8	20.9	36.4
湖北省	2021	86600	22.0	6.6	6.9	563173	1360836	41.4	78.0	58.2	4.8	33.5
湖北省	2022	92100	18.9	6.1	4.6	561454	1475680	38.0	73.5	54.3	5.3	31.3
湖北省	2023	95538	20.3	6.6	4.1	632545	1592851	39.7	72.4	60.0	4.4	30.7
武汉市	2021	135251	23.2	8.9	9.9	1156604	1623538	71.2	85.6	57.0	23.3	25.7
武汉市	2022	137800	18.1	8.0	6.1	1095232	1618130	67.7	82.4	54.7	25.3	23.1
武汉市	2023	145471	17.7	8.0	5.2	1162479	1600173	72.6	81.1	59.1	26.6	18.9
黄石市	2021	75900	19.4	6.7	8.0	514229	1022239	50.3	73.0	62.9	27.0	29.8
黄石市	2022	83500	20.3	6.7	8.5	559514	1144323	48.9	65.0	56.5	23.7	41.5
黄石市	2023	—	18.4	8.0	5.0	694302	1320388	52.6	62.9	58.8	27.9	45.4
十堰市	2021	68400	—	5.3	6.4	366079	1190103	30.8	74.6	60.7	21.3	
十堰市	2022	72900	14.0	5.0	4.5	365311	1289019	28.3	68.6	51.9	20.8	41.4
十堰市	2023	74660	16.1	5.9	3.7	442160	1452953	30.4	70.2	65.2	20.9	36.1

续表

地区名	年份	人均GDP（元）	政府收入/GDP（%）	一般公共预算收入/GDP（%）	土地出让金/GDP（%）	人均一般公共预算收入（元）	人均一般公共预算支出（元）	财政自给率（%）	税收收入/一般公共预算收入（%）	共享三主税收入/税收收入（%）	一般公共预算收入本级占比（%）	社保财政补贴依赖度（%）
宜昌市	2021	127100	11.2	4.0	4.1	507448	1237064	41.0	81.3	59.1	19.7	36.5
宜昌市	2022	140600	10.6	4.0	3.7	556670	1437665	38.7	76.6	57.1	19.5	38.6
宜昌市	2023	146771	12.3	4.7	3.4	685491	1733284	39.5	75.8	62.8	18.5	—
襄阳市	2021	100800	12.0	4.0	4.7	400953	1147050	35.0	77.9	57.7	—	—
襄阳市	2022	111000	9.1	3.8	2.4	418746	1195128	35.0	75.9	46.5	19.8	—
襄阳市	2023	111000	12.2	4.5	3.3	503098	1335567	37.7	72.1	56.6	20.3	—
鄂州市	2021	108000	20.6	5.9	11.8	643955	1152137	55.9	83.1	53.0	25.1	38.2
鄂州市	2022	118100	12.5	5.8	3.8	689324	1105222	62.4	65.4	45.1	38.1	39.2
鄂州市	2023	—	16.5	7.1	5.7	841233	1547426	54.4	57.7	52.1	—	38.3
荆门市	2021	83400	13.7	4.9	3.4	405130	940212	43.1	74.1	55.9	25.1	38:4
荆门市	2022	86400	11.6	4.7	3.0	404940	1115822	36.3	69.2	45.7	27.5	46.4
荆门市	2023	89150	12.8	5.4	2.9	481520	1215834	39.6	68.5	56.3	25.5	41.9
孝感市	2021	60600	14.8	5.3	4.8	321553	967000	33.3	78.8	65.0	20.4	49.3
孝感市	2022	66300	13.5	4.9	4.1	327808	1023388	32.0	81.8	63.7	16.2	49.5
孝感市	2023	69873	46234.9	5.6	3.1	389573	1100762	35.4	79.6	69.1	17.0	475844.8
荆州市	2021	52700	25.9	5.0	6.7	266218	854512	31.2	75.0	60.2	11.1	—
荆州市	2022	58600	14.6	4.7	4.3	276623	965339	28.7	71.7	52.8	10.5	44.2
荆州市	2023	61369	16.3	5.4	4.8	328599	1094594	30.0	68.0	60.1	17.8	44.3
黄冈市	2021	43600	19.0	5.5	6.6	243616	877347	27.8	72.5	60.6	17.5	48.2
黄冈市	2022	47500	15.3	5.1	3.2	243260	966500	25.2	70.6	54.5	15.6	49.1
黄冈市	2023	49802	16.7	6.2	2.5	306891	1115847	27.5	67.0	61.6	18.7	45.7
咸宁市	2021	66200	15.0	5.4	4.5	360127	1065871	33.8	77.2	60.9	26.9	51.0
咸宁市	2022	71700	13.5	5.1	0.3	366994	1164432	31.5	72.0	62.4	25.2	44.6
咸宁市	2023	69634	15.9	5.9	4.0	410100	1228927	33.4	72.8	64.2	25.0	39.4
随州市	2021	61102	10.8	4.1	1.8	249961	740087	33.8	73.8	59.5	30.6	50.6
随州市	2022	65956	10.6	3.8	1.8	251328	901126	27.9	68.1	57.1	28.7	53.5
随州市	2023	66254	12.9	4.6	2.0	304866	1077764	28.3	64.1	62.4	33.8	71.5
恩施州	2021	38000	18.3	5.8	4.3	222358	1108629	20.1	75.4	49.1	22.8	52.9
恩施州	2022	41200	17.2	5.5	3.9	225760	1249273	18.1	70.8	40.6	22.1	50.4

续表

地区名	年份	人均GDP（元）	政府收入/GDP（%）	一般公共预算收入/GDP（%）	土地出让金/GDP（%）	人均一般公共预算收入（元）	人均一般公共预算支出（元）	财政自给率（%）	税收收入/一般公共预算收入（%）	共享三主税收入/税收收入（%）	一般公共预算收入本级占比（%）	社保财政补贴依赖度（%）
恩施州	2023	43614	18.8	6.3	3.4	274508	1395106	19.7	65.1	48.4	20.8	41.5
湖南省	2021	69440	22.9	7.1	7.8	490894	1257249	39.0	69.1	51.1	11.5	32.6
湖南省	2022	73598	20.2	6.4	6.1	469685	1361539	34.5	64.6	43.8	11.3	35.6
湖南省	2023	75938	20.1	6.7	4.6	511647	1458755	35.1	65.7	51.7	11.4	34.4
长沙市	2021	129605	20.7	9.0	9.0	1160568	1505609	77.1	74.0	53.2	39.9	29.3
长沙市	2022	134024	19.2	8.6	7.6	1153441	1502983	76.7	71.0	54.8	39.3	26.1
长沙市	2023	136325	17.4	8.6	6.0	1167185	1547435	75.4	66.9	59.7	42.6	28.9
株洲市	2021	87852	18.8	5.3	9.6	463084	1254362	36.9	71.2	43.2	23.5	42.1
株洲市	2022	93284	17.1	5.3	8.2	493101	1396753	35.3	71.3	44.2	27.5	38.6
株洲市	2023	94983	17.3	5.2	5.3	499279	1537980	32.5	72.1	48.0	27.5	41.6
湘潭市	2021	93793	15.9	5.0	7.6	467976	1010177	46.3	66.5	50.8	51.5	41.9
湘潭市	2022	99702	12.1	4.7	4.1	471438	898771	52.5	68.3	55.6	51.0	37.0
湘潭市	2023	101474	10.1	4.5	2.3	459219	1057873	43.4	67.4	58.1	52.4	41.2
衡阳市	2021	57909	16.1	4.8	7.1	277800	852779	32.6	67.1	37.2	38.3	0.7
衡阳市	2022	61973	12.0	4.7	3.5	290567	940084	30.9	68.3	36.3	37.2	46.3
衡阳市	2023	64504	14.1	4.7	4.8	301073	1020478	29.5	68.8	33.6	32.5	41.2
邵阳市	2021	38054	19.8	4.8	6.6	183207	902708	20.3	64.1	44.3	27.5	48.5
邵阳市	2022	40341	18.0	4.9	5.0	199395	992601	20.1	64.4	38.2	24.3	52.2
邵阳市	2023	42757	18.1	4.9	3.8	210345	1099967	19.1	63.5	37.3	22.3	46.2
岳阳市	2021	87268	15.2	3.9	7.6	339429	1061122	32.0	63.2	47.5	32.6	0.7
岳阳市	2022	93654	13.7	3.9	5.7	368749	1137329	32.4	65.4	45.0	31.0	47.6
岳阳市	2023	96749	13.0	4.1	3.7	400997	1267144	31.6	65.5	43.1	32.0	49.7
常德市	2021	77397	14.8	5.0	6.4	388236	1137723	34.2	63.7	34.8	43.1	53.2
常德市	2022	81996	—	4.9	4.9	398293	1208114	33.0	63.0	30.7	39.9	—
常德市	2023	8455	—	4.6	2.6	391363	1181724	33.1	53.0	—	41.2	—
张家界市	2021	38422	26.9	6.2	12.1	238969	1211821	19.7	69.0	36.3	38.1	1.3
张家界市	2022	37018	28.6	6.4	10.6	235312	1418371	16.6	67.2	42.6	35.2	46.0
张家界市	2023	40919	20.1	5.8	—	239675	1485512	16.1	64.5	41.4	35.6	—
益阳市	2021	52752	16.1	4.5	5.1	236677	932385	25.4	66.0	46.9	37.1	48.5

续表

地区名	年份	人均GDP（元）	政府收入/GDP（%）	一般公共预算收入/GDP（%）	土地出让金/GDP（%）	人均一般公共预算收入（元）	人均一般公共预算支出（元）	财政自给率（%）	税收收入/一般公共预算收入（%）	共享三主税收入/税收收入（%）	一般公共预算收入本级占比（%）	社保财政补贴依赖度（%）
益阳市	2022	55567	14.3	4.7	2.7	263890	1056742	25.0	66.7	45.8	36.5	51.6
益阳市	2023	56567	13.0	5.0	1.8	283027	1109955	25.5	66.2	45.7	34.6	55.0
郴州市	2021	59342	18.2	5.8	7.6	345291	1019036	33.9	72.0	40.6	30.2	44.4
郴州市	2022	64132	15.9	6.0	4.9	383810	1093174	35.1	70.8	41.7	28.3	43.3
郴州市	2023	67347	15.2	6.0	3.4	408710	1219032	33.5	69.4	37.7	27.7	44.2
永州市	2021	43122	22.3	6.4	10.4	277356	952282	29.1	68.7	31.5	17.1	53.2
永州市	2022	46647	23.3	6.6	11.0	308277	1020204	30.2	69.0	30.5	16.5	50.7
永州市	2023	48165	21.8	6.5	8.9	321694	1133637	28.4	67.3	30.3	17.8	480.8
怀化市	2021	39767	19.2	6.2	6.1	245626	1030179	23.8	70.6	29.7	33.3	1.0
怀化市	2022	41357	17.9	6.4	4.6	264447	1125665	23.5	70.0	27.5	27.2	45.9
怀化市	2023	43335	—	6.4	4.5	278971	1243921	22.4	70.1	28.3	27.1	—
娄底市	2021	47893	15.0	5.0	4.9	239069	891328	26.8	68.6	54.7	40.3	0.5
娄底市	2022	51065	14.2	4.8	4.3	243898	952448	25.6	70.0	57.1	37.0	45.0
娄底市	2023	53056	13.1	4.6	3.2	244983	962948	25.4	62.7	58.1	39.3	45.1
湘西州	2021	31987	23.1	8.9	5.0	283800	1326038	21.4	56.8	46.3	24.4	1.2
湘西州	2022	33218	23.0	9.1	4.1	303073	1437966	21.1	54.1	45.5	23.2	47.5
湘西州	2023	33758	22.1	9.7	2.0	328517	1521977	21.6	50.9	40.5	24.1	46.4
广东省	2021	98285	25.8	11.3	6.3	1111907	1436671	77.4	76.5	66.0	25.0	13.2
广东省	2022	101905	22.4	10.3	3.6	1047728	1464279	71.6	70.0	64.4	23.1	10.3
广东省	2023	106986	21.8	10.2	2.8	1090097	1458132	74.8	74.0	68.5	23.0	11.7
广州市	2021	150366	18.5	6.5	8.0	979235	1589068	61.6	75.7	53.8	49.9	15.4
广州市	2022	153625	15.5	6.3	5.3	966153	1635023	59.1	68.8	50.5	50.8	11.2
广州市	2023	161634	14.9	6.4	4.9	1024539	1595861	64.2	71.0	54.6	48.5	11.8
韶关市	2021	54377	26.3	7.0	—	381375	1294332	29.5	—	—	43.1	—
韶关市	2022	54664	23.0	5.7	—	312386	1245601	25.1	—	—	36.4	—
韶关市	2023	56677	18.5	6.2	—	353949	1289237	27.5	—	—	40.6	—
深圳市	2021	173663	21.2	13.9	4.2	2407982	2584734	93.2	81.0	70.6	61.8	5.8
深圳市	2022	183274	18.5	12.4	2.9	2271818	2829487	80.3	77.6	72.7	61.3	3.9
深圳市	2023	195230	17.5	11.9	2.1	2311915	2817540	82.1	84.3	73.6	54.1	4.2

269

续表

地区名	年份	人均GDP（元）	政府收入/GDP（%）	一般公共预算收入/GDP（%）	土地出让金/GDP（%）	人均一般公共预算收入（元）	人均一般公共预算支出（元）	财政自给率（%）	税收收入/一般公共预算收入（%）	共享三主税收入/税收收入（%）	一般公共预算收入本级占比（%）	社保财政补贴依赖度（%）
珠海市	2021	157366	27.3	11.5	12.1	1817087	3192752	56.9	70.1	53.5	72.1	13.8
珠海市	2022	163700	23.4	10.8	8.7	1765579	3044169	58.0	66.4	54.3	50.5	11.0
珠海市	2023	170300	16.7	11.4	1.6	1934186	2693683	71.8	62.2	55.8	54.9	—
汕头市	2021	53106	22.1	5.0	7.0	262309	730099	35.9	71.3	46.0	44.5	19.3
汕头市	2022	54504	16.4	4.2	1.2	230901	695034	33.2	59.1	42.8	46.6	16.8
汕头市	2023	56910	11.1	4.2	—	240000	670265	35.8	62.7	48.9	38.2	—
佛山市	2021	126464	18.5	6.6	—	840834	1115213	75.4	—	—	22.3	
佛山市	2022	132935	12.9	6.3	—	834103	1070245	77.9	—	—	21.4	
佛山市	2023	138071	12.0	6.0	—	832799	1022173	81.5	—	—	20.9	
江门市	2021	74722	23.8	7.8	—	578830	951893	60.8	—	—	20.2	
江门市	2022	78146	15.5	7.0	—	545456	934573	58.4	—	—	18.5	
江门市	2023	83409	13.6	6.9	—	574755	944011	60.9	—	—	19.2	
湛江市	2021	50814	18.1	4.5	3.6	228069	768356	29.7	61.0	49.0	45.6	19.6
湛江市	2022	52787	15.8	3.7	1.6	194642	761230	25.6	60.8	43.6	50.9	17.5
湛江市	2023	52787	10.7	4.2	—	221210	775180	28.5	58.1	—	48.3	—
茂名市	2021	59648	13.6	4.0	2.4	238619	788055	30.3	55.9	47.8	46.0	23.6
茂名市	2022	62685	12.5	3.6	1.7	226005	822196	27.5	45.2	38.6	39.6	20.8
茂名市	2023	63844	9.9	3.6	—	232666	819858	28.4	47.3	—	36.6	—
肇庆市	2021	64269	—	5.5	—	354626	960602	36.9	61.7	—	32.0	
肇庆市	2022	65513	—	5.9	—	389570	961632	40.5	46.1	—	30.2	
肇庆市	2023	67614	13.5	6.3	—	427330	1010528	42.3	44.1	—	29.6	
惠州市	2021	82113	22.9	9.1	—	750725	1093488	68.7	—	—	52.7	
惠州市	2022	89157	16.0	8.2	—	730108	1145466	63.7	—	—	46.4	
惠州市	2023	93036	15.1	8.4	—	779300	1196579	65.1	—	—	46.0	
梅州市	2021	33764	31.4	7.3	4.5	245051	1263798	19.4	60.8	43.0	23.0	19.8
梅州市	2022	34085	17.5	6.4	1.3	217626	1165448	18.7	50.0	27.0	23.0	—
梅州市	2023	36549	17.4	6.6	—	240887	1104570	21.8	—	—	22.5	
汕尾市	2021	48095	15.4	4.1	4.5	196399	1040661	18.9	56.4	33.5	31.2	
汕尾市	2022	49242	13.9	4.6	2.2	228506	1106108	20.7	41.5	30.3	35.1	—

续表

地区名	年份	人均GDP（元）	政府收入/GDP（%）	一般公共预算收入/GDP（%）	土地出让金/GDP（%）	人均一般公共预算收入（元）	人均一般公共预算支出（元）	财政自给率（%）	税收收入/一般公共预算收入（%）	共享三主税收入/税收收入（%）	一般公共预算收入本级占比（%）	社保财政补贴依赖度（%）
汕尾市	2023	53252	11.3	4.6	1.7	247133	990112	25.0	47.7	39.7	33.6	—
河源市	2021	44886	—	—	—	—	—	—	—	—	—	—
河源市	2022	45563	—	5.4	—	243868	1182391	20.6	—	—	32.0	—
河源市	2023	47472	12.9	5.4	—	256828	1181937	21.7	52.4	45.5	32.5	—
阳江市	2021	58005	13.1	5.1	2.8	296570	937592	31.6	68.6	48.7	39.5	35.1
阳江市	2022	58556	12.5	5.1	2.8	298790	1027490	29.1	60.7	44.0	31.6	43.7
阳江市	2023	60294	11.9	5.1	1.6	309572	995676	31.1	63.8	50.9	30.4	39.8
清远市	2021	50401	18.2	6.8	—	345041	1021354	33.8	—	—	36.9	—
清远市	2022	51001	15.6	6.9	—	353784	1063270	33.3	—	—	34.0	—
清远市	2023	53188	16.2	7.2	—	381255	1075434	35.5	—	—	32.1	—
东莞市	2021	103284	15.5	7.1	6.2	730363	837572	87.2	82.2	57.2	100	11.4
东莞市	2022	106803	12.4	6.8	3.4	734053	825525	88.9	72.9	56.6	100	6.3
东莞市	2023	109339	12.4	7.0	3.0	767826	863928	88.9	75.2	59.5	100	5.9
中山市	2021	80157	19.6	8.9	7.4	708481	737545	96.1	71.9	52.1	100	13.0
中山市	2022	81620	15.0	8.7	3.0	713222	1045103	68.2	59.9	48.1	100	13.1
中山市	2023	86636	15.3	8.6	2.7	746904	1044965	71.5	63.0	53.5	100	12.2
潮州市	2021	48427	17.4	4.2	1.6	201065	815593	24.7	63.7	44.0	43.6	—
潮州市	2022	50988	16.6	3.7	1.1	191113	834481	22.9	58.1	—	40.0	—
潮州市	2023	52665	9.9	4.4	0.6	231532	783305	29.6	53.0	—	46.4	—
揭阳市	2021	40470	15.5	3.5	3.1	141196	651166	21.7	58.9	41.4	29.8	31.2
揭阳市	2022	40192	13.8	3.2	1.2	126713	665312	19.0	40.7	10.4	35.5	29.2
揭阳市	2023	43322	10.8	4.1	—	178843	684267	26.1	43.4	37.3	35.4	44.8
云浮市	2021	47685	18.7	6.6	—	314366	1068297	29.4	—	—	24.9	—
云浮市	2022	48538	20.5	8.6	1.4	418976	1120968	37.4	28.4	34.2	24.2	—
云浮市	2023	50382	14.7	7.7	0.9	387756	1072683	36.1	34.1	40.6	26.7	—
广西壮族自治区	2021	49206	24.0	7.3	6.4	357386	1152778	31.0	66.2	60.8	21.2	32.2
广西壮族自治区	2022	52164	19.6	6.4	3.6	334401	1167688	28.6	55.1	55.2	18.6	32.1

续表

地区名	年份	人均GDP（元）	政府收入/GDP（%）	一般公共预算收入/GDP（%）	土地出让金/GDP（%）	人均一般公共预算收入（元）	人均一般公共预算支出（元）	财政自给率（%）	税收收入/一般公共预算收入（%）	共享三主税收入/税收收入（%）	一般公共预算收入本级占比（%）	社保财政补贴依赖度（%）
广西壮族自治区	2023	54005	—	—	—	—	—	—	—	—	—	—
南宁市	2021	57976	—	7.7	10.2	443541	880350	50.4	70.9	47.8	67.1	—
南宁市	2022	58687	—	7.5	4.1	441625	941982	46.9	56.8	43.2	70.6	—
南宁市	2023	61338										
柳州市	2021	73328	—	5.7	8.1	419025	1015445	41.3	66.3	50.8	57.5	—
柳州市	2022	74322		4.9	6.3	360739	863833	41.8	64.4	39.3	63.4	
柳州市	2023	74679										
桂林市	2021	46767		5.1	4.7	237563	932749	25.5	62.7	49.7	32.8	
桂林市	2022	49196		5.1	2.2	252926	937521	27.0	48.0	49.5	44.0	
桂林市	2023	50943										
梧州市	2021	48463		5.8	5.5	279030	916451	30.4	54.9	52.8	44.9	
梧州市	2022	50185		5.3	2.9	267404	898799	29.8	50.6	54.3	47.7	
梧州市	2023	52640										
北海市	2021	80710		4.8	2.9	385216	957426	40.2	60.7	50.2	56.4	
北海市	2022	89211		4.0	2.8	359628	1011651	35.5	51.8	40.6	57.3	
北海市	2023	92901	8.7	4.2	1.4	389764	1027444	37.9	58.2	51.1	57.6	39.2
防城港市	2021	77548		6.2	4.7	481939	1353206	35.6	70.2	56.0	49.9	
防城港市	2022	91505		4.6	2.7	416008	1419240	29.3	60.0	21.7	56.0	
防城港市	2023	97327										
钦州市	2021	49804		4.4	5.0	218447	743362	29.4	59.9	53.3	57.8	
钦州市	2022	57838		4.0	4.2	232280	783934	29.6	48.1	41.5	55.9	
钦州市	2023	59125										
贵港市	2021	34632		5.7	3.2	196894	672548	29.3	71.9	44.0	47.5	
贵港市	2022	36116		4.5	2.9	160725	706466	22.8	51.7	49.1	22.3	
贵港市	2023	36321										
玉林市	2021	35603		3.8	5.0	136905	646353	21.2	66.8	43.9	29.2	
玉林市	2022	37222		3.5	2.5	131446	628179	20.9	48.5	38.7	27.9	
玉林市	2023	37682										

续表

地区名	年份	人均GDP（元）	政府收入/GDP（%）	一般公共预算收入/GDP（%）	土地出让金/GDP（%）	人均一般公共预算收入（元）	人均一般公共预算支出（元）	财政自给率（%）	税收收入/一般公共预算收入（%）	共享三主税收入/税收收入（%）	一般公共预算收入本级占比（%）	社保财政补贴依赖度（%）
百色市	2021	43892	—	6.6	4.7	288305	1205347	23.9	52.3	46.6	23.6	—
百色市	2022	48475	—	5.6	4.2	269892	1298215	20.8	52.2	43.0	20.6	—
百色市	2023	52321	—	—	—	—	—	—	—	—	—	—
贺州市	2021	45044	—	5.3	6.3	238680	1081073	22.1	64.6	48.9	30.2	—
贺州市	2022	47918	—	5.0	4.4	240166	1078929	22.3	42.9	42.9	35.3	—
贺州市	2023	48257	14.5	4.8	3.8	234208	1081062	21.7	45.3	53.2	39.3	—
河池市	2021	30461	—	5.4	3.9	164998	1096000	15.1	53.1	51.1	18.2	—
河池市	2022	33258	—	5.1	2.5	170123	1210566	14.1	49.3	54.4	15.8	—
河池市	2023	34405	—	—	—	—	—	—	—	—	—	—
来宾市	2021	40091	—	5.6	8.1	225056	1126915	20.0	53.7	49.8	34.9	—
来宾市	2022	43374	—	5.6	2.7	243347	1103872	22.0	40.7	41.4	36.7	—
来宾市	2023	47538	—	—	—	—	—	—	—	—	—	—
崇左市	2021	47336	—	4.0	7.6	191099	1246059	15.3	63.8	53.4	23.1	—
崇左市	2022	51843	—	3.7	2.8	190090	1181723	16.1	60.9	52.2	23.5	—
崇左市	2023	53939	—	—	—	—	—	—	—	—	—	—
海南省	2021	63991	31.0	14.2	4.7	902687	1931841	46.7	80.7	55.7	36.1	34.3
海南省	2022	66602	29.2	12.2	5.9	810529	2042187	39.7	73.2	54.5	34.9	31.6
海南省	2023	72958	28.6	11.9	5.2	863399	2155812	40.0	74.1	58.0	24.4	29.1
海口市	2021	70999	20.7	10.1	4.9	716380	943116	76.0	86.1	66.8	60.7	15.1
海口市	2022	73012	20.0	9.6	8.3	696738	1131675	61.6	87.0	63.6	57.6	56.6
海口市	2023	78572	18.6	11.3	5.3	889078	1231143	72.2	84.0	57.4	57.2	38.1
三亚市	2021	79809	30.4	14.0	9.7	1109187	1916308	57.9	71.3	55.1	71.5	4.2
三亚市	2022	79840	25.6	11.6	7.4	919569	2148004	42.8	61.0	48.9	71.9	4.4
三亚市	2023	87824	32.3	15.2	14.5	1332878	2102185	63.4	71.9	37.6	65.0	21.9
三沙市	2021	—	—	—	—	—	—	—	—	—	—	—
三沙市	2022	—	—	—	—	—	—	—	—	—	—	—
三沙市	2023	—	—	—	—	—	—	—	—	—	—	—
儋州市	2021	40751	20.9	4.6	1.8	189117	723325	26.1	59.6	39.3	95.0	8.9
儋州市	2022	90071	13.0	6.8	0.7	612940	1662363	36.9	69.3	62.0	98.5	9.6

续表

地区名	年份	人均GDP（元）	政府收入/GDP（%）	一般公共预算收入/GDP（%）	土地出让金/GDP（%）	人均一般公共预算收入（元）	人均一般公共预算支出（元）	财政自给率（%）	税收收入/一般公共预算收入（%）	共享三主税收入/税收收入（%）	一般公共预算收入本级占比（%）	社保财政补贴依赖度（%）
儋州市	2023	100430	8.7	6.6	0.8	653604	1620819	40.3	72.8	55.5	97.3	34.6
重庆市	2021	86879	26.2	8.2	—	711447	1505122	47.3	67.5	59.7	34.9	38.6
重庆市	2022	90663	22.5	7.2	5.4	654599	1522662	43.0	60.4	56.7	32.3	28.7
重庆市	2023	94459	23.7	8.1	5.6	764788	1662127	46.0	60.5	60.6	33.9	27.7
四川省	2021	64323	28.4	8.9	8.2	570133	1419235	40.2	69.9	58.8	18.5	—
四川省	2022	67769	27.6	8.6	7.5	582821	1422816	41.0	64.6	53.9	18.2	—
四川省	2023	71835	27.6	9.2	6.6	660742	1521605	43.4	66.9	60.0	18.0	—
成都市	2021	93983	23.3	8.5	9.9	801073	1055911	75.9	75.0	51.1	12.4	—
成都市	2022	97881	22.8	8.3	9.4	809871	1144918	70.7	73.6	44.2	11.7	—
成都市	2023	103138	21.3	8.7	7.7	901302	1208629	74.6	75.1	50.4	12.1	—
自贡市	2021	64908	15.5	4.3	7.6	277205	974215	28.5	53.0	46.1	38.5	—
自贡市	2022	66819	13.3	3.8	0.1	255627	1047542	24.4	28.7	16.2	27.4	—
自贡市	2023	72065	16.0	4.6	7.7	335047	1225496	27.3	43.4	43.0	38.6	—
攀枝花市	2021	93406	14.9	7.9	3.7	740138	1413971	52.3	56.7	57.3	46.4	—
攀枝花市	2022	100371	12.9	6.9	2.5	690574	1209945	57.1	60.7	55.7	47.7	—
攀枝花市	2023	107044	12.3	7.8	0.2	831109	1443402	57.6	54.2	59.7	29.4	—
泸州市	2021	56494	18.2	7.9	5.5	446477	1044817	42.7	60.1	59.7	38.3	—
泸州市	2022	61025	17.6	7.4	5.7	451827	1076033	42.0	56.1	59.2	39.2	—
泸州市	2023	63883	17.4	7.8	4.7	497719	1107919	44.9	59.9	60.2	38.5	—
德阳市	2021	76801	—	5.6	0	429826	—	—	64.2	53.2	—	—
德阳市	2022	81388	15.5	5.6	6.6	452287	1012019	44.7	62.2	53.0	16.1	—
德阳市	2023	87298	16.2	6.1	6.6	531712	1133897	46.9	59.6	57.4	17.9	—
绵阳市	2021	68611	15.7	4.8	6.9	326027	955404	34.1	63.4	46.6	13.6	—
绵阳市	2022	74049	12.8	4.4	4.9	325989	1023037	31.9	52.8	28.5	16.0	—
绵阳市	2023	82238	13.2	5.0	4.7	410241	1178547	34.8	56.2	51.5	11.7	—
广元市	2021	48894	14.9	5.3	4.6	259770	1196787	21.7	55.6	48.3	38.9	—
广元市	2022	50188	17.6	5.4	6.6	270129	1333164	20.3	48.4	39.8	34.8	—
广元市	2023	52459	17.1	5.8	5.7	302878	1499927	20.2	50.9	48.0	33.6	—
遂宁市	2021	54632	20.4	6.0	9.8	329553	1007662	32.7	57.1	41.2	22.0	—

续表

地区名	年份	人均GDP（元）	政府收入/GDP（%）	一般公共预算收入/GDP（%）	土地出让金/GDP（%）	人均一般公共预算收入（元）	人均一般公共预算支出（元）	财政自给率（%）	税收收入/一般公共预算收入（%）	共享三主税收入/税收收入（%）	一般公共预算收入本级占比（%）	社保财政补贴依赖度（%）
遂宁市	2022	58242	19.4	6.4	8.9	372906	1030753	36.2	55.1	48.0	19.9	—
遂宁市	2023	62407	18.5	6.6	7.8	413527	1128226	36.7	53.9	48.6	19.6	—
内江市	2021	51377	4.5	4.5	0	233556	—	—	60.5	38.9	—	—
内江市	2022	53485	—	—	—	—	—	—	—	—	—	—
内江市	2023	—	—	4.7	—	—	—	—	—	—	—	—
乐山市	2021	69982	15.0	6.0	5.5	418664	1010799	41.4	54.7	55.8	34.4	—
乐山市	2022	73225	15.8	6.4	5.9	469363	999431	47.0	53.9	62.5	24.3	—
乐山市	2023	77773	15.0	6.5	4.6	507163	1145599	44.3	54.2	63.6	27.3	—
南充市	2021	46781	23.6	5.6	7.8	260467	926574	28.1	56.0	32.3	23.9	—
南充市	2022	48395	20.3	3.9	5.7	188886	888720	21.3	48.2	33.4	17.2	—
南充市	2023	49623	20.4	4.0	4.3	199957	1009790	19.8	50.1	42.8	22.6	—
眉山市	2021	52310	35.1	8.9	20.7	466035	935714	49.8	63.5	37.8	18.0	—
眉山市	2022	55235	30.2	9.5	15.2	527433	1049356	50.3	49.0	29.2	16.8	—
眉山市	2023	58781	27.8	9.2	12.9	540911	1249430	43.3	52.6	43.8	17.5	—
宜宾市	2021	68362	19.5	8.0	7.2	545457	1224537	44.5	61.2	62.5	33.3	—
宜宾市	2022	74227	18.4	8.0	5.7	597249	1321209	45.2	58.9	60.0	31.7	—
宜宾市	2023	82252	17.3	8.2	4.5	678467	1434072	47.3	58.8	64.3	33.5	—
广安市	2021	43558	16.8	6.4	4.6	280796	908361	30.9	57.4	49.5	34.2	—
广安市	2022	44008	19.4	6.7	6.2	294385	1000667	29.4	43.2	34.9	24.9	—
广安市	2023	46798	20.8	7.0	6.4	327550	1076430	30.4	45.1	41.3	24.8	—
达州市	2021	43955	18.3	5.7	7.9	248254	812260	30.6	51.8	46.5	24.0	—
达州市	2022	46588	18.6	6.0	8.1	280234	901396	31.1	43.8	44.6	21.3	—
达州市	2023	49900	18.8	6.9	7.4	343088	1035658	33.1	40.6	42.5	20.3	—
雅安市	2021	58739	15.0	7.1	4.1	414695	1170423	35.4	67.3	62.7	34.0	—
雅安市	2022	62980	15.5	7.3	4.4	457585	1292375	35.4	59.9	60.9	24.8	—
雅安市	2023	70680	15.1	7.8	3.2	551396	1567339	35.2	56.9	65.0	22.3	—
巴中市	2021	27747	6.8	6.8	0	189843	—	—	48.9	37.4	27.2	—
巴中市	2022	28781	30.1	6.8	13.5	195021	1225665	15.9	39.0	26.9	29.4	—
巴中市	2023	29679	28.9	7.2	11.7	213261	1292426	16.5	42.4	37.3	29.8	—

续表

地区名	年份	人均GDP（元）	政府收入/GDP（%）	一般公共预算收入/GDP（%）	土地出让金/GDP（%）	人均一般公共预算收入（元）	人均一般公共预算支出（元）	财政自给率（%）	税收收入/一般公共预算收入（%）	共享三主税收入/税收收入（%）	一般公共预算收入本级占比（%）	社保财政补贴依赖度（%）
资阳市	2021	38717	24.9	6.5	12.1	253817	878562	28.9	60.6	33.3	37.1	—
资阳市	2022	41586	28.6	6.4	13.0	268796	1108506	24.2	49.5	18.2	37.0	—
资阳市	2023	65487	121.1	31.1	61.5	2035158	7387126	27.6	53.1	32.5	37.7	—
阿坝州	2021	55169	14.1	7.1	1.1	390760	3803450	10.3	69.2	68.7	39.5	—
阿坝州	2022	56198	14.0	7.5	0.8	422335	3688231	11.5	66.7	71.6	38.6	—
阿坝州	2023	60992	19.4	12.5	0.5	762915	4212689	18.1	41.0	72.7	32.8	—
甘孜州	2021	40566	15.7	10.3	1.1	418664	3717273	11.3	65.3	57.9	29.9	—
甘孜州	2022	42786	16.9	10.1	0	433591	3751226	11.6	54.2	51.0	33.4	—
甘孜州	2023	30433	391.5	243.5	18.0	7409919	60185096	12.3	62.6	62.3	32.8	—
凉山州	2021	39006	9.1	9.1	0	354519	—	—	61.7	62.3	17.7	—
凉山州	2022	42555	—	—	—	—	—	—	—	—	—	—
凉山州	2023	46088	15.9	9.1	2.3	417349	1517080	27.5	61.1	61.6	17.0	—
贵州省	2021	50808	31.4	10.1	10.8	511265	1451196	35.2	59.8	63.8	31.5	—
贵州省	2022	52321	28.9	9.4	9.7	489215	1517468	32.2	54.2	59.0	30.9	—
贵州省	2023	54172	21.6	5.8	9.2	316138	1573971	20.1	100.0	64.6	51.7	22.0
贵阳市	2021	77919	29.7	9.1	15.6	699250	1117668	62.6	75.1	58.2	39.1	26.2
贵阳市	2022	79872	28.4	8.2	15.8	646554	1169542	55.3	63.5	51.8	42.4	23.5
贵阳市	2023	81670	25.0	8.7	—	696878	1214995	57.4	67.7	58.2	40.3	23.2
六盘水市	2021	48715	20.4	6.9	8.6	339249	1075620	31.5	61.4	51.2	24.4	40.7
六盘水市	2022	49839	18.4	6.4	6.9	318479	1082187	29.4	61.0	46.0	22.8	39.6
六盘水市	2023	51533	—	7.1	7.6	364310	1126251	32.3	63.7	51.0	27.2	41.7
遵义市	2021	63170	21.7	6.5	10.8	409916	1173883	34.9	78.1	61.1	26.8	48.8
遵义市	2022	66742	19.0	6.3	8.3	418579	1087057	38.5	76.8	57.5	24.7	45.1
遵义市	2023	69842	19.7	7.1	7.5	495953	1253764	39.6	78.4	60.9	24.5	—
安顺市	2021	43763	16.5	5.7	5.4	248647	1092529	22.8	55.2	49.9	17.7	49.4
安顺市	2022	43991	17.4	5.3	6.5	234351	1110448	21.1	41.5	44.2	17.4	49.8
安顺市	2023	44777	20.8	6.3	8.7	281592	1217457	23.1	46.2	58.8	14.3	48.9
毕节市	2021	31736	18.6	5.7	5.8	180699	986446	18.3	59.5	47.8	17.3	—
毕节市	2022	32373	19.3	5.4	6.7	175531	979873	17.9	58.5	39.9	18.3	—

续表

地区名	年份	人均GDP（元）	政府收入/GDP（%）	一般公共预算收入/GDP（%）	土地出让金/GDP（%）	人均一般公共预算收入（元）	人均一般公共预算支出（元）	财政自给率（%）	税收收入/一般公共预算收入（%）	共享三主税收入/税收收入（%）	一般公共预算收入本级占比（%）	社保财政补贴依赖度（%）
毕节市	2023	—	18.4	5.6	6.3	192576	1052266	18.3	61.1	49.0	17.6	22.8
铜仁市	2021	44440	19.8	4.6	9.2	204295	1345438	15.2	65.8	53.8	24.5	46.8
铜仁市	2022	45126	18.4	4.3	7.7	192926	1367166	14.1	53.8	41.9	25.6	45.8
铜仁市	2023	46746	20.1	4.8	1.1	224841	1466407	15.3	56.1	48.0	26.5	45.7
黔西南州	2021	50070	23.8	7.5	9.8	378473	1273703	29.7	42.1	44.0	15.0	47.9
黔西南州	2022	50395	19.8	7.5	6.3	380827	1329055	28.7	37.8	39.3	15.1	—
黔西南州	2023	51972	20.6	5.9	8.2	307336	1324961	23.2	53.3	46.6	18.8	46.7
黔东南州	2021	33464	19.5	5.5	5.4	183842	1232282	14.9	58.6	51.2	22.7	47.4
黔东南州	2022	34613	20.1	5.1	—	176658	1118602	15.8	48.2	36.1	23.6	49.7
黔东南州	2023	35511	22.1	5.8	6.7	205588	1248355	16.5	51.2	51.1	17.8	49.5
黔南州	2021	50089	26.8	6.6	14.5	—	—	25.8	57.9	45.6	20.2	—
黔南州	2022	50971	22.8	6.2	11.4	316079	1282320	24.6	42.4	35.1	18.5	—
黔南州	2023	51736	27.3	6.9	14.8	355795	1335531	26.6	48.5	51.9	19.4	45.1
云南省	2021	—	20.6	8.4	3.3	485776	1414576	34.3	66.5	56.2	18.4	29.6
云南省	2022	61716	16.1	6.7	1.5	415397	1427614	29.1	61.4	51.1	23.7	37.7
云南省	2023	64107	17.2	7.2	1.5	459970	1440206	31.9	64.6	59.9	19.2	29.4
昆明市	2021	85146	22.2	9.5	5.8	810535	1091692	74.2	78.5	47.8	30.5	—
昆明市	2022	88193	12.2	6.7	1.6	587495	1003856	58.5	78.0	42.3	32.3	20.0
昆明市	2023	90821	12.7	7.1	1.7	642862	965198	66.6	79.3	54.7	28.7	24.2
曲靖市	2021	59195	10.8	4.9	1.2	292960	880855	33.3	69.8	53.2	23.6	37.3
曲靖市	2022	66373	9.2	4.0	1.1	262576	881718	29.8	65.3	41.3	27.3	37.6
曲靖市	2023	70760	9.4	4.3	0.8	308391	948167	32.5	70.2	52.7	24.1	37.0
玉溪市	2021	104780	17.5	6.1	3.6	641967	1149910	55.8	76.4	53.5	45.2	9.4
玉溪市	2022	111579	18.1	4.8	2.4	528612	1023543	51.6	70.5	44.7	55.4	6.6
玉溪市	2023	—	17.8	5.3	1.4	—	—	54.3	74.4	53.7	49.9	9.3
保山市	2021	48074	12.6	5.6	2.5	268266	900712	29.8	59.9	48.6	18.3	—
保山市	2022	52438	13.0	4.3	2.3	227858	969229	23.5	60.7	42.0	14.9	32.9
保山市	2023	52215	13.6	5.5	3.0	288844	1024836	28.2	57.9	52.1	21.0	43.3
昭通市	2021	28933	16.5	6.2	2.4	180818	1098150	16.5	71.1	54.5	30.2	46.0

续表

地区名	年份	人均GDP（元）	政府收入/GDP（%）	一般公共预算收入/GDP（%）	土地出让金/GDP（%）	人均一般公共预算收入（元）	人均一般公共预算支出（元）	财政自给率（%）	税收收入/一般公共预算收入（%）	共享三主税收入/税收收入（%）	一般公共预算收入本级占比（%）	社保财政补贴依赖度（%）
昭通市	2022	30935	13.9	4.8	1.4	150139	1083537	13.9	60.1	43.0	19.4	42.6
昭通市	2023	33543	16.0	6.4	1.5	218212	1185511	18.4	61.8	62.2	28.1	39.8
丽江市	2021	45475	17.1	8.0	2.0	363151	1336871	27.2	61.5	52.6	36.3	34.2
丽江市	2022	49768	14.3	6.1	1.2	304508	1388784	21.9	49.1	38.7	38.9	33.0
丽江市	2023	—	14.7	7.0	0.8	—	—	26.7	53.6	56.7	38.9	33.2
普洱市	2021	43007	21.0	5.4	2.2	232586	1441403	16.1	61.2	49.4	27.3	16.2
普洱市	2022	45168	18.9	4.3	1.2	195289	1302614	15.0	50.0	35.8	18.6	15.6
普洱市	2023	46323	22.0	6.6	1.4	309594	1396216	22.2	45.7	54.2	26.8	14.7
临沧市	2021	40458	15.3	5.5	1.4	222993	1000179	22.3	51.6	50.9	15.0	—
临沧市	2022	44723	13.1	4.2	0.9	186311	1098245	17.0	37.6	15.6	21.7	29.7
临沧市	2023	47286	14.9	4.8	1.0	227922	1217592	18.7	48.4	51.6	18.4	24.5
楚雄州	2021	66893	13.9	5.8	2.2	389191	1242390	31.3	60.4	42.9	21.7	25.7
楚雄州	2022	74046	12.5	5.0	2.0	369971	1196189	30.9	48.8	29.6	14.5	26.2
楚雄州	2023	77515	12.4	5.4	1.7	419879	1275303	32.9	57.8	48.5	19.6	24.8
红河州	2021	61524	13.2	5.9	2.7	362093	1138639	31.8	57.9	49.9	26.1	—
红河州	2022	64768	10.7	4.8	1.3	309909	1102054	28.1	55.1	43.0	23.9	—
红河州	2023	65908	10.9	4.7	1.4	311452	1104551	28.2	63.1	51.1	23.3	—
文山州	2021	37391	17.6	5.3	4.0	198091	1008521	19.6	55.2	47.8	11.1	38.7
文山州	2022	40748	14.1	4.1	1.4	166699	1051870	15.8	55.0	40.4	0.6	37.8
文山州	2023	—	—	—	—	—	—	—	—	—	—	—
西双版纳州	2021	51812	16.5	6.0	3.4	308240	1102832	27.9	63.8	46.1	0	19.5
西双版纳州	2022	55194	11.3	4.6	1.7	254857	1188710	21.4	48.7	32.9	45.8	35.1
西双版纳州	2023	58938	12.6	5.0	2.5	293260	1205082	24.3	71.3	49.4	34.3	34.4
大理州	2021	48848	15.7	6.8	1.8	336578	911372	36.9	61.8	48.0	18.2	—
大理州	2022	51010	12.4	4.7	0.8	241917	1037679	23.3	53.5	30.2	14.2	—
大理州	2023	—	—	—	—	—	—	—	—	—	—	—
德宏州	2021	42233	20.9	8.3	5.6	351234	1485708	23.6	45.9	49.8	26.6	0
德宏州	2022	44530	14.2	5.0	2.7	221822	1393310	15.9	49.1	30.4	19.1	0
德宏州	2023	44792	16.5	7.0	2.1	312416	1313741	23.8	53.5	53.2	24.7	38.0

续表

地区名	年份	人均GDP（元）	政府收入/GDP（%）	一般公共预算收入/GDP（%）	土地出让金/GDP（%）	人均一般公共预算收入（元）	人均一般公共预算支出（元）	财政自给率（%）	税收收入/一般公共预算收入（%）	共享三主税收入/税收收入（%）	一般公共预算收入本级占比（%）	社保财政补贴依赖度（%）
怒江州	2021	42297	14.4	6.8	0.6	285953	2324883	12.3	57.1	64.7	29.4	—
怒江州	2022	45441	14.2	6.0	1.0	275256	2459178	11.2	50.7	56.9	29.3	—
怒江州	2023	—	20.5	9.8	1.2	—	—	17.3	36.5	63.0	22.0	31.6
迪庆州	2021	75488	18.7	5.5	1.3	414026	3746512	11.1	68.0	57.9	23.5	—
迪庆州	2022	77785	18.4	5.4	1.3	416031	4070448	10.2	54.1	49.2	24.1	—
迪庆州	2023	77287	19.9	5.9	0.5	454192	3662332	12.4	60.8	65.5	24.3	—
西藏自治区	2021	56831	26.0	10.4	2.0	589128	5538284	10.6	65.9	77.6	13.3	21.8
西藏自治区	2022	58438	23.6	8.4	1.4	493488	7123558	6.9	59.1	72.4	20.4	19.7
西藏自治区	2023	65642	26.2	9.9	1.3	648275	7695933	8.4	66.1	76.7	12.6	16.3
拉萨市	2021	—	26.3	14.4	3.2	1227789	3376762	36.4	86.8	82.5	63.2	21.1
拉萨市	2022	—	20.2	9.7	1.9	836893	4103170	20.4	87.6	77.6	67.3	15.7
拉萨市	2023	96329	25.2	13.1	2.2	—	—	24.1	86.4	82.3	63.5	13.9
日喀则市	2021	—	5.0	4.0	—	—	—	5.1	—	—	39.1	—
日喀则市	2022	—	16.4	3.6	1.1	—	—	3.8	43.6	66.7	36.1	16.5
日喀则市	2023	50889	17.8	5.4	0.4	274109	5311419	5.2	56.3	75.8	34.2	23.9
昌都市	2021	36574	22.3	7.3	0.6	—	—	8.8	66.6	63.9	45.5	25.3
昌都市	2022	39174	21.1	7.1	1.6	—	—	7.0	52.0	52.7	41.3	32.9
昌都市	2023	43948	21.7	7.5	0.9	—	—	8.0	68.7	67.6	44.6	28.1
林芝市	2021	—	16.0	7.2	—	—	—	14.5	53.7	83.9	37.3	9.1
林芝市	2022	—	15.4	6.1	0.5	—	—	9.0	48.2	75.5	35.8	9.8
林芝市	2023	—	16.6	6.3	1.0	—	—	8.7	51.8	79.0	28.9	12.6
山南市	2021	—	17.3	8.1	—	543509	4990144	10.9	—	—	47.2	—
山南市	2022	68609	16.1	5.0	—	345326	5900567	5.9	—	—	59.6	23.2
山南市	2023	77241	19.2	7.4	0.9	568196	7983416	7.1	72.0	82.2	44.9	19.0
那曲市	2021	34200	—	—	—	—	—	4.0	42.6	75.3	34.0	29.1
那曲市	2022	34200	—	—	—	—	—	2.1	—	—	39.8	25.5
那曲市	2023	—	—	—	—	—	—	3.3	50.6	68.0	35.0	21.0
阿里地区	2021	62600	—	—	—	—	—	3.9	39.3	77.6	0	16.2
阿里地区	2022	65300	—	—	—	—	—	4.9	55.3	77.8	0	5.8

续表

地区名	年份	人均GDP（元）	政府收入/GDP（%）	一般公共预算收入/GDP（%）	土地出让金/GDP（%）	人均一般公共预算收入（元）	人均一般公共预算支出（元）	财政自给率（%）	税收收入/一般公共预算收入（%）	共享三主税收入/税收收入（%）	一般公共预算收入本级占比（%）	社保财政补贴依赖度（%）
阿里地区	2023	—	—	—	—	—	—	—	—	—	—	
陕西省	2021	28568	26.7	9.3	6.4	701928	1534957	45.7	80.6	56.8	26.6	—
陕西省	2022	30116	24.9	10.1	4.9	837101	1709044	49.0	81.0	53.1	28.2	
陕西省	2023	85448	25.3	10.2	4.6	869838	1815557	47.9	78.4	57.7	33.7	—
西安市	2021	83689	26.0	8.0	12.2	650307	1120278	58.0	79.7	54.8	54.3	24.2
西安市	2022	88806	23.1	7.3	10.1	641802	1207926	53.1	72.4	49.6	67.3	26.4
西安市	2023	92128	22.8	7.9	10.0	727868	1323169	55.0	72.3	53.1	66.1	21.4
铜川市	2021	62108	16.1	6.0	3.7	376772	1761623	21.4	70.0	43.1	43.6	
铜川市	2022	71709	12.4	4.4	2.1	315410	1896583	16.6	67.0	32.4	46.5	
铜川市	2023	—	13.5	4.9	1.5	—	—	17.5	65.7	53.9	48.2	
宝鸡市	2021	77210	10.8	3.7	2.9	289926	1112449	26.1	69.4	49.2	56.2	
宝鸡市	2022	83801	9.7	3.4	1.8	283789	1232604	23.0	66.4	43.0	54.1	
宝鸡市	2023	—	—	—	—	314673	1285611	24.5	66.0	52.0	53.3	
咸阳市	2021	61002	13.9	4.2	4.5	255592	1017567	25.1	79.1	45.0	40.9	0
咸阳市	2022	68949	12.5	4.1	3.6	277228	1181959	23.5	73.7	41.7	38.8	
咸阳市	2023	69439	12.6	4.8	2.4	336396	1285578	26.2	58.7	53.8	39.8	
渭南市	2021	45070	14.9	4.6	4.8	206001	1010930	20.4	76.2	53.4	22.6	0
渭南市	2022	47592	12.4	4.2	2.9	201764	1151857	17.5	66.3	38.8	21.9	
渭南市	2023	—	—	—	—	—	—	18.9	55.1	50.9	26.5	
延安市	2021	88127	18.1	7.5	4.3	661243	1836800	36.0	79.8	43.6	35.0	0
延安市	2022	98390	15.8	8.1	1.5	795768	2105185	37.8	83.4	44.4	32.8	
延安市	2023	100695	15.1	7.2	1.4	730193	2246273	32.5	78.0	61.2	48.6	
汉中市	2021	55279	12.1	3.0	3.4	164630	1152014	14.3	69.9	45.9	24.9	
汉中市	2022	59832	10.6	2.6	2.0	154340	1261941	12.2	69.1	43.0	24.6	
汉中市	2023	—	—	—	—	—	—	12.4	69.0	51.6	23.8	
榆林市	2021	149899	15.1	10.8	1.1	1621609	2210294	73.4	85.4	46.5	47.0	
榆林市	2022	180816	18.3	14.2	1.0	2563013	2961008	86.6	89.8	45.6	46.3	
榆林市	2023	196346	13.5	9.3	1.0	1834847	3039187	60.4	82.0	60.9	46.5	
安康市	2021	48687	13.3	2.7	4.7	131059	1402344	9.3	75.4	47.5	30.9	—

续表

地区名	年份	人均GDP（元）	政府收入/GDP（%）	一般公共预算收入/GDP（%）	土地出让金/GDP（%）	人均一般公共预算收入（元）	人均一般公共预算支出（元）	财政自给率（%）	税收收入/一般公共预算收入（%）	共享三主税收入/税收收入（%）	一般公共预算收入本级占比（%）	社保财政补贴依赖度（%）
安康市	2022	51261	12.0	2.5	3.2	126942	1495083	8.5	70.3	42.5	32.9	—
安康市	2023	—	—	—	—	143346	1580907	9.1	64.3	48.5	37.5	49.5
商洛市	2021	41812	13.1	3.1	3.1	132331	1353297	9.8	56.1	45.4	28.0	—
商洛市	2022	44599	12.1	2.7	2.7	120882	1492903	8.1	57.0	35.6	22.2	—
商洛市	2023	41443	—	—	—	150529	1566010	9.6	58.6	44.6	21.3	—
甘肃省	2021	41046	28.8	9.8	4.3	402353	1619501	24.8	66.6	61.0	27.9	29.5
甘肃省	2022	44968	23.1	8.1	1.9	364166	1708055	21.3	64.2	54.2	29.1	32.1
甘肃省	2023	47867	24.4	8.5	1.5	407054	1834053	22.2	69.6	61.5	26.5	31.1
兰州市	2021	73701	18.6	8.6	4.7	631222	1105358	57.1	73.3	50.9	49.3	—
兰州市	2022	75992	13.3	6.6	2.0	500513	1129778	44.3	71.3	39.8	51.0	29.8
兰州市	2023	78894	14.5	7.3	1.1	576999	1136510	50.8	77.4	52.4	46.1	—
嘉峪关市	2021	103552	11.5	7.2	0.8	749006	850952	88.0	81.9	56.2	100	15.0
嘉峪关市	2022	114810	9.0	5.3	0.7	605165	1020063	59.3	71.9	39.5	100	14.3
嘉峪关市	2023	121290	10.8	7.1	0.7	860533	1312232	65.6	68.3	53.0	100	15.3
金昌市	2021	98205	10.5	6.3	0.2	620333	1317140	47.1	81.4	50.2	59.8	1.5
金昌市	2022	120161	12.3	5.5	0.3	661641	1776095	37.3	81.5	46.2	59.8	1.9
金昌市	2023	131056	9.7	5.5	0.4	717935	1982211	36.2	79.3	46.9	57.4	1.4
白银市	2021	37900	17.5	6.7	2.8	254018	1381084	18.4	64.8	53.5	31.0	37.0
白银市	2022	42300	13.3	5.1	1.6	216548	1423991	15.2	51.6	39.0	27.9	37.0
白银市	2023	44967	14.7	5.7	1.7	258839	1465582	17.7	65.8	52.9	29.5	24.5
天水市	2021	25279	33.0	7.7	14.3	195735	1136391	17.2	59.0	36.3	37.1	0.9
天水市	2022	27538	19.0	5.6	3.5	153614	1087126	14.1	57.0	28.1	35.7	42.1
天水市	2023	29233	17.5	5.4	1.5	159412	1206642	13.2	62.8	39.9	31.4	42.7
武威市	2021	41593	16.4	5.4	2.8	223982	1413460	15.8	51.8	43.6	26.9	40.1
武威市	2022	45932	13.0	4.2	1.3	192411	1640988	11.7	40.3	20.0	21.1	29.5
武威市	2023	49302	13.6	4.6	1.2	226924	1793481	12.7	58.5	52.6	20.9	34.6
张掖市	2021	46726	13.3	5.4	1.3	251643	1398987	18.0	46.1	47.1	18.5	—
张掖市	2022	51861	12.5	5.4	0.8	279387	1738753	16.1	39.0	36.6	17.7	—
张掖市	2023	54660	14.0	5.7	1.0	315969	1781425	17.7	43.1	51.6	17.1	—

续表

地区名	年份	人均GDP（元）	政府收入/GDP（%）	一般公共预算收入/GDP（%）	土地出让金/GDP（%）	人均一般公共预算收入（元）	人均一般公共预算支出（元）	财政自给率（%）	税收收入/一般公共预算收入（%）	共享三主税收入/税收收入（%）	一般公共预算收入本级占比（%）	社保财政补贴依赖度（%）
平凉市	2021	30192	20.5	6.9	3.2	209228	1256032	16.7	62.4	47.9	18.5	39.5
平凉市	2022	35182	17.1	6.4	1.7	224874	1428382	15.7	51.4	48.7	20.3	30.9
平凉市	2023	37057	16.8	5.6	1.8	209082	1534130	13.6	63.6	53.2	16.6	36.5
酒泉市	2021	72356	15.6	5.5	1.3	401791	1469766	27.3	62.0	48.1	26.4	0.7
酒泉市	2022	79840	11.1	4.4	2.4	353913	1738761	20.4	57.3	30.5	28.1	24.7
酒泉市	2023	86714	12.5	6.1	1.6	534803	2000679	26.7	61.5	51.3	25.9	29.8
庆阳市	2021	40810	17.2	7.4	3.2	302813	1395913	21.7	65.0	47.1	42.8	—
庆阳市	2022	47351	14.6	6.9	1.6	325911	1477450	22.1	69.6	42.8	52.3	—
庆阳市	2023	51289	14.8	7.1	1.9	365444	1630645	22.4	73.3	49.1	53.3	—
定西市	2021	19968	22.5	6.1	3.2	122046	1121372	10.9	59.9	48.5	16.2	44.2
定西市	2022	22257	19.5	5.5	2.7	123395	1248992	9.9	55.0	36.6	12.7	42.1
定西市	2023	24061	18.6	5.4	1.5	131323	1349102	9.7	50.7	42.3	16.5	42.3
陇南市	2021	20974	20.4	5.6	2.6	118090	1208731	9.8	60.8	56.4	14.0	1.3
陇南市	2022	23548	18.0	4.9	1.7	116216	1333456	8.7	61.0	52.1	15.5	41.2
陇南市	2023	25477	19.3	5.3	2.2	136196	1496076	9.1	59.9	57.0	15.5	44.8
临夏州	2021	17677	29.0	6.2	8.8	109198	1457031	7.5	65.9	44.8	8.8	51.4
临夏州	2022	19271	21.2	5.1	3.2	98504	1510300	6.5	68.0	38.9	8.8	51.0
临夏州	2023	32731	0	0	0	165199	854331	19.3	77.4	36.7	—	—
甘南州	2021	33272	16.7	4.4	1.3	147530	2867776	5.1	51.3	62.1	22.4	—
甘南州	2022	35662	14.8	4.0	0.3	143194	3386143	4.2	53.0	57.9	21.7	—
甘南州	2023	38569	18.2	5.5	0.7	215723	3549019	6.1	40.9	58.3	17.5	—
青海省	2021	56340	30.3	9.8	—	553475	3122094	17.7	71.4	60.5	11.0	—
青海省	2022	60724	25.4	9.1	—	553116	3319493	16.7	77.7	60.1	-0.3	33.9
青海省	2023	63903	26.5	10.0	1.2	641981	3684718	17.4	74.2	61.6	7.7	32.2
西宁市	2021	62552	22.0	9.9	9.6	621433	1388548	44.8	84.8	67.4	27.0	—
西宁市	2022	66302	13.3	8.0	2.9	531119	1367089	38.9	88.3	71.1	23.7	18.1
西宁市	2023	72596	12.0	8.0	1.4	580781	1687832	34.4	89.0	65.7	52.3	18.1
海东市	2021	40846	—	—	—	—	—	—	—	—	—	—
海东市	2022	41535	8.7	3.6	2.1	149638	1653327	9.1	75.8	61.1	15.1	4.6

续表

地区名	年份	人均GDP（元）	政府收入/GDP（%）	一般公共预算收入/GDP（%）	土地出让金/GDP（%）	人均一般公共预算收入（元）	人均一般公共预算支出（元）	财政自给率（%）	税收收入/一般公共预算收入（%）	共享三主税收入/税收收入（%）	一般公共预算收入本级占比（%）	社保财政补贴依赖度（%）
海东市	2023	43358	11.8	6.1	2.4	264996	1920667	13.8	54.5	65.9	13.1	41.8
海北州	2021	34013	11.2	6.4	0.7	—		9.6	67.1	57.6	20.9	—
海北州	2022	34137	12.9	6.5	1.2			6.0	56.3	69.5	15.5	32.4
海北州	2023	39987	11.9	7.1	0.5			6.6	55.7	47.6	12.9	21.8
黄南州	2021	—	9.1	4.4	0.9			4.4	60.8	74.1	21.4	—
黄南州	2022	—	10.1	4.8	1.6			5.3	68.1	79.6	21.3	16.5
黄南州	2023	40309	9.0	4.9	0.3	197748	4055454	4.9	65.2	72.2	20.5	15.1
海南州	2021	43214	12.4	8.7	0.7	374612	2547250	14.7	78.1	47.6	37.2	
海南州	2022	44584	13.5	9.2	—	410256	3462553	11.8	78.8	33.8	53.3	
海南州	2023	47220	14.9	10.7	1.1	504933	3301778	15.3	78.2	56.9	36.7	23.4
果洛州	2021	23776	13.2	6.0	0.3	142743	4681574	3.0	61.2	49.0	25.5	
果洛州	2022	24495	13.3	5.5	0.2	133745	4543164	2.9	52.0	73.0	24.1	14.6
果洛州	2023	32994	11.4	5.3		175415	6123604	2.9			23.3	
玉树州	2021	—										
玉树州	2022	16793	10.4	3.9	0.3	64942	3165681	2.1	57.7	67.6	18.3	
玉树州	2023	18232	—	4.2	—	76094	3585297	2.1	—		21.0	
海西州	2021	—	13.6	10.6	0.2			50.8	83.7	50.2	61.1	
海西州	2022	180021	19.6	16.8	0.3	3032361	4084682	74.2	88.9	60.2	69.7	10.8
海西州	2023	175836	18.1	15.7	0.3	2754195	4745179	58.0	85.9	58.8	65.8	9.7
宁夏回族自治区	2021	—	24.6	10.2	2.8			32.2	65.4	58.0	40.8	—
宁夏回族自治区	2022	69781	22.5	9.1	2.0	632071	2181109	29.0	66.7	54.4	41.9	—
宁夏回族自治区	2023	72957	22.5	9.5	1.5	689033	2402435	28.7	70.3	58.6	38.8	30.8
银川市	2021	78794	14.1	6.4	3.5	504989	929093	54.4	68.3	50.1	62.4	26.7
银川市	2022	87756	14.8	6.7	2.8	582920	1230857	47.4	70.0	50.1	45.9	25.7
银川市	2023	92530	13.6	7.4	1.8	680042	1506649	45.1	72.6	51.9	48.5	20.8
石嘴山市	2021	81943	9.0	4.0	0.7	329220	1228853	26.8	73.1	55.8	42.6	31.5
石嘴山市	2022	92151	8.8	3.8	0.7	345939	1620661	21.3	64.7	53.0	47.0	31.2

中国政府收支全景解析（2024）

续表

地区名	年份	人均GDP（元）	政府收入/GDP（%）	一般公共预算收入/GDP（%）	土地出让金/GDP（%）	人均一般公共预算收入（元）	人均一般公共预算支出（元）	财政自给率（%）	税收收入/一般公共预算收入（%）	共享三主税收入/税收收入（%）	一般公共预算收入本级占比（%）	社保财政补贴依赖度（%）
石嘴山市	2023	93030	9.1	3.9	0.5	364175	1759189	20.7	70.8	58.3	46.7	31.8
吴忠市	2021	54933	—	—	—	—	1627754	—	—	50.1	—	—
吴忠市	2022	62126	—	—	—	—	1757443	—	—	48.3	—	—
吴忠市	2023	64418	12.2	4.7	2.0	302609	2206279	13.7	74.5	53.6	28.4	—
固原市	2021	32733	—	4.2	—	137798	2134358	6.5	53.7	46.9	40.6	—
固原市	2022	35624	—	3.5	2.6	125383	2243730	5.6	64.4	52.6	31.7	—
固原市	2023	38017	14.7	4.4	0.7	167220	2414148	6.9	54.0	50.5	48.5	—
中卫市	2021	47083	—	4.5	—	212582	1713587	12.4	67.0	48.3	37.9	—
中卫市	2022	52323	—	3.9	—	202326	1463552	13.8	63.7	43.5	—	—
中卫市	2023	54677	11.6	3.9	1.3	214448	1960608	10.9	63.6	54.4	41.8	—
新疆维吾尔自治区	2021	61725	23.8	10.1	3.1	625187	2076827	30.1	67.5	59.2	17.9	29.8
新疆维吾尔自治区	2022	68552	21.3	9.5	2.0	652493	2207979	29.6	64.9	57.6	15.6	2.2
新疆维吾尔自治区	2023	73774	22.4	10.2	1.7	748687	2322263	32.2	62.5	59.9	16.2	25.6
乌鲁木齐市	2021	90702	20.3	10.2	5.4	928565	1030927	90.1	73.8	64.0	18.8	19.6
乌鲁木齐市	2022	95511	14.3	8.1	2.3	771240	1116512	69.1	72.2	65.5	18.3	21.4
乌鲁木齐市	2023	102078	14.7	8.9	1.7	905280	1233969	73.4	77.8	66.7	17.0	12.8
克拉玛依市	2021	—	12.0	8.3	0.4	—	—	76.9	76.2	59.9	56.3	7.7
克拉玛依市	2022	243963	—	8.6	0.7	2100618	2570497	81.7	78.9	64.0	68.1	15.8
克拉玛依市	2023	257771	12.7	8.8	0.1	2260745	2592188	87.2	65.7	59.2	58.5	14.1
吐鲁番市	2021	62115	18.8	11.8	2.0	731984	1600167	45.7	60.2	59.5	4.2	38.1
吐鲁番市	2022	75671	17.1	11.2	1.0	851429	1714824	49.7	62.5	65.6	4.9	28.6
吐鲁番市	2023	84919	16.1	11.6	1.2	983623	1725687	57.0	58.4	59.0	7.1	26.4
哈密市	2021	108157	14.9	8.2	2.6	891330	2068336	43.1	80.0	64.5	6.2	37.7
哈密市	2022	130488	15.8	10.8	1.6	1409805	2544451	55.4	85.5	68.0	4.8	33.4
哈密市	2023	147980	16.3	10.9	1.5	1618896	2715718	59.6	85.7	71.4	5.9	26.4
昌吉州	2021	96547	15.3	9.3	1.8	974770	1837588	53.0	71.5	65.6	7.7	30.7
昌吉州	2022	124260	14.9	10.2	1.6	—	—	61.6	73.6	74.5	2.8	29.1

续表

地区名	年份	人均GDP（元）	政府收入/GDP（%）	一般公共预算收入/GDP（%）	土地出让金/GDP（%）	人均一般公共预算收入（元）	人均一般公共预算支出（元）	财政自给率（%）	税收收入/一般公共预算收入（%）	共享三主税收入/税收收入（%）	一般公共预算收入本级占比（%）	社保财政补贴依赖度（%）
昌吉州	2023	134166	15.2	9.8	1.8	1309368	2220191	59.0	67.4	66.6	6.3	27.2
博尔塔拉州	2021	91519	15.4	7.7	2.1	—	—	26.1	52.2	64.1	5.3	38.1
博尔塔拉州	2022	—	16.6	8.1	4.2	—	—	27.1	51.6	53.5	4.0	36.3
博尔塔拉州	2023	—	17.7	8.5	3.6	—	—	27.3	48.0	67.8	4.9	28.9
巴音郭楞州	2021	—	14.5	7.2	2.4	—	—	32.2	65.7	53.1	8.7	35.3
巴音郭楞州	2022	101424	12.7	6.0	2.1	606900	1939004	31.3	72.1	51.4	16.5	30.9
巴音郭楞州	2023	106760	13.1	6.4	1.6	685789	2024999	33.9	72.7	54.5	15.1	22.2
阿克苏地区	2021	—	16.9	8.5	3.2	—	—	30.1	68.5	60.7	7.4	38.6
阿克苏地区	2022	—	15.4	8.6	1.7	555151	1806373	30.7	75.6	60.1	23.4	1.3
阿克苏地区	2023	—	17.4	9.0	2.3	—	—	29.5	69.8	60.6	6.6	23.9
克孜勒苏州	2021	—	30.4	9.0	1.8	—	—	9.9	59.9	63.9	11.1	9.5
克孜勒苏州	2022	34755	24.5	8.7	1.2	301797	3204307	9.4	63.4	60.5	12.0	18.0
克孜勒苏州	2023	36785	26.7	9.3	2.5	341316	3076877	11.1	58.8	60.7	11.1	15.8
喀什地区	2021	27266	19.4	5.2	3.9	—	—	9.1	60.0	55.9	9.3	42.0
喀什地区	2022	28714	17.9	5.4	2.7	165226	1615213	10.2	48.1	48.7	8.8	35.2
喀什地区	2023	31520	15.9	5.7	0.9	180608	1616194	11.2	54.0	56.8	9.1	28.3
和田地区	2021	18235	36.3	8.3	5.3	—	—	7.5	53.8	61.4	10.3	29.4
和田地区	2022	19566	25.0	8.6	1.8	—	—	8.8	49.3	48.8	5.1	37.3
和田地区	2023	20863	25.7	9.3	2.5	—	—	10.7	50.2	58.6	8.2	24.9
伊犁州	2021	51574	21.0	9.0	2.5	—	—	30.4	67.5	55.7	5.5	26.1
伊犁州	2022	—	17.5	8.7	2.1	—	—	24.7	66.0	60.7	6.0	37.5
伊犁州	2023	—	18.8	9.0	2.3	—	—	28.0	69.1	64.6	6.2	27.8
塔城地区	2021	74352	14.0	4.9	1.9	365314	1550921	23.6	60.6	57.4	0	27.4
塔城地区	2022	79453	12.4	5.5	2.2	—	—	22.6	61.2	52.5	0	35.3
塔城地区	2023	86627	14.2	5.9	2.7	518869	2268391	22.9	58.0	50.9	6.6	26.1
阿勒泰地区	2021	55387	28.9	9.2	4.1	—	—	17.6	74.3	62.4	7.5	21.6
阿勒泰地区	2022	59739	24.9	9.0	3.4	—	—	15.0	66.4	59.7	11.4	1.1
阿勒泰地区	2023	62771	25.4	11.1	2.6	—	—	18.5	52.7	60.2	24.2	25.3

中国政府收支全景解析（2024）

表 8　　2021—2023 年各样本县经济财政主要指标[①]

地区名	年份	人均GDP（元）	政府收入/GDP（%）	一般公共预算收入/GDP（%）	土地出让金/GDP（%）	人均一般公共预算收入（元）	人均一般公共预算支出（元）	财政自给率（%）	税收收入/一般公共预算收入（%）	共享三主税收入/税收收入（%）	一般公共预算收入本级占比（%）
北京市：海淀区	2021	303568	8.8	5.2	3.6	1566149	1961880	79.8	90.5	69.7	—
北京市：海淀区	2022	326725	5.9	4.8	1.1	1570135	1919388	81.8	92.3	62.9	—
北京市：海淀区	2023	446343	—	5.0	1.9	2223228	2941477	75.6	88.3	74.7	—
天津市：和平区	2021	192900	—	—	—	—	—	72.0	85.4	52.2	—
天津市：和平区	2022	200500	—	—	—	—	—	63.0	86.8	48.0	—
天津市：和平区	2023	195329	—	6.3	0	1232065	1797909	68.5	72.4	55.1	—
石家庄市：新华区	2021	36717	20.6	13.5	5.9	497113	497915	99.8	70.5	50.9	—
石家庄市：新华区	2022	—	—	—	—	—	—	98.8	54.9	60.0	—
石家庄市：新华区	2023	—	—	—	—	—	—	76.6	87.6	62.2	—
唐山市：玉田县	2021	—	13.6	4.6	6.1	219612	667965	32.9	71.3	39.4	—
唐山市：玉田县	2022	—	—	4.6	3.0	—	—	35.2	59.0	34.9	—
唐山市：玉田县	2023	—	—	—	—	—	—	33.6	60.1	45.1	—
秦皇岛市：卢龙县	2021	—	12.2	5.5	3.3	542699	1989639	27.3	44.9	48.4	—
秦皇岛市：卢龙县	2022	41033	9.5	4.2	1.8	173902	828451	21.0	41.9	29.3	—
秦皇岛市：卢龙县	2023	—	—	—	—	—	—	23.0	50.9	49.0	—
邢台市：任泽区	2021	—	20.2	7.0	8.4	—	—	23.4	74.9	40.2	—
邢台市：任泽区	2022	—	—	7.4	9.5	161557	650583	24.8	65.1	38.9	—
邢台市：任泽区	2023	—	—	—	—	—	—	25.7	73.7	48.8	—
保定市：定州市	2021	116325	8.6	2.8	2.9	325944	785395	41.5	57.5	43.2	—
保定市：定州市	2022	—	—	8.1	3.5	528874	1332663	39.7	46.8	44.5	—
保定市：定州市	2023	37174	18.7	8.4	3.8	311983	840569	37.1	46.7	42.5	—
衡水市：枣强县	2021	—	—	—	—	—	—	32.5	54.8	46.5	—
衡水市：枣强县	2022	—	12.0	8.5	0.5	316438	900422	35.1	38.4	47.1	—
衡水市：枣强县	2023	—	—	—	—	—	—	37.2	46.6	51.2	—
太原市：小店区	2021	100792	2.2	1.9	0	192315	355582	54.1	88.9	44.1	69.5
太原市：小店区	2022	111148	2.5	1.4	0	156767	329660	47.6	86.9	51.9	54.5
太原市：小店区	2023	110070	2.0	1.6	0	179501	381460	47.1	87.2	52.1	50.0

[①] 社保财政补贴依赖度是指社会保险基金预算对于财政补贴的依赖程度，其计算公式为：财政补贴收入/社会保险基金支出 ×100%。

数据篇·表8 2021—2023年各样本县经济财政主要指标

续表

地区名	年份	人均GDP（元）	政府收入/GDP（%）	一般公共预算收入/GDP（%）	土地出让金/GDP（%）	人均一般公共预算收入（元）	人均一般公共预算支出（元）	财政自给率（%）	税收收入/一般公共预算收入（%）	共享三主税收入/税收收入（%）	一般公共预算收入本级占比（%）
长治市：平顺县	2021	26376	13.3	5.0	1.3	133885	1954929	6.8	51.2	46.0	51.0
长治市：平顺县	2022	28539	—	6.0	—	170429	2093911	8.1	46.2	—	—
长治市：平顺县	2023	28973	17.1	6.8	1.9	20	211	9.4	50.6	51.2	66.0
晋城市：高平市	2021	75618	15.5	10.5	1.8	798594	1091947	73.1	47.8	55.0	52.6
晋城市：高平市	2022	94835	15.6	13.3	0.6	1264378	1418485	89.1	46.8	62.2	61.8
晋城市：高平市	2023	96875	14.3	12.1	0.4	1178384	1788820	65.9	41.8	54.6	55.9
朔州市：右玉县	2021	125057	7.6	4.9	0.7	606908	1966690	30.9	82.6	58.1	73.7
朔州市：右玉县	2022	140230	7.8	5.9	0.2	829448	2463310	33.7	77.6	61.9	71.9
朔州市：右玉县	2023	—	9.4	6.6	0.8	—	—	35.1	91.2	66.4	63.8
晋中市：昔阳县	2021	73333	10.2	7.4	0.3	545309	1194973	45.6	64.8	57.3	67.8
晋中市：昔阳县	2022	88196	9.9	7.0	0.5	619572	1353802	45.8	79.4	60.9	65.6
晋中市：昔阳县	2023	88042	11.1	7.6	0.1	666969	1518034	43.9	71.4	60.1	65.6
晋中市：平遥县	2021	29509	11.1	4.7	2.2	137237	636415	21.6	79.6	39.9	53.9
晋中市：平遥县	2022	31719	10.5	4.7	1.9	147626	860096	17.2	61.9	50.6	59.3
晋中市：平遥县	2023	33109	10.0	5.2	0.5	171588	802656	21.4	64.7	50.9	49.8
呼和浩特市：武川县	2021	—	10.5	4.9	0.4	—	—	19.1	78.1	64.6	59.2
呼和浩特市：武川县	2022	—	11.5	4.9	0.0	—	—	15.2	71.2	49.3	72.1
呼和浩特市：武川县	2023	—	10.9	4.7	1.3	—	—	10.8	79.2	39.8	60.8
赤峰市：林西县	2021	49668	10.2	4.8	1.0	239641	1754274	13.7	55.8	47.4	47.4
赤峰市：林西县	2022	54606	9.2	3.7	1.4	202727	1738657	11.7	62.2	36.7	62.5
赤峰市：林西县	2023	59772	12.7	3.7	1.0	223848	2169627	10.3	69.5	46.1	53.9
鄂尔多斯市：准格尔旗	2021	—	8.5	8.2	0.3	—	—	93.2	83.4	44.4	—
鄂尔多斯市：准格尔旗	2022	—	12.7	12.3	0.4	4367096	4190751	104.2	88.5	53.1	—
鄂尔多斯市：准格尔旗	2023	383581	14.1	12.4	1.2	4742184	4444042	106.7	89.2	45.6	36.7
呼伦贝尔市：海拉尔区	2021	—	7.5	6.2	1.1	—	—	30.0	61.2	31.5	42.0
呼伦贝尔市：海拉尔区	2022	—	3.8	3.3	0.1	—	—	24.3	86.2	37.1	40.7

287

续表

地区名	年份	人均GDP（元）	政府收入/GDP（%）	一般公共预算收入/GDP（%）	土地出让金/GDP（%）	人均一般公共预算收入（元）	人均一般公共预算支出（元）	财政自给率（%）	税收收入/一般公共预算收入（%）	共享三主税收入/税收收入（%）	一般公共预算收入本级占比（%）
呼伦贝尔市：海拉尔区	2023	—	6.0	4.1	1.6	—	—	23.4	77.7	32.8	—
锡林郭勒盟：阿巴嘎旗	2021	111000	10.3	6.9	0.3	—	—	22.5	57.3	37.0	50.3
锡林郭勒盟：阿巴嘎旗	2022	120500	13.5	8.9	1.6	—	—	27.5	44.9	22.8	51.6
锡林郭勒盟：阿巴嘎旗	2023	123900	14.2	10.6	0.6	1309654	4099728	31.9	87.7	28.4	54.2
沈阳市：浑南区	2021	—	27.6	15.1	11.5	—	—	130.1	88.5	51.4	—
沈阳市：浑南区	2022	—	16.4	13.9	1.1	—	—	124.5	83.5	66.0	—
沈阳市：浑南区	2023	—	11.2	10.2	0.6	—	—	119.0	83.8	—	—
鞍山市：海城市	2021	53950	12.8	6.3	3.1	341008	631570	54.0	70.1	48.2	54.0
鞍山市：海城市	2022	53923	10.4	5.3	1.7	287799	660480	43.6	80.4	36.5	61.3
鞍山市：海城市	2023	62401	9.5	6.1	1.2	—	—	52.2	65.8	52.2	61.4
丹东市：振安区	2021	26009	12.1	9.4	0	244352	475361	51.4	80.6	62.5	—
丹东市：振安区	2022	27879	9.8	7.1	—	197019	530730	37.1	76.6	43.8	—
丹东市：振安区	2023	29884	10.3	7.7	0	—	—	41.0	83.5	58.1	—
锦州市：北镇市	2021	—	16.7	6.3	1.8	—	—	27.0	71.2	19.6	56.2
锦州市：北镇市	2022	—	13.1	6.3	1.1	—	—	23.0	71.3	19.3	62.9
锦州市：北镇市	2023	—	—	6.5	1.2	—	—	24.1	71.3	24.7	44.5
铁岭市：西丰县	2021	—	17.4	6.4	1.5	—	—	15.2	43.1	49.5	0
铁岭市：西丰县	2022	—	12.0	4.5	1.7	—	—	9.8	53.5	42.4	0
铁岭市：西丰县	2023	—	17.5	4.5	0.8	—	—	—	62.6	51.6	68.5
朝阳市：朝阳县	2021	27000	23.3	6.9	6.7	187587	857070	21.9	75.7	47.2	53.5
朝阳市：朝阳县	2022	21730	12.4	5.2	2.1	113858	646262	17.6	60.4	24.9	59.9
朝阳市：朝阳县	2023	—	12.1	5.4	1.5	—	—	18.7	79.4	54.2	60.5
通化市：柳河县	2021	23459	—	6.5	3.2	153111	821483	18.6	36.3	38.0	42.0
通化市：柳河县	2022	25336	—	4.3	1.4	108066	899506	12.0	38.3	41.1	58.9
通化市：柳河县	2023	36384	—	4.1	0.5	110058	981933	11.2	40.1	22.1	63.0
白山市：抚松县	2021	—	—	3.5	3.5	—	—	14.0	62.9	46.1	33.1
白山市：抚松县	2022	—	—	3.2	0.9	—	—	10.5	54.5	35.5	54.3

续表

地区名	年份	人均GDP（元）	政府收入/GDP（%）	一般公共预算收入/GDP（%）	土地出让金/GDP（%）	人均一般公共预算收入（元）	人均一般公共预算支出（元）	财政自给率（%）	税收收入/一般公共预算收入（%）	共享三主税收入/税收收入（%）	一般公共预算收入本级占比（%）
白山市：抚松县	2023	—	—	4.3	0.1	—	—	14.2	52.4	61.3	54.2
松原市：长岭县	2021	35991	—	5.7	—	204812	1127625	18.2	24.9	36.6	—
松原市：长岭县	2022	26281	—	2.9	—	76511	902344	8.5	49.9	39.5	—
松原市：长岭县	2023	39478	—	3.3	—	129532	1483407	8.7	51.6	38.1	66.2
哈尔滨市：南岗区	2021	—	4.0	1.9	1.4	—	—	38.4	84.7	53.5	62.3
哈尔滨市：南岗区	2022	—	1.6	1.1	0	—	—	20.9	80.2	48.6	54.6
哈尔滨市：南岗区	2023	—	2.1	1.6	0	—	—	38.0	90.6	57.1	56.0
齐齐哈尔市：克山县	2021	—	11.3	4.9	0.6	—	—	9.9	45.3	65.4	62.3
齐齐哈尔市：克山县	2022	—	12.2	5.4	0.8	—	—	9.5	27.4	45.4	61.3
齐齐哈尔市：克山县	2023	—	14.6	6.6	0.3	—	—	11.1	36.9	65.6	70.3
牡丹江市：海林市	2021	35324	18.5	4.3	0.6	—	—	20.9	71.7	50.2	17.1
牡丹江市：海林市	2022	37491	6.3	3.4	0.1	—	—	15.1	70.1	51.0	0.6
牡丹江市：海林市	2023	40634	76.7	48.9	−2.3	—	—	18.6	46.0	48.6	63.7
上海市：浦东新区	2021	266189	12.8	7.6	4.9	2034959	2233976	91.1	93.3	74.6	—
上海市：浦东新区	2022	276952	12.0	7.4	4.2	2062414	2950606	69.9	93.4	74.4	—
上海市：浦东新区	2023	287641	11.7	7.8	3.5	2238489	2725202	82.1	95.7	70.2	—
南京市：江宁区	2021	144836	—	9.4	9.5	1357528	1381506	98.3	84.9	61.3	—
南京市：江宁区	2022	152925	—	6.8	0.4	1030322	1276453	80.7	85.6	57.2	—
南京市：江宁区	2023	153949	—	7.8	4.7	1200276	1373272	87.4	91.5	65.2	—
徐州市：邳州市	2021	76307	19.3	4.3	12.3	328307	881127	37.3	80.2	65.3	—
徐州市：邳州市	2022	80461	15.0	3.7	8.7	301749	873576	34.5	74.4	58.6	—
徐州市：邳州市	2023	89156	12.2	3.6	5.9	324107	904260	35.8	83.0	68.3	—
苏州市：张家港市	2021	210966	19.3	8.7	5.6	1833739	1696732	108.1	84.4	74.4	—
苏州市：张家港市	2022	228698	15.4	6.6	4.1	1513357	1589896	95.2	75.2	70.3	—
苏州市：张家港市	2023	233400	14.7	7.0	3.0	1646331	1628026	101.1	80.5	72.8	—
苏州市：昆山市	2021	225856	15.9	9.8	4.9	2210816	1889921	117.0	88.1	66.0	—
苏州市：昆山市	2022	236331	13.1	8.6	3.5	2024186	1783335	113.5	86.4	62.3	—
苏州市：昆山市	2023	240569	12.4	8.9	2.6	2125146	1916512	110.9	88.6	68.8	—
扬州市：仪征市	2021	170737	16.8	5.3	10.2	902525	1335599	67.6	80.9	64.4	—
扬州市：仪征市	2022	186974	15.8	4.7	9.7	866166	1337948	64.7	79.3	61.1	—

续表

地区名	年份	人均GDP（元）	政府收入/GDP（％）	一般公共预算收入/GDP（％）	土地出让金/GDP（％）	人均一般公共预算收入（元）	人均一般公共预算支出（元）	财政自给率（％）	税收收入/一般公共预算收入（％）	共享三主税收入/税收收入（％）	一般公共预算收入本级占比（％）
扬州市：仪征市	2023	193741	14.7	4.8	8.1	934917	1602684	58.3	79.1	65.2	—
杭州市：滨江区	2021	385257	—	10.0	2.8	3864479	2318857	166.7	94.9	82.0	—
杭州市：滨江区	2022	414179	—	9.8	4.6	4050074	3165136	128.0	93.9	83.0	—
杭州市：滨江区	2023	460003	15.1	9.8	4.8	4459376	3349582	133.1	94.6	76.4	0.0
宁波市：慈溪市	2021	—	16.4	5.7	7.2	—	—	84.7	83.6	64.7	—
宁波市：慈溪市	2022	—	9.3	4.9	3.4	—	—	73.9	75.2	65.6	—
宁波市：慈溪市	2023	141261	9.1	4.9	3.1	693524	889955	77.9	88.5	69.1	—
绍兴市：越城区	2021	—	27.0	7.9	17.5	—	—	107.5	89.6	61.5	—
绍兴市：越城区	2022	153496	12.4	6.8	4.9	—	—	86.8	83.3	59.0	—
绍兴市：越城区	2023	161097	10.6	6.8	3.2	798026	957074	83.4	86.0	61.2	29.2
丽水市：龙泉市	2021	—	38.0	6.5	21.3	—	—	20.1	82.3	58.3	50.6
丽水市：龙泉市	2022	—	33.6	6.8	14.6	—	—	19.9	75.1	50.3	54.0
丽水市：龙泉市	2023	—	29.0	6.8	11.9	—	—	19.5	74.9	56.6	45.6
合肥市：肥东县	2021	90863	18.8	6.9	5.8	624315	1018614	61.3	74.9	61.4	—
合肥市：肥东县	2022	95754	21.7	7.0	8.1	665790	1224694	54.4	74.6	61.2	—
合肥市：肥东县	2023	99614	15.9	7.1	2.0	702580	1196808	58.7	71.4	62.9	—
淮南市：寿县	2021	29057	15.6	7.8	—	227499	877190	25.9	47.8	53.1	98.7
淮南市：寿县	2022	31143	15.2	7.4	—	231452	938768	24.7	42.0	56.1	—
淮南市：寿县	2023	32832	18.0	7.3	—	239424	943532	25.4	53.5	56.3	93.3
安庆市：太湖县	2021	—	9.4	4.2	2.9	—	—	18.0	62.0	51.2	—
安庆市：太湖县	2022	—	9.2	4.1	0.2	—	—	17.0	64.4	60.8	96.8
安庆市：太湖县	2023	—	7.8	4.3	1.0	—	—	20.0	65.7	68.7	92.1
黄山市：祁门县	2021	47175	10.7	6.7	2.6	—	—	27.3	52.1	68.3	113.0
黄山市：祁门县	2022	49516	11.3	6.8	1.8	—	—	27.5	49.3	58.2	—
黄山市：祁门县	2023	—	0	0	0	—	—	23.7	51.3	62.8	71.8
池州市：东至县	2021	63031	18.1	4.9	1.8	304581	902338	33.8	56.8	56.0	—
池州市：东至县	2022	66104	16.7	5.1	0.1	335657	1083081	31.0	48.1	68.1	—
池州市：东至县	2023	67293	17.9	5.5	2.0	—	—	29.4	48.7	63.3	—
福州市：平潭县	2021	86975	27.2	16.2	6.0	1408316	2187413	64.4	80.0	83.7	49.7
福州市：平潭县	2022	95261	14.5	6.4	0.9	616783	1837537	33.6	70.8	71.9	49.2

续表

地区名	年份	人均GDP（元）	政府收入/GDP（%）	一般公共预算收入/GDP（%）	土地出让金/GDP（%）	人均一般公共预算收入（元）	人均一般公共预算支出（元）	财政自给率（%）	税收收入/一般公共预算收入（%）	共享三主税收入/税收收入（%）	一般公共预算收入本级占比（%）
福州市：平潭县	2023	—	18.4	6.9	2.6	—	—	37.8	69.1	73.4	—
厦门市：同安区	2021	73226	19.0	4.8	14.2	344522	935154	36.8	64.8	71.6	
厦门市：同安区	2022	—	11.6	4.6	7.0	—	—	38.7	58.7	60.9	
厦门市：同安区	2023	—	—	—	—			40.5	65.5	70.6	
泉州市：丰泽区	2021	112152	2.5	2.2	0	248236	312094	79.5	76.3	56.4	0.8
泉州市：丰泽区	2022	117567	2.4	2.2	0	253813	362169	70.1	68.3	64.8	0.6
泉州市：丰泽区	2023	123678	2.6	2.3	0	287402	395843	72.6	81.2	53.0	
南平市：松溪县	2021	65551	9.2	3.3	3.3			19.9	54.5	66.7	0.4
南平市：松溪县	2022	68511	7.4	3.4	1.0	233078	1405923	16.6	48.4	61.3	0.2
南平市：松溪县	2023	72585	7.1	3.7	0.6	268422	1405406	19.1	57.1	67.1	
南昌市：西湖区	2021	81173	7.7	7.0	—	570836	907114	62.9	76.5	62.3	56.5
南昌市：西湖区	2022	149238	3.5	3.1	—	488867	775638	63.0	72.2	52.6	67.2
南昌市：西湖区	2023	—	3.6	3.2	0			67.4	70.9	56.3	53.4
萍乡市：湘东区	2021	22018	27.0	7.7	16.4	167723	630740	26.6	67.3	64.3	53.2
萍乡市：湘东区	2022	52542	32.5	8.3	21.0	437936	1776887	24.6	64.6	59.6	61.6
萍乡市：湘东区	2023	53847	35.5	8.7	22.9	468178	1872029	25.0	75.0	56.8	51.4
鹰潭市：贵溪市	2021	29667	17.4	9.9	4.9	292241	443098	66.0	75.9	70.7	47.6
鹰潭市：贵溪市	2022	117964	14.7	7.6	4.9	889790	1314037	67.7	76.3	70.6	68.7
鹰潭市：贵溪市	2023	119899	13.9	8.0	3.7	957221	1570006	61.0	76.4	71.8	48.6
赣州市：瑞金市	2021	35191	23.6	6.4	14.4	224508	907340	24.7	79.9	53.3	45.9
赣州市：瑞金市	2022	33933	16.3	7.7	4.3	262767	928708	28.3	61.2	50.0	42.1
赣州市：瑞金市	2023	33789	21.6	8.3	9.2	281964	1008417	28.0	62.9	48.8	50.3
宜春市：高安市	2021	37147	25.3	8.1	13.4	302026	575664	52.5	78.3	51.2	0
宜春市：高安市	2022	79279	—	5.9	4.7	468615	938046	50.0	62.8	55.4	0
宜春市：高安市	2023	80770	12.1	5.4	4.7	442061	940682	47.0	66.1	64.0	—
淄博市：博山区	2021	—	14.6	6.8	4.8	—	—	57.3	65.1	56.5	55.7
淄博市：博山区	2022	—	11.6	6.5	2.5	—	—	55.7	49.0	50.6	61.9
淄博市：博山区	2023	68845	14.6	6.8	5.1			59.4	63.6	65.0	64.7
淄博市：临淄区	2021	—	12.1	8.4	2.3	—	—	134.0	79.0	68.4	47.5
淄博市：临淄区	2022	—	11.6	7.4	2.8	—	—	123.0	68.6	62.2	—

续表

地区名	年份	人均GDP（元）	政府收入/GDP（%）	一般公共预算收入/GDP（%）	土地出让金/GDP（%）	人均一般公共预算收入（元）	人均一般公共预算支出（元）	财政自给率（%）	税收收入/一般公共预算收入（%）	共享三主税收入/税收收入（%）	一般公共预算收入本级占比（%）
淄博市：临淄区	2023	142254	10.0	7.8	0.4	1105982	777521	142.2	73.3	62.7	46.6
潍坊市：青州市	2021	—	18.0	8.0	7.5			88.8	77.8	52.7	63.5
潍坊市：青州市	2022	—	19.0	7.3	8.4			86.8	57.7	38.9	63.7
潍坊市：青州市	2023	76096	15.7	7.2	5.8	546798	666252	82.1	68.5	49.2	65.6
日照市：莒县	2021	—	19.3	6.1	8.1	264403	632406	41.8	78.5	55.3	2.3
日照市：莒县	2022		18.6	5.4	10.1			36.2	72.5	40.8	—
日照市：莒县	2023		19.5	5.6	10.1			38.4	75.6	55.4	
德州市：德城区	2021	46432	8.9	7.4	0	341933	634502	53.9	87.4	56.9	46.9
德州市：德城区	2022	68946	8.2	7.3	0	502715	706810	71.1	84.5	66.0	56.9
德州市：德城区	2023	73203	8.9	7.8	0	572480	682575	83.9	79.3	62.6	48.3
滨州市：滨城区	2021	—	9.3	7.8	0	663742	694678	95.5	82.4	54.2	0.0
滨州市：滨城区	2022		10.0	8.2	0	709513	728584	97.4	69.5	52.4	56.1
滨州市：滨城区	2023		9.0	7.5				105.0	79.5	54.5	49.1
滨州市：沾化区	2021		21.4	9.1	9.6	—		54.7	61.8	40.1	—
滨州市：沾化区	2022		23.6	8.7	9.5			49.2	59.2	44.0	
滨州市：沾化区	2023	62646	24.1	8.5	10.9	531980	977257	54.4	69.6	42.3	
郑州市：新郑市	2021	97500	12.5	9.4	2.1	622505	841370	74.0	57.6	45.3	
郑州市：新郑市	2022	96400	9.9	8.7	0.9	589536	776201	76.0	48.2	45.8	
郑州市：新郑市	2023	6943	—	8.7	0.9	605656	751146	80.6	47.9	44.4	
洛阳市：西工区	2021	146400	3.9	3.9	0	568673	645414	88.1	53.5	43.6	89.9
洛阳市：西工区	2022	150200	3.8	3.7	0	555510	643667	86.3	56.1	38.6	12.5
洛阳市：西工区	2023	15903	3.1	3.1	0	487459	501050	97.3	55.8	60.0	
平顶山市：鲁山县	2021	24483	14.3	5.4	7.1	132881	536160	24.8	66.3	33.3	
平顶山市：鲁山县	2022	26214	13.3	6.1	4.8	159682	661143	24.2	65.4	37.4	
平顶山市：鲁山县	2023	2438	14.0	7.6	3.1	185970	602234	30.9	63.5	33.9	
三门峡市：渑池县	2021	76879	15.7	11.9	3.2	914296	1203997	75.9	58.7	53.3	107.1
三门峡市：渑池县	2022	82017	11.3	10.2	0.7	836539	1016429	82.3	62.5	64.2	23.7
三门峡市：渑池县	2023	14083	11.6	10.1	0.9	1424322	1939994	73.4	57.2	65.4	24.9
南阳市：邓州市	2021	38700	14.5	4.4	4.1	169672	654562	25.9	67.0	35.3	54.4
南阳市：邓州市	2022	40900	12.8	4.5	2.2	185813	694010	26.8	67.9	39.1	37.6

数据篇·表8 2021—2023年各样本县经济财政主要指标

续表

地区名	年份	人均GDP（元）	政府收入/GDP（%）	一般公共预算收入/GDP（%）	土地出让金/GDP（%）	人均一般公共预算收入（元）	人均一般公共预算支出（元）	财政自给率（%）	税收收入/一般公共预算收入（%）	共享三主税收入/税收收入（%）	一般公共预算收入本级占比（%）
南阳市：邓州市	2023	40232	8.8	5.1	1.7	206215	657365	31.4	70.7	67.3	13.1
商丘市：民权县	2021	36229	11.0	4.5	5.0	160967	598394	26.9	70.1	41.6	102.1
商丘市：民权县	2022	37147	9.0	4.7	3.0	176245	600175	29.4	65.0	38.5	14.6
商丘市：民权县	2023	3706	8.5	5.3	1.8	196743	664708	29.6	59.9	50.2	16.8
信阳市：固始县	2021	43721	13.0	4.2	3.6	185701	807984	23.0	70.4	48.5	40.0
信阳市：固始县	2022	45973	12.1	4.4	2.0	202130	821572	24.6	72.5	44.2	38.9
信阳市：固始县	2023	44313	8.2	4.8	2.1	217306	775894	28.0	72.6	48.3	5.0
省直辖：济源市	2021	104515	—	7.8	1.5	809995	1074425	75.4	75.9	68.8	—
省直辖：济源市	2022	110517	14.1	8.3	3.0	916894	1155232	79.4	69.5	69.5	—
省直辖：济源市	2023	107955	11.3	7.6	0.5	819971	1031941	79.5	78.3	66.0	—
黄石市：大冶市	2021	86216	—	5.4	7.2	469366	916301	51.2	74.8	65.4	13.0
黄石市：大冶市	2022	99513	20.5	4.7	10.2	471890	934911	50.5	75.0	56.2	18.1
黄石市：大冶市	2023	100087	16.6	5.5	3.8	551742	904166	61.0	73.0	63.4	19.0
十堰市：房县	2021	38200	19.1	6.0	7.2	230398	1647940	14.0	75.3	51.7	42.9
十堰市：房县	2022	45900	20.7	7.8	7.5	358762	1517400	23.6	84.2	74.6	47.3
十堰市：房县	2023	49726	24.2	9.4	8.0	465721	1603960	29.0	84.3	80.7	50.0
宜昌市：夷陵区	2021	120100	10.9	3.8	4.2	458632	861771	53.2	93.0	56.8	40.5
宜昌市：夷陵区	2022	132490	7.7	3.8	1.9	504128	915079	55.1	83.4	48.7	34.9
宜昌市：夷陵区	2023	139529	8.6	4.4	2.9	614130	1096386	56.0	81.3	53.7	57.3
襄阳市：保康县	2021	68632	9.4	4.3	2.2	296978	1660803	17.9	78.7	49.4	21.9
襄阳市：保康县	2022	81100	9.3	4.2	2.8	339000	1638861	20.7	74.1	52.0	19.4
襄阳市：保康县	2023	85320	10.4	5.1	2.1	432355	1736698	24.9	76.1	60.6	58.1
省直辖：潜江市	2021	99029	12.7	3.2	6.7	322003	799782	40.3	76.5	52.8	48.6
省直辖：潜江市	2022	104842	10.8	3.1	5.1	319302	941553	33.9	74.7	51.1	50.3
省直辖：潜江市	2023	106624	12.8	3.7	4.9	393397	1058510	37.2	74.0	56.2	32.9
长沙市：岳麓区	2021	95075	4.8	4.5	2.7	427012	530729	80.5	83.7	74.8	0.3
长沙市：岳麓区	2022	95953	5.1	4.8	0	460501	558929	82.4	83.0	68.0	55.3
长沙市：岳麓区	2023	98856	28.7	14.7	12.7	1456895	1356398	107.4	81.7	61.4	57.9
长沙市：浏阳市	2021	113041	13.7	6.4	6.0	729072	1145104	63.7	77.0	40.0	0.2
长沙市：浏阳市	2022	119129	14.5	5.9	7.2	699477	1203667	58.1	75.6	39.7	63.3

293

续表

地区名	年份	人均GDP（元）	政府收入/GDP（%）	一般公共预算收入/GDP（%）	土地出让金/GDP（%）	人均一般公共预算收入（元）	人均一般公共预算支出（元）	财政自给率（%）	税收收入/一般公共预算收入（%）	共享三主税收入/税收收入（%）	一般公共预算收入本级占比（%）
长沙市：浏阳市	2023	117730	15.6	6.1	8.1	717465	1217564	58.9	68.2	56.7	55.2
株洲市：攸县	2021	72982	7.6	2.7	3.2	198401	812711	24.4	60.3	56.3	—
株洲市：攸县	2022	76518	6.6	2.8	2.5	217652	846535	25.7	69.7	49.5	—
株洲市：攸县	2023	75034	13.2	3.0	2.8	222674	1344300	16.6	69.0	45.2	10.2
衡阳市：衡阳县	2021	44582	9.1	2.8	4.1	124751	611677	20.4	70.9	30.9	52.4
衡阳市：衡阳县	2022	47758	7.8	2.9	2.2	138290	782801	17.7	72.3	26.4	64.4
衡阳市：衡阳县	2023	48946	9.2	3.2	3.5	155860	800958	19.5	70.3	27.8	57.7
邵阳市：邵东市	2021	67794	5.6	2.8	1.5	188874	718182	26.3	70.7	48.7	0.3
邵阳市：邵东市	2022	71998	5.1	3.2	0.6	233223	791985	29.4	63.3	43.7	40.4
邵阳市：邵东市	2023	—	6.7	3.3	0.4	—	—	30.8	61.2	35.8	57.0
岳阳市：华容县	2021	71402	9.9	1.7	5.2	122380	870711	14.1	70.1	46.6	0.6
岳阳市：华容县	2022	75817	7.4	1.8	4.0	137504	908861	15.1	72.6	40.4	38.9
岳阳市：华容县	2023	80532	8.4	1.9	1.5	152626	1015689	15.0	74.0	45.2	75.7
广州市：白云区	2021	69149	9.1	2.7	5.9	188165	521409	36.1	68.8	52.9	—
广州市：白云区	2022	67122	6.8	3.0	3.7	202617	520212	38.9	61.6	43.5	—
广州市：白云区	2023	76688	6.2	2.9	3.1	222315	469890	47.3	62.7	50.6	—
韶关市：武江区	2021	80950	2.0	2.0	—	162367	518833	31.3	71.3	57.2	—
韶关市：武江区	2022	79830	1.2	1.2	0	97136	434425	22.4	67.6	62.1	—
韶关市：武江区	2023	83314	1.9	1.5	0	121998	453530	26.9	64.4	60.3	7.5
江门市：江海区	2021	76146	21.3	5.5	—	420318	616523	68.2	81.6	51.5	2.9
江门市：江海区	2022	80047	8.8	4.7	3.1	378431	640959	59.0	68.6	41.8	4.5
江门市：江海区	2023	80931	8.3	4.9	2.5	393012	578098	68.0	79.4	55.1	0
惠州市：惠东县	2021	69723	8.9	4.4	3.1	308613	860582	35.9	62.0	36.7	4.6
惠州市：惠东县	2022	72848	9.5	5.5	3.1	399069	885849	45.0	32.4	35.0	7.3
惠州市：惠东县	2023	74730	8.7	6.1	1.7	452409	852842	53.0	33.7	46.0	—
清远市：佛冈县	2021	50101	20.0	7.3	9.2	366855	1156068	31.7	65.7	56.1	28.2
清远市：佛冈县	2022	50960	16.9	7.9	5.8	403215	1204586	33.5	59.7	51.8	19.3
清远市：佛冈县	2023	—	13.9	7.9	3.1	429081	1097234	39.1	56.4	53.1	14.6
潮州市：饶平县	2021	39623	10.3	2.9	2.8	113139	813802	13.9	52.4	51.9	19.9
潮州市：饶平县	2022	41832	4.7	2.6	0	108899	772154	14.1	49.9	36.0	36.9

续表

地区名	年份	人均GDP（元）	政府收入/GDP（%）	一般公共预算收入/GDP（%）	土地出让金/GDP（%）	人均一般公共预算收入（元）	人均一般公共预算支出（元）	财政自给率（%）	税收收入/一般公共预算收入（%）	共享三主税收入/税收收入（%）	一般公共预算收入本级占比（%）
潮州市：饶平县	2023	44175	6.5	2.7	0.5	120793	786763	15.4	50.2	52.6	0.0
南宁市：西乡塘区	2021	53870	—	1.3	0.2	70164	197652	35.5	62.8	67.4	—
南宁市：西乡塘区	2022	57894	—	1.1	0	62294	208607	29.9	54.5	64.0	—
南宁市：西乡塘区	2023	60080	—	—	—	—	—	—	—	—	—
南宁市：隆安县	2021	34203	—	3.0	4.1	101592	995021	10.2	68.0	44.1	—
南宁市：隆安县	2022	36661	—	3.0	6.8	110454	876373	12.6	60.9	39.0	—
南宁市：隆安县	2023	39037	—	—	—	—	—	—	—	—	—
柳州市：柳江区	2021	56649	—	5.3	0.1	298001	631669	47.2	62.5	48.9	—
柳州市：柳江区	2022	59020	—	2.5	2.2	145062	461632	31.4	76.1	47.5	—
柳州市：柳江区	2023	59612	5.5	3.5	0.2	207787	547309	38.0	61.6	41.4	—
桂林市：荔浦市	2021	47604	—	3.6	1.5	171322	780743	21.9	51.5	48.7	—
桂林市：荔浦市	2022	50705	—	2.6	0.7	130137	750494	17.3	51.9	46.5	—
桂林市：荔浦市	2023	48627	8.2	3.2	1.3	157507	782331	20.1	56.2	50.8	—
百色市：靖西市	2021	32470	—	9.7	2.0	314200	1190842	26.4	59.2	38.4	—
百色市：靖西市	2022	37805	—	7.8	3.0	294699	1278191	23.1	61.2	31.5	—
百色市：靖西市	2023	38125	—	—	—	—	—	—	—	—	—
崇左市：凭祥市	2021	65141	—	4.5	5.1	290494	1601142	18.1	62.6	53.7	—
崇左市：凭祥市	2022	76974	—	3.7	4.2	286398	1621836	17.7	66.0	42.9	—
崇左市：凭祥市	2023	70978	—	—	—	—	1697617	—	—	—	—
省直辖：琼海市	2021	63445	15.1	3.8	4.2	239710	928504	25.8	64.3	48.0	24.6
省直辖：琼海市	2022	66681	9.0	2.8	3.5	187213	998058	18.8	53.7	42.1	47.5
省直辖：琼海市	2023	70461	6.8	3.6	1.1	250811	1103403	22.7	77.7	36.1	44.5
重庆市：渝北区	2021	101515	3.3	3.3	—	334920	527999	63.4	91.2	34.4	—
重庆市：渝北区	2022	103010	2.6	2.6	—	261558	506848	51.6	79.3	37.7	—
重庆市：渝北区	2023	108269	—	2.5	—	275080	532660	51.6	78.3	42.9	—
重庆市：忠县	2021	67727	—	4.2	2.2	282028	880286	32.0	70.5	78.8	—
重庆市：忠县	2022	70726	6.2	4.4	1.4	315476	998606	31.6	47.4	71.1	—
重庆市：忠县	2023	76398	—	4.6	3.1	358292	1103295	32.5	50.9	54.0	—
成都市：龙泉驿区	2021	—	—	8.6	—	—	—	—	78.2	71.3	—
成都市：龙泉驿区	2022	—	—	—	—	—	—	—	—	—	—

续表

地区名	年份	人均GDP（元）	政府收入/GDP（%）	一般公共预算收入/GDP（%）	土地出让金/GDP（%）	人均一般公共预算收入（元）	人均一般公共预算支出（元）	财政自给率（%）	税收收入/一般公共预算收入（%）	共享三主税收入/税收收入（%）	一般公共预算收入本级占比（%）
成都市：龙泉驿区	2023	109622	9.5	5.7	3.0	620438	912150	68.0	81.1	49.3	—
绵阳市：盐亭县	2021	—	—	0.8	1.6	—	—	—	47.5	46.4	—
绵阳市：盐亭县	2022										
绵阳市：盐亭县	2023	63507	9.6	2.6	6.4	167944	1124040	14.9	46.1	41.0	
广元市：苍溪县	2021	136073	6.1	5.6	0.2	756530			87.9	43.5	
广元市：苍溪县	2022										
广元市：苍溪县	2023	42212	9.2	4.7	2.7	200929	1062737	18.9	59.2	32.3	
遂宁市：大英县	2021	39749	13.3	4.2	3.8	164988			74.6	53.5	
遂宁市：大英县	2022										
遂宁市：大英县	2023	52536	16.7	5.1	11.3	268550	846882	31.7	43.7	33.7	
眉山市：东坡区	2021	21635		5.3	0.8	114796			55.3	69.0	
眉山市：东坡区	2022										
眉山市：东坡区	2023	67241	9.1	5.0	3.8	334118	721320	46.3	47.9	50.3	
宜宾市：叙州区	2021	11778	19.6	3.1	1.8	36038			73.8	42.9	
宜宾市：叙州区	2022										
宜宾市：叙州区	2023	67120	8.0	3.5	4.0	236809	739735	32.0	55.6	47.8	0.0
达州市：宣汉县	2021								69.7	57.2	
达州市：宣汉县	2022										
达州市：宣汉县	2023	73934	9.7	6.1	3.4	454609	956512	47.5	54.4	51.2	
甘孜州：康定市	2021	—	11.8	5.6	3.7	—	—		77.8	64.4	
甘孜州：康定市	2022										
甘孜州：康定市	2023	97190	7.2	6.6	0.4	636831	2163138	29.4	84.7	75.0	
凉山州：会理县	2021								95.8	76.4	
凉山州：会理县	2022										
凉山州：会理县	2023	61180	5.7	5.5	0.2	335931	1006494	33.4	74.5	45.2	
贵阳市：南明区	2021	92384	—	2.8	14.8			48.2	77.9	54.8	
贵阳市：南明区	2022			2.3	1.9			38.8	66.0	55.1	
贵阳市：南明区	2023	167235	—	2.4	0	402139	807207	49.8	69.8	57.3	—
贵阳市：云岩区	2021	88909	14.1	3.6	9.4	389486	611154	63.7	83.2	59.9	64.7
贵阳市：云岩区	2022	87983	4.5	2.7	1.2	236829	456320	51.9	77.0	59.7	51.1

数据篇·表8　2021—2023年各样本县经济财政主要指标

续表

地区名	年份	人均GDP（元）	政府收入/GDP（%）	一般公共预算收入/GDP（%）	土地出让金/GDP（%）	人均一般公共预算收入（元）	人均一般公共预算支出（元）	财政自给率（%）	税收收入/一般公共预算收入（%）	共享三主税收入/税收收入（%）	一般公共预算收入本级占比（%）
贵阳市：云岩区	2023	90982	3.3	2.9	−0.0	263395	429626	61.3	75.5	61.9	31.5
贵阳市：清镇市	2021	46997	21.2	6.4	13.1	297365	665111	44.7	68.0	51.3	0.9
贵阳市：清镇市	2022	46993	18.6	4.9	11.7	231145	650966	35.5	60.2	36.6	1.0
贵阳市：清镇市	2023	48741	17.4	6.0	10.0	286601	664266	43.1	56.8	44.9	0.3
铜仁市：万山区	2021	53636	16.1	5.9	9.4	314727	1560099	20.2	87.9	69.8	—
铜仁市：万山区	2022	54204	16.9	5.9	9.6	322422	1487193	21.7	66.7	65.1	—
铜仁市：万山区	2023	55146	—	6.0	10.3	332420	1480420	22.5	60.1	35.5	—
昆明市：宜良县	2021	—	6.8	4.1	1.5	244689	653770	37.4	67.5	48.2	
昆明市：宜良县	2022	59240	4.5	2.7	0.5	162437	550584	29.5	65.6	31.4	30.6
昆明市：宜良县	2023	63248	4.5	2.8	0.2	175735	578033	30.4	69.4	43.0	38.2
玉溪市：红塔区	2021	—	4.5	2.0	0.8	343979	512178	67.2	84.6	50.9	
玉溪市：红塔区	2022	185336	4.3	1.4	1.3	253563	574816	44.1	56.5	21.3	
玉溪市：红塔区	2023	183425	3.6	1.6	0.3	285692	533908	53.5	76.5	49.4	4.2
楚雄州：楚雄市	2021	—	9.8	4.9	3.9	—	—	47.1	56.5	31.9	
楚雄州：楚雄市	2022	—	10.0	5.5	2.9	—	—	60.5	43.5	35.8	
楚雄州：楚雄市	2023	—	9.3	5.3	3.0	—	—	59.5	46.6	42.3	26.2
红河州：弥勒市	2021	92108	8.2	4.1	2.8	—	—	46.6	58.6	32.3	
红河州：弥勒市	2022	97319	5.6	3.5	0.8	—	—	47.5	55.2	31.4	
红河州：弥勒市	2023							40.3	57.8	38.4	
文山州：文山市	2021	57740	17.0	6.5	5.6	375525	873690	43.0	63.6	53.1	
文山州：文山市	2022	61625	13.5	6.1	1.2	376262	798291	47.1	69.4	60.1	5.6
文山州：文山市	2023	63134	16.7	5.5	3.2	351109	828788	42.4	72.8	60.1	7.4
大理州：大理市	2021	—	11.7	7.1	3.6	—	—	81.9	70.6	39.4	
大理州：大理市	2022	—	13.9	3.6	1.5	—	—	41.4	72.1	23.0	4.0
大理州：大理市	2023	69105	15.9	5.6	1.3	388469	744116	52.2	63.1	47.3	2.7
拉萨市：堆龙德庆区	2021	—	14.2	12.1				27.1	—	—	
拉萨市：堆龙德庆区	2022	—	9.2	6.8	2.3			14.1	82.9	80.6	
拉萨市：堆龙德庆区	2023	—	—	—				19.3	85.8	86.5	
日喀则市：定日县	2021		6.2	5.7	0.4			5.8	38.7	75.5	
日喀则市：定日县	2022	—	8.4	5.4	3.0	—	—	3.8	22.8	89.6	

续表

地区名	年份	人均GDP（元）	政府收入/GDP（%）	一般公共预算收入/GDP（%）	土地出让金/GDP（%）	人均一般公共预算收入（元）	人均一般公共预算支出（元）	财政自给率（%）	税收收入/一般公共预算收入（%）	共享三主税收入/税收收入（%）	一般公共预算收入本级占比（%）
日喀则市：定日县	2023	—	—	8.5	0.1	—	—	5.0	32.4	81.4	—
日喀则市：萨迦县	2021	27811	2.4	2.1	0.2	59368	2059544	2.9	53.8	75.8	—
日喀则市：萨迦县	2022	—	2.6	2.1	0.5	—	—	2.0	57.6	85.2	—
日喀则市：萨迦县	2023	—	—	—	—	—	—	3.5	57.4	86.0	—
林芝市：察隅县	2021	—	15.0	14.6	0.4	—	—	18.3	20.0	90.2	—
林芝市：察隅县	2022	—	13.8	13.1	0.7	—	—	9.2	14.7	82.2	—
林芝市：察隅县	2023	—	—	13.1	1.2	—	—	9.2	17.7	78.6	—
西安市：雁塔区	2021	—	1.9	1.8	0	236242	179958	131.3	89.7	55.6	56.1
西安市：雁塔区	2022	—	2.5	1.4	1.0	195012	210329	92.7	91.8	51.0	41.1
西安市：雁塔区	2023	—	2.7	1.9	0.7	283693	247693	114.5	77.5	54.8	47.9
宝鸡市：岐山县	2021	—	2.8	2.8	—	137151	751394	18.3	76.8	53.6	—
宝鸡市：岐山县	2022	—	—	2.0	1.5	97284	845653	11.5	66.4	36.1	—
宝鸡市：岐山县	2023	—	—	—	—	135841	827787	16.4	75.5	59.2	—
渭南市：韩城市	2021	—	13.1	8.9	0.8	—	—	69.8	78.0	70.5	—
渭南市：韩城市	2022	—	13.5	8.4	1.8	—	—	51.8	58.1	48.8	—
渭南市：韩城市	2023	—	—	—	—	—	—	36.8	45.2	55.0	35.0
延安市：洛川县	2021	43535	1.5	0.5	0.5	—	—	7.0	53.5	30.7	7.2
延安市：洛川县	2022	47065	1.1	0.3	0.1	—	—	4.1	64.2	21.6	25.2
延安市：洛川县	2023	163983	1.8	0.4	0.0	66161	1192251	5.5	58.1	41.8	—
榆林市：榆阳区	2021	—	6.7	5.8	0.1	—	—	86.5	85.0	43.6	—
榆林市：榆阳区	2022	—	9.5	8.6	0.3	—	—	120.3	86.8	42.1	—
榆林市：榆阳区	2023	287371	6.3	5.0	0.4	936992	1459273	64.2	86.0	53.2	—
兰州市：永登县	2021	—	11.2	5.7	2.1	—	—	26.3	61.2	57.1	47.4
兰州市：永登县	2022	—	9.5	4.3	1.3	212375	1230874	17.3	58.7	46.4	64.2
兰州市：永登县	2023	—	10.9	4.9	1.4	—	—	20.5	63.3	60.0	63.0
平凉市：崇信县	2021	63536	9.1	6.5	0.5	412817	1823049	22.6	76.4	62.9	26.2
平凉市：崇信县	2022	76707	13.7	11.5	0.4	890500	2280610	39.0	43.7	65.0	24.1
平凉市：崇信县	2023	79702	12.7	7.3	3.1	588943	2193707	26.8	78.6	59.0	31.4
庆阳市：庆城县	2021	—	10.3	4.3	1.6	—	—	16.0	52.8	56.1	0.4
庆阳市：庆城县	2022	—	8.2	4.2	1.3	—	—	17.2	52.1	45.9	28.0

续表

地区名	年份	人均GDP（元）	政府收入/GDP（%）	一般公共预算收入/GDP（%）	土地出让金/GDP（%）	人均一般公共预算收入（元）	人均一般公共预算支出（元）	财政自给率（%）	税收收入/一般公共预算收入（%）	共享三主税收入/税收收入（%）	一般公共预算收入本级占比（%）
庆阳市：庆城县	2023	54978	7.3	3.8	0.8	208261	1247353	16.7	61.2	51.0	51.5
临夏州：临夏县	2021	15612	0	0	0	81466	1369926	5.9	67.0	29.3	1.3
临夏州：临夏县	2022	17589	0	0	0	81519	1362798	6.0	70.0	22.5	19.2
临夏州：临夏县	2023	19118	16.4	4.0	5.0	77211	1400749	5.5	61.2	33.3	26.8
西宁市：城中区	2021	72080	4.4	4.2	0	299758	490682	61.1	86.5	63.5	—
西宁市：城中区	2022	91315	2.8	2.5	0	227343	499382	45.5	93.3	75.1	125.2
西宁市：城中区	2023	—	2.2	1.8	0	183673	633120	29.0	91.1	52.0	112.3
西宁市：大通县	2021	32716	11.9	7.2	3.1	235583	1139128	20.7	83.6	63.9	—
西宁市：大通县	2022	34646	8.1	5.9	0.8	205353	1325516	15.5	88.4	68.8	85.5
西宁市：大通县	2023	39252	6.2	4.4	0.6	172333	1474646	11.7	84.1	41.1	95.8
吴忠市：青铜峡市	2021	63588	8.8	5.3	—	333898	1437269	23.2	60.8	58.1	62.3
吴忠市：青铜峡市	2022	73447	8.0	4.4	—	320278	1547202	20.7	62.6	41.2	50.0
吴忠市：青铜峡市	2023	75570	8.5	4.5	1.1	341234	1664412	20.5	65.9	55.1	61.6
乌鲁木齐市：天山区	2021	—	10.9	10.9	0	—	—	207.8	94.0	73.3	—
乌鲁木齐市：天山区	2022	—	9.3	9.3	0	—	—	152.4	94.4	72.5	—
乌鲁木齐市：天山区	2023	—	9.1	9.1	0	—	—	115.6	96.1	71.6	—
哈密市：伊州区	2021	—	11.4	7.0	3.3	—	—	57.0	80.4	62.8	52.1
哈密市：伊州区	2022	—	10.5	7.2	2.0	—	—	61.4	86.7	65.4	48.5
哈密市：伊州区	2023	—	10.6	7.3	1.7	—	—	57.0	90.2	67.4	38.7
阿克苏地区：阿克苏市	2021	57301	19.7	8.6	7.9	—	—	36.9	72.5	53.4	37.1
阿克苏地区：阿克苏市	2022	56047	13.5	8.9	1.5	—	—	41.5	50.9	49.2	26.5
阿克苏地区：阿克苏市	2023	—	14.3	8.9	2.0	—	—	39.0	58.0	58.9	13.2
和田地区：和田市	2021	30410	22.3	9.6	12.1	—	—	19.9	74.4	51.5	5.4
和田地区：和田市	2022	32911	11.8	9.3	1.7	—	—	20.2	68.6	40.7	99.3
和田地区：和田市	2023	35808	12.6	10.1	1.8	360020	1518154	23.7	65.7	55.9	68.8
伊犁州：伊宁市	2021	—	15.3	8.9	4.2	—	—	40.2	78.4	45.9	41.2
伊犁州：伊宁市	2022	—	14.7	6.9	5.1	—	—	31.9	72.1	41.2	29.5
伊犁州：伊宁市	2023	—	14.6	7.8	3.9	—	—	43.7	87.7	55.3	25.0

后 记

2020年，中国财政科学研究院成立《中国政府收入全景图解》课题组，通过全面采集权威数据，建立规范分析指标，全貌完整地对我国政府收入进行全方位、多层次、多维度地比较展现。在此基础上，连续3年将主要研究成果结集成书出版，社会反响良好，成为中国财政科学研究院的年度智库"品牌"丛书。

2022年9月，为了更好地管理和使用数据，在院领导的大力支持下，课题组着手建立数据库管理系统。2023年5月，数据库在院内上线试运行。2023年课题组在采集2022年政府收入数据的同时，着手补采2017—2022年政府支出数据。

经过五年的建设，目前已经建成了覆盖7类[①]、866个[②]政府单元的2017—2023年4本预算收支和经济社会发展典型指标的100多万数据点的数据库，且搜集了1万3千余份各地决算报告和报表文本，为研究中长期财税问题提供了较为有力的数据和文本支撑，也或许会在AI时代释放更大的价值。

本书是基于数据库形成的部分研究成果的展示。与前3年连续出版的《中国政府收入全景图解》相比，《中国政府收支全景解析（2024）》具有以下特点：一是政府"账本"分析视角更为完整，不但包括政府收入侧的分析，也包括了政府支出侧的分析，更有收支对比的分析。二是专题文章涉及范围更广，不但有财税数据治理之基础性制度（财政统计制度和政府收支科目）类的研究，还有财税数据深度分析类研究，也有国外数字财政前沿研究，等等。三是将地方政府收支分析从"图"示改"表"示，指标选取更科学、典型，数据年度更长，信息量和启示价值更大。

[①] 6类政府单元具体包括：全国、中央、全省、省本级、全市、市本级以及区县。

[②] 865个政府单元具体包括：1个全国、1个中央、31个全省（直辖市）、31个省本级、333个全市、333个市本级以及138个样本区县。

当然，不变的是，中国财政科学研究院领导同事们的大力支持，课题组始终秉承的"工匠"精神，数据采集师生们"不厌其烦"审校数据的精神，课题组孜孜不倦推进"财税数据整合利用"的精神，中国财政经济出版社编辑老师不计成本、力求书籍出版尽善尽美的精神。对此，一并表示感谢。

本书的面世是各方努力的结果，是中国财政科学研究院研究团队的一项研究成果，更是对业界的一份贡献。书中不足、错谬之处，作者自负，也欢迎同行批评指正！

《中国政府收支全景解析（2024）》课题组
2025年7月